# DICIONÁRIO DE ACORDES PARA PIANO E TECLADOS

## Luciano Alves

3º edição revista e atualizada

Nº Cat.: 338-M

Irmãos Vitale Editores Ltda.
vitale.com.br
Rua Raposo Tavares, 85  São Paulo  SP
CEP: 04704-110  editora@vitale.com.br  Tel.: 11 5081-9499

© Copyright 1996 by Irmãos Vitale Editores Ltda. - São Paulo - Rio de Janeiro - Brasil.
Todos os direitos autorais reservados para todos os países. *All rights reserved.*

Dados Internacionais de Catalogação na Publicação (CIP)
(Câmara Brasileira do Livro, SP, Brasil)

---

Pereira, Luciano Alves, 1956-
 Dicionário de acordes para piano e teclados: pautas e gráficos / Luciano Alves; |colaboradores Felipe Radicetti, Luiz Paiva, Antônio Renato Fróes|. – 2. ed. rev. e atual. – São Paulo: Irmãos Vitale, 1996.

 Conteúdo: História e classificação dos teclados. – Técnicas de acompanhamento. – Modelos de partituras. – Nomenclatura das notas e especificação do dedilhado. Bibliografia.

 1. Piano – Dicionários. 2. Teclados – Dicionários. I. Título.

96-0993                                            CDD – 786.203

---

Índices para catálogo sistemático:
1. Dicionários: Piano     786.203
2. Dicionários: Teclados     786.203
3. Piano: Dicionários     786.203
4. Teclados: Dicionários     786.203

**Colaboradores**
Felipe Radicetti, Luiz Paiva e Antônio Renato Fróes

**Agradecimentos**
Antonio Adolfo, Ian Guest, Carlos Roberto Maciel Levy, Edna Tikerpe, Fernando Gama, Guilherme Maia, José Amaral Mendes, Larribel de Brito, Luiz Fernando Marcondes, Marcus Vinícius Ferreira, Mário Mascarenhas, Rocheli Rios, Casa Milton Pianos, Gaetano Galifi, Gisela Zingoni e Ron Knight.

**Créditos**
*Coordenação geral*
L. A. Produções Artísticas

*Produção e editoração musical computadorizada*
Luciano Alves

*Planejamento visual, ilustrações e dicionário gráfico*
Ana Maria Santos Peixoto

*Execução do dicionário gráfico*
Glaucia Garcia e Gisele Ribeiro

*Revisão musical*
Felipe Radicetti e Luciano Alves

*Revisão de texto em português*
Maria Elizabete Santos Peixoto

*Capa*
ArteData/ArteCom

Todos os direitos de reprodução e tradução são reservados.
Nenhuma parte desta obra poderá ser reproduzida por fotocópia, microfilme ou outro processo fotomecânico.

Luciano Alves

# DICIONÁRIO DE ACORDES PARA PIANO E TECLADOS
## Pautas e gráficos

**Histórico e classificação dos teclados**
**Técnicas de acompanhamento**
**Modelos de partituras**
**Nomenclatura das notas e especificação do dedilhado**

**3ª edição revista e atualizada**

A meus pais, Ida e Carlos, grandes incentivadores,
responsáveis por meus primeiros contatos com a música.

# Índice

| | |
|---|---:|
| Tabela de Localização dos Acordes | 9 |
| Prefácio | 13 |
| Introdução | 15 |
| O Autor | 17 |

## Parte 1

| | |
|---|---:|
| Evolução dos Teclados | 21 |
| Relação do Piano com os Demais Instrumentos | 22 |
| Classificação dos Teclados | 23 |
| Piano | 24 |
|     Piano Acústico | 24 |
|     Piano Eletrificado | 24 |
|     Regiões do Piano | 25 |
|     Técnicas de Acompanhamento para os Diversos Tipos de Piano | 26 |
| Sintetizador | 30 |
|     Sintetizador Analógico | 30 |
|     Sintetizador Digital | 30 |
| Sampler | 31 |
|     Modos de Operação do Sintetizador e do Sampler | 31 |
|     Regiões do Sintetizador e do Sampler (Modo Normal) | 32 |
|     Regiões do Sintetizador e do Sampler (Modo *Split*) | 32 |
|     Técnicas de Acompanhamento para Sintetizador e Sampler | 33 |
| Home Keyboard | 34 |
|     Modos de Operação do Home Keyboard | 34 |
|     Funções Automáticas | 34 |
|     Regiões do Home Keyboard na Função Fingered | 36 |
|     Técnicas de Acompanhamento no Modo Normal | 36 |
|     Técnicas de Acompanhamento no Modo Automático | 36 |
| Órgão | 37 |
|     Órgão de Tubos | 37 |
|     Órgão Eletromecânico | 37 |
|     Órgão Eletrônico | 37 |
|     Órgão Digital | 38 |
|     Regiões do Órgão de Dois Teclados e Pedaleira | 38 |
|     Técnicas de Acompanhamento para Órgão | 39 |
|     Escrita para Órgão | 40 |
|     Convertendo Partituras de Piano para Órgão | 40 |

## Parte 2

| | |
|---|---:|
| Músicas e Modelos de Partituras | 45 |
| Partitura de Método de Teclado | 47 |
|     Ode à Alegria | 47 |
| Partitura para Canto e Piano | 48 |
|     Eu e a Brisa | 48 |
| Partitura de Órgão | 51 |
|     Ária (fragmento da Ária da Quarta Corda) | 51 |
| Partitura de Piano | 52 |
|     Piano Blues | 52 |

## Parte 3

| | |
|---|---:|
| Dicionário na Pauta | 57 |
|     Cifras | 57 |
|     Disposição dos Acordes no Dicionário na Pauta | 58 |
|     Quadro da Enarmonia dos Acordes | 58 |
|     Regiões Ideais | 59 |
|     Marcas Especiais | 59 |
|     Como Consultar o Dicionário na Pauta | 60 |
|     Formação Básica do Acorde | 60 |
| Classificação dos Acordes | 62 |
|     Cifragem dos Acordes Maiores | 62 |
|     Cifragem dos Acordes Menores | 62 |
|     Cifragem da Tríade com 4ª | 63 |
|     Cifragem dos Acordes de 7ª Dominante | 63 |
|     Cifragem dos Acordes de 7ª Diminuta | 64 |

## Parte 4

| | |
|---|---:|
| Dicionário Gráfico | 95 |
|     Disposição dos Acordes no Dicionário Gráfico | 95 |
|     Regiões Ideais | 95 |
|     Marcas Especiais | 95 |
|     Como Consultar o Dicionário Gráfico | 96 |

## Apêndice

| | |
|---|---:|
| Acordes com Baixo Alternativo | 183 |
|     Acordes com 3ª ou 5ª no Baixo | 183 |
|     Acordes com 7ª no Baixo | 183 |
|     Acordes com Baixo Pedal | 184 |
| Ciclo dos Acordes de 7ª Diminuta | 184 |
| Ciclo dos Acordes de 5ª Aumentada | 184 |
| Cifragem Alternativa | 185 |
| Acordes Similares por Inversão e Enarmonia | 185 |
| Acordes Substitutos | 186 |

## Bibliografia

188

# Tabela de Localização dos Acordes

| Tipo de Acorde | Tom | | | | | | | | | | | |
|---|---|---|---|---|---|---|---|---|---|---|---|---|
| | C | D♭ | D | E♭ | E | F | F♯ | G | A♭ | A | B♭ | B |
| → Maior | 65 | 65 | 65 | 65 | 65 | 65 | 65 | 65 | 65 | 65 | 65 | 65 |
| | 97 | 104 | 111 | 118 | 125 | 132 | 139 | 146 | 153 | 160 | 167 | 174 |
| (♯5) → Maior com 5ª Aumentada | 65 | 65 | 65 | 65 | 65 | 65 | 65 | 65 | 65 | 65 | 65 | 65 |
| | 97 | 104 | 111 | 118 | 125 | 132 | 139 | 146 | 153 | 160 | 167 | 174 |
| 6 → Maior com 6ª | 66 | 66 | 66 | 66 | 66 | 66 | 66 | 66 | 66 | 66 | 66 | 66 |
| | 97 | 104 | 111 | 118 | 125 | 132 | 139 | 146 | 153 | 160 | 167 | 174 |
| $\frac{6}{9}$ → Maior com 6ª e 9ª | 66 | 66 | 66 | 66 | 66 | 66 | 66 | 66 | 66 | 66 | 66 | 66 |
| | 97 | 104 | 111 | 118 | 125 | 132 | 139 | 146 | 153 | 160 | 167 | 174 |
| (add9) → Maior com 9ª Adicional | 67 | 67 | 67 | 67 | 67 | 67 | 67 | 67 | 67 | 67 | 67 | 67 |
| | 97 | 104 | 111 | 118 | 125 | 132 | 139 | 146 | 153 | 160 | 167 | 174 |
| 7M → Maior com 7ª Maior | 67 | 67 | 67 | 67 | 67 | 67 | 67 | 67 | 67 | 67 | 67 | 67 |
| | 97 | 104 | 111 | 118 | 125 | 132 | 139 | 146 | 153 | 160 | 167 | 174 |
| 7M (♯5) → Maior com 7ª Maior e 5ª Aumentada | 68 | 68 | 68 | 68 | 68 | 68 | 68 | 68 | 68 | 68 | 68 | 68 |
| | 97 | 104 | 111 | 118 | 125 | 132 | 139 | 146 | 153 | 160 | 167 | 174 |
| 7M (6) → Maior com 7ª Maior e 6ª | 68 | 68 | 68 | 68 | 68 | 68 | 68 | 68 | 68 | 68 | 68 | 68 |
| | 97 | 104 | 111 | 118 | 125 | 132 | 139 | 146 | 153 | 160 | 167 | 174 |
| 7M ($\frac{6}{9}$) → Maior com 7ª Maior, 6ª e 9ª | 69 | 69 | 69 | 69 | 69 | 69 | 69 | 69 | 69 | 69 | 69 | 69 |
| | 98 | 105 | 112 | 119 | 126 | 133 | 140 | 147 | 154 | 161 | 168 | 175 |
| 7M (9) → Maior com 7ª Maior e 9ª | 69 | 69 | 69 | 69 | 69 | 69 | 69 | 69 | 69 | 69 | 69 | 69 |
| | 98 | 105 | 112 | 119 | 126 | 133 | 140 | 147 | 154 | 161 | 168 | 175 |
| 7M (♯11) → Maior com 7ª Maior e 11ª Aumentada | 70 | 70 | 70 | 70 | 70 | 70 | 70 | 70 | 70 | 70 | 70 | 70 |
| | 98 | 105 | 112 | 119 | 126 | 133 | 140 | 147 | 154 | 161 | 168 | 175 |
| 7M ($_{\sharp 11}^{9}$) → Maior com 7ª Maior, 9ª e 11ª Aumentada | 70 | 70 | 70 | 70 | 70 | 70 | 70 | 70 | 70 | 70 | 70 | 70 |
| | 98 | 105 | 112 | 119 | 126 | 133 | 140 | 147 | 154 | 161 | 168 | 175 |
| m → Menor | 71 | 71 | 71 | 71 | 71 | 71 | 71 | 71 | 71 | 71 | 71 | 71 |
| | 98 | 105 | 112 | 119 | 126 | 133 | 140 | 147 | 154 | 161 | 168 | 175 |
| m6 → Menor com 6ª | 71 | 71 | 71 | 71 | 71 | 71 | 71 | 71 | 71 | 71 | 71 | 71 |
| | 98 | 105 | 112 | 119 | 126 | 133 | 140 | 147 | 154 | 161 | 168 | 175 |
| m$\frac{6}{9}$ → Menor com 6ª e 9ª | 72 | 72 | 72 | 72 | 72 | 72 | 72 | 72 | 72 | 72 | 72 | 72 |
| | 98 | 105 | 112 | 119 | 126 | 133 | 140 | 147 | 154 | 161 | 168 | 175 |
| m (add9) → Menor com 9ª Adicional | 72 | 72 | 72 | 72 | 72 | 72 | 72 | 72 | 72 | 72 | 72 | 72 |
| | 98 | 105 | 112 | 119 | 126 | 133 | 140 | 147 | 154 | 161 | 168 | 175 |
| m7 → Menor com 7ª | 73 | 73 | 73 | 73 | 73 | 73 | 73 | 73 | 73 | 73 | 73 | 73 |
| | 99 | 106 | 113 | 120 | 127 | 134 | 141 | 148 | 155 | 162 | 169 | 176 |
| m7 (11) → Menor com 7ª e 11ª | 73 | 73 | 73 | 73 | 73 | 73 | 73 | 73 | 73 | 73 | 73 | 73 |
| | 99 | 106 | 113 | 120 | 127 | 134 | 141 | 148 | 155 | 162 | 169 | 176 |
| m7 (♭5) → Menor com 7ª e 5ª Diminuta | 74 | 74 | 74 | 74 | 74 | 74 | 74 | 74 | 74 | 74 | 74 | 74 |
| | 99 | 106 | 113 | 120 | 127 | 134 | 141 | 148 | 155 | 162 | 169 | 176 |
| m7 ($_{9}^{\flat 5}$) → Menor com 7ª, 5ª Diminuta e 9ª | 74 | 74 | 74 | 74 | 74 | 74 | 74 | 74 | 74 | 74 | 74 | 74 |
| | 99 | 106 | 113 | 120 | 127 | 134 | 141 | 148 | 155 | 162 | 169 | 176 |
| m7 ($_{11}^{\flat 5}$) → Menor com 7ª, 5ª Diminuta e 11ª | 75 | 75 | 75 | 75 | 75 | 75 | 75 | 75 | 75 | 75 | 75 | 75 |
| | 99 | 106 | 113 | 120 | 127 | 134 | 141 | 148 | 155 | 162 | 169 | 176 |
| m7 (9) → Menor com 7ª e 9ª | 75 | 75 | 75 | 75 | 75 | 75 | 75 | 75 | 75 | 75 | 75 | 75 |
| | 99 | 106 | 113 | 120 | 127 | 134 | 141 | 148 | 155 | 162 | 169 | 176 |
| m7 ($_{11}^{9}$) → Menor com 7ª, 9ª e 11ª | 76 | 76 | 76 | 76 | 76 | 76 | 76 | 76 | 76 | 76 | 76 | 76 |
| | 99 | 106 | 113 | 120 | 127 | 134 | 141 | 148 | 155 | 162 | 169 | 176 |

| Tipo de Acorde | Tom | | | | | | | | | | | |
|---|---|---|---|---|---|---|---|---|---|---|---|---|
| | C | D♭ | D | E♭ | E | F | F♯ | G | A♭ | A | B♭ | B |
| m (7M) → Menor com 7ª Maior | 76 | 76 | 76 | 76 | 76 | 76 | 76 | 76 | 76 | 76 | 76 | 76 |
| | 99 | 106 | 113 | 120 | 127 | 134 | 141 | 148 | 155 | 162 | 169 | 176 |
| m ($^6_{7M}$) → Menor com 6ª e 7ª Maior | 77 | 77 | 77 | 77 | 77 | 77 | 77 | 77 | 77 | 77 | 77 | 77 |
| | 100 | 107 | 114 | 121 | 128 | 135 | 142 | 149 | 156 | 163 | 170 | 177 |
| m ($^{7M}_9$) → Menor com 7ª Maior e 9ª | 77 | 77 | 77 | 77 | 77 | 77 | 77 | 77 | 77 | 77 | 77 | 77 |
| | 100 | 107 | 114 | 121 | 128 | 135 | 142 | 149 | 156 | 163 | 170 | 177 |
| 4 → com 4ª Suspensa | 78 | 78 | 78 | 78 | 78 | 78 | 78 | 78 | 78 | 78 | 78 | 78 |
| | 100 | 107 | 114 | 121 | 128 | 135 | 142 | 149 | 156 | 163 | 170 | 177 |
| 7 → 7ª | 78 | 78 | 78 | 78 | 78 | 78 | 78 | 78 | 78 | 78 | 78 | 78 |
| | 100 | 107 | 114 | 121 | 128 | 135 | 142 | 149 | 156 | 163 | 170 | 177 |
| $^7_4$ ou 7 (11) → 7ª e 4ª ou 7ª com 11ª | 79 | 79 | 79 | 79 | 79 | 79 | 79 | 79 | 79 | 79 | 79 | 79 |
| | 100 | 107 | 114 | 121 | 128 | 135 | 142 | 149 | 156 | 163 | 170 | 177 |
| $^7_4$ (♭9) ou 7 ($^{♭9}_{11}$) → 7ª e 4ª com 9ª Menor ou 7ª com 9ª Menor e 11ª | 79 | 79 | 79 | 79 | 79 | 79 | 79 | 79 | 79 | 79 | 79 | 79 |
| | 100 | 107 | 114 | 121 | 128 | 135 | 142 | 149 | 156 | 163 | 170 | 177 |
| $^7_4$ (9) ou 7 ($^9_{11}$) → 7ª e 4ª com 9ª ou 7ª com 9ª e 11ª | 80 | 80 | 80 | 80 | 80 | 80 | 80 | 80 | 80 | 80 | 80 | 80 |
| | 100 | 107 | 114 | 121 | 128 | 135 | 142 | 149 | 156 | 163 | 170 | 177 |
| 7 (♭5) → 7ª com 5ª Diminuta | 80 | 80 | 80 | 80 | 80 | 80 | 80 | 80 | 80 | 80 | 80 | 80 |
| | 100 | 107 | 114 | 121 | 128 | 135 | 142 | 149 | 156 | 163 | 170 | 177 |
| 7 (♯11) → 7ª com 11ª Aumentada | 81 | 81 | 81 | 81 | 81 | 81 | 81 | 81 | 81 | 81 | 81 | 81 |
| | 101 | 108 | 115 | 122 | 129 | 136 | 143 | 150 | 157 | 164 | 171 | 178 |
| 7 ($^{♭5}_{♭9}$) → 7ª com 5ª Diminuta e 9ª Menor | 81 | 81 | 81 | 81 | 81 | 81 | 81 | 81 | 81 | 81 | 81 | 81 |
| | 101 | 108 | 115 | 122 | 129 | 136 | 143 | 150 | 157 | 164 | 171 | 178 |
| 7 ($^{♭9}_{♯11}$) → 7ª com 9ª Menor e 11ª Aumentada | 82 | 82 | 82 | 82 | 82 | 82 | 82 | 82 | 82 | 82 | 82 | 82 |
| | 101 | 108 | 115 | 122 | 129 | 136 | 143 | 150 | 157 | 164 | 171 | 178 |
| 7 ($^{♭5}_9$) → 7ª com 5ª Diminuta e 9ª | 82 | 82 | 82 | 82 | 82 | 82 | 82 | 82 | 82 | 82 | 82 | 82 |
| | 101 | 108 | 115 | 122 | 129 | 136 | 143 | 150 | 157 | 164 | 171 | 178 |
| 7 ($^9_{♯11}$) → 7ª com 9ª e 11ª Aumentada | 83 | 83 | 83 | 83 | 83 | 83 | 83 | 83 | 83 | 83 | 83 | 83 |
| | 101 | 108 | 115 | 122 | 129 | 136 | 143 | 150 | 157 | 164 | 171 | 178 |
| 7 ($^{♭5}_{♯9}$) → 7ª com 5ª Diminuta e 9ª Aumentada | 83 | 83 | 83 | 83 | 83 | 83 | 83 | 83 | 83 | 83 | 83 | 83 |
| | 101 | 108 | 115 | 122 | 129 | 136 | 143 | 150 | 157 | 164 | 171 | 178 |
| 7 ($^{♯9}_{♯11}$) → 7ª com 9ª Aumentada e 11ª Aumentada | 84 | 84 | 84 | 84 | 84 | 84 | 84 | 84 | 84 | 84 | 84 | 84 |
| | 101 | 108 | 115 | 122 | 129 | 136 | 143 | 150 | 157 | 164 | 171 | 178 |
| 7 (♯5) → 7ª com 5ª Aumentada | 84 | 84 | 84 | 84 | 84 | 84 | 84 | 84 | 84 | 84 | 84 | 84 |
| | 101 | 108 | 115 | 122 | 129 | 136 | 143 | 150 | 157 | 164 | 171 | 178 |
| 7 (♭13) → 7ª com 13ª Menor | 85 | 85 | 85 | 85 | 85 | 85 | 85 | 85 | 85 | 85 | 85 | 85 |
| | 102 | 109 | 116 | 123 | 130 | 137 | 144 | 151 | 158 | 165 | 172 | 179 |
| 7 ($^{♯5}_{♭9}$) → 7ª com 5ª Aumentada e 9ª Menor | 85 | 85 | 85 | 85 | 85 | 85 | 85 | 85 | 85 | 85 | 85 | 85 |
| | 102 | 109 | 116 | 123 | 130 | 137 | 144 | 151 | 158 | 165 | 172 | 179 |
| 7 ($^{♭9}_{♭13}$) → 7ª com 9ª Menor e 13ª Menor | 86 | 86 | 86 | 86 | 86 | 86 | 86 | 86 | 86 | 86 | 86 | 86 |
| | 102 | 109 | 116 | 123 | 130 | 137 | 144 | 151 | 158 | 165 | 172 | 179 |
| 7 ($^{♯5}_9$) → 7ª com 5ª Aumentada e 9ª | 86 | 86 | 86 | 86 | 86 | 86 | 86 | 86 | 86 | 86 | 86 | 86 |
| | 102 | 109 | 116 | 123 | 130 | 137 | 144 | 151 | 158 | 165 | 172 | 179 |
| 7 ($^9_{♭13}$) → 7ª com 9ª e 13ª Menor | 87 | 87 | 87 | 87 | 87 | 87 | 87 | 87 | 87 | 87 | 87 | 87 |
| | 102 | 109 | 116 | 123 | 130 | 137 | 144 | 151 | 158 | 165 | 172 | 179 |
| 7 ($^{♯5}_{♯9}$) → 7ª com 5ª Aumentada e 9ª Aumentada | 87 | 87 | 87 | 87 | 87 | 87 | 87 | 87 | 87 | 87 | 87 | 87 |
| | 102 | 109 | 116 | 123 | 130 | 137 | 144 | 151 | 158 | 165 | 172 | 179 |
| 7 (6) ou 7 (13) → 7ª com 6ª ou 7ª com 13ª | 88 | 88 | 88 | 88 | 88 | 88 | 88 | 88 | 88 | 88 | 88 | 88 |
| | 102 | 109 | 116 | 123 | 130 | 137 | 144 | 151 | 158 | 165 | 172 | 179 |

| Tipo de Acorde | Tom ||||||||||||
|---|---|---|---|---|---|---|---|---|---|---|---|
| | C | D♭ | D | E♭ | E | F | F♯ | G | A♭ | A | B♭ | B |
| 7 (♭9) → 7ª e 9ª Menor | 88 | 88 | 88 | 88 | 88 | 88 | 88 | 88 | 88 | 88 | 88 | 88 |
| | 102 | 109 | 116 | 123 | 130 | 137 | 144 | 151 | 158 | 165 | 172 | 179 |
| 7 (♭9/13) → 7ª com 9ª Menor e 13ª | 89 | 89 | 89 | 89 | 89 | 89 | 89 | 89 | 89 | 89 | 89 | 89 |
| | 103 | 110 | 117 | 124 | 131 | 138 | 145 | 152 | 159 | 166 | 173 | 180 |
| 7 (9) → 7ª e 9ª | 89 | 89 | 89 | 89 | 89 | 89 | 89 | 89 | 89 | 89 | 89 | 89 |
| | 103 | 110 | 117 | 124 | 131 | 138 | 145 | 152 | 159 | 166 | 173 | 180 |
| 7 (♯9) → 7ª com 9ª Aumentada | 90 | 90 | 90 | 90 | 90 | 90 | 90 | 90 | 90 | 90 | 90 | 90 |
| | 103 | 110 | 117 | 124 | 131 | 138 | 145 | 152 | 159 | 166 | 173 | 180 |
| 7 (9/11/13) → 7ª com 9ª, 11ª e 13ª | 90 | 90 | 90 | 90 | 90 | 90 | 90 | 90 | 90 | 90 | 90 | 90 |
| | 103 | 110 | 117 | 124 | 131 | 138 | 145 | 152 | 159 | 166 | 173 | 180 |
| 7 (9/♯11/13) → 7ª com 9ª, 11ª Aumentada e 13ª | 91 | 91 | 91 | 91 | 91 | 91 | 91 | 91 | 91 | 91 | 91 | 91 |
| | 103 | 110 | 117 | 124 | 131 | 138 | 145 | 152 | 159 | 166 | 173 | 180 |
| 7 (♭9/11/13) → 7ª com 9ª Menor, 11ª e 13ª | 91 | 91 | 91 | 91 | 91 | 91 | 91 | 91 | 91 | 91 | 91 | 91 |
| | 103 | 110 | 117 | 124 | 131 | 138 | 145 | 152 | 159 | 166 | 173 | 180 |
| ° → Diminuto | 92 | 92 | 92 | 92 | 92 | 92 | 92 | 92 | 92 | 92 | 92 | 92 |
| | 103 | 110 | 117 | 124 | 131 | 138 | 145 | 152 | 159 | 166 | 173 | 180 |
| ° (7M) → Diminuto com 7ª Maior | 92 | 92 | 92 | 92 | 92 | 92 | 92 | 92 | 92 | 92 | 92 | 92 |
| | 103 | 110 | 117 | 124 | 131 | 138 | 145 | 152 | 159 | 166 | 173 | 180 |

▶ Nesta tabela, os números superiores indicam as páginas onde estão localizados os acordes no Dicionário na Pauta, e os inferiores no Dicionário Gráfico.

# Prefácio

Muitos métodos de música popular começam a ser lançados no Brasil. Alguns, muito teóricos, não atingem o objetivo principal do estudante de música, que é simplesmente **tocar seu instrumento**. Na área do piano-teclado ainda são poucos os que resolvem esse problema, pois há sempre os superficiais e ineficientes.

O Dicionário de Acordes para Piano e Teclados, de Luciano Alves, é muito prático e ao mesmo tempo informativo para todos os que se interessam por quaisquer instrumentos desse gênero.

Primeiro, porque Luciano é um músico experiente, atualizado e um ótimo didata, já tendo provado isso através de suas apresentações e de seus *workshops* na área de informática na música, sintetizadores, seqüenciadores, etc. Ao mesmo tempo, o Dicionário de Acordes para Piano e Teclados detalha todos os tipos de acordes e inversões acompanhados de dedilhado correto (e em quais instrumentos soam melhor), que será de grande utilidade para o aluno iniciante e mesmo para alunos mais adiantados como forma de consulta. Os que têm boa leitura poderão acompanhar pela pauta musical (Dicionário na Pauta) e os outros pelos gráficos dos teclados (Dicionário Gráfico).

A parte inicial do livro é também muito interessante e inédita, pois apresenta um histórico da evolução dos instrumentos de teclado até chegarmos aos dias de hoje. Isso mostra a visão geral de Luciano que, nesta 2ª edição, realizou meticulosa revisão e atualização.

Recomendo, portanto, este Dicionário como um livro de consulta para todos os estudantes, e porque não dizer, para os profissionais do teclado.

*Antonio Adolfo*

# Introdução

Atualmente podemos encontrar partituras musicais sob diversas formas de apresentação: *Fake Books*, *Song Books*, coletâneas, partituras avulsas ou em livros de música. O maior benefício desses registros é poupar a tarefa de "tirar de ouvido" a melodia, a harmonia, o ritmo e o baixo das músicas que se quer incluir num repertório. Para aqueles que não têm muita facilidade para "tirar de ouvido" (o que requer aptidão e bastante treino), a música escrita tornou-se o veículo mais eficaz para que em pouco tempo o intérprete alcance ótimos resultados. Basta saber ler razoavelmente as notas na clave de Sol e conhecer a linguagem das cifras.

É muito comum encontrar dicionários de acordes para violão e guitarra, mas para teclados as opções são raras e resumem-se a alguns acordes básicos. Com o objetivo de proporcionar um amplo conhecimento e aprendizado sobre acordes e cifras para todos os tipos de teclados, foi gerado este trabalho.

As cifras têm por função registrar, de forma aproximada, através de letras, números e símbolos, o acompanhamento de um determinado período musical. Converter uma idéia de acompanhamento dinâmico em cifras não é tarefa das mais fáceis. Pode-se comparar a cifra a uma fotografia que registra, de maneira estática, uma cena complexa e repleta de movimentos. Além disso, não se pode tratá-la como mensagem isolada e imutável, uma vez que depende do relacionamento com a melodia e com os graus da escala onde se encontra. Mais corretamente, deve-se considerá-la como sugestão básica dos acordes a serem executados, cabendo ao intérprete extrair a mensagem contida em sua função e desenvolver ao máximo sua integração com a melodia.

Como ainda não existe um padrão de cifragem definido, as formas mais encontradas estão descritas neste dicionário. Assim, será possível esclarecer dúvidas provenientes de qualquer fonte. Adotei a forma predominante e mais correta para nomear os acordes no Dicionário na Pauta e no Dicionário Gráfico, onde as cifras aparecem com as alterações (dissonâncias) devidamente discriminadas e ordenadas. Se houver dificuldade com a clave de Fá ou com a rápida localização das notas no teclado, não há motivo para preocupação, pois em todos os acordes estão escritos, por extenso, os nomes das notas que os formam, seguidos do dedilhado ideal para mão esquerda.

Neste dicionário estão contidas 2640 posições em todos os tons, com marcas especiais indicando as inversões ideais para Piano, *Home Keyboard* (Teclado Portátil) e Órgão. Na Parte 3 - **Dicionário na Pauta**, e na Parte 4 - **Dicionário Gráfico** (com gráficos de teclados), estão organizados cinqüenta e seis tipos de acordes em todas as inversões, de forma a facilitar consultas rápidas.

Assim, durante o ano de 1993, idealizei este dicionário com a proposta de criar um fiel colaborador para o músico iniciante ou profissional e para os arranjadores. Gradativamente, com o suporte da informática e de variado equipamento de teclados (detalhados na Parte 1 - **Classificação dos Teclados**), investiguei todas as possibilidades de cifragem dos acordes, com suas respectivas inversões e regiões ideais e, após a exaustiva tarefa de classificar e conferir os acordes nos diversos teclados, incluí a Parte 2 - **Músicas e Modelos de Partituras**, contendo pequeno repertório de variados estilos musicais.

É possível que outros tipos de acordes pudessem ainda ser incluídos, ou talvez diferentes grafias para os mesmos acordes, mas fica aqui documentado o resultado de uma longa jornada de estudos, consultas e pesquisa, na ambiciosa meta de registrar e classificar os acordes para teclados, escritos na pauta e em gráficos.

*Luciano Alves*

# O Autor

Luciano Alves é pianista, tecladista, compositor, arranjador e professor com vasta experiência em música popular brasileira e internacional.

Natural de Minas Gerais (1956), iniciou estudos de piano e música clássica aos sete anos de idade. Aos dezesseis anos realizou a direção musical e os arranjos de diversas peças teatrais. Nessa época, manteve os primeiros contatos com sintetizadores, posteriormente aprofundando conhecimentos específicos através de cursos de eletrônica, eletroacústica e computação, ao mesmo tempo que começava a experimentar em seu trabalho a fusão da música popular brasileira com o *rock* e a música clássica.

Ingressando no conjunto Os Mutantes em 1976, gravou o LP "Mutantes ao Vivo" e excursionou com o grupo pelo Brasil e Europa. Morou em Milão, Itália, durante o ano de 1977, onde começou a estudar arranjo, participando de gravações com diversos artistas europeus.

De volta ao Brasil, em 1978, integrou a banda de Pepeu Gomes e, a partir de então, vem atuando como arranjador, músico e parceiro em vários discos do guitarrista. Desde 1980 tem participado como tecladista, arranjador e/ou programador em discos gravados por Moraes Moreira, Caetano Veloso, Evandro Mesquita, Alcione, Erasmo Carlos, Belchior, Léo Jaime, Lulú Santos, Fernando Gama e Rui Motta, entre outros.

Em 1983 foi diretor musical e participou como tecladista do espetáculo "Coração Brasileiro", de Elba Ramalho, realizado no Rio de Janeiro, São Paulo, Lisboa e Tel Aviv. No ano seguinte, apresentou-se com a Orquestra Sinfônica Brasileira e a Orquestra do Teatro Municipal do Rio de Janeiro, na Praça da Apoteose (RJ), onde foi o solista da "Nona Sinfonia" de Beethoven, sob regência do maestro Isaac Karabtchevsky.

Em 1985 visitou os Estados Unidos para aperfeiçoamento técnico no uso de computadores, sequenciadores e programação de sintetizadores e *samplers*. Neste mesmo ano, usou pela primeira vez computadores em apresentação solo no Parque Laje (RJ). Em julho, com Pepeu Gomes, apresentou-se no "XIX Festival de Montreux" (Suíça), pela terceira vez. De volta ao Brasil, participou, como solista do "Bolero" de Ravel, do concerto realizado pela Orquestra Sinfônica Brasileira, na Quinta da Boa Vista (RJ), por ocasião da comemoração do Ano Internacional da Juventude.

Nas áreas de publicidade e televisão, compôs e gravou diversos *jingles* e trilhas sonoras tais como o tema "Video Show 90" (TV Globo); "Henry Maksoud e Você" (TV Bandeirantes); "Fronteiras do Desconhecido", "Domingo Forte" e "Escrava Anastácia" (TV Manchete), entre outros. Criou e executou a trilha sonora para o média-metragem em vídeo "Alucinação Arte Abstrata", de Ricardo Nauemberg (TV Globo), que mereceu o Prêmio Leonardo Da Vinci 1989, em Milão, Itália.

Desde 1986, tem realizado apresentações individuais e com sua banda, em diversas cidades brasileiras e, em 1989, lançou seu primeiro disco solo "Quartzo", onde utilizou amplamente novas técnicas de composição, arranjo, execução e gravação através do uso intensivo de microcomputadores aliado à participação de vários músicos convidados. Em julho desse ano, integrou o ciclo de estudos "História do Jazz", realizado no Museu Histórico do Estado do Rio de Janeiro, em Niterói (RJ), proferindo conferência sobre o tema "Eletrônica no Jazz".

Em outubro de 1991, apresentou-se, juntamente com o percussionista Marcelo Salazar, no Club Montmartre, em Copenhague e Teatro Æsken, em Aurrus, ambos na Dinamarca. Realizou show solo em várias cidades dinamarquesas, divulgando os ritmos afro-brasileiros e seu disco "Quartzo". Nesta ocasião, foi convidado para dar cursos de Informática e Música no Musikladen e Musikvidenskabeligt Institut. Em 1992 fundou uma produtora de livros de música, métodos e partituras pelo processo de editoração eletrônica já tendo produzido mais de cinquenta livros para diversas editoras.

Entre 1991 e 1993 ministrou vários cursos e *workshops* de Informática na Música, destacando-se os realizados no Teatro Municipal de Niterói e na Feira de Informática (Sucessu) (RJ). Possui vários artigos publicados sobre este assunto em jornais e revistas especializadas.

Em setembro de 1993 gravou o CD instrumental "Baobá", no qual explora as origens rítmicas da música brasileira aliadas à linguagem jazzística e, em janeiro de 1996, lançou seu novo CD "Mosaico", onde executa exclusivamente o piano acústico.

Em 2003 fundou o CTMLA – Centro de Tecnologia Musical Luciano Alves, no Rio de Janeiro, onde são ministrados cursos de *home studio*, produção musical, instrumentos musicais, arranjo e improvisação.

Em 2009 foi lançado seu quarto CD, integralmente executado ao piano seguindo as partituras originais: "Luciano Alves interpreta Ernesto Nazareth" (gravadora Biscoito Fino). O repertório contém 11 músicas de Nazareth e uma de Luciano (Pipocando – Homenagem a Nazareth). A partir de 2010 Luciano passou a apresentar-se em duo com a cantora Bettina Graziani, interpretando *standards* da MPB, jazz e blues com arranjos inéditos. Este encontro gerou o CD "Só o que a gente gosta" (gravadora Fina Flor), lançado em 2011.

Em 2013 foi lançado o CD "Luciano Alves plays Chopin" no qual interpreta 12 peças (balada 1, prelúdios, estudos e valsas de Frédéric Chopin). Este CD foi gravado em setembro de 2013, em Nova York, utilizando um piano Steinway D Centennial e está sendo distribuído no iTunes, Amazon, etc.

Em outubro de 2014 gravou e filmou em Nova York, 12 vídeos com novas performances do CD "Luciano Alves interpreta Ernesto Nazareth". Os vídeos estão disponíveis no YouTube desde janeiro de 2015.

Desde 2017, Luciano tem lançado diversos cursos online de piano e teclados que podem ser encontrados na Internet.

# Parte 1

# Evolução dos Teclados

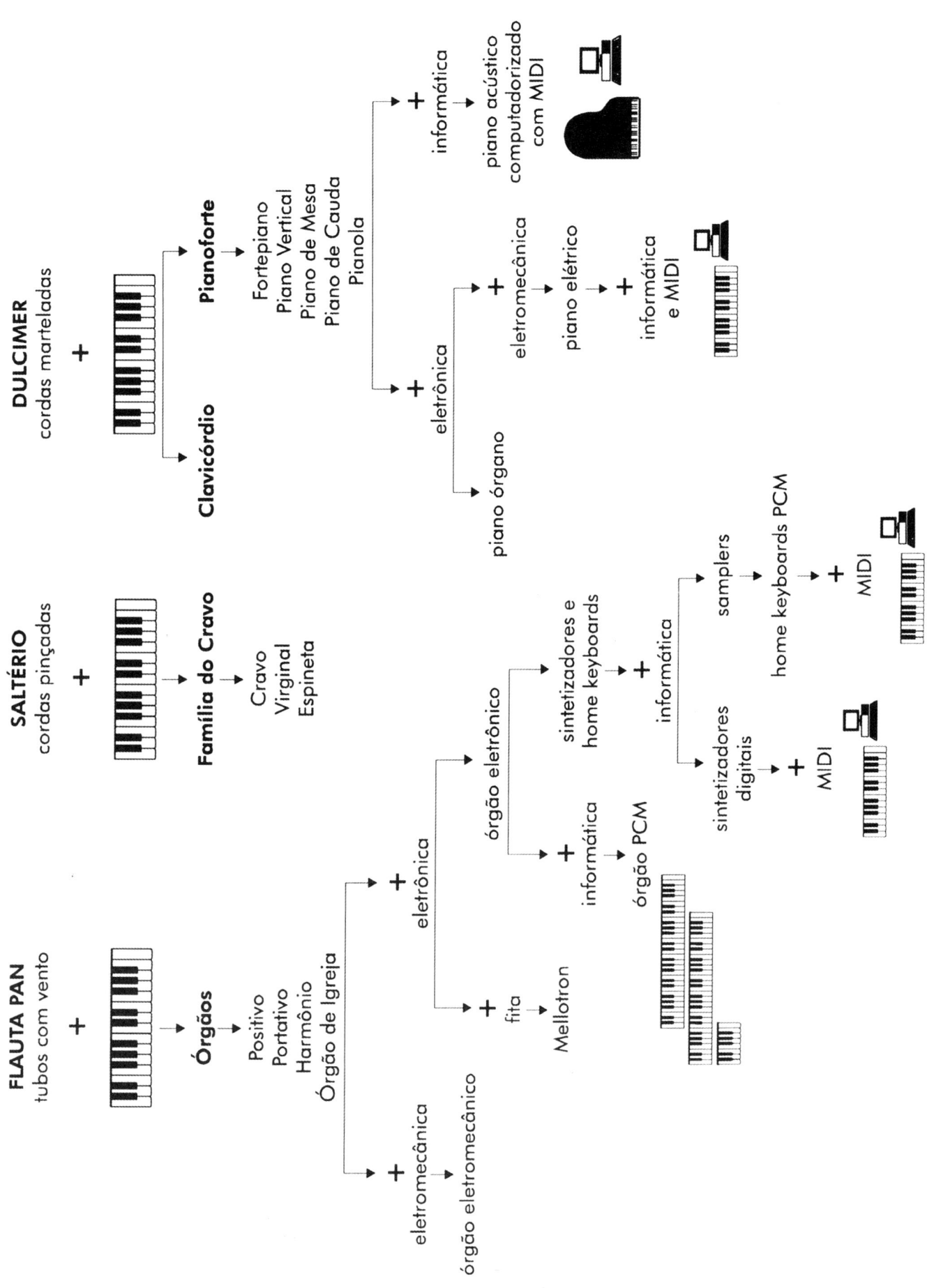

# Relação do Piano com os Demais Instrumentos

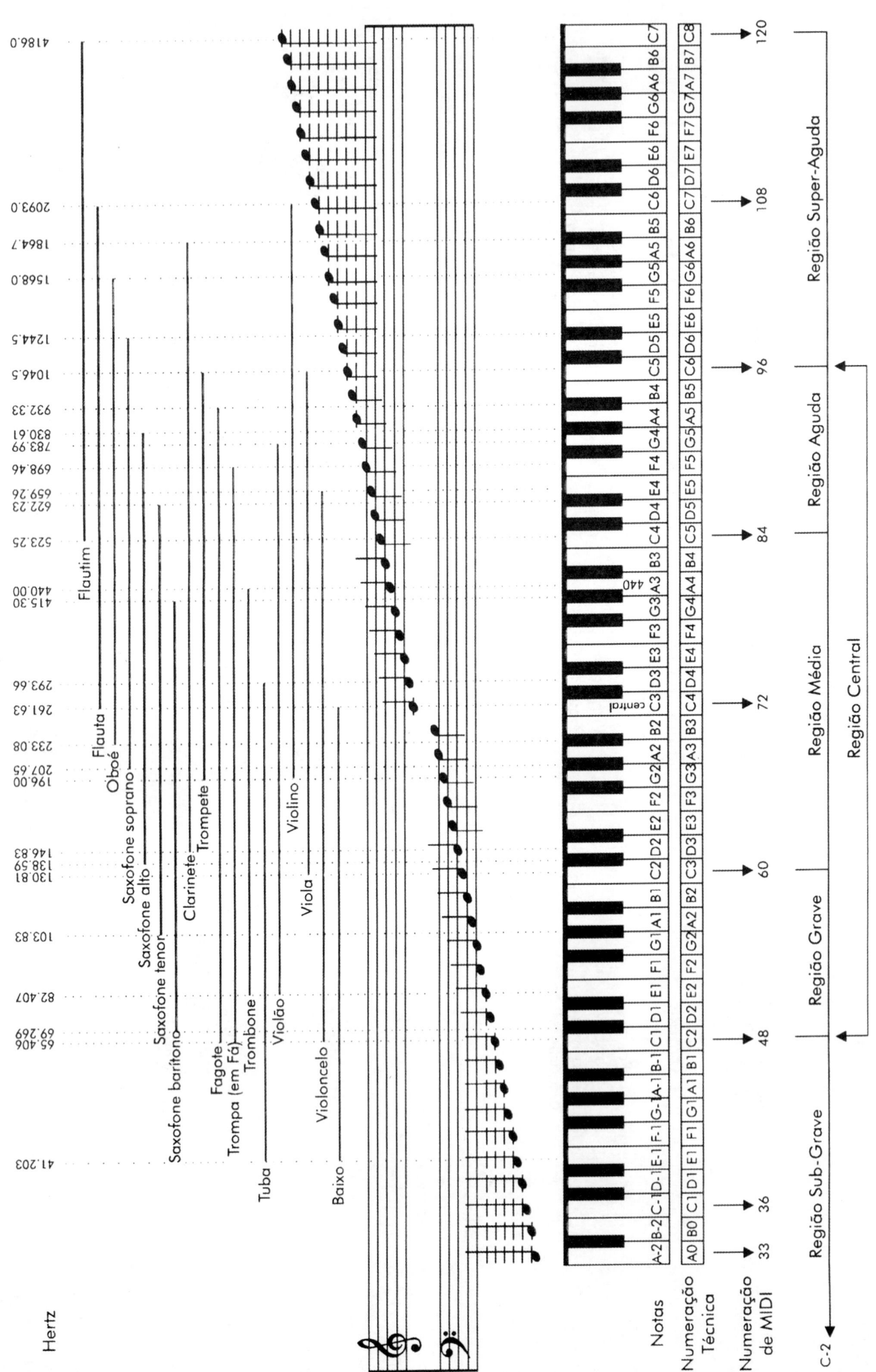

# Classificação dos Teclados

Sem dúvida, o Teclado é o instrumento do momento. Podemos inclusive afirmar que, em casa, o Teclado está alcançando o lugar ocupado pelo violão. É muito comum, hoje em dia, encontrarmos bateristas, guitarristas ou saxofonistas que também possuem um teclado já que este instrumento possibilita ao músico compor e elaborar os arranjos com muita facilidade, aproveitando os recursos eletrônicos que simulam uma orquestra completa. Por outro lado, tornou-se o instrumento predileto dos apreciadores de música que gostam de executar seu repertório sem finalidades profissionais.

Mas o que é o Teclado?

Alguns afirmam que é todo instrumento portátil e que tem teclas, ou seja, não possui um móvel como o piano acústico e o órgão. Outros consideram que Teclado é um instrumento para qualquer iniciante tocar, usando a bateria eletrônica embutida e os acordes automáticos. Já os músicos de estúdio concordam que é um instrumento muito sofisticado, com tecnologia digital, entre outras características.

Mas o que causa essa diversidade de definições? O simples fato da existência de várias categorias, tipos e modelos de instrumentos de teclado. Portanto, se chamarmos Teclado qualquer instrumento de teclas, não estaremos sendo precisos em relação ao tipo específico ao qual estamos nos referindo. Por isso, o termo Teclado deve ser sempre seguido de sua categoria. Por exemplo, quando nos referimos a um daqueles teclados portáteis para tocar em casa ou em festas, devemos mencionar um Teclado do tipo **Home Keyboard**. Caso trate-se de um instrumento que grave digitalmente qualquer informação, denomine-o um Teclado do tipo **Sampler**.

Acostume-se a distinguir corretamente as diversas modalidades. Este processo é bem simples, já que o nome do instrumento está diretamente ligado à forma como ele gera o som.

**Piano**
Piano Acústico
Piano Eletrificado
    Piano Elétrico de Haste ou Palheta
    Piano Elétrico de Cordas
        Piano Eletrônico
        Piano Digital

**Sintetizador**
Sintetizador Analógico
Sintetizador Digital

**Sampler**

**Home Keyboard**

**Órgão**
Órgão de Tubos
Órgão Eletromecânico
Órgão Eletrônico
Órgão Digital

Além desses instrumentos, existe ainda o acordeão, que não é analisado neste dicionário (dedicado exclusivamente aos instrumentos que permitem acompanhamento com a mão esquerda por intermédio de teclas). Como se sabe, os acordes para mão esquerda, no acordeão, são produzidos por botões e não por teclas. Ainda assim, os acordeonistas poderão executar com a mão direita todos os acordes aqui apresentados, bastando apenas mudar seus dedilhados.

Nesta parte, você encontrará o histórico, dados técnicos básicos sobre cada uma das cinco categorias de instrumentos que possuem teclas, assim como as regiões ideais para executar o baixo, a harmonia e a melodia. Como este não é um livro técnico sobre a mecânica e a eletrônica dos instrumentos, as informações contidas limitar-se-ão às indispensáveis.

# Piano

Também conhecido como "instrumento nobre", símbolo da tecnologia máxima aplicada à música no início do século XVIII. Instrumento complexo, imponente, que, com teclas, cordas e martelos, revolucionou o padrão de dinâmica musical até então disponível em instrumentos de teclado. Vulgarmente chamado de cravo com martelos, tornou-se presente em todas as cortes, óperas e salas de concerto do mundo. A partir de 1732, as partituras para instrumentos de teclado nunca mais seriam as mesmas; além das notas e figuras rítmicas, ganhariam os símbolos *fff*, *ff*, *f*, *mf*, *mp*, *p*, *pp*, *ppp*; reflexos da paixão, melancolia, júbilo e alegria.

## Piano Acústico

O primeiro piano, com formato e mecânica como conhecemos hoje, foi inventado e construído em torno de1710, por Bartolomeo Cristofori (Pádua, Itália 1655 - Florença, Itália 1731). Este instrumento, que possuía o brilho do cravo, aliado às nuanças expressivas do clavicórdio, foi inicialmente chamado de Cravo com Piano e Forte, pois, como sugere o nome, uma de suas propriedades era a de variar entre as dinâmicas mais baixas (pianíssimo e piano) e as mais altas (forte e fortíssimo). O mecanismo que percutia as cordas com os martelos foi aperfeiçoado por Cristofori em 1726 e, com a evolução ocorrida através dos anos, o piano, como passou a ser chamado, ganhou novos dispositivos, até ser considerado o mais sonoro e completo instrumento, pois nas suas 88 notas estão contidas as regiões do baixo, da harmonia e da melodia.

Os componentes do piano são: teclado, martelos, abafadores, cravelhas, cordas do baixo, cordas do tenor, cordas do alto, cepo, caixa de harmonia, pedais de expressão, lira e o móvel.

Desde a década de 1960 consagrou-se chamar o piano tradicional de piano acústico. Entre os tecladistas, o piano recebeu este "sobrenome" para diferenciá-lo dos pianos elétricos e eletrônicos portáteis que passaram a ser amplamente utilizados em gravações e shows. A partir de 1988 foram desenvolvidos diversos pianos computadorizados, que possuem mecanismos especiais acoplados às teclas, possibilitando a comunicação com outros teclados ou com microcomputadores. Um piano acústico integrado a este sistema permite que se grave uma performance e se escute o resultado com o microcomputador executando o piano. Assim, as passagens mais críticas poderão ser detectadas e tecnicamente aperfeiçoadas.

## Piano Eletrificado

"Eletrificado" é uma classificação geral dos pianos que dependem da eletricidade para produzir e/ou amplificar seu som. São de tamanho reduzido, proporcionando facilidade de transporte. Podem ser elétricos (com som gerado acusticamente por cordas ou hastes e depois amplificado), eletrônicos ou digitais (dependem de componentes eletrônicos - transistores ou *chips*).

### Piano Elétrico de Haste ou Palheta

Nas décadas de 1930 e 1940, muitas tentativas foram feitas para reduzir o tamanho do piano, eliminando-se sua caixa de ressonância e adicionando-se captadores elétricos. Porém, os resultados não foram satisfatórios para os instrumentistas pois as características de *sustain* (sustentação) das notas e seus timbres foram sensivelmente prejudicadas pela ausência da caixa.

Abandonando a concepção sonora do piano acústico, no final dos anos 1940, Harold Rhodes começou a desenvolver um piano elétrico onde martelos com pontas de borracha percutiam hastes de metal que vibravam, produzindo um som muito peculiar, cristalino. Para cada haste foi adicionado um captador a fim de que o som das notas fosse registrado e amplificado. A partir dos anos 1960, este piano passou a ser produzido por Leo Fender, nas versões de 73 e 88 teclas, com o nome de Piano Elétrico Fender Rhodes. Esta mesma fábrica, a partir de 1990, desenvolveu pianos portáteis com tecnologia PCM (*Pulse Code Modulation*), que reproduzem digitalmente o próprio som do Fender Rhodes, o som de piano acústico, grande número de instrumentos acústicos, eletrônicos e bateria. Outro tipo de piano elétrico é o que utiliza palhetas para produzir o som, como o Wurlitzer, criado em 1955 por B. F. Meissner. Este piano elétrico não possui boa resposta de dinâmica e, como as palhetas produzem onda senoidal, seu som é muito "doce" mas, ainda assim, foi muito utilizado nas décadas de 1960 e 1970 em virtude de sua portabilidade.

**Piano Elétrico de Cordas**

Existem ainda pianos elétricos de 73 a 88 teclas, fabricados pela Kaway e pela Yamaha, com formato de pianos de armário ou de cauda, muito reduzidos, que utilizam o mesmo mecanismo do piano acústico, ou seja, possuem martelos, cordas e abafadores. Estes, dependendo da finalidade, são bons substitutos do piano acústico.

**Piano Eletrônico**

Com a invenção do transistor, no princípio dos anos 1960, foram lançados vários pianos eletrônicos portáteis. Os mais utilizados foram o RMI e o Elka. O som por eles produzido é bem diferente do piano acústico, assemelhando-se mais ao *Honky-Tonk* e ao *Clavinet*.

**Piano Digital**

No campo digital, os pianos do tipo RD, da Roland, que utilizam tecnologia S/A Synthesis, reproduzem com fidelidade excepcional as características timbrais e a ação do piano acústico, bem como de grande número de outros instrumentos acústicos e eletrônicos.

▶ Os teclados digitais já possuem MIDI (*Musical Instrument Digital Interface*). Ligando a saída MIDI de um teclado à entrada de outro, este segundo (*slave*) responderá a todas as notas e nuanças de interpretação que forem tocadas no primeiro (*master*). Os teclados fabricados até 1983 não possuem MIDI, contudo, pode-se instalar uma placa especial para cada modelo e, assim, torná-los comunicáveis com os tipos mais modernos ou com microcomputadores.

## Regiões do Piano

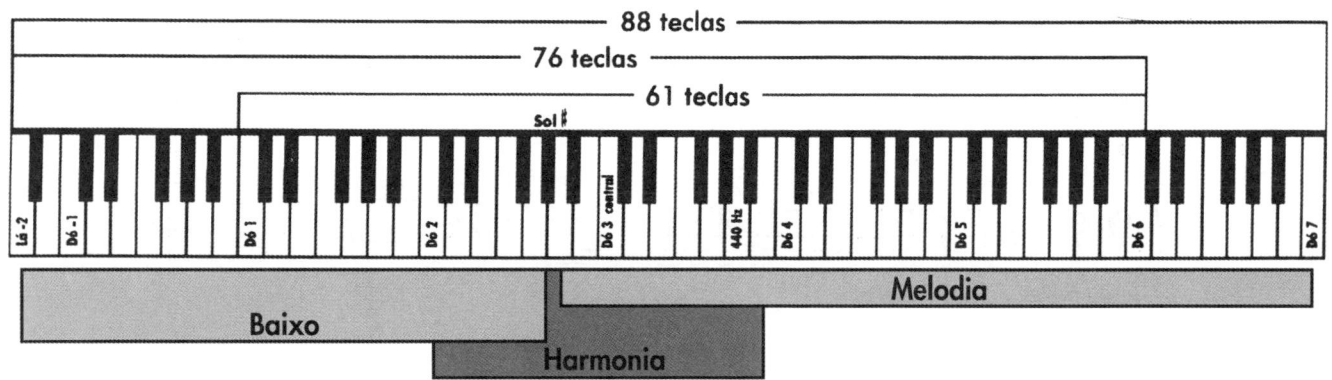

### Região do Baixo

Nos pianos de 88 notas, tem início no Lá -2, podendo alcançar a nota Sol# 2.

### Região da Harmonia

É onde estão escritos todos os acordes e posições deste dicionário. Principia no Dó 2, podendo atingir o Si 3. No piano, a partir do Dó 3 (dó central), podem ocorrer cruzamentos indesejáveis entre a harmonia e a melodia. Neste caso, deve-se tocar uma posição (inversão) do acorde que evite esta situação. Por exemplo, o acorde de C (Dó Maior), formado pelas notas Dó Mi Sol, pode ter três posições: Dó Mi Sol; Mi Sol Dó; Sol Dó Mi. Quando se toca com a mão esquerda a 3ª posição (Sol Dó Mi) e, com a mão direita, uma melodia descendente que cruze com as notas da harmonia, a solução para evitar o cruzamento será saltar da 3ª posição para a 1ª (Dó Mi Sol).

No Dicionário na Pauta e no Dicionário Gráfico, as posições ideais para piano estão marcadas com a letra P, e as opcionais, com o símbolo Þ.

### Região de Melodia e Improviso

Na música popular, é comum se escrever em tons nos quais a melodia seja tocada em torno do Sol 3 (região central) mas, eventualmente, poderá começar no Lá 2, estendendo-se até o Dó 5. Nos improvisos, poderá alcançar até a última nota.

> ▶ Em todos os gráficos de regiões, as teclas de referência são as notas Dó, seguidas de um espaço e do número relativo à sua altura (oitava) no teclado. Exemplo: Dó 1, Dó 2, Dó 3, etc.

## Técnicas de Acompanhamento para os Diversos Tipos de Piano

Aqui estão descritas as técnicas mais utilizadas em música popular.

Os acordes de três notas (tríades) podem ter três posições: o Estado Fundamental, a 1ª Inversão e a 2ª Inversão; enquanto que os de quatro notas (tétrades) possuem quatro posições: o Estado Fundamental, 1ª Inversão, 2ª Inversão, 3ª Inversão. Neste dicionário, adotei a linguagem das Posições ao invés de Inversões, já que grande parte dos acordes modernos para teclados não segue exatamente as regras tradicionais das inversões.

### Acordes Parados

Toca-se, simultaneamente, as notas que compõem o acorde, até surgir uma nova cifra na partitura. Este é o acompanhamento mais simples, sem movimento rítmico ou de vozes na mão esquerda.

Mulher Rendeira (Folclore Brasileiro)

## Acordes Ritmados

Quando o pianista popular começa a adquirir auto-confiança, passa a querer expandir a atividade da mão esquerda, desenvolvendo acompanhamentos ritmados. "Swingar" com a mão esquerda, mesmo que com acordes na 1ª Posição, já demonstra evolução da interpretação. Este é um momento crítico, quando muitos iniciantes desistem de estudar piano, julgando não possuir talento e passam para os *Home Keyboards* (teclados com baixo e acordes ritmados automáticos). Neste caso, deve-se ter em mente que, nos *Home Keyboards*, o acompanhamento automático é limitado a poucos acordes simples. Conseqüentemente, logo ressurgirá o desafio de desligar os recursos de acordes automáticos e retornar à interpretação manual, que é mais difícil mas possibilita maiores nuanças de interpretação.

Mulher Rendeira (Folclore Brasileiro)

## Acordes Arpejados

As notas do acorde são tocadas sucessivamente ao invés de simultaneamente, produzindo o efeito da harpa. Observando o exemplo abaixo, verifica-se que os acordes arpejados ajudam a dar movimento rítmico ao acompanhamento, além de embelezar a música. Pode-se utilizar este recurso quando a melodia na mão direita está com pouca atividade, caso contrário, o arranjo ficará saturado. As notas tocadas sucessivamente permitem ainda que o tecladista execute acordes que ultrapassem o intervalo de 10ª maior, com a mão esquerda.

Os acordes arpejados podem ser executados na Ordem Direta, Inversa, Ascendente/Descendente, Alternada e Alternada com Baixo Alternado, como mostram os exemplos seguintes:

### Baixo + Acorde Quebrado

A tônica, a 3ª ou a 5ª do acorde faz o baixo, enquanto as notas restantes completam o acorde, criando movimento rítmico.

### Baixo + Acorde Parado ou Ritmado

Primeiramente, percute-se o baixo, prendendo-o com o pedal de *sustain* e, logo em seguida, toca-se o acorde parado ou ritmado.

### Baixo Alternado + Acordes Parados ou Ritmados

Como o nome já indica, o baixo alternado consiste na variação entre o baixo na tônica e na 5ª do acorde. Os acordes de apoio podem ser tanto parados quanto ritmados, dependendo da atividade que a melodia estiver desenvolvendo. Geralmente, quando se trata de um solo intenso, usa-se o acorde parado para acompanhamento.

### Baixo Cantante + Acordes Parados ou Ritmados

Este gênero de acompanhamento para mão esquerda é muito aplicado no *Rag Time* e no *Blues*. Para se alcançar um bom desempenho é necessário que o tecladista tenha boa técnica e desenvoltura na mão esquerda, principalmente no caso do *Rag Time* em andamento rápido.

### Sacks

A melodia é tocada freqüentemente com o 3º, 4º e 5º dedos da mão direita, enquanto o 1º e o 2º ajudam na formação dos acordes parados ou ritmados. Esta técnica é muito utilizada no chorinho, bossa-nova, jazz e balada.

Eu e a Brisa (Johnny Alf)

▶ O acompanhamento ideal depende do gênero musical, ritmo e movimento da melodia, e pode-se combinar duas ou mais técnicas numa mesma performance. Por outro lado, deve-se evitar a saturação do acompanhamento, de modo que este não se destaque mais do que a melodia. Quando se está tocando com um baixista ou o baixo está gravado em um seqüenciador, evita-se tocar os acordes na 1ª Posição (Estado Fundamental), deixando o baixista desempenhar sua respectiva função, enquanto o tecladista fica liberado para aprimorar a harmonia, a melodia e o improviso. Observe várias partituras de piano popular e clássico e procure distinguir as diferentes técnicas apresentadas no acompanhamento. Geralmente nos *Song Books* e *Fake Books* encontra-se escrita somente a mão direita, com cifras acima da pauta, deixando a critério do intérprete o tipo de acompanhamento a ser desenvolvido. Experimentando as diversas técnicas de acompanhamento, examine a que melhor completa o arranjo da música, de acordo com o gênero e suas possibilidades técnicas.

# Sintetizador

Este instrumento reproduz eletronicamente ou digitalmente os sons dos instrumentos acústicos e possibilita, ainda, a programação de uma gama ilimitada de sons com acurada estabilidade de afinação e combinações dos timbres. Alguns modelos possuem um seqüenciador embutido (gravador digital de vários canais, que pode substituir o microcomputador externo).

## Sintetizador Analógico

O primeiro sintetizador analógico portátil monofônico a ser comercializado foi criado por Robert Moog e Jim Scott, em 1971, o famoso Minimoog, mas seus precursores foram os sintetizadores RCA Mark I e Mark II (1954, monofônicos, ainda a válvula), Moog Modular (1963) e Buchla Modular (princípio dos anos 1960). Os primeiros sintetizadores polifônicos foram lançados em meados da década de 1970 e são ainda utilizados, com a instalação de um *kit* de MIDI para que se comuniquem com outros teclados ou com microcomputadores. Assim como nos monofônicos, sua forma de gerar som dá-se por intermédio de circuitos VCO (Oscilador Controlado por Voltagem). Possuem também o VCF (Filtro Controlado por Voltagem) para amoldar as características timbrais, e o EG (Gerador de Envelope) para controlar a maneira como um determinado som responderá quando a nota for percutida. Em seguida, há o ADSR (*Atack, Decay, Sustain* e *Release*), com o qual se regula o tempo de ataque e de sustentação das notas. O circuito controlador final é o VCA (Amplificador Controlado por Voltagem), que trata a forma geral de audibilidade.

## Sintetizador Digital

Várias outras tecnologias foram aplicadas aos sintetizadores, inclusive a digital (FM, LA, AI, *Vector Synthesis*, etc.). Os sintetizadores Roland, Yamaha, Korg, E-mu, Kaway, entre outros, lançados a partir dos anos 1980, com suas diferentes tecnologias digitais, respondem polifonicamente até sessenta e quatro vozes, são *Touch Sensitives* (possuem dinâmica), multitimbrais e proporcionam muita segurança e confiabilidade, considerando a eficiência e a estabilidade geral de funcionamento. Além disto, produzem sons que têm a propriedade de conduzir o músico intérprete e compositor por caminhos jamais imaginados.

# Sampler

São teclados (ou módulos) que gravam digitalmente qualquer informação sonora aplicada na entrada de gravação, fornecendo amostras do som original. Enquanto os sons gravados estiverem na memória interna, podem ser editados, ou seja, pode-se modelar suas características timbrais e de audibilidade, como nos sintetizadores (por intermédio do VCF, ADSR, etc.). Logo após, deve-se arquivar os sons gravados, passando-os para disquetes ou mesmo para o *hard disk* de um microcomputador. Uma variação do *sampler* é o *sample-player*, que é um "tocador de *samples*", isto é, não possui entrada de gravação, mas reproduz diversos sons previamente "sampleados" e arquivados.

Os primeiros modelos, lançados do final dos anos 1970, dividiam-se em duas categorias: os de fidelidade limitada, pois gravavam em 8 *bits* e no máximo 15 kHz, fabricados pela E-mu e pela Ensoniq, e os mais poderosos em memória e fidelidade, fabricados pela Digital England (Synclavier) e pela CMI (Fairlight), cujos modelos mais recentes são os *samplers* ideais para gravação em estúdio.

Esta categoria de instrumento é muito utilizada atualmente pelos tecladistas, pois grava e reproduz os sons acústicos com fidelidade. É de boa portabilidade e ainda reproduz outros instrumentos como cordas, sopros, bateria eletrônica, etc. Variam entre 61 e 88 teclas. Na versão de 61 teclas, o instrumentista deverá trocar de programa quando quiser atingir oitavas acima daquelas disponíveis. Os modelos de 76 teclas são os ideais para quem precisa se deslocar muito entre estúdios de gravação e palcos, pois não pesam muito mais que os de 61 teclas e oferecem 15 notas a mais (muitas vezes o suficiente para que não se tenha que trocar de programa para alcançar uma oitava acima). Os de 88 notas com teclas e ação de piano são os mais recomendáveis.

## Modos de Operação do Sintetizador e do *Sampler*

### Modo Normal (*Layer*)

O instrumento pode ser usado com um ou mais sons sobrepostos, ocupando o teclado inteiro. Por exemplo, selecione um programa que tenha som de piano misturado com cordas, ou um de piano acústico em *layer* com piano elétrico (dois sons sobrepostos, ocupando o teclado desde a nota mais grave à mais aguda). Além disso, o microcomputador ou o seqüenciador pode executar os arranjos de baixo, harmonia e bateria, enquanto se toca "ao vivo - *real-time*" a melodia no teclado inteiro (em tempo real). Esta forma de performance é chamada Ao Vivo + Seqüenciador.

### Modo *Split*

O teclado é dividido em regiões com sons diferentes. Uma configuração ideal no Modo *Split* é aquela em que o teclado apresenta faixas separadas para o baixo, para a harmonia e para a melodia, de forma que o intérprete possa executar diversos instrumentos ao mesmo tempo, espalhados no teclado. Se não for utilizado um seqüenciador para tocar o arranjo de base, a performance é denominada de Ao Vivo, já que cada instrumento (de baixo, de harmonia e de melodia) está sendo executado em tempo real.

Quando o teclado estiver com *Splits* (separações) de duas ou mais regiões, o instrumentista deverá ter atenção para não ultrapassar as faixas destinadas a cada instrumento, caso contrário, obterá resultados indesejáveis como uma frase de baixo com som de piano.

## Regiões do Sintetizador e do Sampler
Modo Normal - Tocando ao Vivo + Seqüenciador

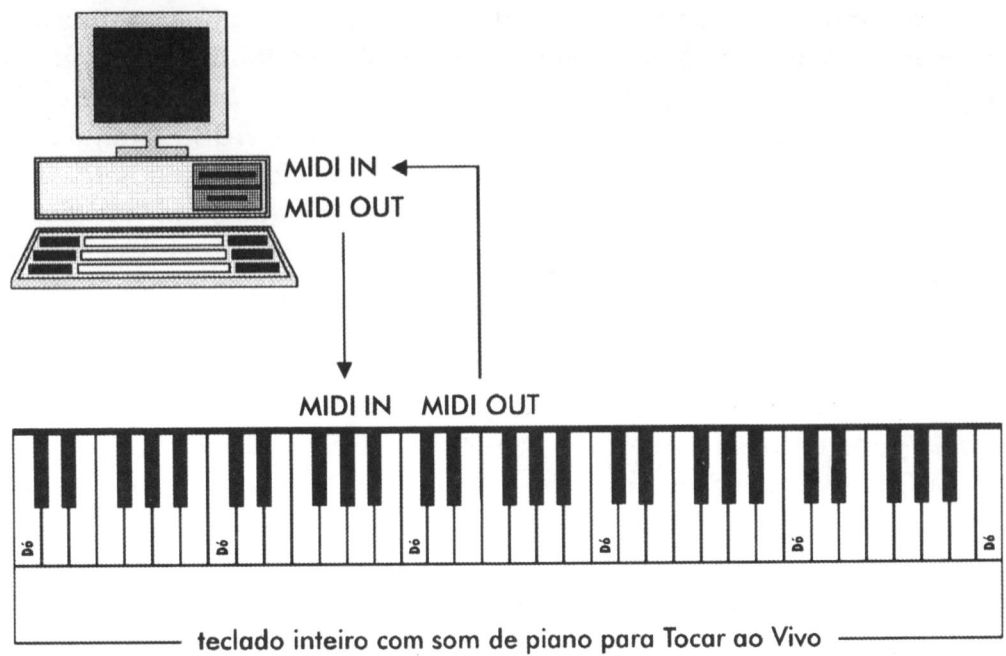

## Região do Baixo

Já que o baixo será tocado pelo seqüenciador, não há necessidade de se preocupar com cruzamentos. Por outro lado, é conveniente não passar do Dó Central, durante a gravação, para que não soe falso.

## Região da Harmonia

A harmonia poderá ser seqüenciada seguindo os padrões de regiões relativas ao programa escolhido para esta finalidade (guitarra, *brass*, *strings*, vibrafone, violão, etc.).

## Região da Melodia e Improvisos

Como demonstra o gráfico anterior, todo o teclado estará disponível para a interpretação dos solos e, se for o caso, permite ainda contribuir com a harmonização em tempo real, utilizando som de piano.

## Regiões do Sintetizador e do Sampler
Modo *Split* - Tocando Ao Vivo

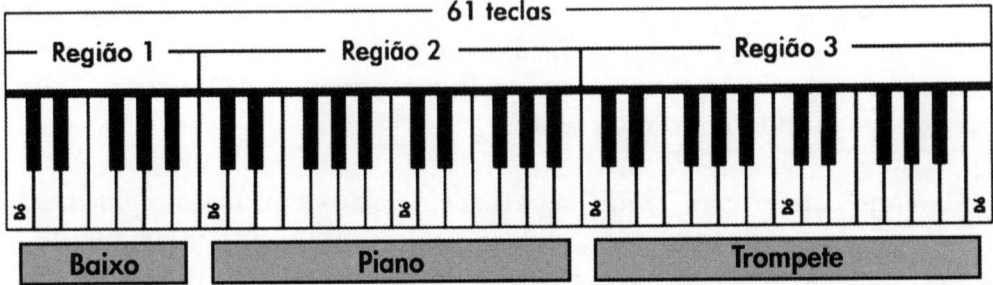

**Região do Baixo**

Neste exemplo de configuração de *Split*, o baixo tem a extensão de Dó a Si (o suficiente para se executar diversas variações Ao Vivo, em *real-time*).

**Região da Harmonia**

Tem início no segundo Dó, estendendo-se ao Si duas oitavas acima. Nesta região, estão escritos todos os acordes deste dicionário.

No Dicionário na Pauta e Dicionário Gráfico, tanto para sintetizador quanto para *sampler*, as melhores posições de acordes são as mesmas que para piano, marcadas com a letra P, e as posições opcionais estão com o símbolo Þ, supondo-se que o teclado esteja de acordo com o gráfico anterior.

**Região da Melodia e Improvisos**

Do quarto Dó até a nota mais aguda.

▶ Os instrumentos multitimbrais (que respondem a vários canais de MIDI simultaneamente) permitem ainda que se toque com o teclado em *Split* ao Vivo, mas com o seqüenciador executando todo o arranjo de base. Esta performance é denominada Ao Vivo em *Split* + Seqüenciador. No Modo Normal (*Layer* - todo o teclado com o mesmo som), observe que para reproduzir 76 notas do piano em um sintetizador ou *sampler* de 61 teclas são necessários dois programas diferentes, os quais, geralmente, já vêm configurados de fábrica. Por exemplo, o programa nº 1 deve começar com o Dó mais grave do piano acústico (Dó -1) na primeira tecla Dó do sintetizador, e terminar no Dó 5, a última tecla. Desta forma, entretanto, faltam as notas mais agudas do piano. Selecione, então, o programa nº 2. Este deverá ter a nota Dó 1 do piano acústico iniciando na primeira tecla do sintetizador. Assim, o último Dó no teclado será o Dó 6 do piano acústico. Caso a música esteja concentrada na região grave, selecione o programa nº 1. Se houver necessidade de mais notas para a melodia ou improvisos nos agudos, mude para o programa nº 2.

## Técnicas de Acompanhamento para Sintetizador e Sampler

No Modo Normal, são as mesmas que para piano acústico e, no Modo *Split*, dependerá das características de ADSR (*Atack, Decay, Sustain* e *Release*) de cada som utilizado para um determinado programa. Se a execução estiver sendo realizada em um *Split* com 3 regiões, como no gráfico apresentado, o ideal é que o som do baixo tenha um pouco de *sustain*, para que possa saltar entre baixo e harmonia sem que pare de soar.

# Home Keyboard

O termo *Home Keyboard* significa Teclado Caseiro, ou seja, o teclado do músico que gosta de tocar em casa, sem finalidades profissionais. O sucesso deste instrumento pode ser atribuído ao seu preço, portabilidade e à possibilidade do músico iniciante executar suas músicas preferidas como se estivesse tocando em um conjunto, sem precisar estudar oito horas por dia.

A propagação deste gênero de teclado se deu a partir do final da década de 1970. O *Home Keyboard* possui praticamente todos os recursos que os órgãos caseiros, com a vantagem de ser muito mais barato e facilmente transportável. Alguns modelos funcionam até com pilhas.

O *Home Keyboard* possui bateria eletrônica embutida com diversos ritmos e centenas de sons programáveis, variando de simulação de instrumentos acústicos a eletrônicos, baixo e acordes automáticos sincronizados com a bateria, seqüenciador incorporado para gravar o baixo e a harmonia, transposição automática de tonalidade, sistema estéreo de amplificação com alto-falantes embutidos no painel, etc.

Como esse instrumento evoluiu paralelamente aos sintetizadores, órgãos caseiros e *samplers*, há, atualmente, diversos modelos que utilizam tecnologias digitais (FM, PCM, etc.). Desta forma, pode ser aplicado em diversas finalidades, desde festas a gravação de discos e trilhas sonoras, já que possui qualidade sonora equivalente a dos instrumentos mais utilizados pelos profissionais. No Brasil, foram apelidados de Teclados Portáteis.

No Dicionário na Pauta e no Dicionário Gráfico, encontram-se todos os acordes possíveis de execução com os recursos automáticos ou com o *Home Keyboard* funcionando como um piano. Mas antes é necessário entender os dois modos principais de operação: **Modo Normal** (*Layer*) e **Modo Automático** (*Split*). No Modo Automático, há duas funções: **Função *Fingered*** e **Função *Single Finger*** que auxiliarão na obtenção de resultados imediatos.

## Modos de Operação do Home Keyboard

### Modo Normal (*Layer*)

O teclado funciona integralmente como um piano ou sintetizador, ou seja, toda a sua extensão terá o mesmo som.

### Modo Automático (*Split*)

O teclado se divide em duas regiões. A da esquerda é destinada à execução do acompanhamento com as funções automáticas, e a da direita é reservada à melodia e ao improviso.

No Modo Automático, pode-se executar o acompanhamento de mão esquerda nas duas funções a seguir.

## Funções Automáticas

### Função *Fingered*

Com o botão *Fingered* ligado, o executante toca um acorde parado dentro da região de harmonia, enquanto a bateria eletrônica provoca variações rítmicas neste acorde e produz um baixo que varia de notas de acordo com as utilizadas no acorde. Logo, se o instrumentista não se sente à vontade para fazer ritmos com a mão esquerda, basta que ele toque acordes parados enquanto a bateria eletrônica desincumbe-se do resto. As notas do acorde devem ser percutidas simultaneamente para que o microprocessador interno do instrumento não produza falhas. Com este recurso, na maioria dos modelos, o instrumentista fica limitado aos seguintes acordes:

|         | Maior                         | 7 (♭13)     | Maior com 7ª e 13ª Menor          |
|---------|-------------------------------|-------------|-----------------------------------|
| (add9)  | 9ª adicional (Maior e Menor)  | m           | Menor                             |
| 7       | Maior com 7ª                  | m7          | Menor com 7ª Menor                |
| 7M      | Maior com 7ª Maior            | m7 (♭5)     | Menor com 7ª e 5ª Diminuta        |
| ♯5      | Maior com 5ª Aumentada        | m(7M)       | Menor com 7ª Maior                |
| 7 (♭5)  | Maior com 7ª e 5ª Diminuta    | 4           | 4ª Suspensa                       |
| 7 (♯11) | Maior com 7ª e 11ª Aumentada  | 7/4 ou 7 (11) | Maior com 7ª e 4ª ou com 7ª e 11ª |
| 7 (♯5)  | Maior com 7ª e 5ª Aumentada   | °           | Diminuto                          |

Para tocar acordes com muitas dissonâncias (9ª, 11ª e 13ª), que não constam nesta lista, desligue a Função *Fingered* sem interromper a bateria eletrônica e programe um baixo no seqüenciador. Por outro lado, se desejar solucionar o problema por um caminho mais simples, elimine as dissonâncias acima da 7ª, o que não é muito recomendável, pois empobrece o acompanhamento.

**Função *Single Finger***

Com este botão acionado, o executante toca somente uma ou duas notas na região da harmonia e o instrumento arma automaticamente as outras notas do acorde. A bateria eletrônica também provoca as mesmas variações que na função anterior. Se a opção for pelo uso da Função *Single Finger*, consulte, no manual do instrumento, os procedimentos de execução dos acordes Maiores, Maiores com Sétima, Menores e Menores com Sétima. A forma de reproduzir esses acordes depende do fabricante e do modelo do instrumento mas, como regra geral, pressiona-se uma única nota para os Maiores e duas notas para os demais.

▶ Alguns modelos de *Home Keyboard* menos sofisticados possuem somente três oitavas e sete notas (de Fá a Dó), e são relativamente limitados em termos de qualidade de som e de funções automáticas. Por exemplo, só será possível tocar os acordes de acompanhamento da primeira nota Fá ao Fá uma oitava acima, quando a função *Fingered* estiver ligada. Por esta razão, os acordes obrigatórios para *Home Keyboard*, neste dicionário, estarão sempre condicionados a este limite. Já os modelos de quatro oitavas (49 teclas de Dó a Dó) e os de cinco oitavas (61 teclas de Dó a Dó) possuem muito mais recursos e sons de melhor qualidade, pois utilizam a tecnologia PCM (*Pulse Code Modulation*), onde os programas foram gravados – sampleados – de instrumentos acústicos ou eletrônicos reais. A região para acompanhamento na Função *Fingered* é um pouco maior, ou seja, estende-se do primeiro Dó ao Fá da oitava seguinte.

## Regiões do Home Keyboard na Função Fingered

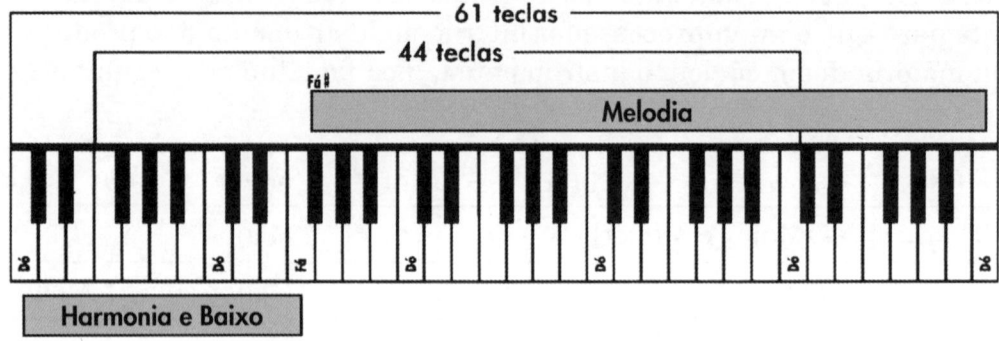

**Região do Baixo**

Com o *Fingered* ligado, o baixo toca automaticamente junto com a bateria eletrônica, quando se arma um acorde na faixa entre o primeiro Dó da esquerda e o segundo Fá.

**Região da Harmonia**

Nos modelos de três oitavas, a execução dos acordes estende-se da primeira nota Fá até a segunda. Nos modelos de mais de três oitavas, tem início no primeiro Dó, prolongando-se até o segundo Fá. Alguns Teclados Portáteis incluem o Fá♯ para harmonia e permitem, ainda, que se programe a extensão desta região.

Com o *Fingered* ligado, as posições possíveis para acompanhamento estão marcadas, neste dicionário, com a letra H.

**Região da Melodia e Improviso**

A partir da segunda nota Fá♯ até a nota mais aguda.

## Técnicas de Acompanhamento no Modo Normal

Neste modo, todo o teclado tem um único som, logo, as técnicas de acompanhamento serão as mesmas do piano (páginas 26, 27, 28 e 29).

## Técnicas de Acompanhamento no Modo Automático

Com a Função *Fingered* acionada, a única técnica possível é a dos Acordes Parados. Toque a primeira cifra da partitura e só mude quando aparecer a próxima. Concentre-se na melodia, pois como já foi dito, o baixo e o ritmo de acompanhamento variarão automaticamente. Experimente tocar este trecho da música "Oh! Suzana". Siga as sugestões apresentadas dentro do quadrado ao lado da pauta. Primeiramente selecione o som de banjo na seção de instrumentos para tocar a melodia; escolha o ritmo de marcha na seção de ritmos; ligue a Função *Fingered* e toque com Acordes Parados. Quando a mão esquerda percutir o primeiro acorde, a bateria, os acordes automáticos e o baixo começarão a tocar.

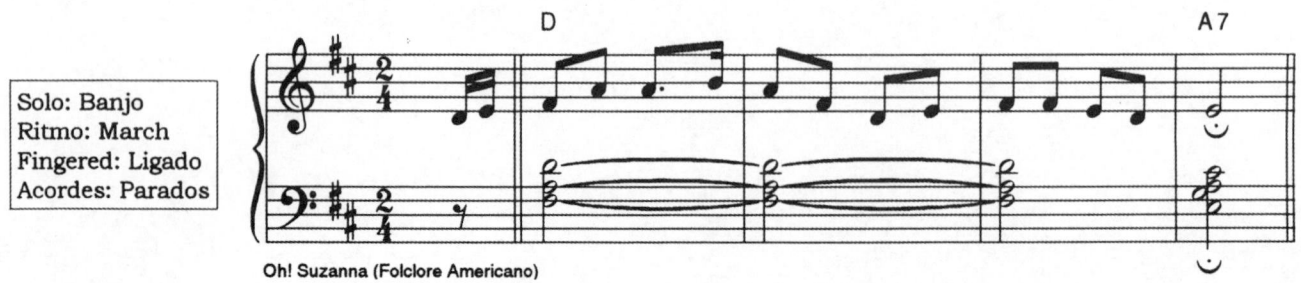

Oh! Suzanna (Folclore Americano)

# Órgão

É o mais antigo de todos os instrumentos de teclado. A palavra órgão é derivada do grego e significa ferramenta, instrumento. Foi inventado no século II a.C. pelo engenheiro Píndaro Ctesíbius e pelo arquiteto Vitruvio, que viveram na Alexandria durante o reinado de Ptolomeo VII. No século IX, a construção deste instrumento foi muito cultivada pelos monges europeus e em 980 já se fabricavam modelos com dois teclados e 400 tubos.

## Órgão de Tubos

Este instrumento pertence à classe dos instrumentos de vento, pois necessita de ar passando por seus tubos para que o som seja produzido. O órgão criado por Ctesíbius era também chamado de *Hidraulus,* que representa água e tubos. Isto porque o que mantinha o ar sob pressão constante na caixa (someiro) era um sistema que aproveitava a água corrente e, a partir do século IV d. C., passou-se a utilizar o sistema pneumático, que consistia no fornecimento de ar por intermédio de foles.

Diversas variações menores que o órgão de igreja foram desenvolvidas a partir do século XIII: o Órgão Portátil (com foles manuais), o Órgão Positivo (que podia ser colocado sobre uma mesa), o Regal (com sons produzidos por palhetas ao invés de tubos) e o Harmônio (que parecia um guarda-louça).

O próprio órgão de igreja passou por grandes melhorias a partir do século XV, ganhando pedais e mecanismos de botões que, para modificar o som, direcionavam o ar para um determinado jogo de tubos e cortavam a passagem para outros. Mais tarde, com o advento da eletricidade, passou-se a construir órgãos com sistema elétrico de bombeamento de ar.

## Órgão Eletromecânico

Em 1932, Laurens Hammond e John Hanert criaram o órgão eletromecânico que se tornou muito famoso: o órgão Hammond. Este instrumento possui um motor elétrico que gira com velocidade constante, regulando 91 freqüências, enquanto o sistema de *drawbars* controla o volume dos harmônicos. Possui pedaleira e pedal de expressão. Tornou-se o órgão mais utilizado pelos músicos de jazz, *blues* e *rock*. Seus inconvenientes são o peso e o tamanho, o que de certa forma contribuiu para o surgimento dos órgãos eletrônicos portáteis.

## Órgão Eletrônico

Nos anos 1950, nasciam as pequenas bandas de *rock'n roll* e os organistas encontravam-se freqüentemente prejudicados pelo transporte, montagem e manutenção do órgão Hammond. Com as bandas viajando de cidade em cidade, a situação tornava-se cada vez mais difícil para amadores ou semi-profissionais que não dispunham de uma boa estrutura de transporte. Uma das primeiras companhias a solucionar este problema foi a fábrica italiana Farfisa, lançando o órgão eletrônico portátil Compact Duo. Logo em seguida, surgiu o órgão transistorizado Vox, da Continental. A própria Hammond, beneficiando-se de um mercado em evolução, lançou, nos anos 1960, versões bem reduzidas e portáteis, mas ainda detentoras do princípio eletromecânico. Nessa época, podia-se encontrar grande variedade de órgãos portáteis especiais para viagem, inclusive os que reuniam os sistemas eletromecânico de motor com o transistorizado.

Quanto aos órgãos caseiros, os instrumentos evoluíram a um nível de sofisticação que mais pareciam verdadeiras orquestras, tocados em dois ou três teclados e pedaleira, contando ainda com bateria eletrônica. O primeiro órgão deste tipo a ser comercializado foi o Baldwin Model 5. Alguns incorporaram, ainda, um sintetizador analógico no terceiro teclado (acima do *Upper Manual* - Teclado Superior). Os mais sofisticados conservam o sistema de *drawbars* para regulagem dos harmônicos.

## Órgão Digital

A partir dos anos 1980, os órgãos passaram a produzir som com tecnologia PCM, com a qual diversos instrumentos acústicos (bateria, piano e, inclusive, o próprio som de órgão) são gerados digitalmente e possuem ainda seqüenciador embutido para que se possa gravar arranjos de base ou performances inteiras. Alguns modelos reúnem as tecnologias PCM e eletrônica, proporcionando variedade inesgotável de programas (sons). É muito comum encontrar modelos de órgãos mais modernos com as mesmas funções dos *Home Keyboards*, ou seja, com baixos e acordes automáticos.

### Regiões do Órgão de Dois Teclados e Pedaleira

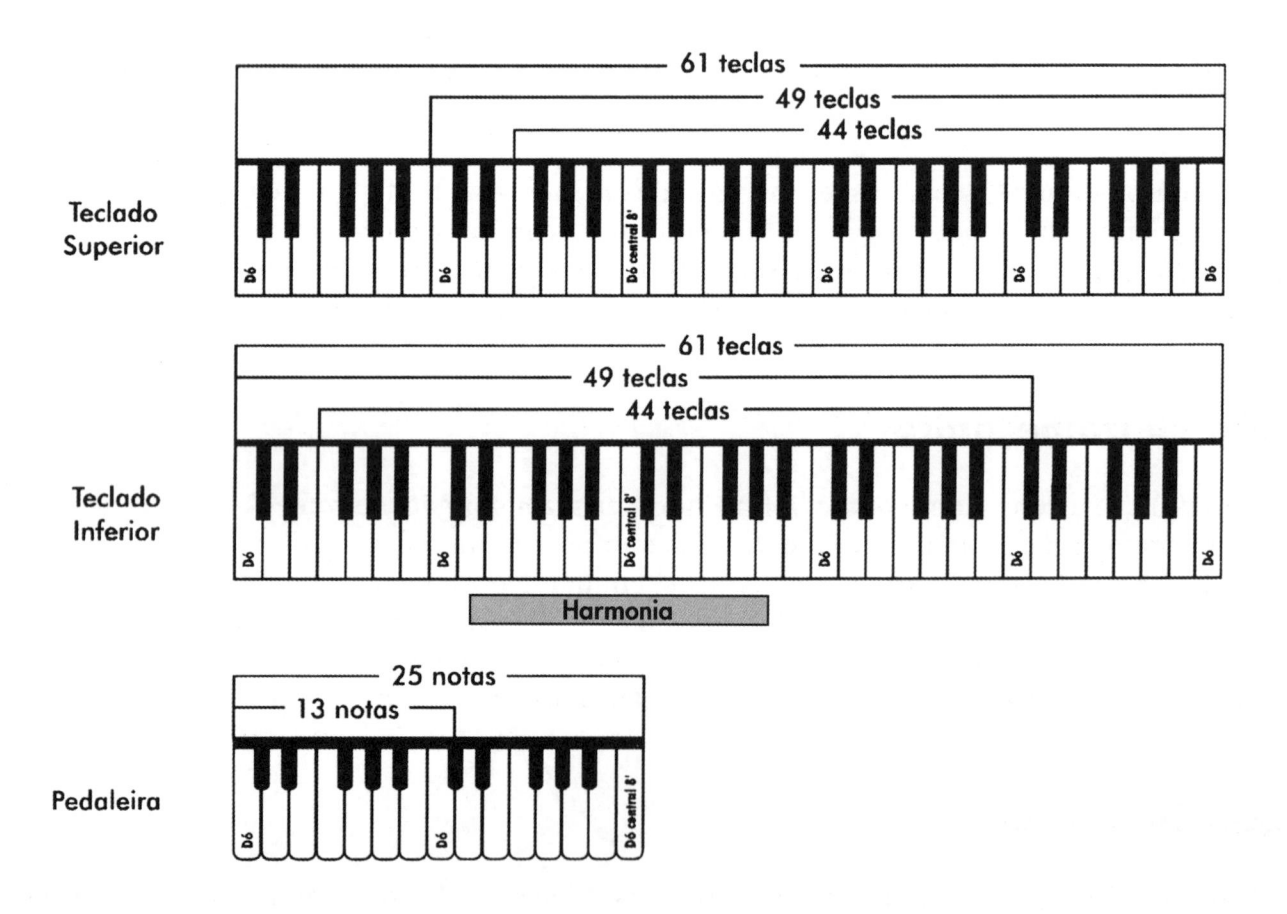

### Região do Baixo

Com as funções automáticas desligadas, toca-se o baixo com os dois pés na pedaleira, quando esta for de duas oitavas (vinte e cinco notas), e somente com o pé esquerdo, se a pedaleira tiver apenas uma oitava (treze notas). O resultado sonoro do baixo depende do registro selecionado (oitava 16' ou 8'). Utilizando o registro de 8', na pedaleira de vinte e cinco notas, a última será o Dó central. Se o organista optar pelos baixos automáticos, deverá tocar acordes com a mão esquerda no Teclado Inferior, sem ultrapassar a segunda nota Fá. Como no caso do *Home Keyboard*, o ritmo da bateria eletrônica mais o acorde executado produzirão os baixos automáticos.

**Região da Harmonia**

Com as funções automáticas desligadas, executa-se a harmonia geralmente com a mão esquerda no Teclado Inferior. É recomendável tocar os acordes de acompanhamento entre o Ré abaixo do Dó Central e o Lá acima do mesmo. Como se pode observar, o órgão possui um alcance significativo para acompanhamento, sem a preocupação de cruzamentos com a mão direita, que estará utilizando o Teclado Superior. Se a preferência for pelo uso das funções automáticas, a região da harmonia passará a ser igual a do *Home Keyboard* (página 36).

No Dicionário na Pauta e no Dicionário Gráfico, as melhores posições estão marcadas com a letra O (de Órgão) e as posições opcionais, com o símbolo Ø. Assim, dentro do mesmo compasso, acima das posições, poderão aparecer as duas marcas, indicando qual é a aconselhável e qual é a opcional. Observe que, geralmente, as melhores posições são as inversões do acorde e não o Estado Fundamental (1ª posição). Isto porque a nota raiz (tônica) deve ser executada na pedaleira.

Se o seu instrumento tem a função *Fingered* e você quer executar o acompanhamento com as facilidades dos recursos automáticos, passe a procurar pelos acordes deste dicionário marcados com a letra H, como se fosse um *Home Keyboard*, ao invés de O ou Ø.

**Região da Melodia e Improviso**

Geralmente executa-se o solo no Teclado Superior, do segundo Lá até a última nota, e para improvisar, o teclado inteiro, se for necessário.

# Técnicas de Acompanhamento para Órgão

Com os recursos automáticos desligados, a harmonia é desenvolvida com a mão esquerda no Teclado Inferior e os baixos com os pés na pedaleira. Eventualmente, a harmonia pode ser executada também no Teclado Superior, juntamente com a melodia, formando blocos de acordes com as duas mãos.

Já que o instrumento dispõe de pedaleira exclusivamente para a execução do baixo, o organista não precisa estudar a técnica de saltos com a mão esquerda, como o pianista. Por outro lado, deverá desenvolver bem as seguintes técnicas:

**Baixo + Acorde Parado ou Ligado**

Arioso (de J. S. Bach)

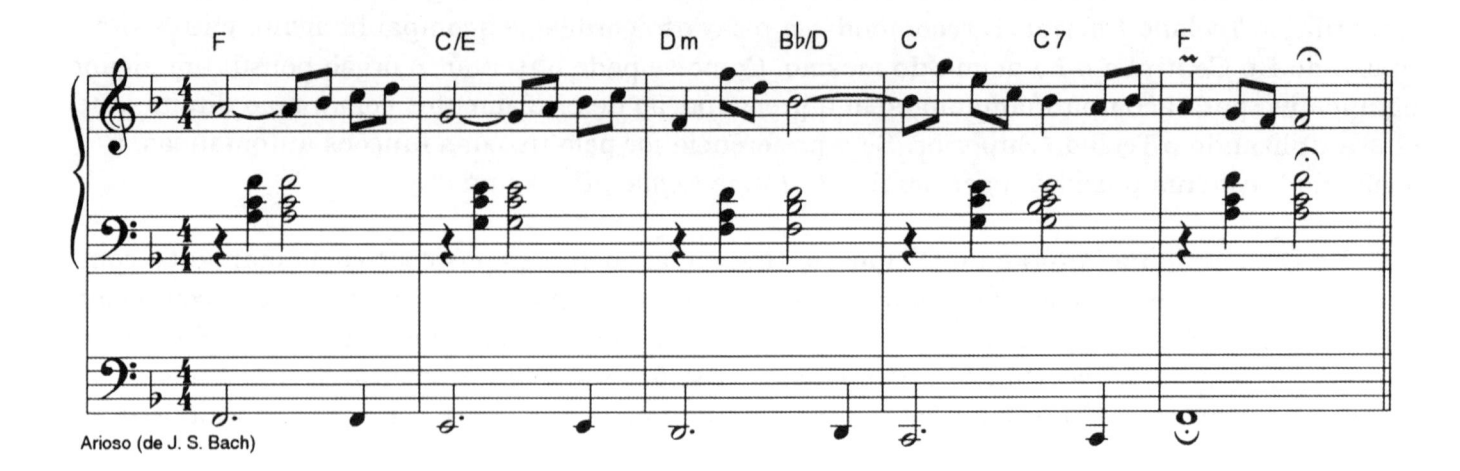

**Baixo + Acorde Ritmado** (mão esquerda auxiliando o ritmo)

Arioso (de J. S. Bach)

▶ Uma outra técnica é o *Theater Style*, que consiste em tocar blocos de acordes com ambas as mãos, cada uma em um teclado. No Superior, a harmonização segue a melodia, fazendo uso total das diversas inversões. Praticando os acordes e inversões, o organista estará apto a executar esta técnica, que proporciona grande efeito sonoro, com os acordes soando como naipe de sopros.

## Escrita para Órgão

Nas partituras de música clássica, o baixo é escrito na clave de Fá, em uma pauta separada, como se pode verificar nos exemplos dos Prelúdios e Fugas de Bach, onde o baixo toca uma voz independente e não uma simples marcação de tônica, 3ª e 5ª. Já na música popular, o baixo não "passeia" tanto, a não ser nas músicas jazísticas; logo, pode ser perfeitamente escrito na mesma pauta que a mão esquerda, na clave de Fá. Neste caso, as figuras rítmicas do baixo deverão estar com suas hastes para baixo, e as da harmonia, para cima.

## Convertendo Partituras de Piano para Órgão

Quando for necessário executar uma partitura de piano (uma pauta na clave de Sol e outra na de Fá) no órgão, recomenda-se a separação dos elementos da seguinte forma:

1. Toque a melodia escrita para piano (clave de Sol) no Teclado Superior do órgão.

2. Caso, junto com a melodia, existam notas que ajudem a formar a harmonia, isto é, na técnica de *Sacks* para piano (ainda na clave de Sol), "jogue-as" para o Teclado Inferior, juntamente com as demais notas da harmonia na clave de Fá. Assim, o bloco de harmonia será todo executado no Teclado Inferior, com o som do registro selecionado para acompanhamento.

3. As notas da harmonia na clave de Fá serão tocadas com a mão esquerda, no Teclado Inferior.

4. Na partitura de piano, na clave de Fá, estão escritos o baixo e a harmonia; logo, basta separar o baixo e transferí-lo para a pedaleira do órgão.

Veja no modelo a seguir, como é simples fazer esta conversão:

Partitura de Piano

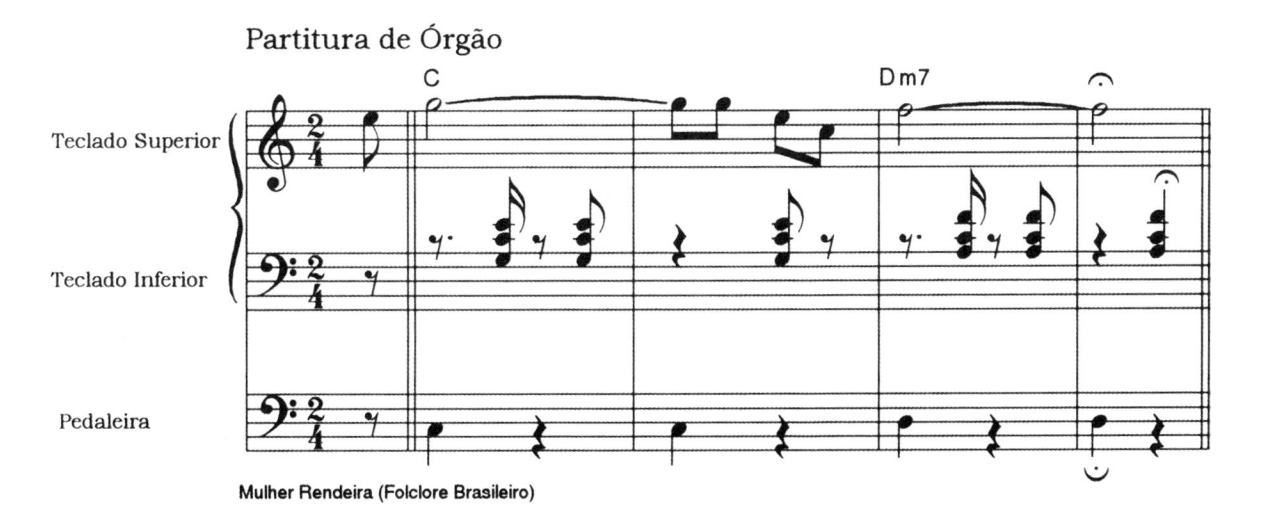

Partitura de Órgão

Teclado Superior

Teclado Inferior

Pedaleira

**Mulher Rendeira (Folclore Brasileiro)**

# Parte 2

# Músicas e Modelos de Partituras

O repertório a seguir é constituído por músicas de variados estilos e é apresentado nos quatro formatos de partituras mais utilizados em música popular para teclados:

**Partitura de Método de Teclado**

Exemplo: "Ode à Alegria". Possui uma pauta na clave de Sol para a melodia. As cifras são indicadas acima da mesma e os diagramas de teclados correspondem ao acompanhamento de mão esquerda. Cada nota tem seu nome escrito por extenso e respectivo dedilhado. Do lado esquerdo da pauta, são incluídas informações de registro, ritmo e função. Este formato é mais comum em métodos para principiantes.

**Partitura para Canto e Piano**

Exemplo: "Eu e a Brisa". Apresenta uma pauta separada na clave de Sol, onde é escrita a melodia do canto, com as sílabas da letra da música alinhadas embaixo das notas. Para o piano, há uma pauta na clave de Sol e outra na de Fá. Algumas partituras deste tipo incluem a letra da música separada, com cifras aplicadas acima das sílabas correspondentes.

**Partitura de Órgão**

Exemplo: "Ária" (fragmento da Ária para Quarta Corda). Apresenta uma pauta para melodia na clave de Sol, outra para acompanhamento na de Fá, e uma suplementar na clave de Fá onde são escritas exclusivamente as notas do baixo. As cifras podem aparecer acima da pauta na clave de Sol ou entre a primeira e a segunda pauta.

**Partitura de Piano**

Exemplo: "Piano Blues". Possui uma pauta na clave de Sol para a melodia e uma na de Fá para o acompanhamento. As cifras são aplicadas entre as duas pautas ou acima das mesmas.

As músicas apresentadas devem ser treinadas com todas as técnicas de acompanhamento mencionadas na Parte 1, obedecendo às seguintes etapas:

1. Treine a melodia separadamente até verificar que está com total domínio das passagens.

2. Execute, no teclado, cada cifra da música escolhida. Se perceber que está dando muitos saltos desnecessários na mudança das cifras, adote outra tática e procure encurtar os caminhos, utilizando posições que facilitem e enriqueçam a harmonização.

3. Caso não consiga interpretar e executar uma determinada cifra ou tenha dúvidas sobre as alternativas de posições de um determinado acorde, recorra ao Dicionário na Pauta ou ao Dicionário Gráfico. Anote ao lado da cifra, na partitura, os nomes das notas que a compõem e assim não será necessária a consulta constante para tocar a mesma música.

4. Após esclarecer todas as dúvidas relativas às cifras, treine seguidamente apenas o acompanhamento de mão esquerda.

5. Se o Teclado estiver com som de piano, experimente fazer o acompanhamento com as diversas técnicas descritas na Parte 1. Se encontrar dificuldade técnica em alguma das formas de acompanhamento, temporariamente passe para outra em que tenha mais segurança, mas não desista e dedique uma parte do seu tempo para tentar superar as limitações. Caso utilize um teclado *Home Keyboard* e a intenção seja tocar com o ritmo e o

baixo automáticos, ligue a função *Fingered* e treine somente a mão esquerda, executando Acordes Parados juntamente com a bateria eletrônica. Em seguida, cante a melodia enquanto toca o acompanhamento. Quando estiver firme, passe para a etapa seguinte.

6. Junte as duas mãos, ou seja, a melodia com o acompanhamento. No princípio pode ocorrer a perda do tempo da música, mas, treinando devagar, é fácil superar as dificuldades.

7. O domínio completo da execução de uma música se dá exclusivamente quando a melodia (mão direita) está fluindo naturalmente, sem que seja intimidada pelo acompanhamento (mão esquerda) e vice-versa.

8. Forme seu repertório e chame algumas pessoas para assistí-lo. Assim, você estará treinando a concentração na presença de ouvintes.

9. Dedique também algum tempo de seus estudos para executar as mesmas músicas em diversos tons. Esta prática pode ser muito valiosa para acompanhar um cantor ou cantora e para tocar com outros músicos. Os guitarristas, por exemplo, gostam dos tons de Mi e Lá, pois na guitarra, os acordes correspondentes soam bem cheios, já que utilizam os bordões soltos. O hábito de executar músicas somente nos tons em que estão escritas, causará problemas quando for necessária uma transposição rápida.

10. Caso tenha planos de se profissionalizar, experimente improvisar com a mão direita enquanto a mão esquerda faz o acompanhamento. Existem muitos livros que o ajudarão a compreender os caminhos da improvisação e em que grau das escalas se encontram os acordes. Estudando as funções de cada acorde e sua relação com as escalas, é possível adquirir a segurança necessária para a criação de improvisos admiráveis.

A trajetória que leva um músico ao sucesso é bastante variada e surpreendente, porém tem como base a dedicação, a perseverança e o estudo! Aproveite essas músicas para aprender a localizar as cifras no dicionário. Mesmo que o acorde já seja conhecido, pesquise suas respectivas inversões. Esta prática auxiliará na escolha de uma ou outra posição, em situações diversas.

# Partitura de Método de Teclado

## Ode à Alegria

(Da 9ª Sinfonia)

Solo: Strings
Ritmo: Pop
Fingered: Ligado
Acordes: Parados
Baixos: Automáticos

L. Van Beethoven

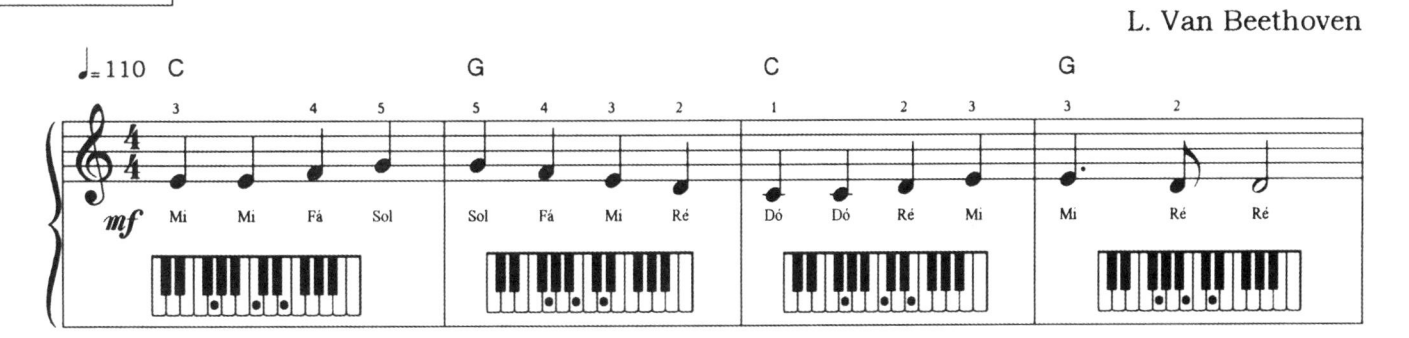

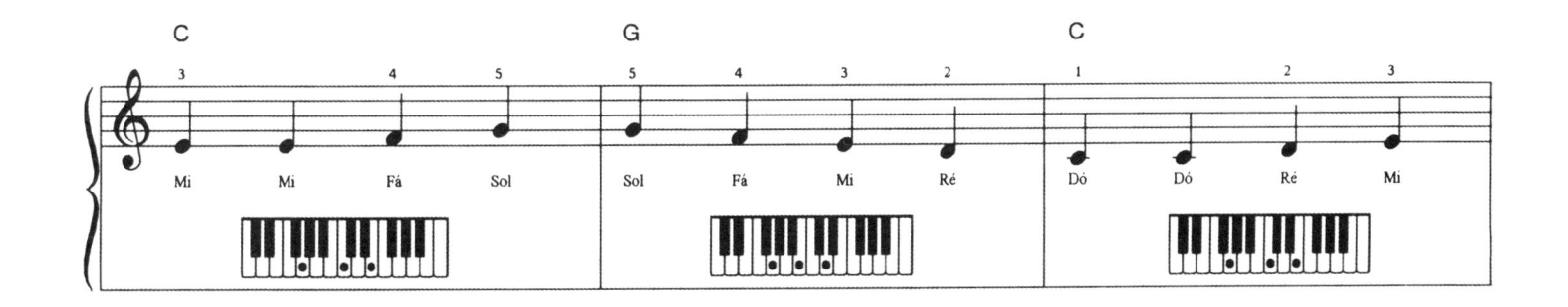

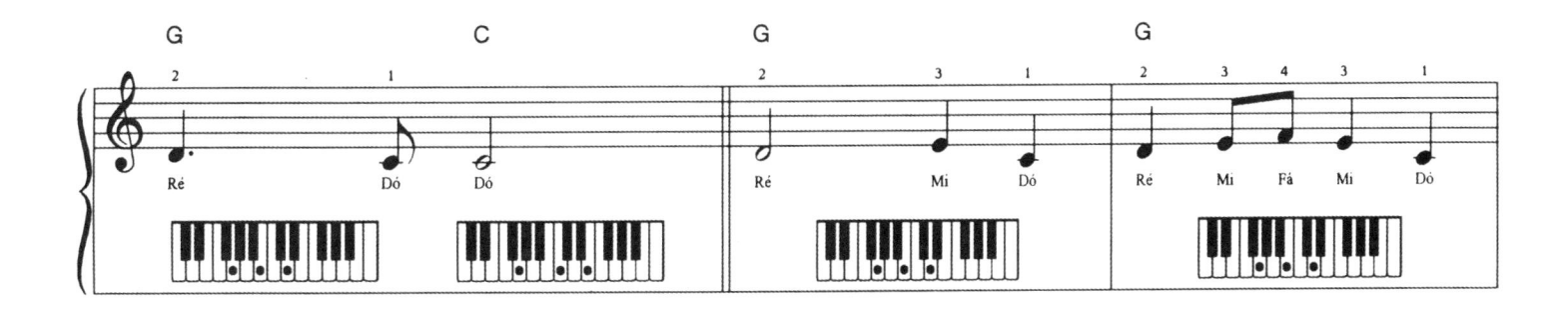

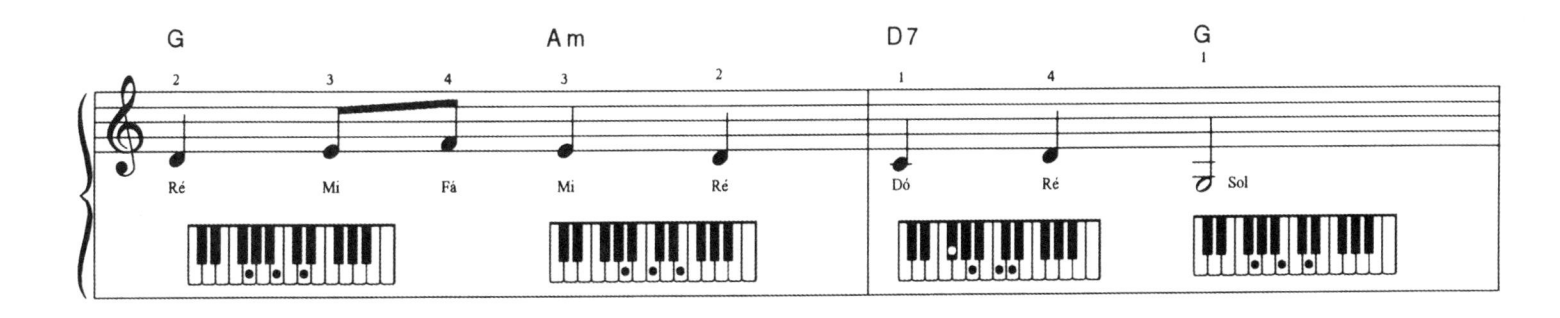

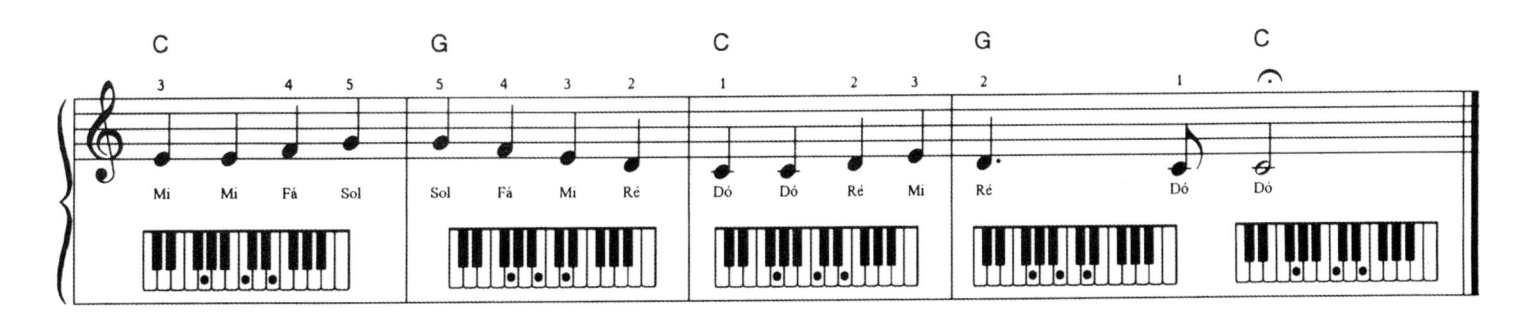

♩=110

| C | G | C | G |
|---|---|---|---|
| Mi Mi Fá Sol | Sol Fá Mi Ré | Dó Dó Ré Mi | Mi Ré Ré |

| C | G | C |
|---|---|---|
| Mi Mi Fá Sol | Sol Fá Mi Ré | Dó Dó Ré Mi |

| G | C | G | G |
|---|---|---|---|
| Ré Dó Dó | Ré Mi Dó | Ré Mi Fá Mi Dó |

| G | Am | D7 | G |
|---|---|---|---|
| Ré Mi Fá Mi Ré | Dó Ré | Sol |

| C | G | C | G | C |
|---|---|---|---|---|
| Mi Mi Fá Sol | Sol Fá Mi Ré | Dó Dó Ré Mi | Ré Dó | Dó |

# Partitura para Canto e Piano

## Eu e a Brisa

Canção

Arranjo de
Luciano Alves

Letra e música de
Johnny Alf

*Lento*

Ah! Se a juven- tu- de que es- sa bri- sa can- ta Fi- cas- se a- qui co- mi- go mais um pou- co\_\_\_\_ Eu po- de- ri- a es- que- cer a dor De ser tão só prá ser um so- nho E a í en-

© Copyright 1967 by IRMÃOS VITALE S/A IND. E COM. - Rio de Janeiro - São Paulo - Brasil.
Todos os direitos autorais reservados. All rights reserved.

-tão quem sabe_al-guém che-gas - se\_\_ Bus-can-do\_um so-nho\_em for-ma de de-se-jo\_\_ Feli-ci-da-de\_en-tão prá nós se-ri - a\_\_ E de-pois que\_a tar-de nos trou-xes-se\_a lu - a\_\_ Se\_o\_a-mor che-gas-se\_eu não re-sis-ti - ri - a\_\_ E\_a madru-

-ga- da a- ca- len- ta- ri- a nos- sa paz___ Fi- ca oh! bri- sa fi- ca pois tal- vez quem sa- be___ O\_i- nes- pe- ra- do fa- ça\_u- ma sur- pre- sa___ E tra- ga\_al- -guém que quei- ra me\_es- cu- tar E jun- to\_a mim quei- ra fi- car___ Quei- ra fi- -car Quei- ra fi- car___ Quei- ra fi- car

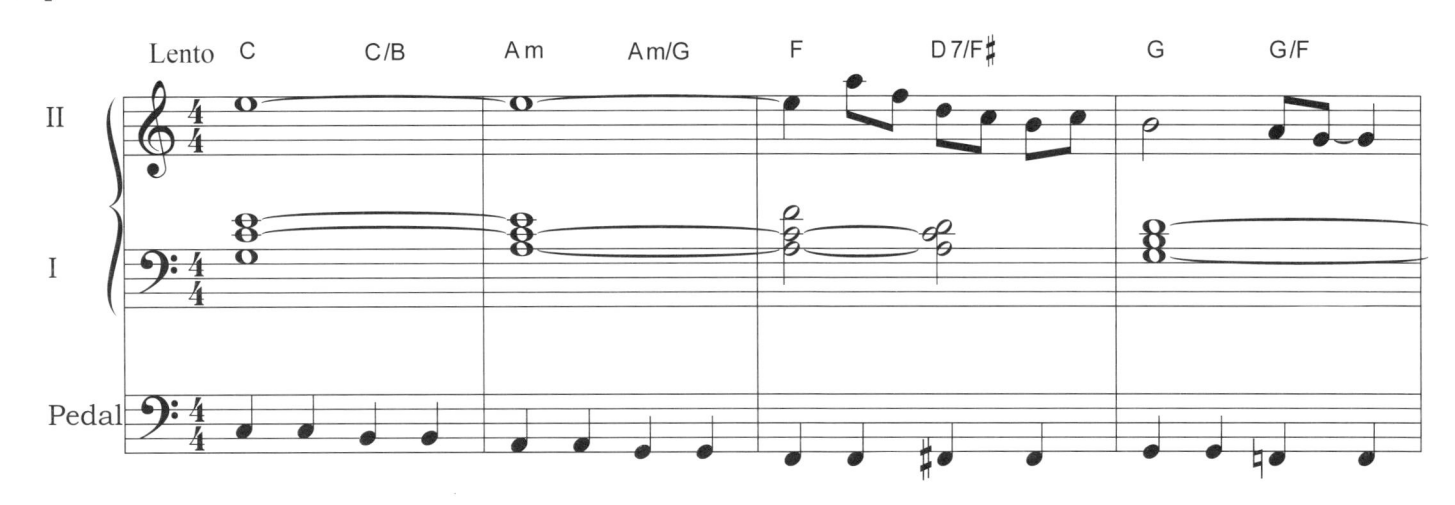

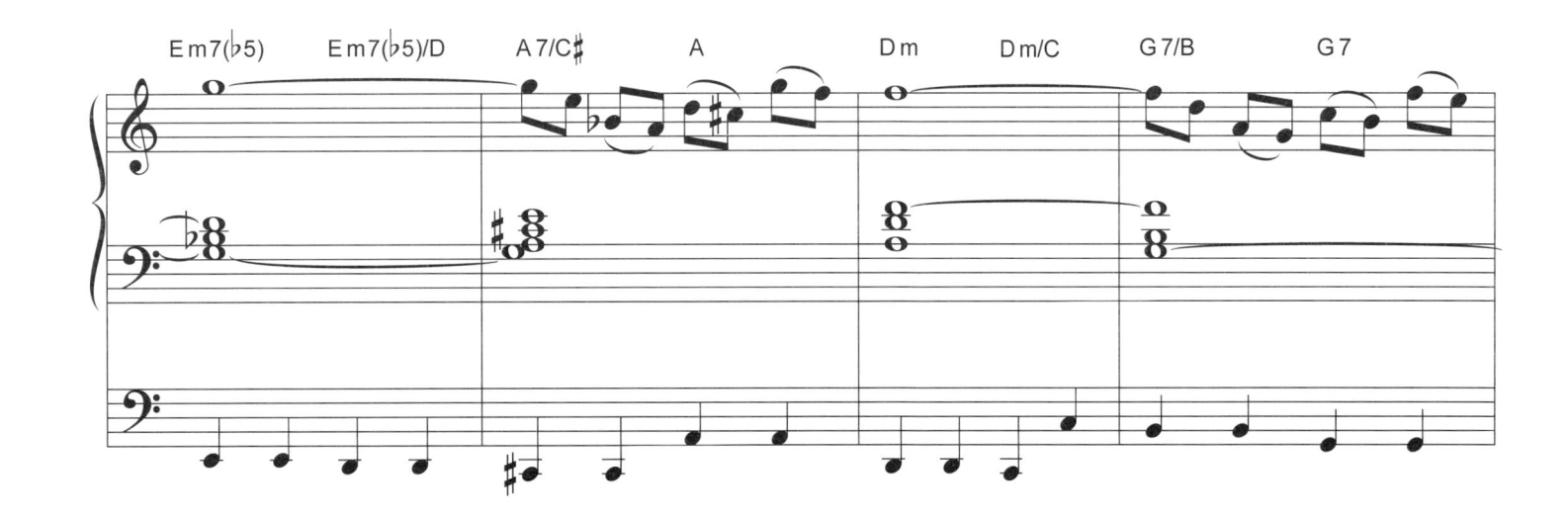

# Partitura de Órgão

## Ária

(Fragmento da Ária da Quarta Corda)

YAMAHA
Upper: Violin 8'
Lower: Flute 8' e 4'
Pedal: Bass 16'

HAMMOND
Upper: A# 008086400
Lower: A# 006400000
Pedal: 70

Adaptação para órgão em C
Felipe Radicetti

J. S. Bach

# Partitura de Piano

## Piano Blues

(do LP Quartzo)

Luciano Alves

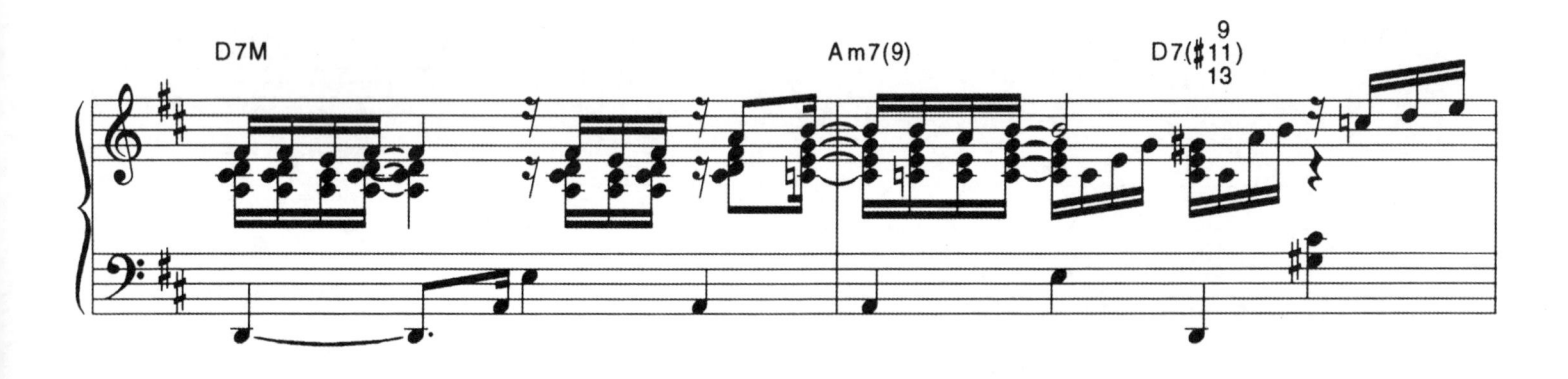

Bm7(9)
Bm 6 9
G7M
F♯ 7 4
F♯7(♭5)
6
Bm7(9)
Bm 6 9
G7M
A 7 4(9)
1.
f
p
A 7 4(9)
2.
pp
D 6 9
Rall

# Parte 3

# Dicionário na Pauta

No Dicionário na Pauta estão classificados todos os acordes e suas respectivas cifras. Aqui, eles estão escritos na clave de Fá, para mão esquerda, em blocos de três ou quatro notas mas, se desejar, execute-os com as duas mãos, distribuindo ou dobrando as notas. Toque o baixo com a mão esquerda e prenda-o com o pedal de *sustain* ao utilizar o Teclado como piano.

O Dicionário na Pauta é resultado de um estudo meticuloso das posições e regiões de cinqüenta e seis acordes por tom, com suas respectivas inversões. Naturalmente, muitas delas utilizam linhas suplementares superiores, pois suas notas ultrapassam o Si 2. Se houver dificuldade na leitura de notas nesta clave, seus nomes estão escritos por extenso, seguidos do dedilhado. Observe que todas as posições estão nas regiões ideais de acompanhamento para todos os tipos de teclados e recebem as marcas P, Þ (Piano), H (*Home Keyboard*), O e Ø (Órgão), que serão detalhadas mais adiante.

## Cifras

São as representações simbólicas dos acordes. A notação das cifras é feita com letras de imprensa, maiúsculas, como a seguir:

| Lá | Si | Dó | Ré | Mi | Fá | Sol |
|----|----|----|----|----|----|-----|
| A  | B  | C  | D  | E  | F  | G   |

As cifras não são universalmente padronizadas e, dependendo do país, podem ter diversas maneiras para representar o mesmo acorde. Assim, em diferentes partituras você encontrará, por exemplo, o acorde de Ré Maior com 5ª Aumentada escrito de várias formas: D(#5), D+, D 5+, D 5#, D aug ou D (aug). Todas essas formas e a maneira correta de se ler as cifras são abordadas nas páginas 62, 63 e 64.

Para efeito de descrição e classificação das cifras, este dicionário adotou a linguagem considerada mais correta, comumente encontrada nos melhores métodos de música e partituras. Até o presente momento, não existe ainda um tratado para nomear acordes, mas as convenções a seguir vêm sendo adotadas gradativamente, na tentativa de se estabelecer uma unificação:

1. Os sinais de alteração da tônica do acorde (# e ♭) vêm logo após a letra maiúscula. Exemplo: F# (Fá sustenido Maior).

2. Em seguida, escreve-se o tipo do acorde (m, 7, 4, °). Exemplo: F#m, G7, E♭4, F# °

3. Nas Tríades Maiores, não se utiliza a letra "M"; somente a letra do tom. Exemplo: D (Ré Maior).

4. Nos Acordes Menores, aplica-se um "m" minúsculo à direita da letra do acorde. Exemplo: Dm (Ré Menor).

5. As dissonâncias extras devem ser escritas entre parênteses para facilitar a interpretação. Exemplo: C7 (9) (Dó 7ª e 9ª).

6. As alterações das dissonâncias aparecem antes das mesmas. Exemplo: D7 (#9) (Ré 7ª com 9ª Aumentada).

## Disposição dos Acordes no Dicionário na Pauta

Os Acordes Maiores, Menores, com 4ª Suspensa, 7ª da Dominante e Diminutos aparecem ascendentemente de 1/2 em 1/2 tom (1 semitom), de Dó a Si, na seguinte disposição, tomando como exemplo o acorde de Sétima da Dominante: C7, D♭7, D7, E♭7, E7, F7, F♯7, G7, A♭7, A7, B♭7, B7. Cada tipo de acorde terá tantas posições (inversões) quantas suportar.

No exemplo citado, o C7, formado por quatro notas (Dó, Mi, Sol, Si♭), terá quatro posições.

Algumas notas da escala cromática possuem a mesma nota de efeito, mas diferentes denominações, e são chamadas de Notas Enarmônicas. Por conseguinte, o mesmo ocorre com os acordes bemolizados ou sustenizados. Analisemos o acorde de C♯ (Dó Sustenido Maior), que possui as mesmas notas de efeito que D♭ (Ré Bemol Maior).

O tom de C♯ possui sete sustenidos (Fá♯, Dó♯, Sol♯, Ré♯, Lá♯, Mi♯, Si♯), e o tom de D♭ possui cinco bemóis (Si♭, Mi♭, Lá♭, Ré♭, Sol♭):

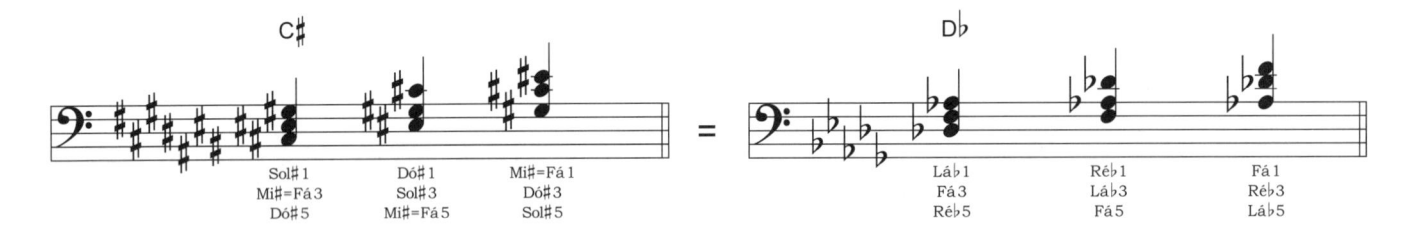

Toque os dois acordes no teclado e observe que, apesar das notas receberem nomes diferentes, elas são exatamente as mesmas. Este efeito chama-se Enarmonia. A notação musical, de uma ou outra forma, dependerá do tom em que a música estiver.

## Quadro da Enarmonia dos Acordes

| Acordes Possíveis | Acordes do Dicionário |
|---|---|
| C | C |
| C♯ ou D♭ | D♭ |
| D | D |
| D♯ ou E♭ | E♭ |
| E | E |
| F | F |
| F♯ ou G♭ | F♯ |
| G | G |
| G♯ ou A♭ | A♭ |
| A | A |
| A♯ ou B♭ | B♭ |
| C♭ ou B | B |

As tonalidades com sustenidos ou bemóis, adotadas neste dicionário são D♭, E♭, F♯, A♭ e B♭. Logo, quando encontrar em partituras, cifras como C♯, D♯, G♭, G♯ e A♯, troque-as por seus respectivos enarmônicos, já que o acorde de efeito será exatamente o que está sendo procurado.

## Regiões Ideais

Se não forem tocadas na região correta, algumas posições para piano, sintetizador, *sampler* e órgão soarão desagradáveis. Para *Home Keyboard* com *Fingered* ligado, talvez nem produzam som. Por isso, é muito importante saber localizar o Dó central no teclado e, a partir dele, as outras notas Dó (ver gráficos da Parte 1, região da harmonia).

Todas as posições encontram-se na região que abrange o Dó 2 e o Si 3, ou seja, estão entre o Dó, uma oitava abaixo do Dó central, e o Si, seis notas acima do mesmo. Para *Home Keyboard* com *Fingered* ligado (posições marcadas com H), estão entre o primeiro e o segundo Fá da esquerda do teclado.

## Marcas Especiais

No Dicionário na Pauta, as posições recebem várias marcas de identificação, resultantes de meticulosa pesquisa realizada junto a diversos tecladistas:

**P** - Posição ideal para Piano.
**♭** - Posição opcional para Piano.
**H** - Posição recomendável ou obrigatória para *Home Keyboard* com *Fingered* ligado.
**O** - Posição ideal para Órgão.
**Ø** - Posição opcional para Órgão.
**( )** - Quando o nome da nota estiver escrito por extenso e entre parênteses significa que a nota em questão é opcional, ou seja, pode ser suprimida na posição em que se encontrar.
**5, 4, 3, 2, 1** - Dedilhado para mão esquerda. Neste dicionário, está escrito à direita dos nomes das notas por extenso.

O exemplo a seguir demonstra as regiões e marcas especiais na forma como aparecem no Dicionário na Pauta para mão esquerda, tomando como exemplo o acorde de C7 (Dó Sétima).

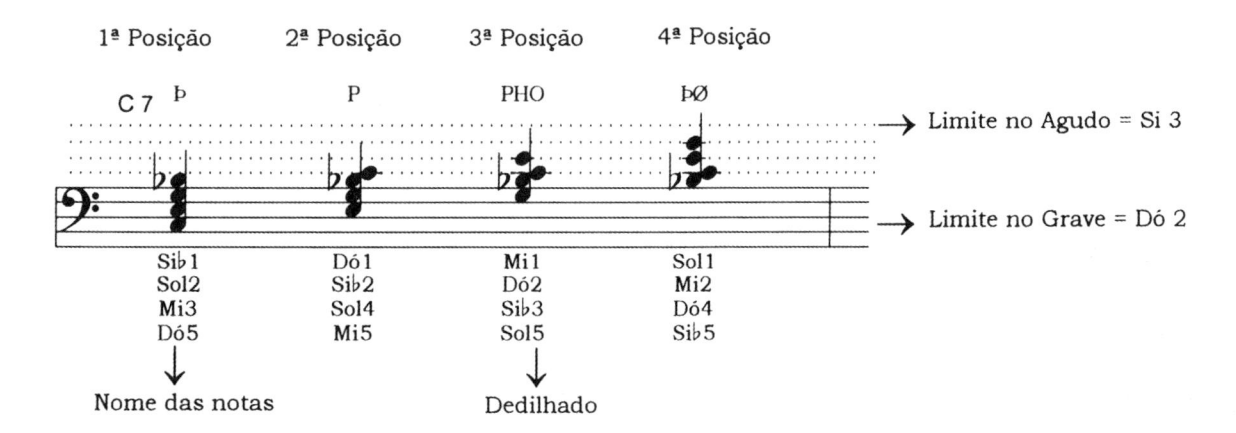

Localize o Dó 2 no seu teclado e toque o acorde de C7 na 1ª Posição, onde o som será bonito e encorpado, mas se for executado uma oitava acima (na região do Dó Central, Dó 3), provavelmente ocorrerá cruzamento entre o acorde e a melodia. Se a execução for na oitava do Dó 1 resultará num som muito grave. Este exemplo demonstra o quanto o acompanhamento pode perder a qualidade se estiver na região errada.

Observe as marcas especiais colocadas acima das posições. Elas indicam que a primeira posição é opcional para Piano, a segunda é ideal para Piano, a terceira é ideal para Piano, *Home Keyboard* e Órgão, e a quarta é opcional para Piano e Órgão.

▶ Para *Home Keyboard* com a função *Fingered* desligada (um som só para todo o teclado), não se prenda às posições marcadas com H e passe a executar as que possuem P ou Þ, já que o teclado estará funcionando como um piano. Para sintetizador ou *sampler* no modo normal, siga as marcas especiais P ou Þ.

Tanto no Dicionário na Pauta como no Dicionário Gráfico, cada nota que compõe os acordes recebe alteração em particular (♭, ♯, ♭♭, ×), conforme a tonalidade em questão, a fim de facilitar a consulta. Em uma partitura, os sustenidos e bemóis relativos ao tom da música são escritos na Armadura da Clave, o que torna desnecessária a inclusão de cada um deles nas respectivas notas, no decorrer da música. No Dicionário na Pauta, sempre que aparecerem notas que possam gerar dúvidas tais como Mi♯, Dó♭, Fá× e Lá♭♭, os nomes das notas de efeito também estarão escritos por extenso. Por exemplo, a primeira posição do acorde E (♯5), Mi com 5ª Aumentada, é formada pelas notas Mi, Sol♯, Si♯ = Dó. Como a 5ª Aumentada é o Si♯, para facilitar a procura da nota de efeito (Dó), seu nome aparece escrito logo após o sinal de igual.

## Como Consultar o Dicionário na Pauta

Como já foi mencionado, nesta parte estão dispostos cada um dos acordes em tonalidades sucessivas ascendentes, o que facilitará muito o estudo aprofundado de cada um deles. O objetivo deste critério de organização é favorecer o estudo de um determinado tipo de acorde em todos os tons. Por exemplo, ao consultar o acorde de C(♯5), aproveite para estudar o mesmo tipo (♯5) em D♭, D, E♭, E, etc. Assim, quando aparecerem em partituras diversas, os acordes de D♭(♯5), D(♯5), E♭(♯5), E(♯5), etc. já estarão memorizados e não será necessário recorrer ao dicionário.

As consultas iniciais ao Dicionário na Pauta deverão obedecer às seguintes etapas, adotando a cifra Cm (7M) (Dó Menor com 7ª Maior) como exemplo:

1. Recorra ao índice e localize o título Tabela de Localização dos Acordes.

2. Faça um cruzamento do Tom com o Tipo de Acorde desejado, que neste exemplo é Cm (7M). Resultado: página 76.

3. Na página 76, localize a cifra Cm (7M).

4. Toque as quatro posições e escolha a que soar melhor para suas finalidades. Observe as marcas especiais e dedilhado.

## Formação Básica do Acorde

Ao lado de cada título do Dicionário na Pauta, há uma pequena pauta com o acorde de C (Dó) na clave de Sol. Trata-se da descrição das notas que definem a Formação Básica do Acorde, com exemplo no tom de Dó. Os intervalos abordados estão abreviados e devem ser lidos da seguinte forma:

| | | | |
|---|---|---|---|
| T —————— Tônica | | 7ª M —————— Sétima Maior | |
| 3ª m —————— Terça Menor | | 9ª m —————— Nona Menor | |
| 3ª M —————— Terça Maior | | 9ª M —————— Nona Maior | |
| 4ª J —————— Quarta Justa | | 9ª a —————— Nona Aumentada | |
| 5ª d —————— Quinta Diminuta | | 11ª J —————— Décima Primeira Justa | |
| 5ª J —————— Quinta Justa | | 11ª a —————— Décima Primeira Aumentada | |
| 5ª a —————— Quinta Aumentada | | 13ª m —————— Décima Terceira Menor | |
| 6ª M —————— Sexta Maior | | 13ª M —————— Décima Terceira Maior | |
| 7ª m —————— Sétima Menor | | | |

Note que nas posições dos acordes para mão esquerda, dependendo da extensão entre a Tônica e as dissonâncias, algumas notas da Formação Básica são descartadas. Isto ocorre porque, em certos acordes, não é necessário ou permitido tocar a 5ª, 3ª ou a 4ª. Como este livro é basicamente um dicionário, não cabe aqui descrever os conceitos teóricos da Formação dos Acordes, mas existem muitos livros que auxiliarão a compreensão deste assunto.

▶ Acostume-se a executar o baixo do acorde com as técnicas de saltos descritas nas páginas 28 e 29, mesmo que ele não esteja escrito no acorde para mão esquerda. Devido à limitação da abertura máxima da mão (uma oitava para os iniciantes e uma décima para os profissionais), a execução dos acordes de 9ª, 11ª e 13ª fica impraticável, com baixo e dissonâncias simultâneos, logo, a solução é tocar a nota fundamental da cifra e, depois, saltar para o acorde.

Invista um pouco de tempo estudando e memorizando os acordes do dicionário. Uma boa base de conhecimento dos acordes isolados contribuirá muito para a prática dos Encadeamentos Harmônicos (matéria de importância primordial, que será abordada no próximo volume deste livro, juntamente com uma série de exercícios de harmonização).

A seguir, estão listados os cinquenta e seis tipos de acordes com exemplo no tom de C (Dó). Na coluna da esquerda estão ordenados com a nomenclatura ideal. Na do centro, aparecem nas formas opcionais de escrita, devido à falta de padronização. Na coluna da direita é descrita a forma correta de leitura das cifras. Quando estiverem separadas por "ou" significa que os acordes têm as mesmas notas, com inversões diferentes. Nestes casos, pode-se cifrar o mesmo tipo de acorde das duas formas, observando se a alteração está localizada no miolo ou na ponta do mesmo. Ocorrem da seguinte forma:

4 ou 11                                                                             6 ou 13

O sinal "=" separando duas cifras indica que as alterações têm as mesmas notas de efeito, apesar de encontrarem-se em oitavas diferentes. Este sinal simboliza a igualdade das alterações e não a dos acordes por inteiro. Esta similaridade se deve ao fato de certos acordes terem as mesmas notas de efeito mas pertencerem a diferentes escalas. Note que, mesmo estando separados por este sinal, os acordes de ♯5 e ♭13 ou de ♭5 e ♯11 possuem diferentes notas nas suas formações pois os de ♯5 e ♭5 não toleram a 5ª Justa, enquanto que os de ♭13 e ♯11 permitem-na. Ocorrem da seguinte forma:

♯5 = ♭13                                                                           ♭5 = ♯11

# Classificação dos Acordes

Neste dicionário, os acordes estão dispostos pela ordem de entrada das alterações (dissonâncias), na medida do possível. Os exemplos a seguir são em C (Dó).

## Cifragem dos Acordes Maiores

| Ideal | Opcional | Leitura |
|---|---|---|
| C | CM | Dó Maior |
| C ($\sharp$5) | C+, C5+, C5$\sharp$, C aug | Dó Maior com 5ª Aumentada |
| C6 | C add6, C maj 6 | Dó Maior com 6ª |
| C$^6_9$ | C6 add9, C$^9_6$ | Dó Maior com 6ª e 9ª |
| C (add9) | $\overline{C9}$ | Dó Maior com 9ª Adicional |
| C7M | C maj 7, C7+, C$\Delta$7, C$\Delta$ | Dó Maior com 7ª Maior |
| C7M ($\sharp$5) | C7M (+5), C7M 5+, C+7M | Dó Maior com 7ª Maior e 5ª Aumentada |
| C7M (6) | C$^6_{7M}$ | Dó Maior com 7ª Maior e 6ª |
| C7M ($^6_9$) | | Dó Maior com 7ª Maior, 6ª e 9ª |
| C7M (9) | C maj 9 | Dó Maior com 7ª Maior e 9ª |
| C7M ($\sharp$11) | C7M (+11), C7M 11+, C$^{11+}_{7M}$ | Dó Maior com 7ª Maior e 11ª Aumentada |
| C7M ($^9_{\sharp11}$) | C7M ($^9_{+11}$) | Dó Maior com 7ª Maior, 9ª e 11ª Aumentada |

## Cifragem dos Acordes Menores

| Ideal | Opcional | Leitura |
|---|---|---|
| Cm | C- | Dó Menor |
| Cm6 | | Dó Menor com 6ª |
| Cm$^6_9$ | | Dó Menor com 6ª e 9ª |
| Cm (add9) | $\overline{Cm\ 9}$ | Dó Menor com 9ª Adicional |
| Cm7 | C mi 7 | Dó Menor com 7ª |
| Cm7 (11) | Cm$^{11}_7$ | Dó Menor com 7ª e 11ª |
| Cm7 ($\flat$5) | Cm7 -5, Cm7 (-5), C$\emptyset$ | Dó Menor com 7ª e 5ª Diminuta (Dó Meio Diminuto) |
| Cm7 ($^{\flat5}_9$) | Cm7 -5 9 | Dó Menor com 7ª, 5ª Diminuta e 9ª |
| Cm7 ($^{\flat5}_{11}$) | Cm7 -5 11 | Dó Menor com 7ª, 5ª Diminuta e 11ª |
| Cm7 (9) | Cm$^9_7$, Cm7 9 | Dó Menor com 7ª e 9ª |
| Cm7 ($^9_{11}$) | Cm7 9 11 | Dó Menor com 7ª, 9ª e 11ª |
| Cm (7M) | Cm (maj 7) | Dó Menor com 7ª Maior |
| Cm ($^6_{7M}$) | | Dó Menor com 6ª e 7ª Maior |
| Cm ($^{7M}_9$) | | Dó Menor com 7ª Maior e 9ª |

## Cifragem da Tríade com 4ª

| Ideal | Opcional | Leitura |
|---|---|---|
| C4 | C4 sus, C sus 4, C sus | Dó com 4ª Suspensa |

## Cifragem dos Acordes de 7ª Dominante

| Ideal | Opcional | Leitura |
|---|---|---|
| C7 | | Dó 7ª |
| $C_4^7$ ou C7 (11) | C7 sus 4 ou C7 11, $C_7^{11}$ | Dó 7ª e 4ª (Dó 7ª com 4ª Suspensa) ou Dó 7ª com 11ª |
| $C_4^7(\flat 9)$ ou C7 $\binom{\flat 9}{11}$ | | Dó 7ª e 4ª com 9ª Menor ou Dó 7ª com 9ª Menor e 11ª |
| $C_4^7(9)$ ou C7 $\binom{9}{11}$ | C7 sus 4 (9) ou $C_7^{\frac{11}{9}}$, C7 9 11 | Dó 7ª e 4ª com 9ª (Dó 7ª com 4ª Suspensa e 9ª) ou Dó 7ª com 9ª e 11ª |
| C7 ($\flat$5) = C7 (#11) | $C_7^{11+}$, C7 +11, C7 11+ | Dó 7ª com 5ª Diminuta = Dó 7ª com 11ª Aumentada |
| C7 $\binom{\flat 5}{\flat 9}$ = C7 $\binom{\flat 9}{\sharp 11}$ | C7 $\binom{+11}{-9}$ | Dó 7ª com 5ª Diminuta e 9ª Menor = Dó 7ª com 9ª Menor e 11ª Aumentada |
| C7 $\binom{\flat 5}{9}$ = C7 $\binom{9}{\sharp 11}$ | C7 $\binom{+11}{9}$ | Dó 7ª com 5ª Diminuta e 9ª = Dó 7ª com 9ª e 11ª Aumentada |
| C7 $\binom{\flat 5}{\sharp 9}$ = C7 $\binom{\sharp 9}{\sharp 11}$ | C7 $\binom{+9}{+11}$ | Dó 7ª com 5ª Diminuta e 9ª Aumentada = Dó 7ª com 9ª Aumentada e 11ª Aumentada |
| C7 (#5) = C7 ($\flat$13) | C7 (+5), C7 aug5, C+7 $C_7^{-13}$ | Dó 7ª com 5ª Aumentada = Dó 7ª com 13ª Menor |
| C7 $\binom{\sharp 5}{\flat 9}$ = C7 $\binom{\flat 9}{\flat 13}$ | | Dó 7ª com 5ª Aumentada e 9ª Menor = Dó 7ª com 9ª Menor e 13ª Menor |
| C7 $\binom{\sharp 5}{9}$ = C7 $\binom{9}{\flat 13}$ | | Dó 7ª com 5ª Aumentada e 9ª = Dó 7ª com 9ª e 13ª Menor |
| C7 $\binom{\sharp 5}{\sharp 9}$ | | Dó 7ª com 5ª Aumentada e 9ª Aumentada |
| C7 (6) ou C7 (13) | C13 | Dó 7ª com 6ª ou Dó 7ª com 13ª |
| C7 ($\flat$9) | $C_7^{-9}$, C7 (-9) | Dó 7ª e 9ª Menor |
| C7 $\binom{\flat 9}{13}$ | C7 -9 13 | Dó 7ª com 9ª Menor e 13ª |

| Ideal | Opcional | Leitura |
|---|---|---|
| C7 (9) | C$^9_7$ | Dó 7ª e 9ª |
| C7 (♯9) | C$^9_7$+, C7 (+9), C9+ | Dó 7ª com 9ª Aumentada |
| C7 ($^9_{11\;13}$) | | Dó 7ª com 9ª, 11ª e 13ª |
| C7 ($^{\;9}_{\sharp11\;13}$) | | Dó 7ª com 9ª, 11ª Aumentada e 13ª |
| C7 ($^{\flat9}_{11\;13}$) | | Dó 7ª com 9ª Menor, 11ª e 13ª |

## Cifragem dos Acordes de 7ª Diminuta

| Ideal | Opcional | Leitura |
|---|---|---|
| C° | C dim, C°7 | Dó Diminuto (Dó 7ª Diminuta) |
| C°(7M) | | Dó Diminuto com 7ª Maior |

▶ As cifras com várias alterações podem ser escritas horizontalmente, acima da letra de uma música, com a finalidade de economizar espaço. Exemplos: C7M11+; Cm7 -5; C7 9 11. Em alguns métodos, a cifra C ° refere-se à triade diminuta (sem sétima).

# Maiores

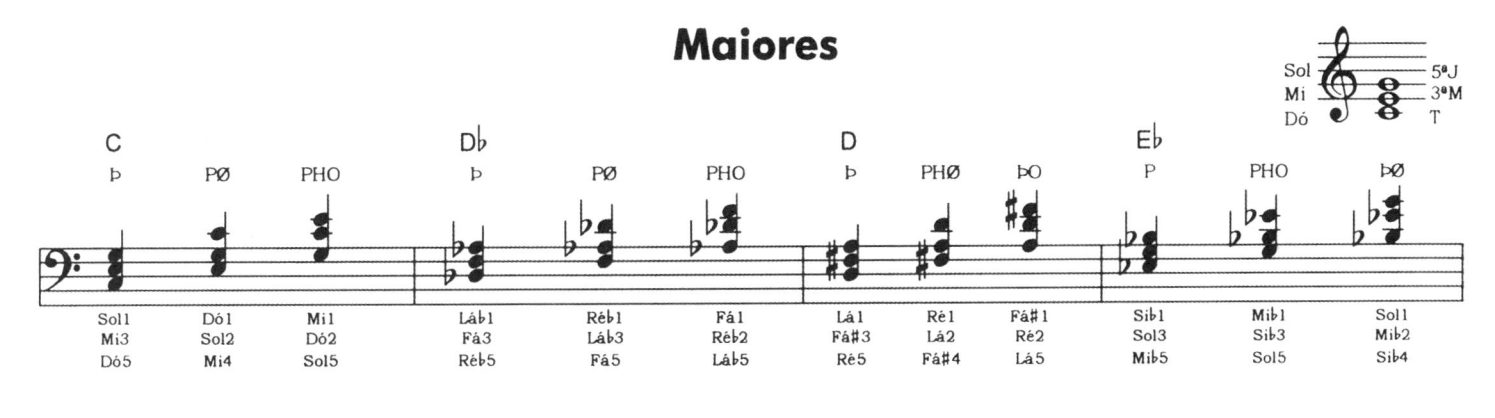

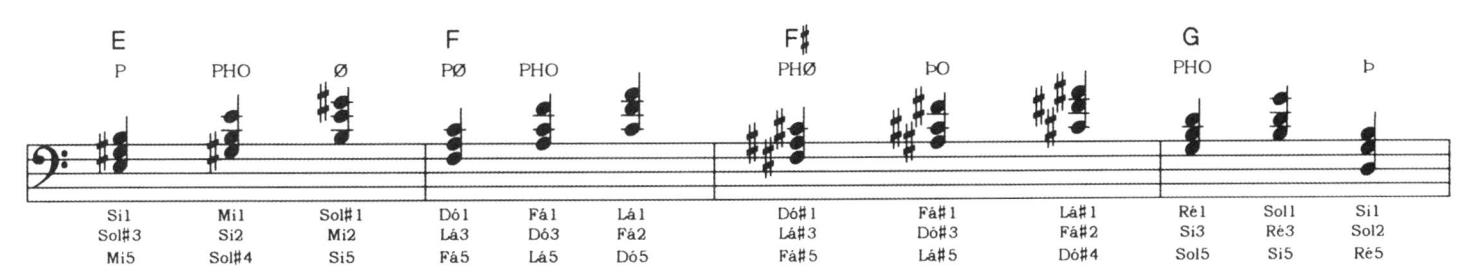

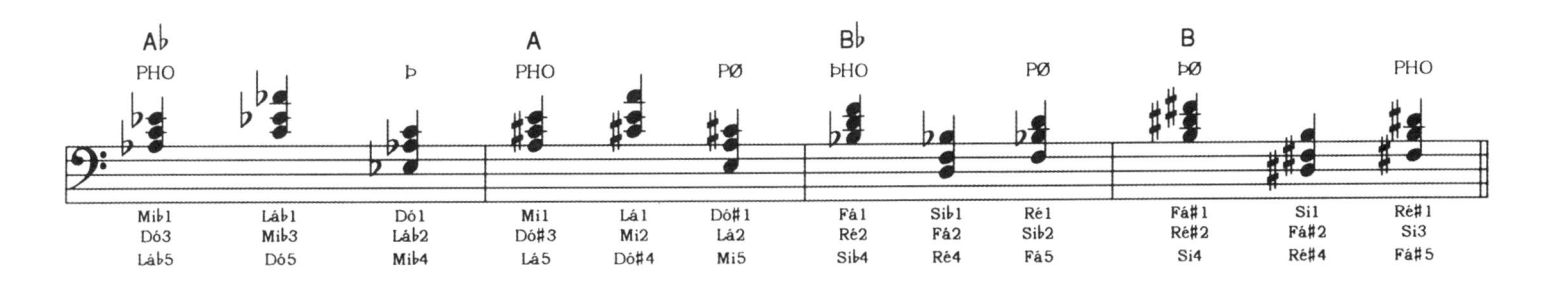

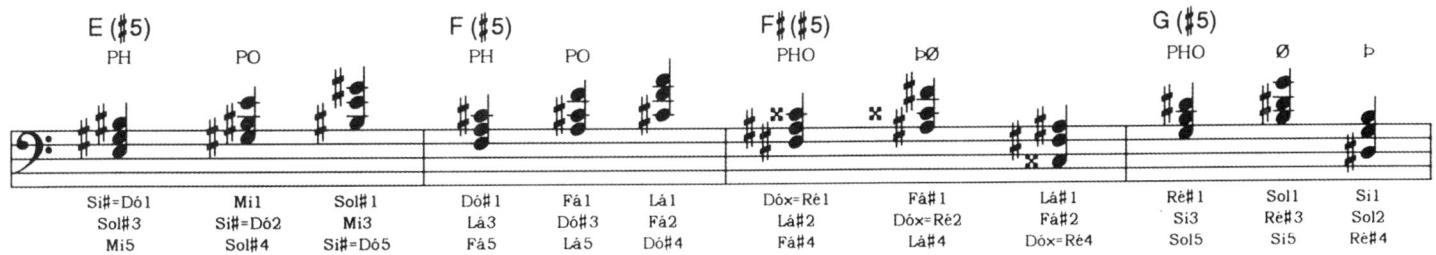

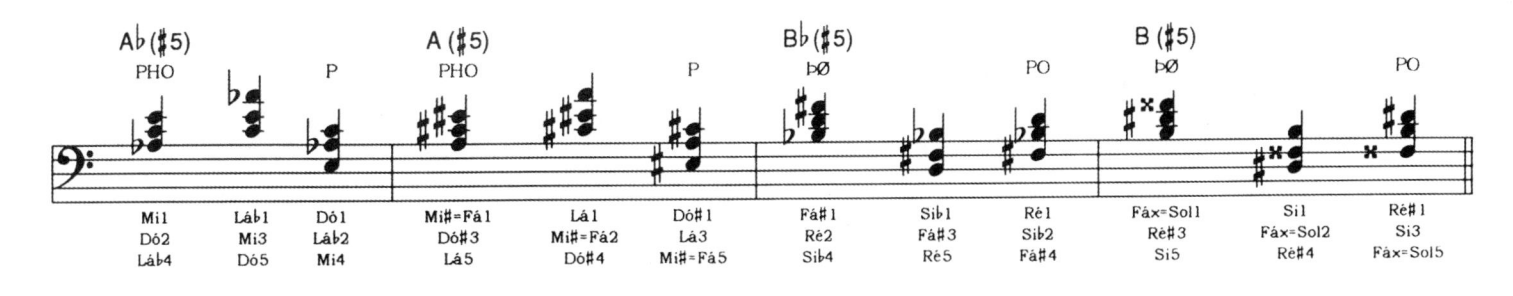

# Maiores com 5ª Aumentada

## Maiores com 6ª

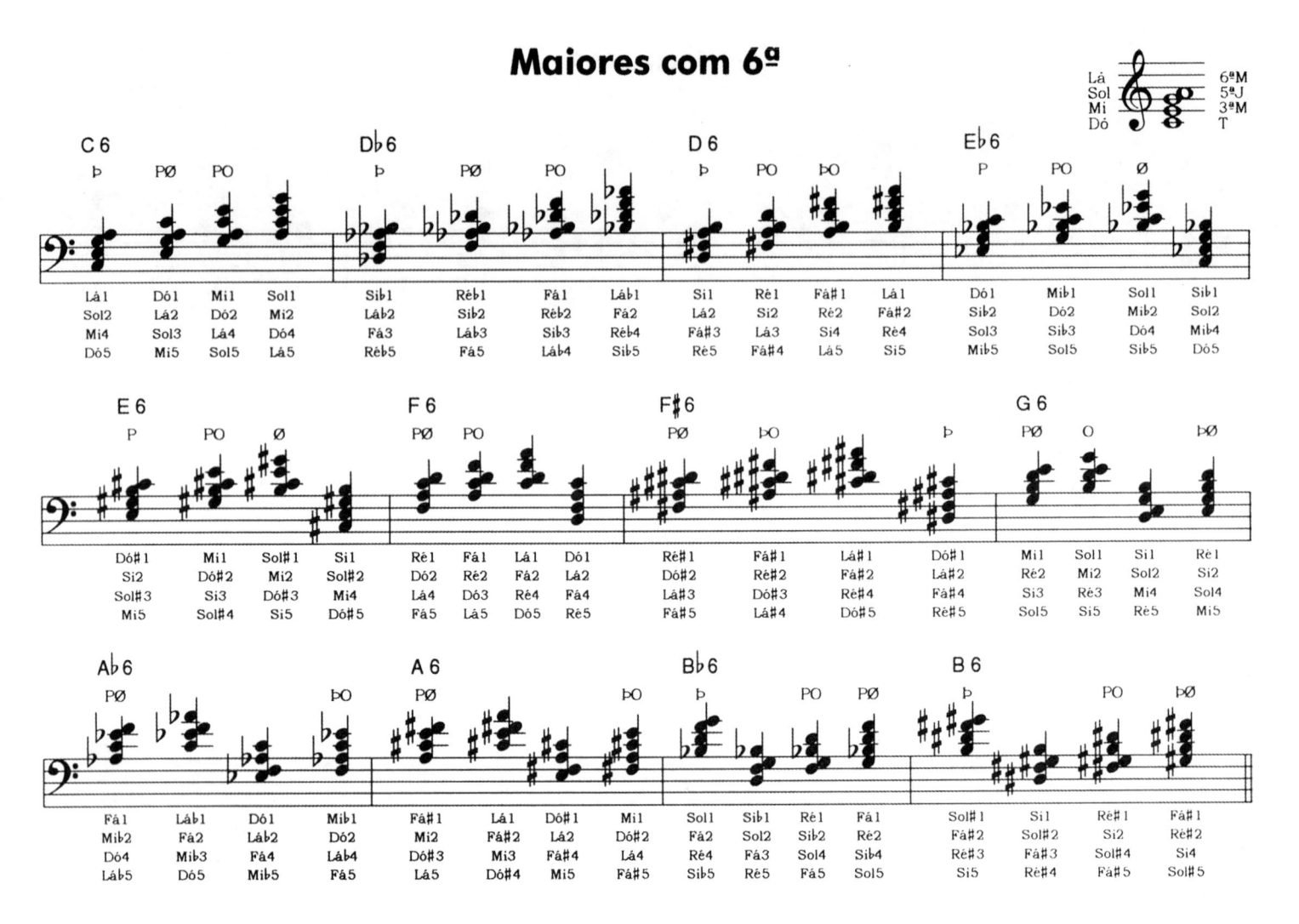

| | Lá | 6ªM |
|---|---|---|
| | Sol | 5ªJ |
| | Mi | 3ªM |
| | Dó | T |

### C6
| | þ | PØ | PO |
|---|---|---|---|
| Lá1 | Dó1 | Mi1 | Sol1 |
| Sol2 | Lá2 | Dó2 | Mi2 |
| Mi4 | Sol3 | Lá4 | Dó4 |
| Dó5 | Mi5 | Sol5 | Lá5 |

### D♭6
| | þ | PØ | PO |
|---|---|---|---|
| Sib1 | Réb1 | Fá1 | Láb1 |
| Láb2 | Sib2 | Réb2 | Fá2 |
| Fá3 | Láb3 | Sib3 | Réb4 |
| Réb5 | Fá5 | Láb4 | Sib5 |

### D6
| | þ | PO | þO |
|---|---|---|---|
| Si1 | Ré1 | Fá#1 | Lá1 |
| Lá2 | Si2 | Ré2 | Fá#2 |
| Fá#3 | Lá3 | Si4 | Ré4 |
| Ré5 | Fá#4 | Lá5 | Si5 |

### E♭6
| | P | PO | Ø |
|---|---|---|---|
| Dó1 | Mib1 | Sol1 | Sib1 |
| Sib2 | Dó2 | Mib2 | Sol2 |
| Sol3 | Sib3 | Dó4 | Mib4 |
| Mib5 | Sol5 | Sib5 | Dó5 |

### E6
| | P | PO | Ø |
|---|---|---|---|
| Dó#1 | Mi1 | Sol#1 | Si1 |
| Si2 | Dó#2 | Mi2 | Sol#2 |
| Sol#3 | Si3 | Dó#3 | Mi4 |
| Mi5 | Sol#4 | Si5 | Dó#5 |

### F6
| | PØ | PO | |
|---|---|---|---|
| Ré1 | Fá1 | Lá1 | Dó1 |
| Dó2 | Ré2 | Fá2 | Lá2 |
| Lá3 | Dó3 | Ré4 | Fá4 |
| Fá5 | Lá5 | Dó5 | Ré5 |

### F#6
| | PØ | þO | |
|---|---|---|---|
| Ré#1 | Fá#1 | Lá#1 | Dó#1 |
| Dó#2 | Ré#2 | Fá#2 | Lá#2 |
| Lá#3 | Dó#3 | Ré#4 | Fá#4 |
| Fá#5 | Lá#4 | Dó#5 | Ré#5 |

### G6
| | þ | PØ | O | þØ |
|---|---|---|---|---|
| Dó#1 | Mi1 | Sol1 | Si1 | Ré1 |
| Lá2 | Ré2 | Mi2 | Sol2 | Si2 |
| Fá#4 | Lá3 | Si3 | Ré3 | Mi4 |
| Ré#5 | Sol5 | Si5 | Ré5 | Mi5 |

### A♭6
| | PØ | þO | |
|---|---|---|---|
| Fá1 | Láb1 | Dó1 | Mib1 |
| Mib2 | Fá2 | Láb2 | Dó2 |
| Dó4 | Mib3 | Fá4 | Láb4 |
| Láb5 | Dó5 | Mib5 | Fá5 |

### A6
| | PØ | þO | |
|---|---|---|---|
| Fá#1 | Lá1 | Dó#1 | Mi1 |
| Mi2 | Fá#2 | Lá2 | Dó#2 |
| Dó#3 | Mi3 | Fá#4 | Lá4 |
| Lá5 | Dó#4 | Mi5 | Fá#5 |

### B♭6
| | þ | PO | PØ |
|---|---|---|---|
| Sol1 | Sib1 | Ré1 | Fá1 |
| Fá2 | Sol2 | Sib2 | Ré2 |
| Ré4 | Fá3 | Sol4 | Sib4 |
| Sib5 | Ré5 | Fá5 | Sol5 |

### B6
| | þ | PO | PØ |
|---|---|---|---|
| Sol#1 | Si1 | Ré#1 | Fá#1 |
| Fá#2 | Sol#2 | Si2 | Ré#2 |
| Ré#3 | Fá#3 | Sol#4 | Si4 |
| Si5 | Ré#4 | Fá#5 | Sol#5 |

## Maiores com 6ª e 9ª

| | Ré | 9ªM |
|---|---|---|
| | Lá | 6ªM |
| | Sol | 5ªJ |
| | Mi | 3ªM |
| | Dó | T |

### C 6/9
| PO | | þ | |
|---|---|---|---|
| Ré1 | Mi1 | (Sol1) | Lá1 |
| Lá3 | Ré2 | Mi2 | (Sol2) |
| (Sol4) | Lá4 | Ré3 | Mi4 |
| Mi5 | (Sol5) | Lá5 | Ré5 |

### D♭ 6/9
| PO | | þ | |
|---|---|---|---|
| Mib1 | Fá1 | (Láb1) | Sib1 |
| Sib2 | Mib2 | Fá2 | (Láb2) |
| (Láb3) | Sib2 | Mib3 | Fá3 |
| Fá5 | (Láb5) | Sib5 | Mib4 |

### D 6/9
| PO | | þ | |
|---|---|---|---|
| Mi1 | Fá#1 | (Lá1) | Si1 |
| Si3 | Mi2 | Fá#2 | (Lá2) |
| (Lá4) | Si4 | Mi3 | Fá#4 |
| Fá#5 | (Lá5) | Si5 | Mi5 |

### E♭ 6/9
| PO | | þ | |
|---|---|---|---|
| Fá1 | Sol1 | (Sib1) | Dó1 |
| Dó3 | Fá2 | Sol2 | (Sib2) |
| (Sib4) | Dó4 | Fá3 | Sol3 |
| Sol5 | (Sib5) | Dó5 | Fá4 |

### E 6/9
| PO | | þ | |
|---|---|---|---|
| Fá#1 | Sol#1 | (Si1) | Dó#1 |
| Dó#3 | Fá#2 | Sol#2 | (Si2) |
| (Si4) | Dó#4 | Fá#3 | Sol#3 |
| Sol#5 | (Si5) | Dó#5 | Fá#4 |

### F 6/9
| PO | | þ | |
|---|---|---|---|
| Sol1 | Lá1 | (Dó1) | Ré1 |
| Ré3 | Sol2 | Lá2 | (Dó2) |
| (Dó4) | Ré4 | Sol3 | Lá4 |
| Lá5 | (Dó5) | Ré5 | Sol5 |

### F# 6/9
| PO | | þ | |
|---|---|---|---|
| Sol#1 | Lá#1 | (Dó#1) | Ré#1 |
| Ré#3 | Sol#2 | Lá#2 | (Dó#2) |
| (Dó#4) | Ré#4 | Sol#3 | Lá#3 |
| Lá#5 | (Dó#5) | Ré#5 | Sol#4 |

### G 6/9
| þO | | P | |
|---|---|---|---|
| Lá1 | Si1 | (Ré1) | Mi1 |
| Mi3 | Lá3 | Si2 | (Ré2) |
| (Ré4) | Mi4 | Lá3 | Si4 |
| Si5 | (Ré5) | Mi5 | Lá5 |

### A♭ 6/9
| | PO | þ | |
|---|---|---|---|
| Sib1 | Dó1 | (Mib1) | Fá1 |
| Fá2 | Sib2 | Dó2 | (Mib2) |
| (Mib3) | Fá4 | Sib3 | Dó3 |
| Dó5 | (Mib5) | Fá5 | Sib4 |

### A 6/9
| | PO | þ | |
|---|---|---|---|
| Si1 | Dó#1 | (Mi1) | Fá#1 |
| Fá#3 | Si2 | Dó#2 | (Mi2) |
| (Mi4) | Fá#4 | Si3 | Dó#4 |
| Dó#5 | (Mi5) | Fá#5 | Si5 |

### B♭ 6/9
| | P | þ | |
|---|---|---|---|
| Dó1 | Ré1 | (Fá1) | Sol1 |
| Sol3 | Dó2 | Ré2 | (Fá2) |
| (Fá4) | Sol4 | Dó3 | Ré4 |
| Ré5 | (Fá5) | Sol5 | Dó5 |

### B 6/9
| | P | PO | |
|---|---|---|---|
| Dó#1 | Ré#1 | (Fá#1) | Sol#1 |
| Sol#3 | Dó#2 | Ré#2 | (Fá#2) |
| (Fá#4) | Sol#4 | Dó#2 | Ré#3 |
| Ré#5 | (Fá#5) | Sol#5 | Dó#4 |

# Maiores com 9ª Adicional

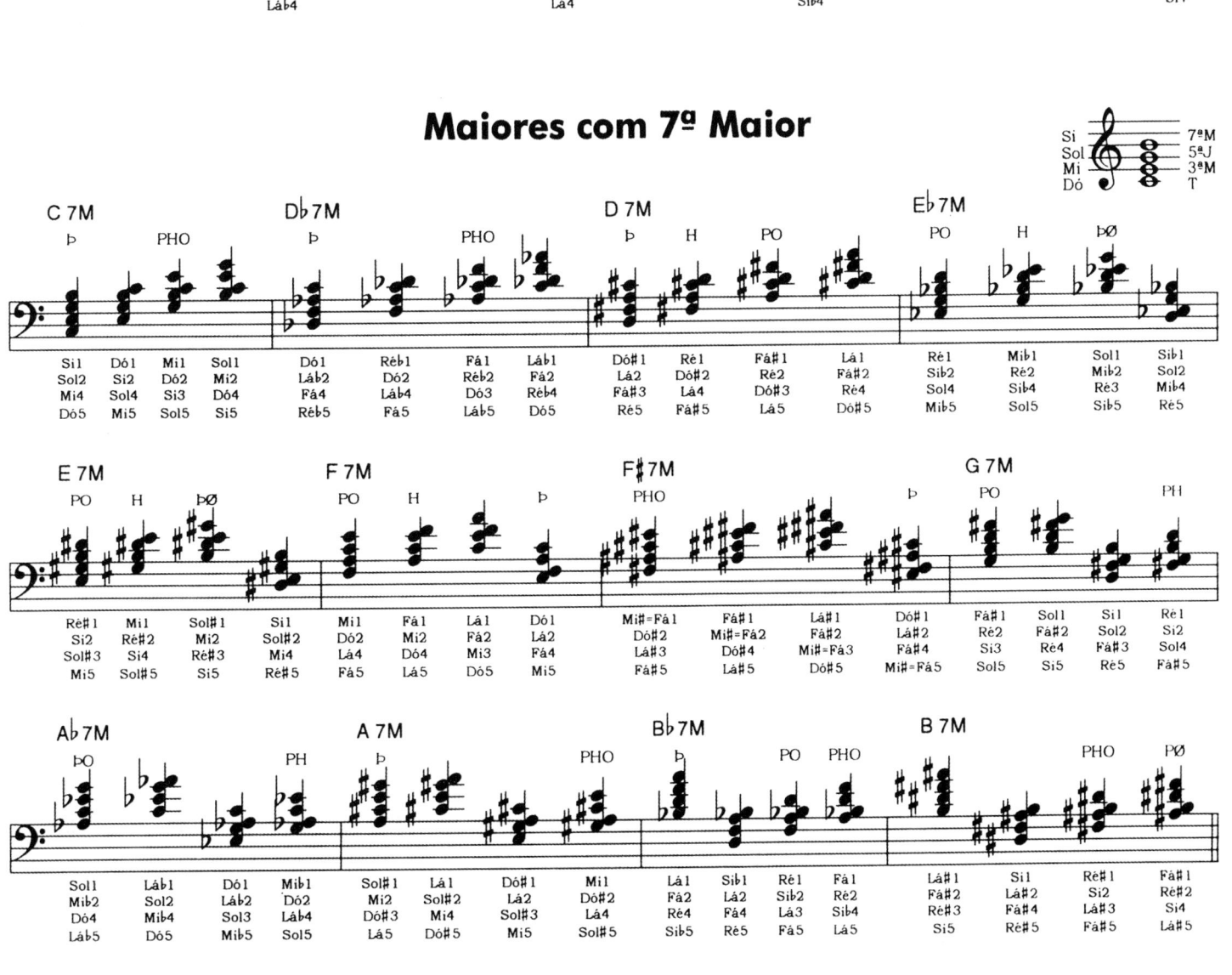

## Maiores com 7ª Maior

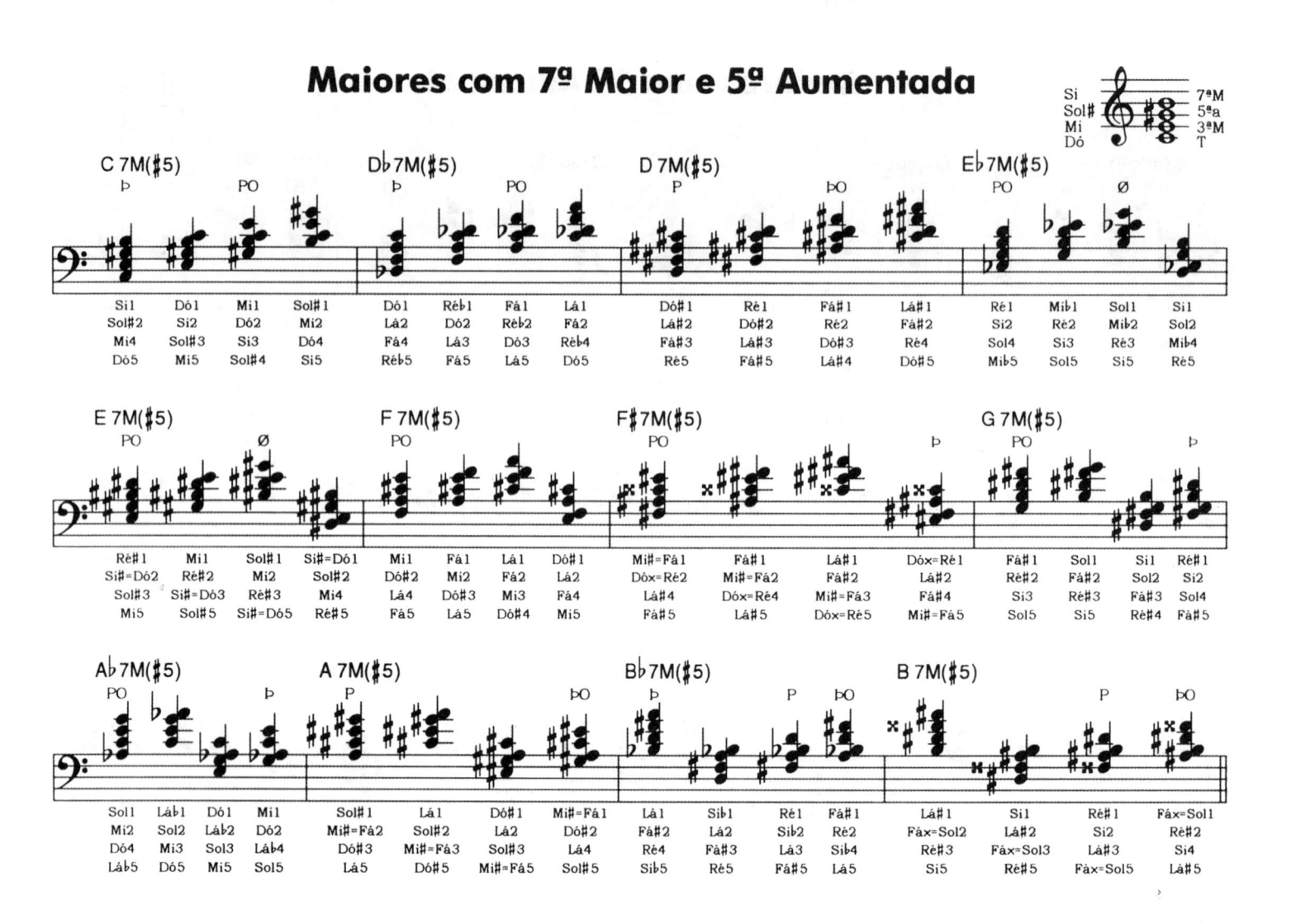

## Maiores com 7ª Maior e 5ª Aumentada

Si — 7ªM
Sol# — 5ªa
Mi — 3ªM
Dó — T

### C 7M(#5)
| ♭ | | PO | |
|---|---|---|---|
| Si1 | Dó1 | Mi1 | Sol#1 |
| Sol#2 | Si2 | Dó2 | Mi2 |
| Mi4 | Sol#3 | Si3 | Dó4 |
| Dó5 | Mi5 | Sol#4 | Si5 |

### D♭ 7M(#5)
| ♭ | | PO | |
|---|---|---|---|
| Dó1 | Ré♭1 | Fá1 | Lá1 |
| Lá2 | Dó2 | Ré♭2 | Fá2 |
| Fá#3 | Lá3 | Dó3 | Ré♭4 |
| Ré♭5 | Fá5 | Lá5 | Dó5 |

### D 7M(#5)
| P | | ♭O | |
|---|---|---|---|
| Dó#1 | Ré1 | Fá#1 | Lá#1 |
| Lá#2 | Dó#2 | Ré2 | Fá#2 |
| Fá#3 | Lá#3 | Dó#3 | Ré4 |
| Ré5 | Fá#5 | Lá#4 | Dó#5 |

### E♭ 7M(#5)
| PO | | Ø | |
|---|---|---|---|
| Ré1 | Mi♭1 | Sol1 | Si1 |
| Si2 | Ré2 | Mi♭2 | Sol2 |
| Sol4 | Si3 | Ré3 | Mi♭4 |
| Mi♭5 | Sol5 | Si5 | Ré5 |

### E 7M(#5)
| PO | | Ø | |
|---|---|---|---|
| Ré#1 | Mi1 | Sol#1 | Si#=Dó1 |
| Si#=Dó2 | Ré#2 | Mi2 | Sol#2 |
| Sol#3 | Si#=Dó3 | Ré#3 | Mi4 |
| Mi5 | Sol#5 | Si#=Dó5 | Ré#5 |

### F 7M(#5)
| PO | | | |
|---|---|---|---|
| Mi1 | Fá1 | Lá1 | Dó#1 |
| Dó#2 | Mi2 | Fá2 | Lá2 |
| Lá3 | Dó#3 | Mi3 | Fá4 |
| Fá5 | Lá5 | Dó#5 | Mi5 |

### F# 7M(#5)
| PO | | | |
|---|---|---|---|
| Mi#=Fá1 | Fá#1 | Lá#1 | Dóx=Ré1 |
| Dóx=Ré2 | Mi#=Fá2 | Fá#2 | Lá#2 |
| Lá#4 | Dóx=Ré4 | Mi#=Fá3 | Fá#4 |
| Fá#5 | Lá#5 | Dóx=Ré5 | Mi#=Fá5 |

### G 7M(#5)
| | ♭ | PO | ♭ |
|---|---|---|---|
| Fá1 | Sol1 | Si1 | Ré#1 |
| Ré#2 | Fá#2 | Sol2 | Si2 |
| Si3 | Ré#3 | Fá#3 | Sol4 |
| Sol5 | Si5 | Ré#4 | Fá#5 |

### A♭ 7M(#5)
| PO | | ♭ | |
|---|---|---|---|
| Sol1 | Lá♭1 | Dó1 | Mi1 |
| Mi2 | Sol2 | Lá♭2 | Dó2 |
| Dó4 | Mi3 | Sol3 | Lá♭4 |
| Lá♭5 | Dó5 | Mi5 | Sol5 |

### A 7M(#5)
| P | | ♭ | |
|---|---|---|---|
| Sol#1 | Lá1 | Dó#1 | Mi#=Fá1 |
| Mi#=Fá2 | Sol#2 | Lá2 | Dó#2 |
| Dó#3 | Mi#=Fá3 | Sol#3 | Lá4 |
| Lá5 | Dó#5 | Mi#=Fá5 | Sol#5 |

### B♭ 7M(#5)
| ♭ | | P | ♭O |
|---|---|---|---|
| Lá1 | Si♭1 | Ré1 | Fá#1 |
| Fá#2 | Lá2 | Si♭2 | Ré2 |
| Ré4 | Fá#3 | Lá3 | Si♭4 |
| Si♭5 | Ré5 | Fá#5 | Lá5 |

### B 7M(#5)
| | | P | ♭O |
|---|---|---|---|
| Lá#1 | Si1 | Ré#1 | Fáx=Sol1 |
| Fáx=Sol2 | Lá#2 | Si2 | Ré#2 |
| Ré#3 | Fáx=Sol3 | Lá#3 | Si4 |
| Si5 | Ré#5 | Fáx=Sol5 | Lá#5 |

## Maiores com 7ª Maior e 6ª

Si — 7ªM
Lá — 6ªM
Sol — 5ªJ
Mi — 3ªM
Dó — T

*Obs: no Órgão, não tocar a Tônica*

### C 7M(6)
| ♭ | | PO | P |
|---|---|---|---|
| Si1 | Dó1 | Mi1 | Lá1 |
| Lá2 | Si2 | Dó2 | Mi2 |
| Mi4 | Lá3 | Si3 | Dó4 |
| Dó5 | Mi5 | Lá4 | Si5 |

### D♭ 7M(6)
| ♭ | | PO | |
|---|---|---|---|
| Dó1 | Ré♭1 | Fá1 | Si♭1 |
| Si♭2 | Dó2 | Ré♭2 | Fá2 |
| Fá4 | Si♭3 | Dó3 | Ré♭4 |
| Ré♭5 | Fá5 | Si♭4 | Dó5 |

### D 7M(6)
| | O | P | |
|---|---|---|---|
| Dó#1 | Ré1 | Fá#1 | Si1 |
| Si2 | Dó#2 | Ré2 | Fá#2 |
| Fá#3 | Si3 | Dó#3 | Ré4 |
| Ré5 | Fá#5 | Si4 | Dó#5 |

### E♭ 7M(6)
| P | | O | |
|---|---|---|---|
| Ré1 | Mi♭1 | Sol1 | Dó1 |
| Dó2 | Ré2 | Mi♭2 | Sol2 |
| Sol4 | Dó3 | Ré3 | Mi♭4 |
| Mi♭5 | Sol5 | Dó4 | Ré5 |

### E 7M(6)
| P | | O | |
|---|---|---|---|
| Ré#1 | Mi1 | Sol#1 | Dó#1 |
| Dó#2 | Ré#2 | Mi2 | Sol#2 |
| Sol#3 | Dó#3 | Ré#3 | Mi4 |
| Mi5 | Sol#5 | Dó#5 | Ré#5 |

### F 7M(6)
| P | | O | |
|---|---|---|---|
| Mi1 | Fá1 | Lá1 | Ré1 |
| Ré2 | Mi2 | Fá2 | Lá2 |
| Lá3 | Ré3 | Mi3 | Fá4 |
| Fá5 | Lá5 | Ré4 | Mi5 |

### F# 7M(6)
| | O | P | O |
|---|---|---|---|
| Mi#=Fá1 | Fá#1 | Lá#1 | Ré#1 |
| Ré#2 | Mi#=Fá2 | Fá#2 | Lá#2 |
| Lá#4 | Ré#3 | Mi#=Fá3 | Fá#4 |
| Fá#5 | Lá#5 | Ré#4 | Mi#=Fá5 |

### G 7M(6)
| | ♭ | O | PO |
|---|---|---|---|
| Fá#1 | Sol1 | Si1 | Mi1 |
| Mi2 | Fá#2 | Sol2 | Si2 |
| Si4 | Mi3 | Fá#3 | Sol4 |
| Sol5 | Si5 | Mi4 | Fá#5 |

### A♭ 7M(6)
| ♭ | ♭ | PO | |
|---|---|---|---|
| Sol1 | Lá♭1 | Dó1 | Fá1 |
| Fá2 | Sol2 | Lá♭2 | Dó2 |
| Dó4 | Fá3 | Sol3 | Lá♭4 |
| Lá♭5 | Dó5 | Fá4 | Sol5 |

### A 7M(6)
| | ♭ | PO | |
|---|---|---|---|
| Sol#1 | Lá1 | Dó#1 | Fá#1 |
| Fá#2 | Sol#2 | Lá2 | Dó#2 |
| Dó#3 | Fá#3 | Sol#3 | Lá4 |
| Lá5 | Dó#5 | Fá#4 | Sol#5 |

### B♭ 7M(6)
| ♭ | | ♭ | PO |
|---|---|---|---|
| Lá1 | Si♭1 | Ré1 | Sol1 |
| Sol2 | Lá2 | Si♭2 | Ré2 |
| Ré4 | Sol3 | Lá3 | Si♭4 |
| Si♭5 | Ré5 | Sol4 | Lá5 |

### B 7M(6)
| | | P | ♭O |
|---|---|---|---|
| Lá#1 | Si1 | Ré#1 | Sol#1 |
| Sol#2 | Lá#2 | Si2 | Ré#2 |
| Ré#3 | Sol#3 | Lá#3 | Si4 |
| Si5 | Ré#5 | Sol#5 | Lá#5 |

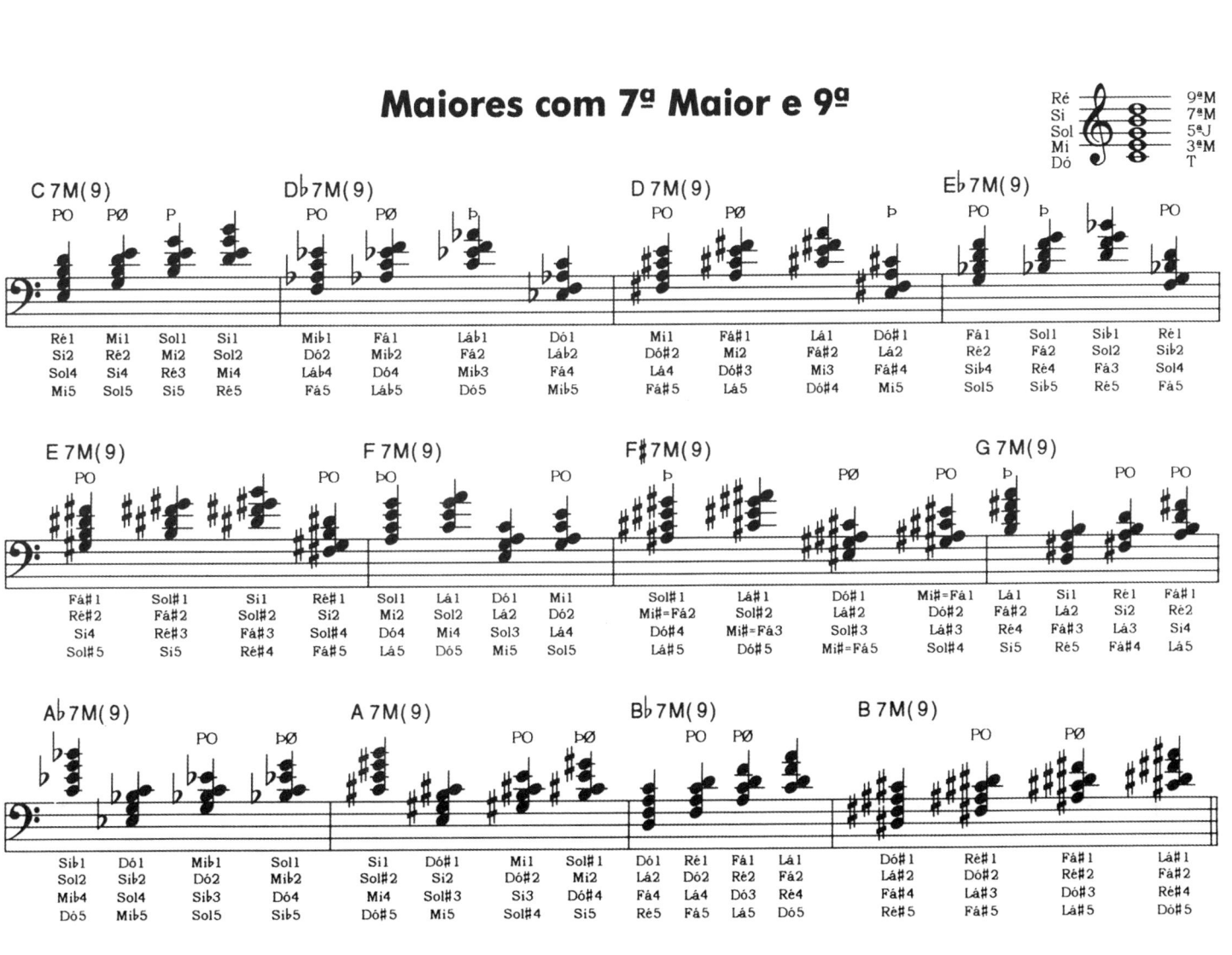

# Maiores com 7ª Maior, 6ª e 9ª
# Maiores com 7ª Maior e 9ª

## Maiores com 7ª Maior e 11ª Aumentada

## Menores

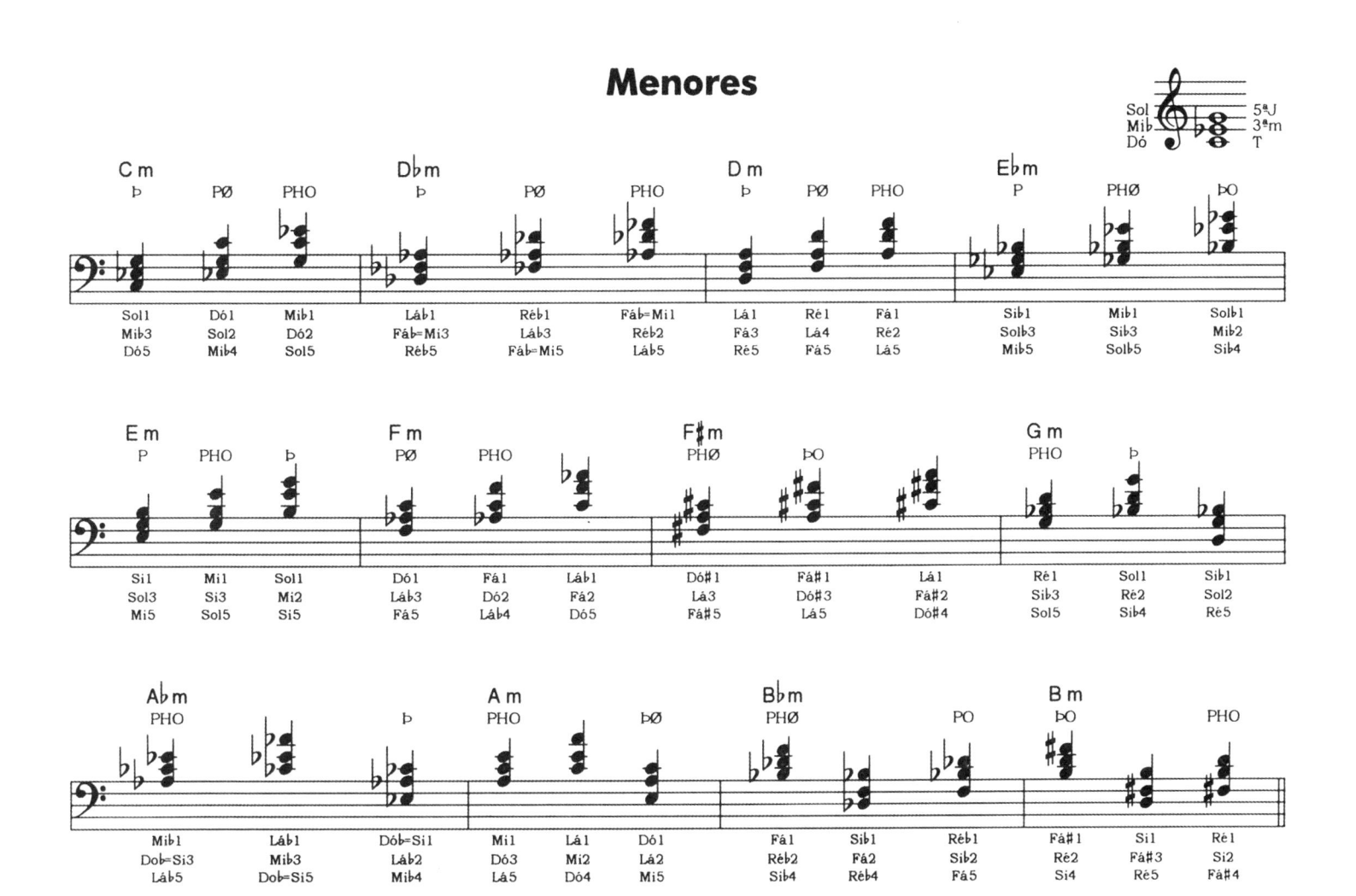

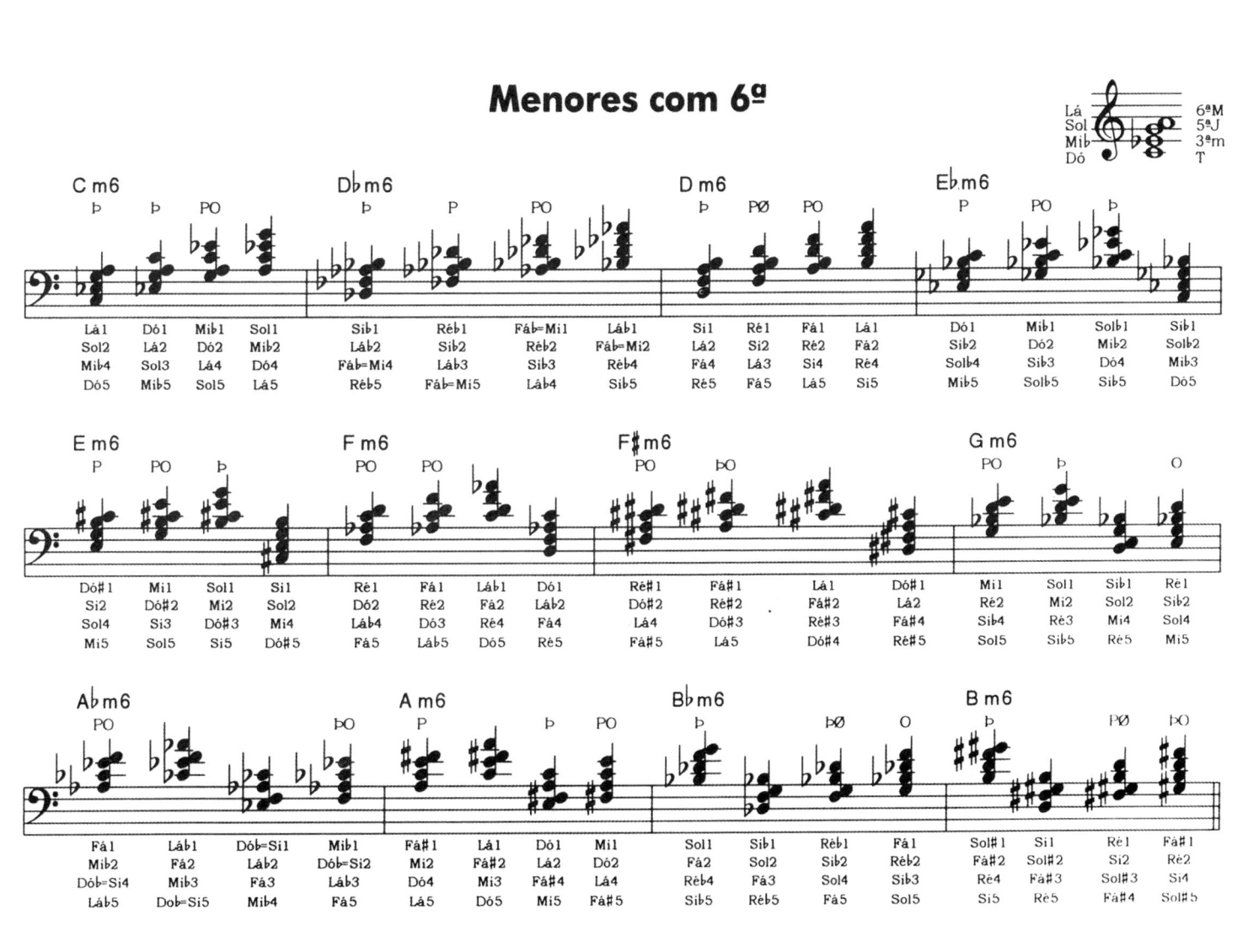

## Menores com 6ª

# Menores com 6ª e 9ª

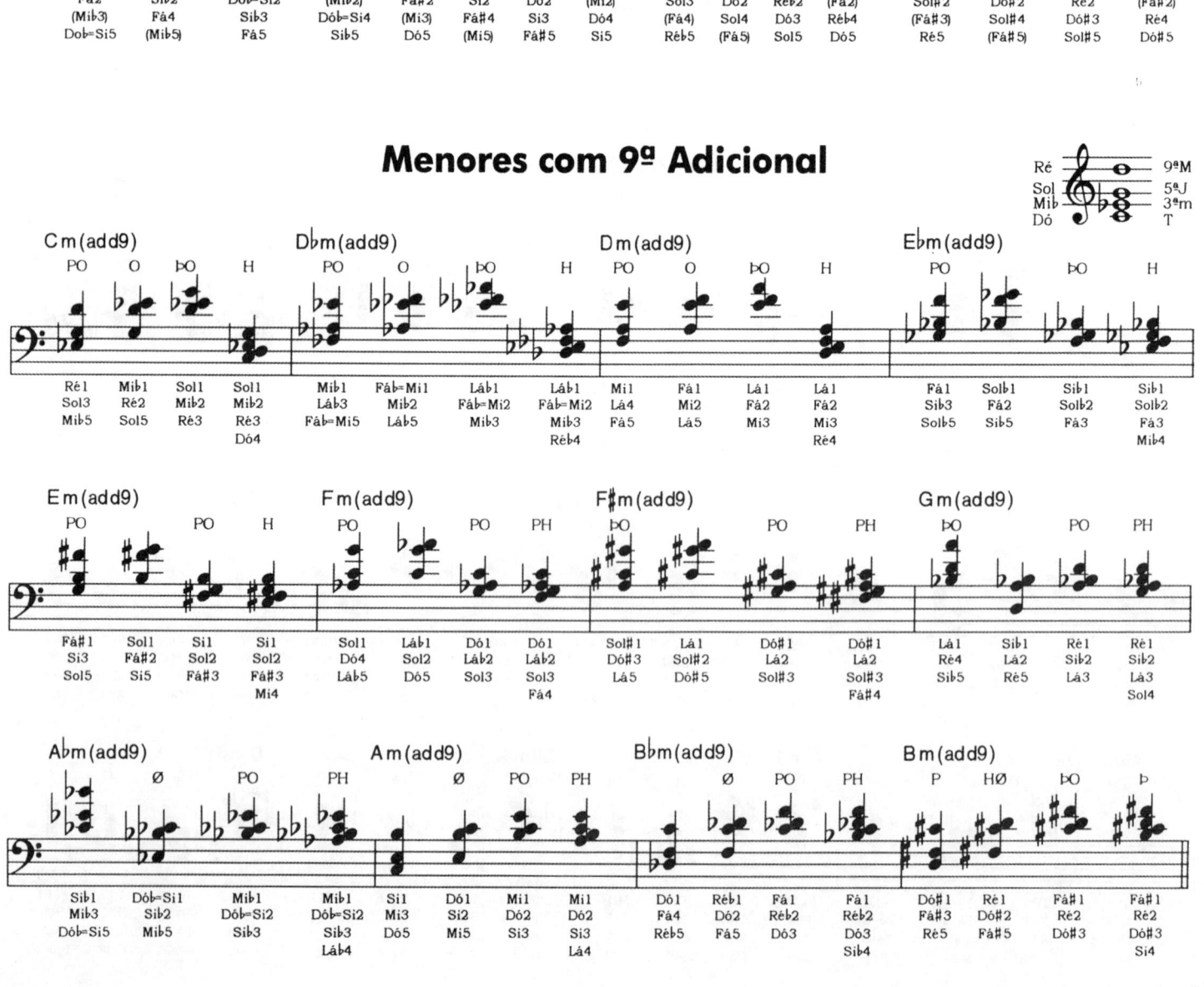

# Menores com 7ª

## Cm7
| Þ | | PHO | ÞØ |
|---|---|---|---|
| Sib1 | Dó1 | Mib1 | Sol1 |
| Sol2 | Sib2 | Dó2 | Mib2 |
| Mib4 | Sol4 | Sib3 | Dó4 |
| Dó5 | Mib5 | Sol5 | Sib5 |

## Dbm7
| Þ | Þ | PHO | Ø |
|---|---|---|---|
| Dób=Si1 | Réb1 | Fáb=Mi1 | Láb1 |
| Láb2 | Dób=Si2 | Réb2 | Fáb=Mi2 |
| Fáb=Mi4 | Láb3 | Dób=Si3 | Réb4 |
| Réb5 | Fáb=Mi5 | Láb5 | Dób=Si5 |

## Dm7
| Þ | PO | PHO | |
|---|---|---|---|
| Dó1 | Ré1 | Fá1 | Lá1 |
| Lá2 | Dó2 | Ré2 | Fá2 |
| Fá4 | Lá4 | Dó3 | Ré4 |
| Ré5 | Fá5 | Lá5 | Dó5 |

## Ebm7
| PO | PHO | PO | |
|---|---|---|---|
| Réb1 | Mib1 | Solb1 | Sib1 |
| Sib2 | Réb2 | Mib2 | Solb2 |
| Solb4 | Sib3 | Réb3 | Mib4 |
| Mib5 | Solb5 | Sib5 | Réb5 |

## Em7
| PO | PHO | Þ | |
|---|---|---|---|
| Ré1 | Mi1 | Sol1 | Si1 |
| Si2 | Ré2 | Mi2 | Sol2 |
| Sol4 | Si4 | Ré3 | Mi4 |
| Mi5 | Sol5 | Si5 | Ré5 |

## Fm7
| PO | PHO | | |
|---|---|---|---|
| Mib1 | Fá1 | Láb1 | Dó1 |
| Dó2 | Mib2 | Fá2 | Láb2 |
| Láb4 | Dó4 | Mib3 | Fá4 |
| Fá5 | Láb5 | Dó5 | Mib5 |

## F#m7
| PHO | ÞO | | P |
|---|---|---|---|
| Mi1 | Fá#1 | Lá1 | Dó#1 |
| Dó#2 | Mi2 | Fá#2 | Lá2 |
| Lá4 | Dó#3 | Mi3 | Fá#4 |
| Fá#5 | Lá5 | Dó#4 | Mi5 |

## Gm7
| PHO | | | PO |
|---|---|---|---|
| Fá1 | Sol1 | Sib1 | Ré1 |
| Ré2 | Fá2 | Sol2 | Sib2 |
| Sib4 | Ré4 | Fá3 | Sol4 |
| Sol5 | Sib5 | Ré5 | Fá5 |

## Abm7
| PO | | ÞO | PH |
|---|---|---|---|
| Solb1 | Láb1 | Dób=Si1 | Mib1 |
| Mib2 | Solb2 | Láb2 | Dób=Si2 |
| Dób=Si4 | Mib3 | Solb3 | Láb4 |
| Láb5 | Dób=Si5 | Mib4 | Solb5 |

## Am7
| PO | | P | PHO |
|---|---|---|---|
| Sol1 | Lá1 | Dó1 | Mi1 |
| Dó2 | Mi2 | Sol2 | Láb2 |
| Dó4 | Mi4 | Sol3 | Lá4 |
| Lá5 | Dó5 | Mi5 | Sol5 |

## Bbm7
| Þ | | PO | PHO |
|---|---|---|---|
| Láb1 | Sib1 | Réb1 | Fá1 |
| Fá2 | Láb2 | Sib2 | Réb2 |
| Réb4 | Fá3 | Láb3 | Sib4 |
| Sib5 | Réb5 | Fá5 | Láb5 |

## Bm7
| Þ | | PHO | PO |
|---|---|---|---|
| Lá1 | Si1 | Ré1 | Fá#1 |
| Fá#2 | Lá2 | Si2 | Ré2 |
| Ré4 | Fá#3 | Lá3 | Si4 |
| Si5 | Ré5 | Fá#5 | Lá5 |

# Menores com 7ª e 11ª

## Cm7(11)
| Þ | PO | Ø | |
|---|---|---|---|
| Sib1 | Dó1 | Mib1 | Fá1 |
| Fá2 | Sib2 | Dó2 | Mib2 |
| Mib3 | Fá4 | Sib3 | Dó4 |
| Dó5 | Mib5 | Fá5 | Sib5 |

## Dbm7(11)
| Þ | PO | Ø | |
|---|---|---|---|
| Dób=Si1 | Réb1 | Fáb=Mi1 | Solb1 |
| Solb3 | Dób=Si2 | Réb2 | Fáb=Mi2 |
| Fáb=Mi4 | Solb4 | Dób=Si3 | Réb4 |
| Réb5 | Fáb=Mi5 | Solb5 | Dób=Si5 |

## Dm7(11)
| Þ | PO | Ø | |
|---|---|---|---|
| Dó1 | Ré1 | Fá1 | Sol1 |
| Sol3 | Dó2 | Ré2 | Fá2 |
| Fá4 | Sol4 | Dó3 | Ré4 |
| Ré5 | Fá5 | Sol5 | Dó5 |

## Ebm7(11)
| PØ | PO | | |
|---|---|---|---|
| Réb1 | Mib1 | Solb1 | Láb1 |
| Láb3 | Réb2 | Mib2 | Solb2 |
| Solb4 | Láb4 | Réb3 | Mib3 |
| Mib5 | Solb5 | Láb5 | Réb4 |

## Em7(11)
| PØ | ÞO | | |
|---|---|---|---|
| Ré1 | Mi1 | Sol1 | Lá1 |
| Lá3 | Ré2 | Mi2 | Sol2 |
| Sol4 | Lá4 | Ré3 | Mi4 |
| Mi5 | Sol5 | Lá5 | Ré5 |

## Fm7(11)
| PØ | ÞO | | |
|---|---|---|---|
| Mib1 | Fá1 | Láb1 | Sib1 |
| Sib2 | Mib2 | Fá2 | Láb2 |
| Láb3 | Sib4 | Mib3 | Fá3 |
| Fá5 | Láb5 | Sib5 | Mib4 |

## F#m7(11)
| PO | Þ | | |
|---|---|---|---|
| Mi1 | Fá#1 | Lá1 | Si1 |
| Si3 | Mi2 | Fá#2 | Lá2 |
| Lá4 | Si4 | Mi3 | Fá#3 |
| Fá#5 | Lá5 | Si5 | Mi4 |

## Gm7(11)
| PO | | | ÞØ |
|---|---|---|---|
| Fá1 | Sol1 | Sib1 | Dó1 |
| Dó3 | Fá2 | Sol2 | Sib2 |
| Sib4 | Dó4 | Fá3 | Sol4 |
| Sol5 | Sib5 | Dó5 | Fá5 |

## Abm7(11)
| PO | | ÞØ | |
|---|---|---|---|
| Solb1 | Láb1 | Dób=Si1 | Réb1 |
| Réb3 | Solb2 | Láb2 | Dób=Si2 |
| Dób=Si4 | Réb4 | Solb3 | Láb4 |
| Láb5 | Dób=Si5 | Réb5 | Solb5 |

## Am7(11)
| PO | ÞØ | | |
|---|---|---|---|
| Sol1 | Lá1 | Dó1 | Ré1 |
| Ré3 | Sol2 | Lá2 | Dó2 |
| Dó4 | Ré4 | Sol3 | Lá4 |
| Lá5 | Dó5 | Ré5 | Sol5 |

## Bbm7(11)
| Þ | PO | PØ | ÞO |
|---|---|---|---|
| Láb1 | Sib1 | Réb1 | Mib1 |
| Mib3 | Láb2 | Sib2 | Réb2 |
| Réb4 | Mib4 | Láb3 | Sib3 |
| Sib5 | Réb5 | Mib5 | Láb4 |

## Bm7(11)
| | | O | PØ |
|---|---|---|---|
| Lá1 | Si1 | Ré1 | Mi1 |
| Mi3 | Lá2 | Si2 | Ré2 |
| Ré4 | Mi4 | Lá3 | Si4 |
| Si5 | Ré5 | Mi5 | Lá5 |

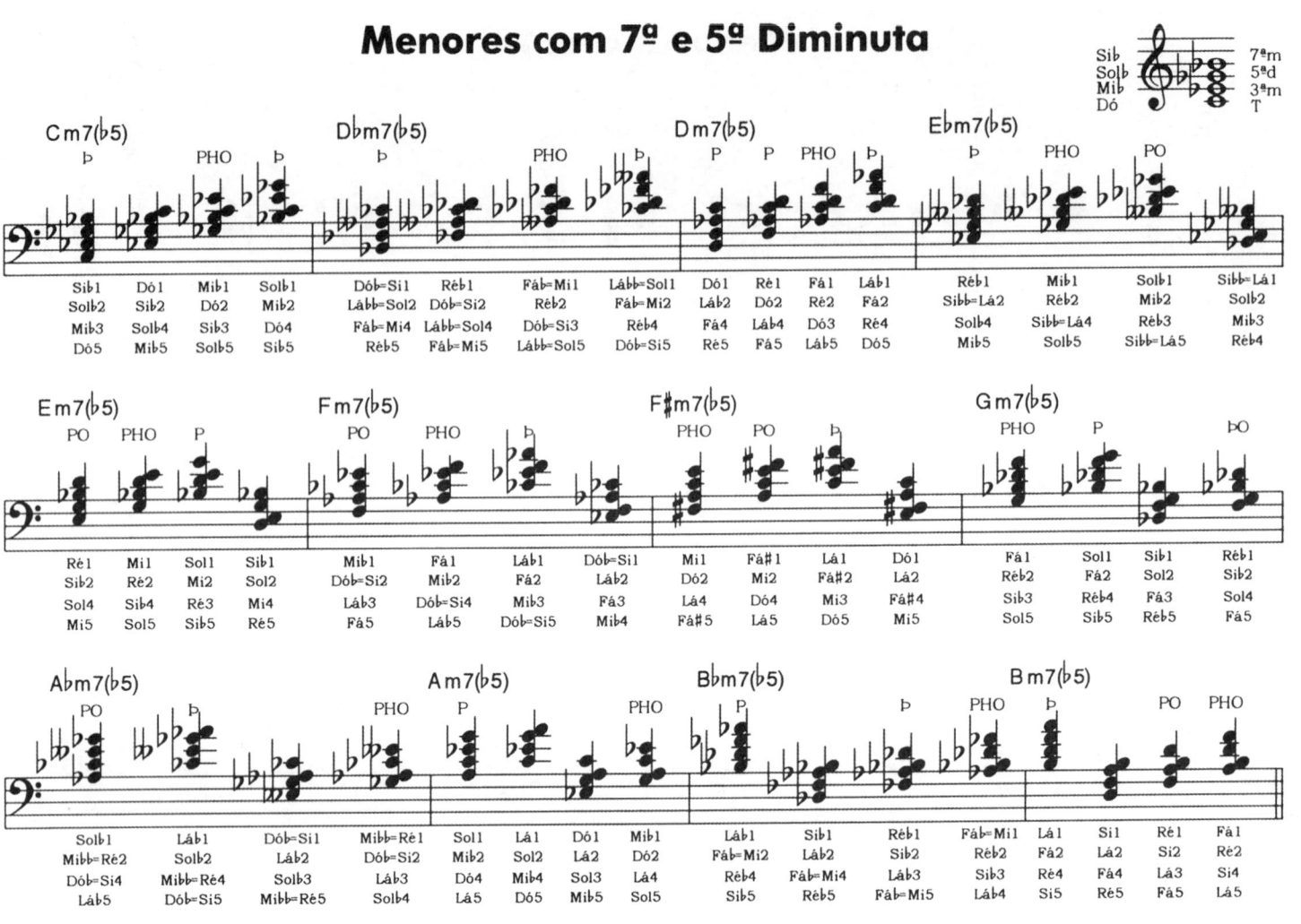

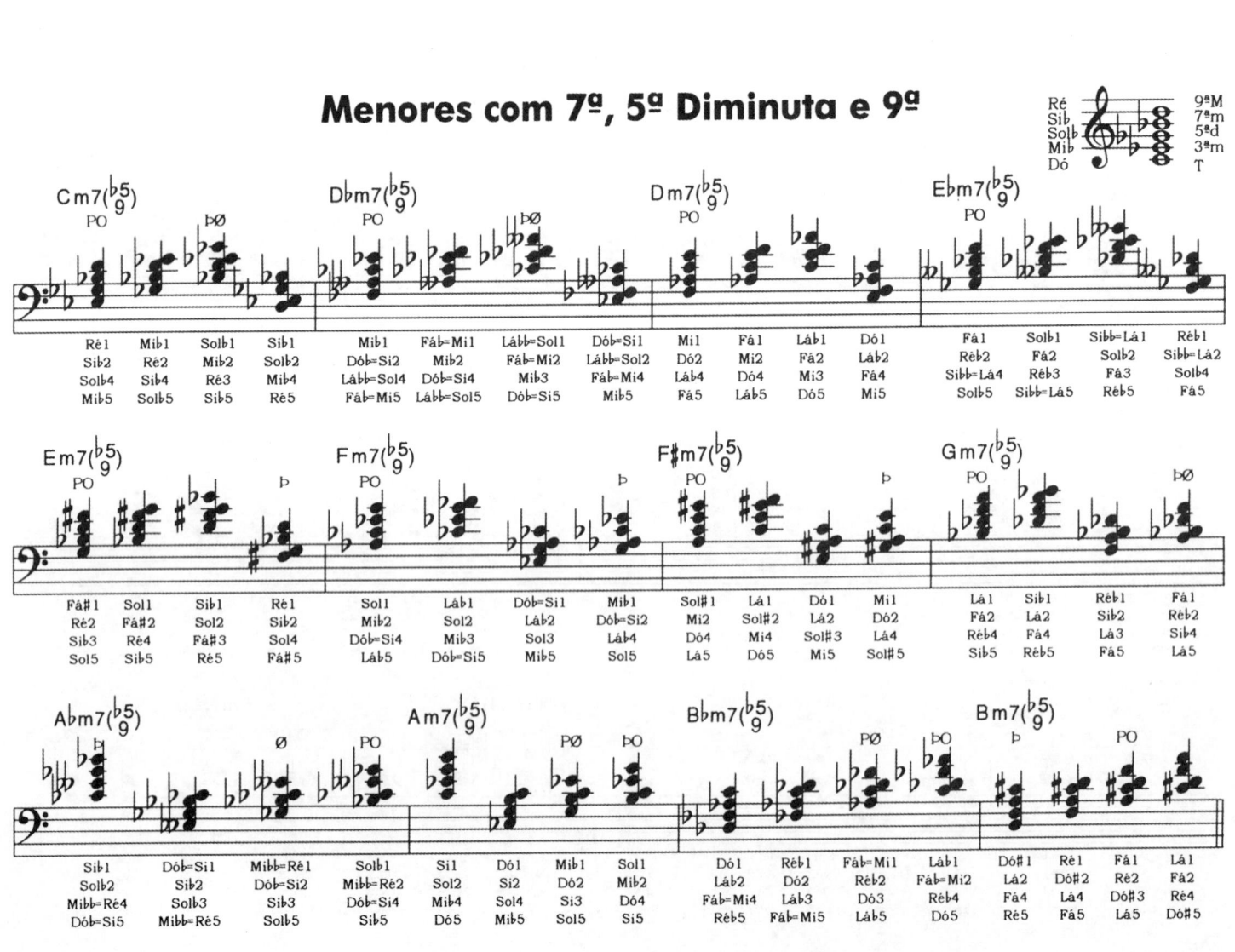

# Menores com 7ª e 5ª Diminuta
# Menores com 7ª, 5ª Diminuta e 9ª

# Menores com 7ª, 5ª Diminuta e 11ª

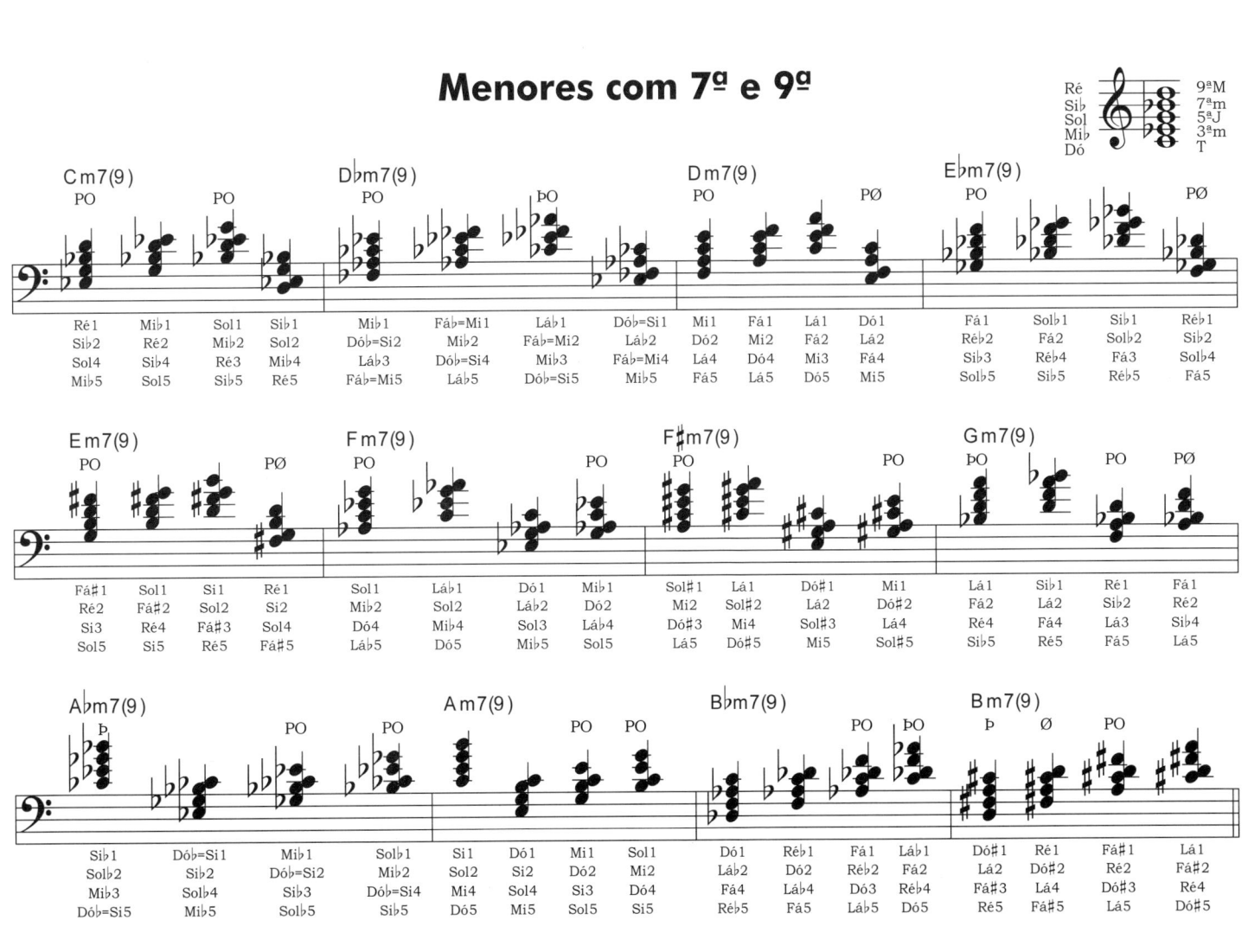

# Menores com 7ª e 9ª

# Menores com 7ª, 9ª e 11ª

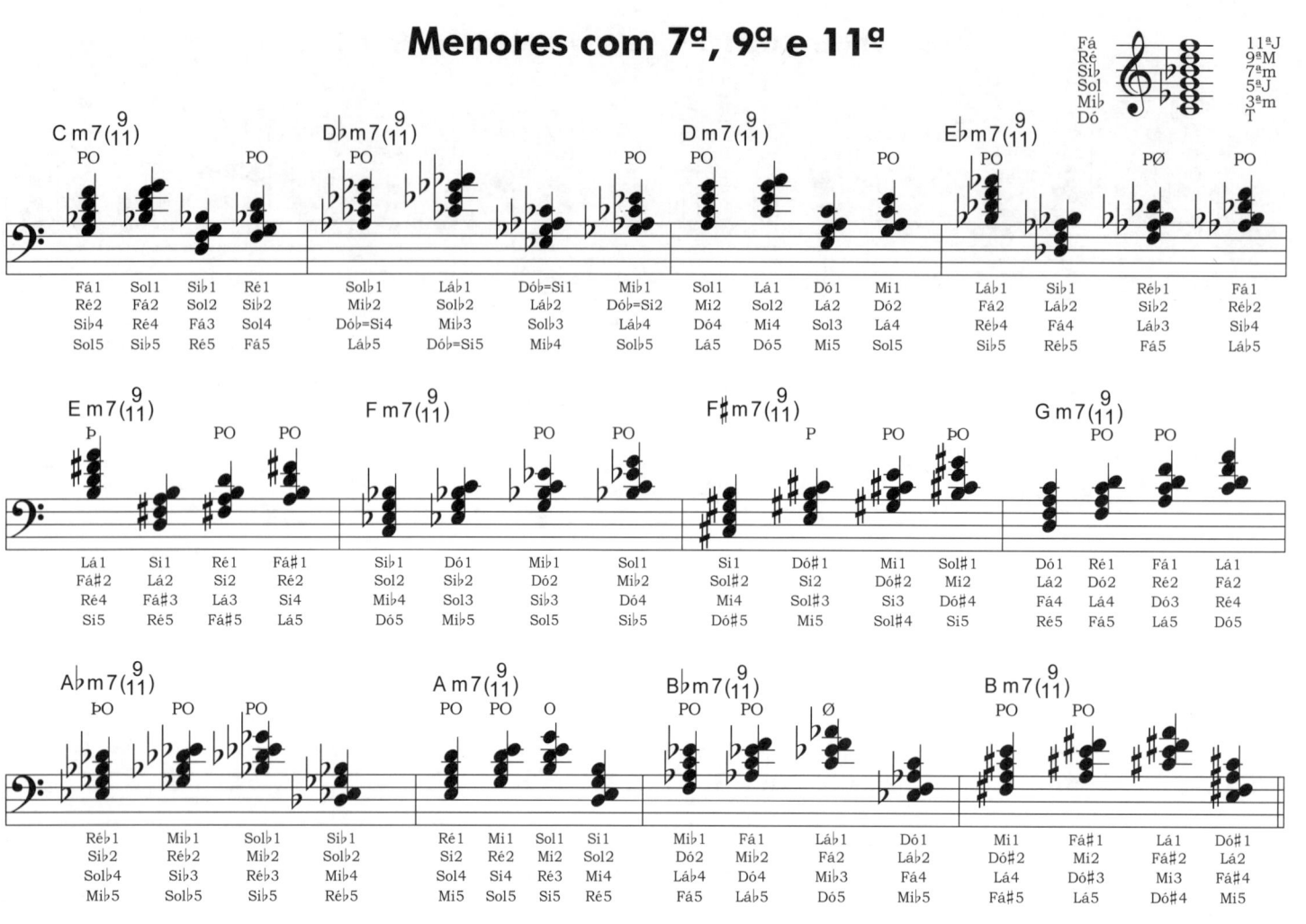

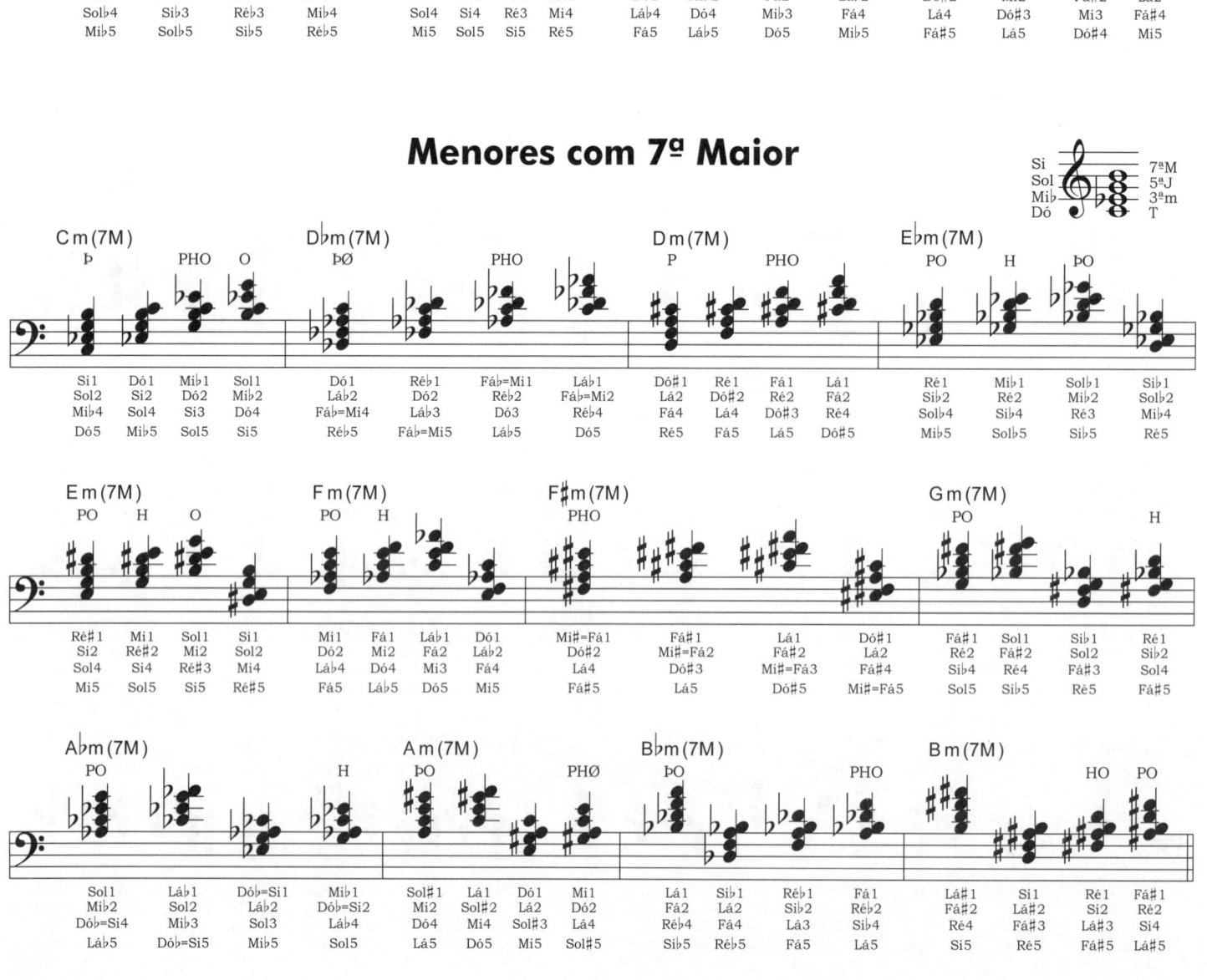

## Menores com 6ª e 7ª Maior

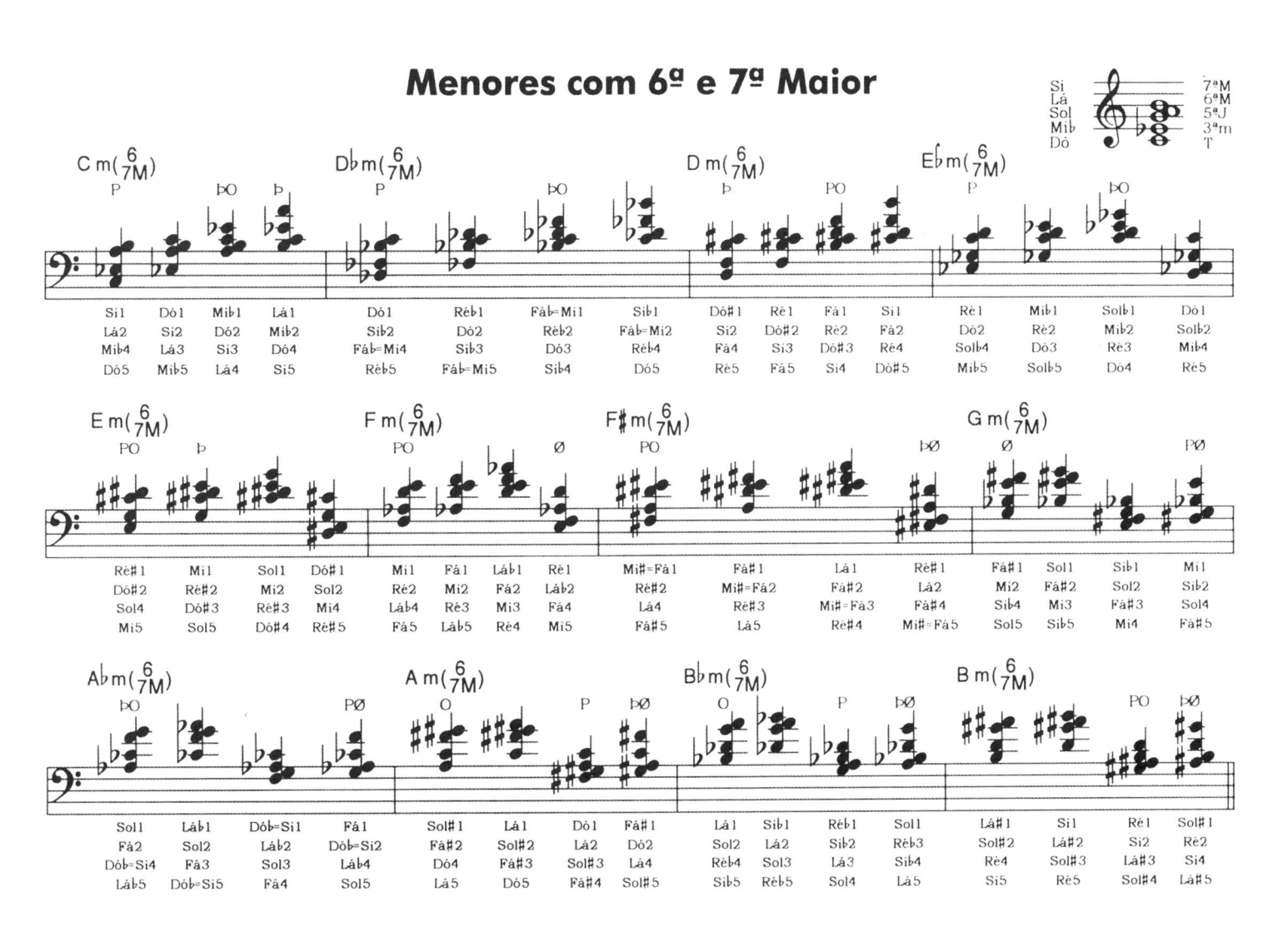

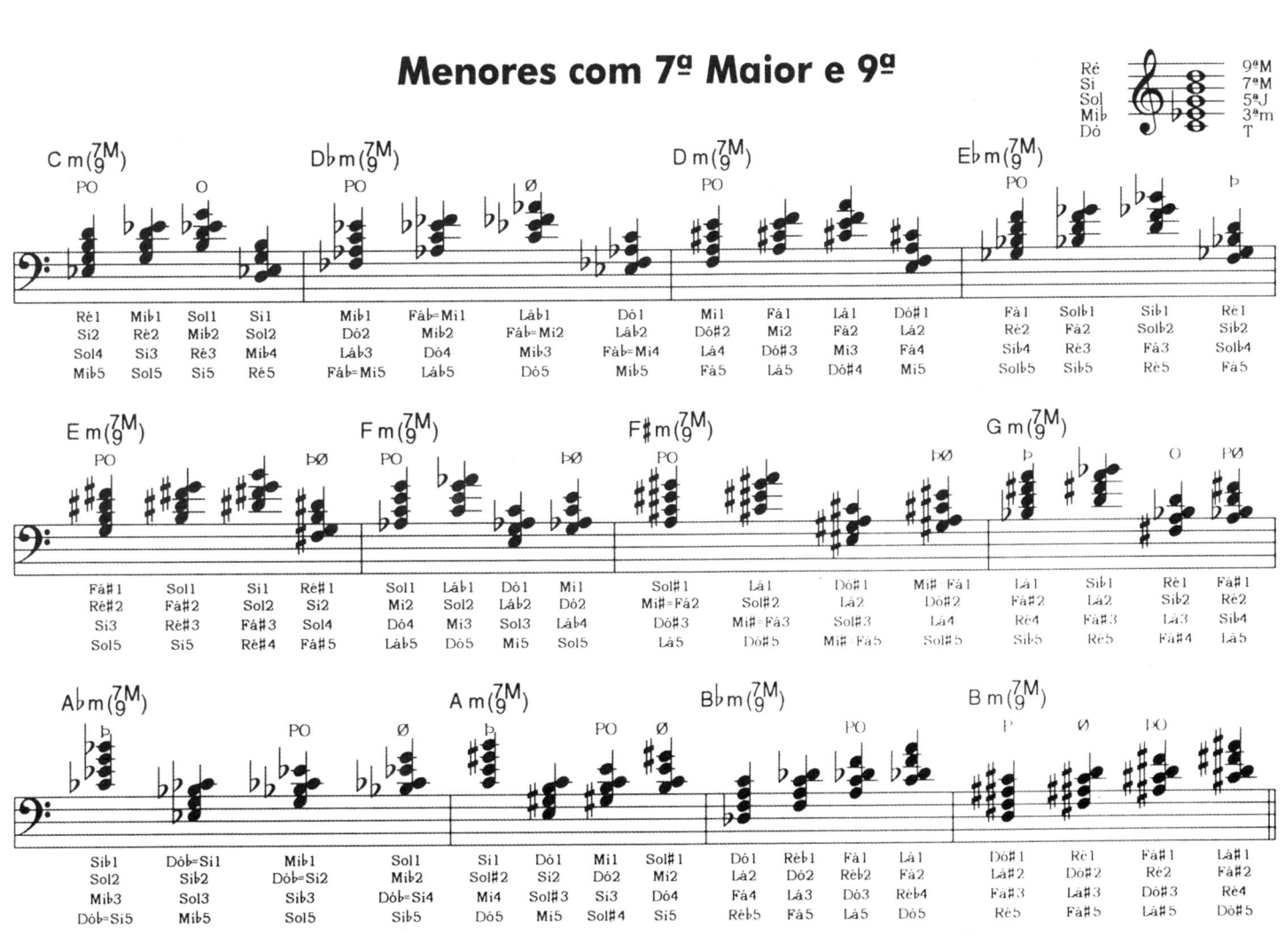

# 4ª Suspensa

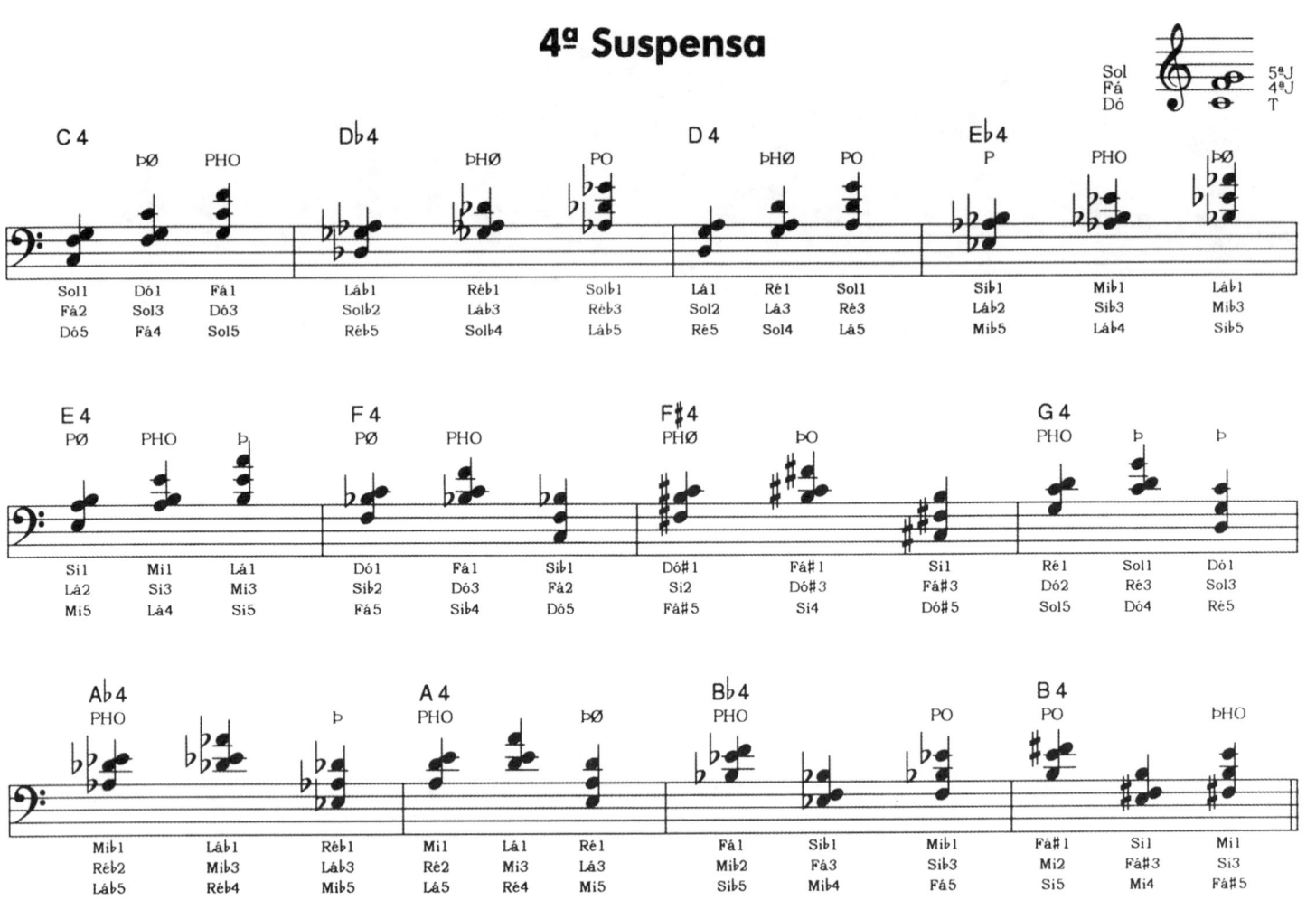

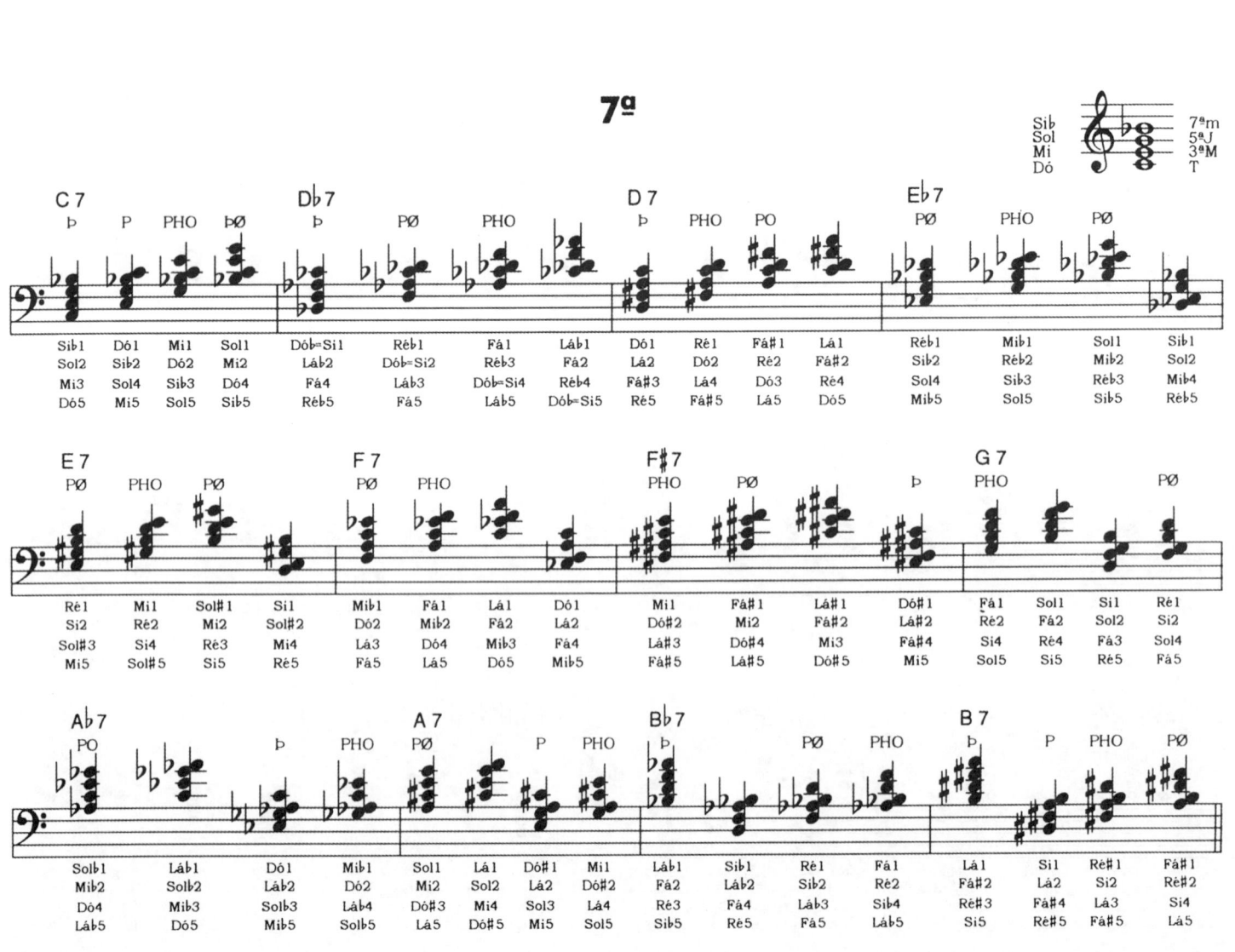

# 7ª e 4ª ou 7ª com 11ª

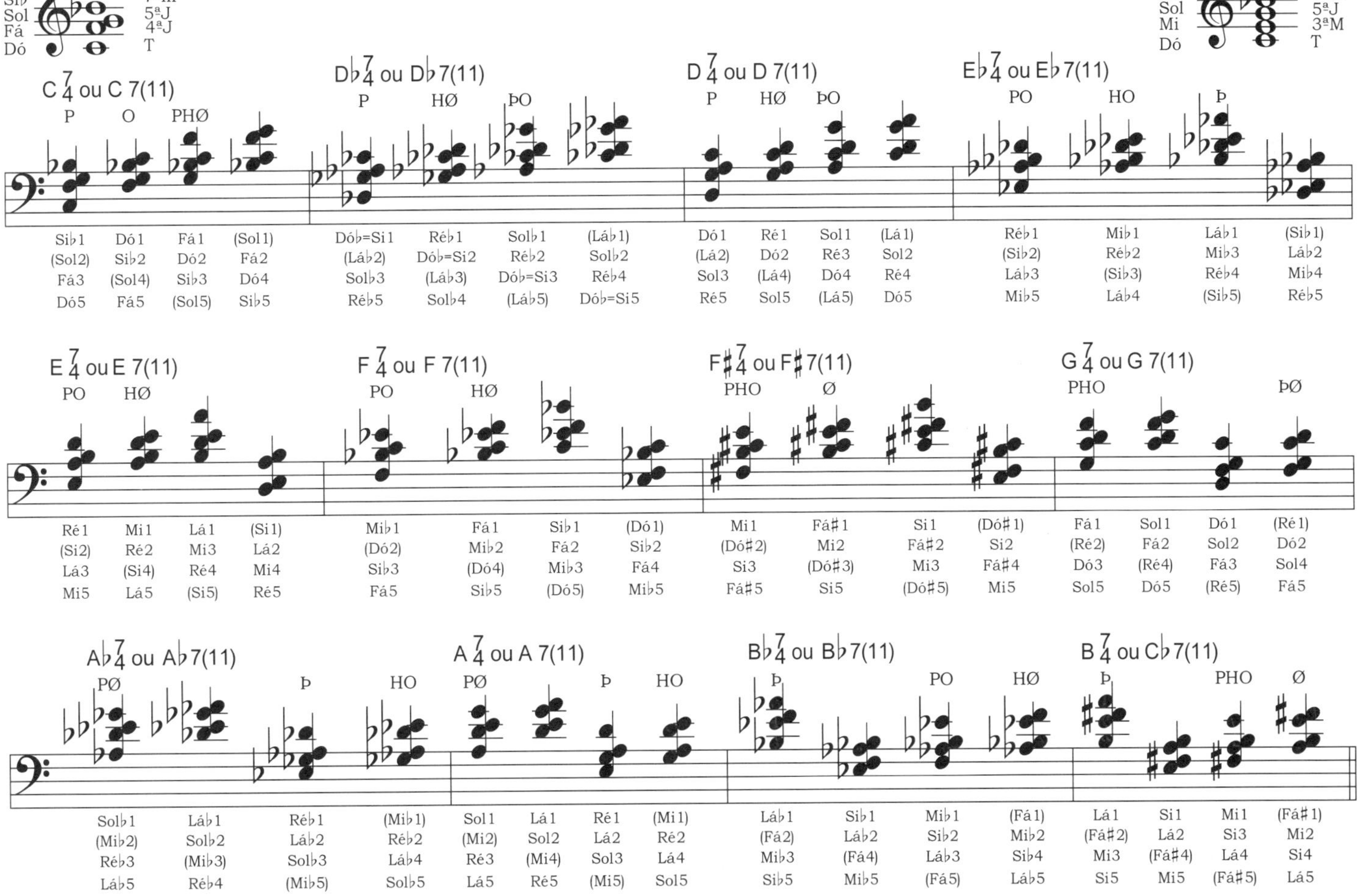


# 7ª e 4ª com 9ª Menor ou 7ª com 9ª Menor e 11ª

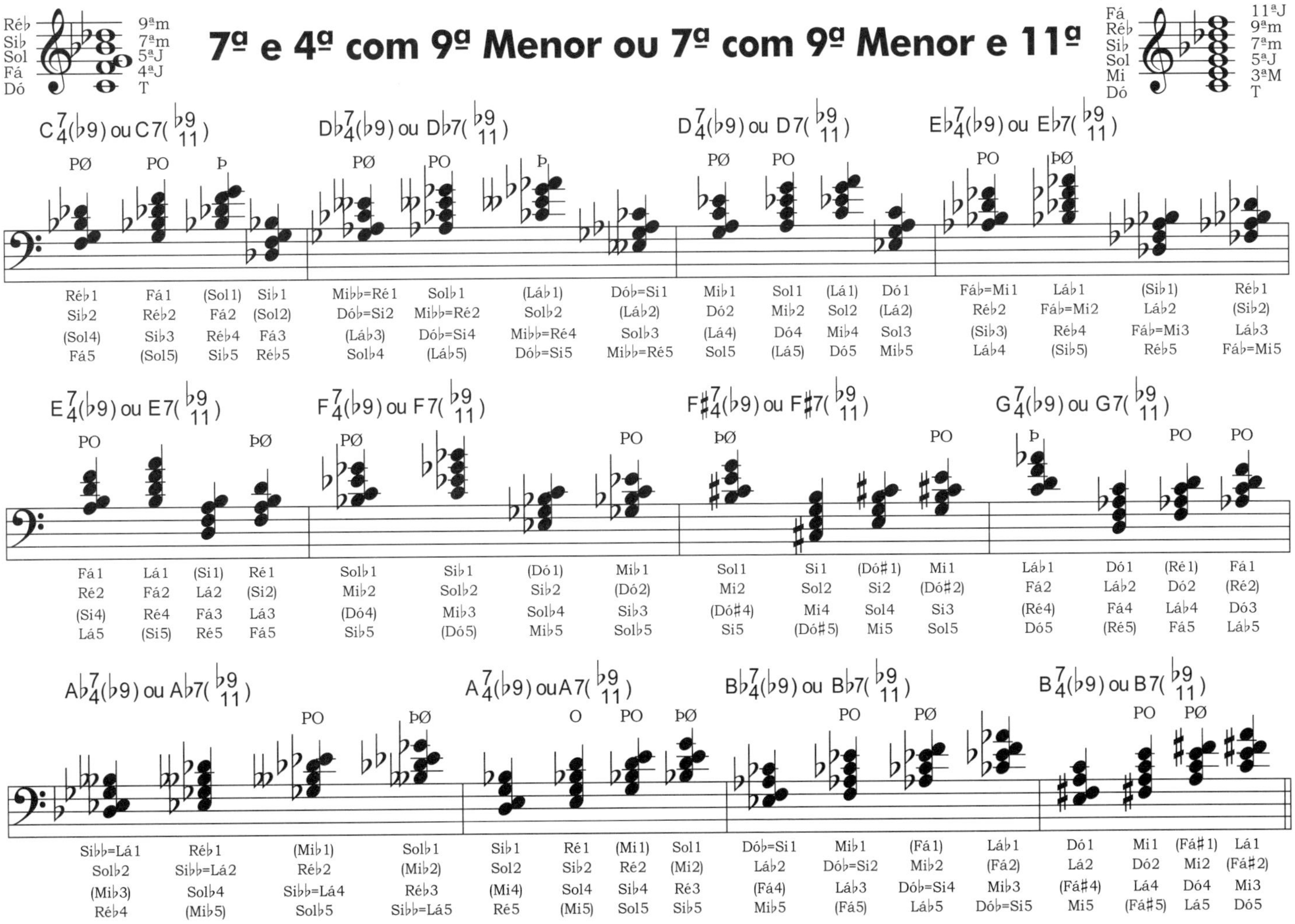

# 7ª e 4ª com 9ª ou 7ª com 9ª e 11ª

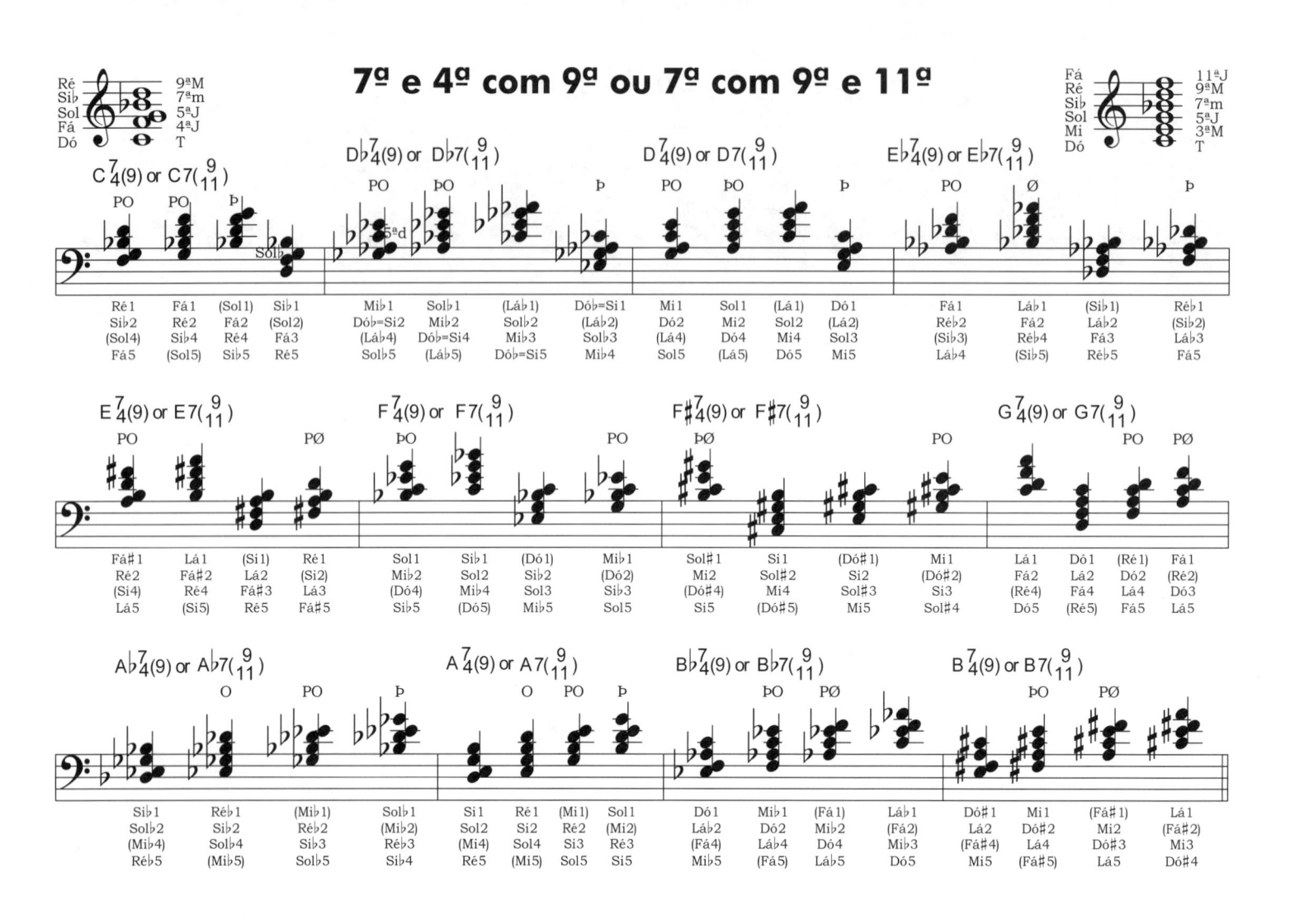

# 7ª com 5ª Diminuta

# 7ª com 11ª Aumentada

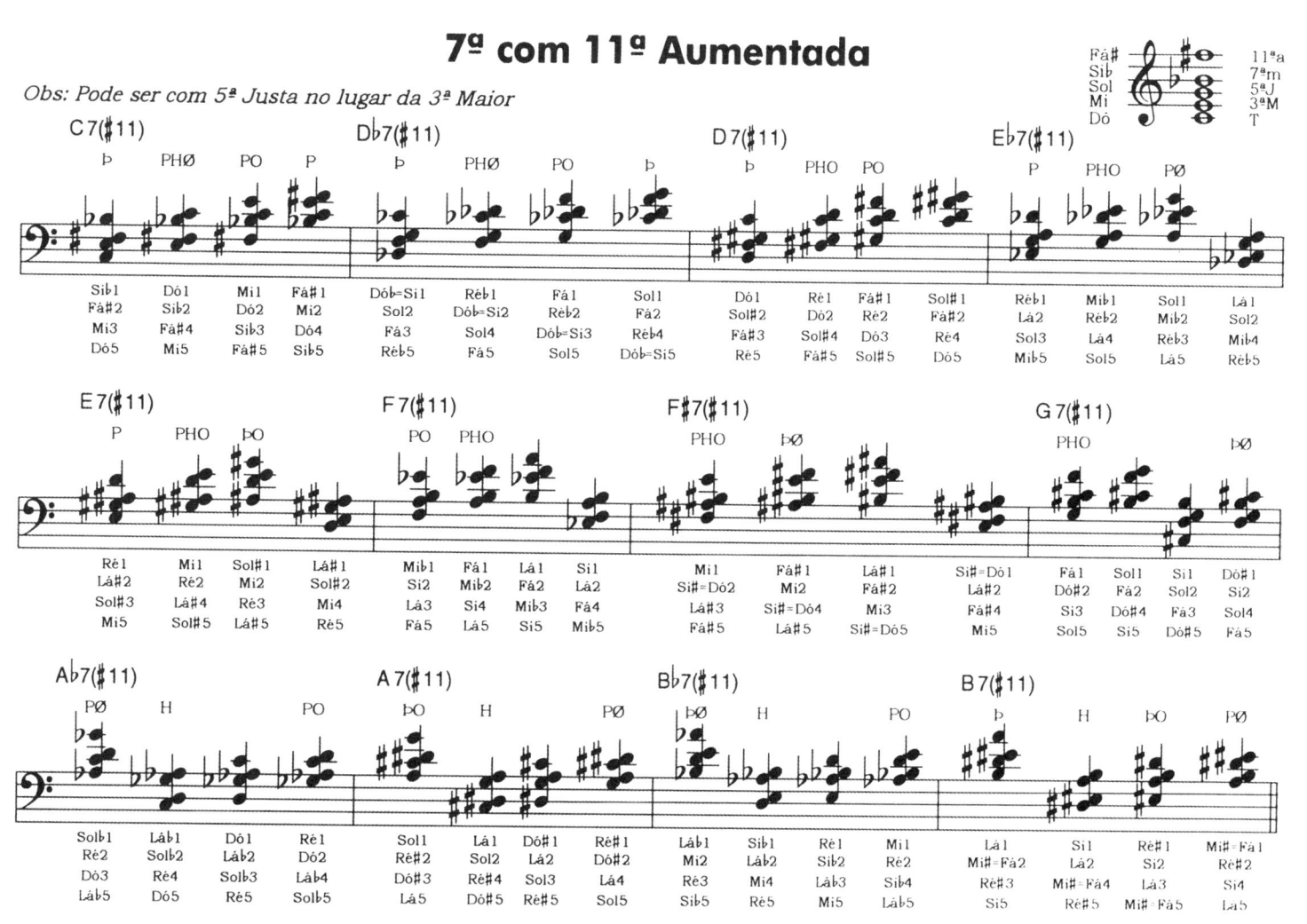

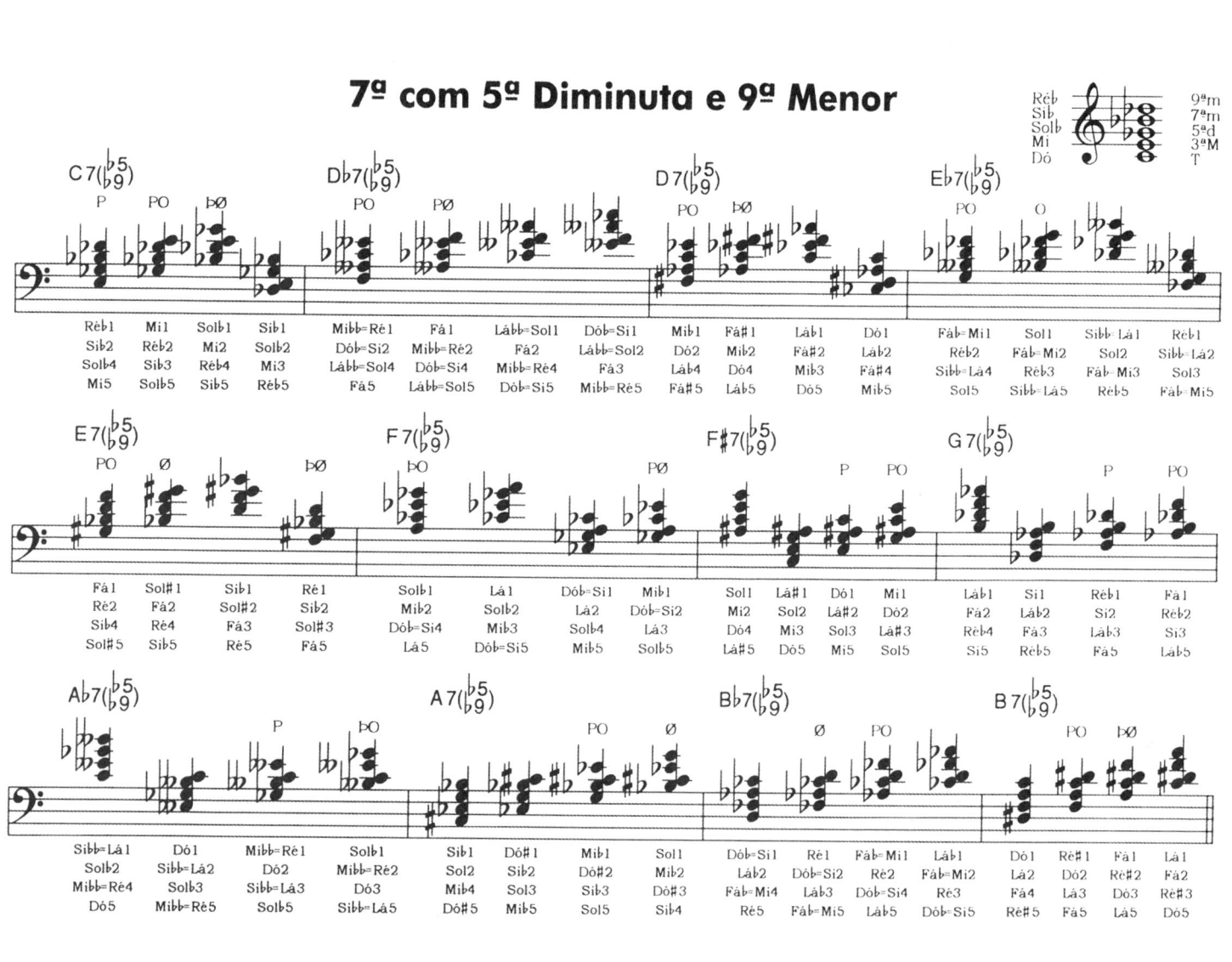

*Obs: Pode ser com 5ª Justa no lugar da 3ª Maior*

# 7ª com 5ª Diminuta e 9ª Menor

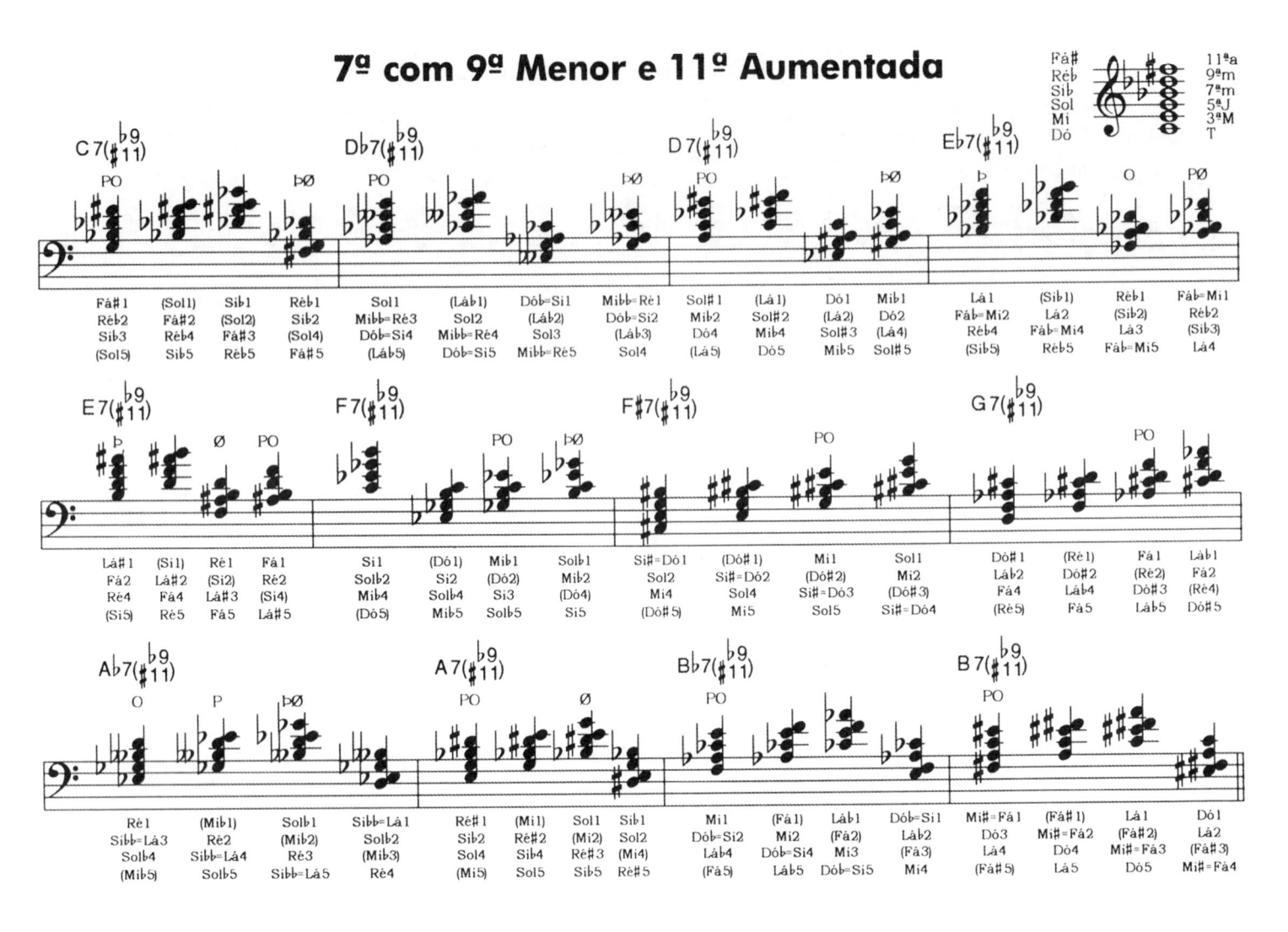

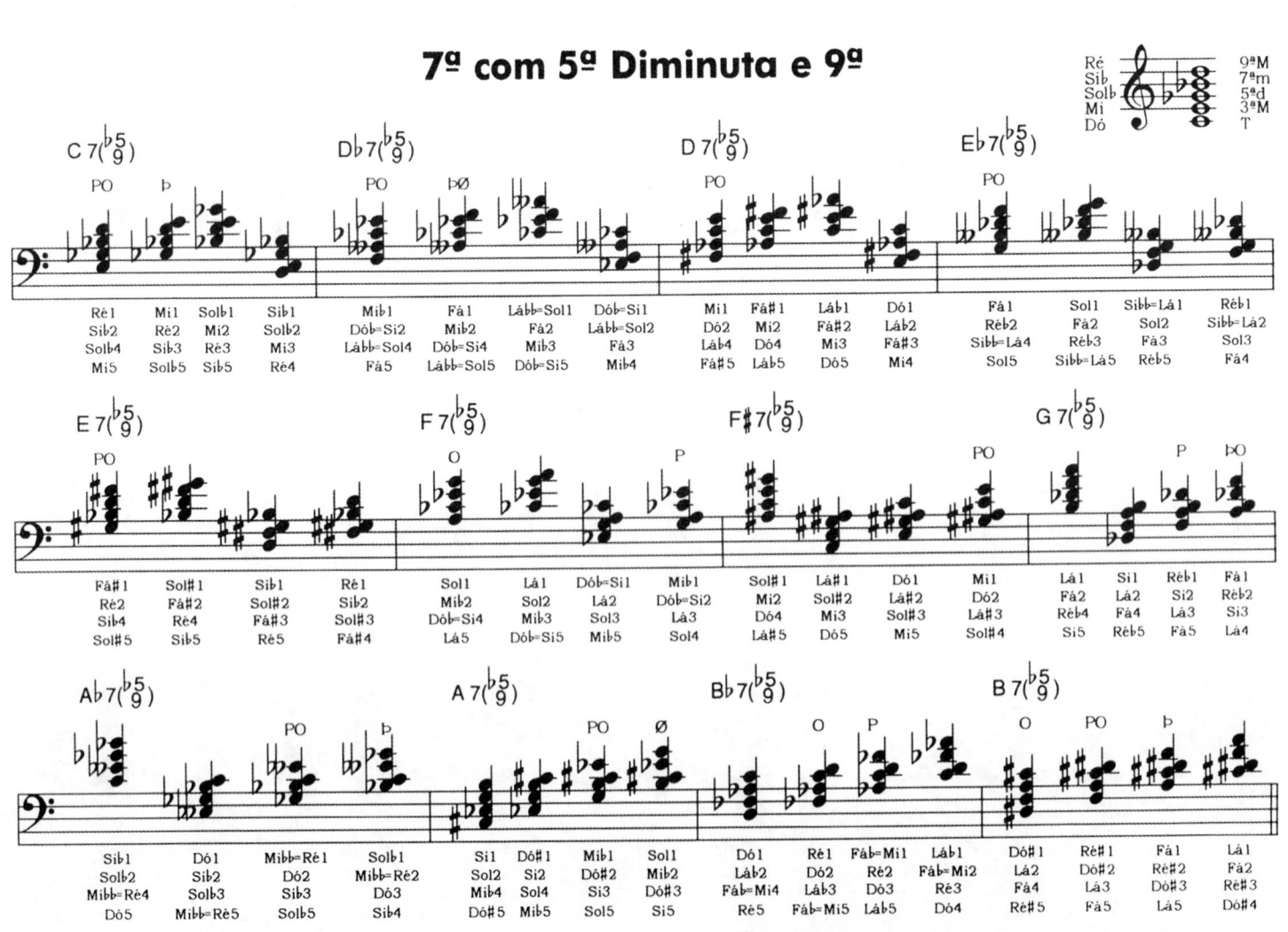

## 7ª com 9ª Menor e 11ª Aumentada

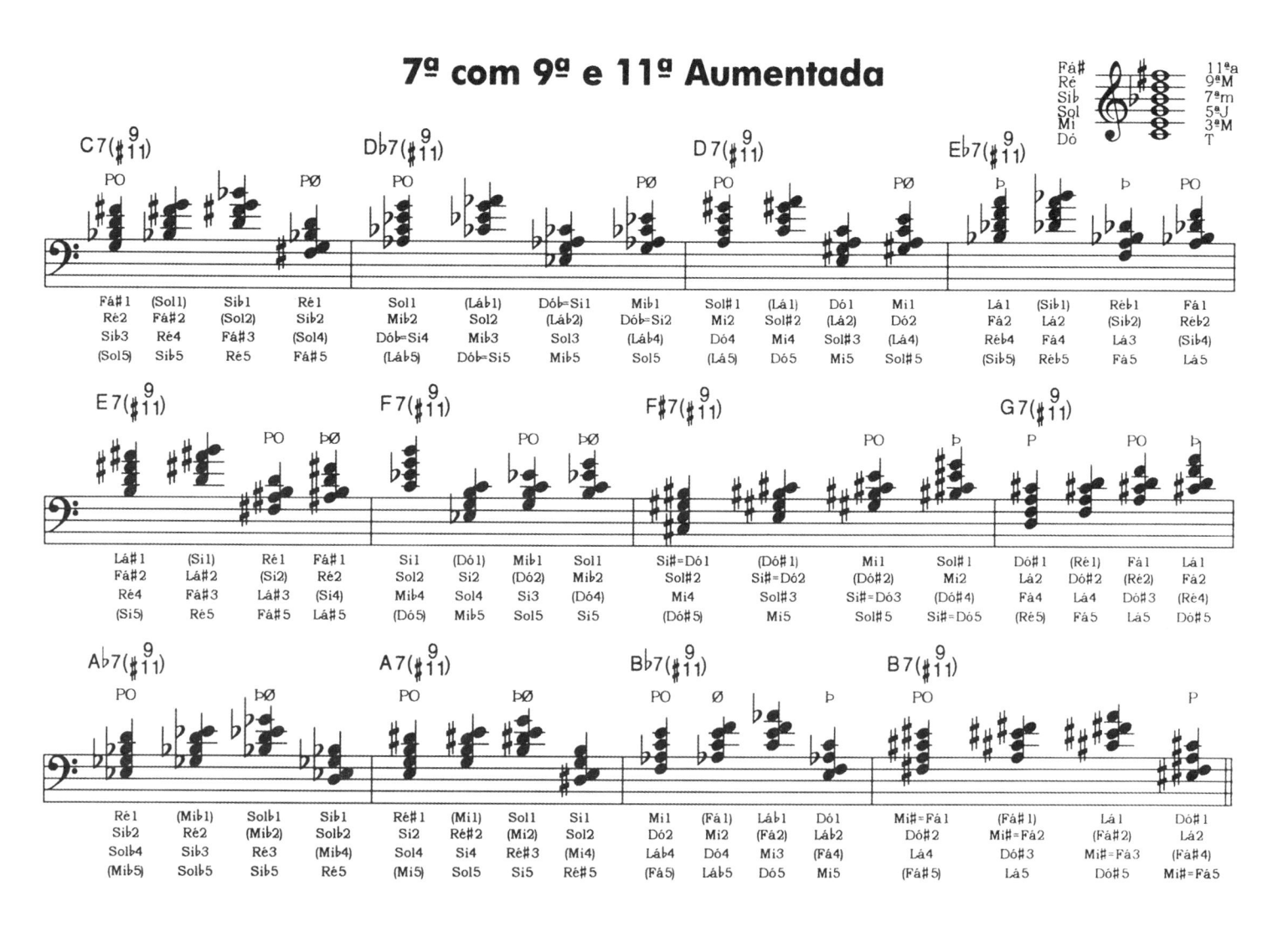

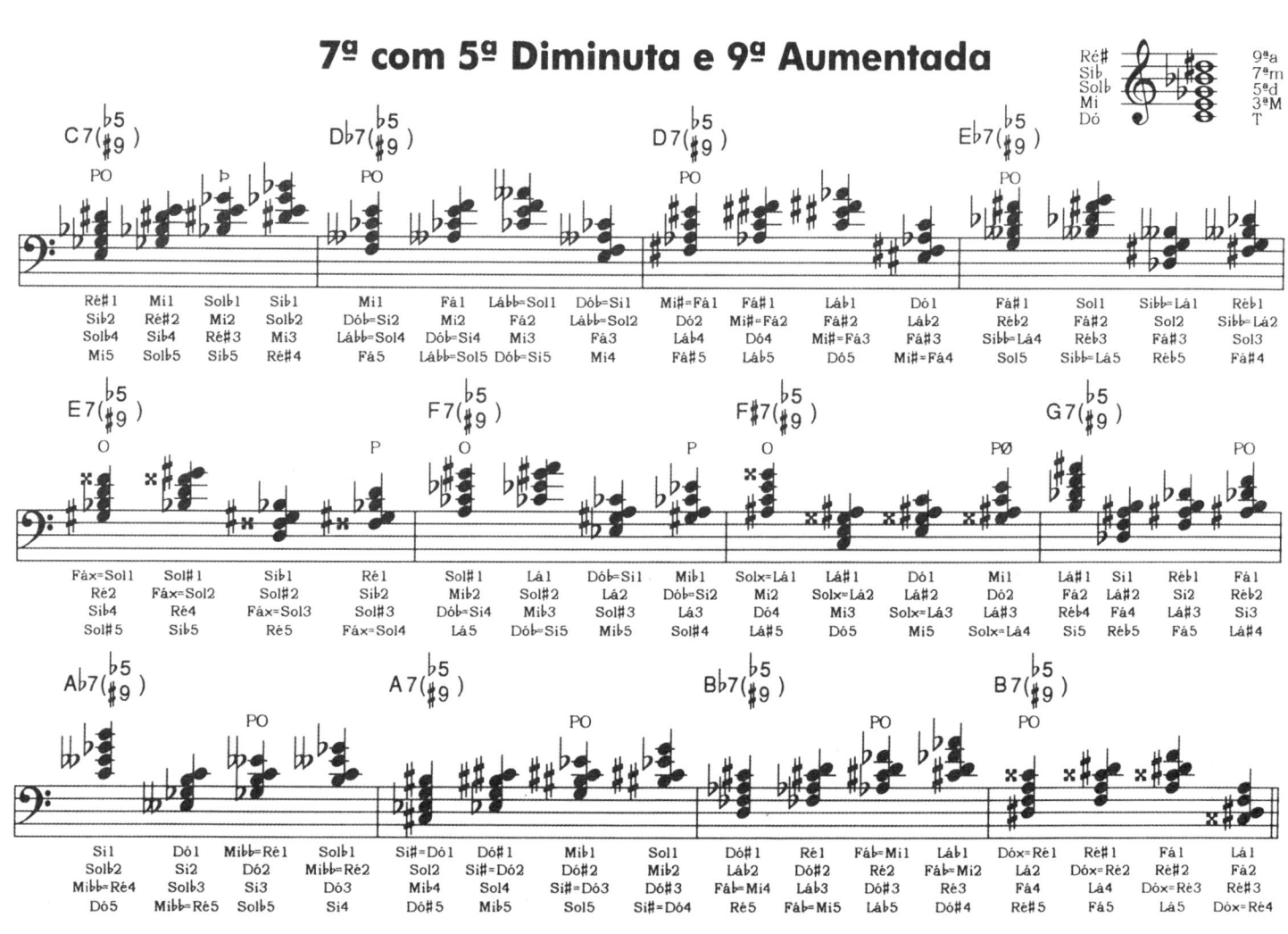

# 7ª com 9ª e 11ª Aumentada

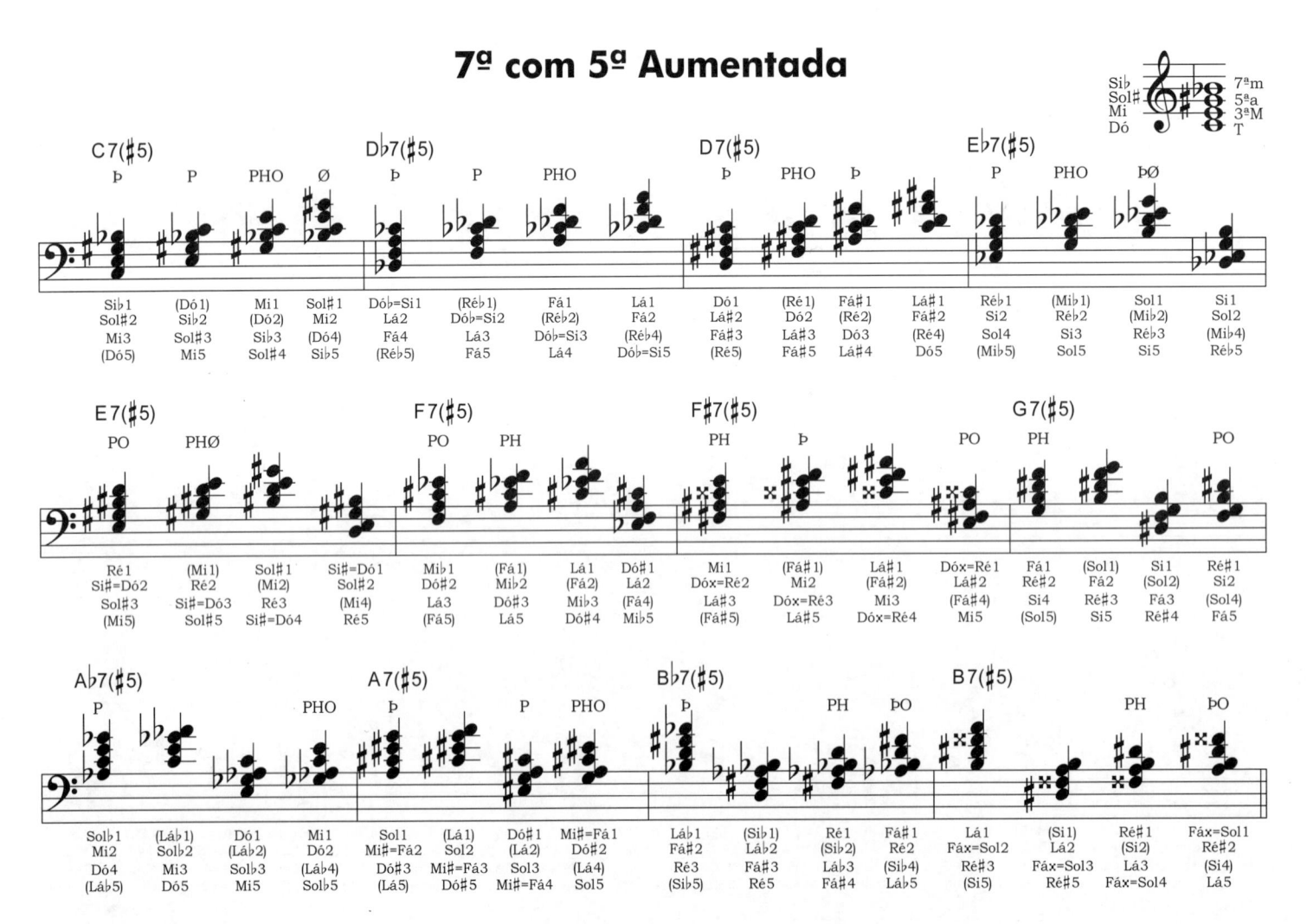

## 7ª com 9ª Aumentada e 11ª Aumentada

# 7ª com 13ª Menor

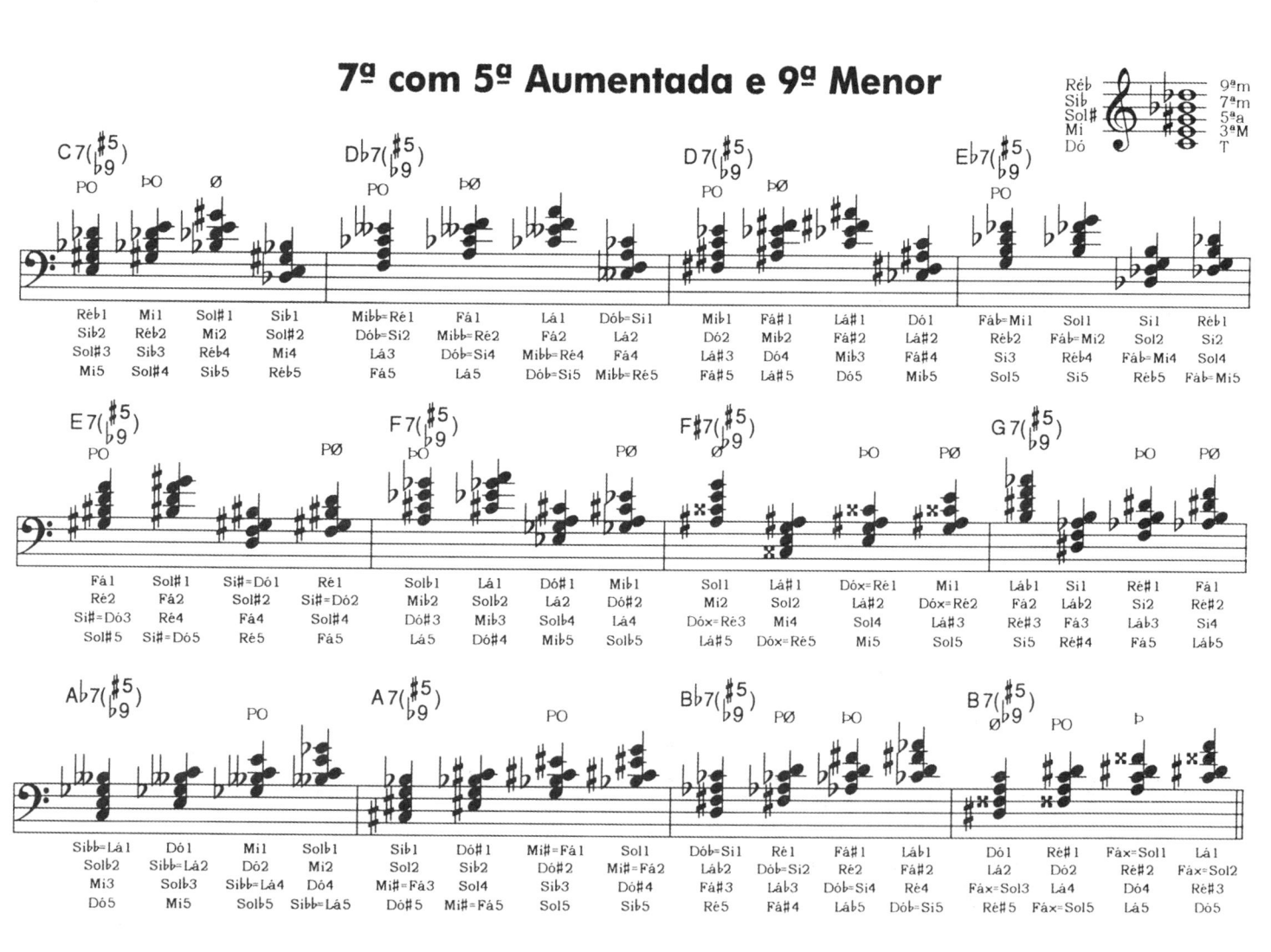

# 7ª com 5ª Aumentada e 9ª Menor

## 7ª com 9ª Menor e 13ª Menor

## 7ª com 9ª e 13ª Menor

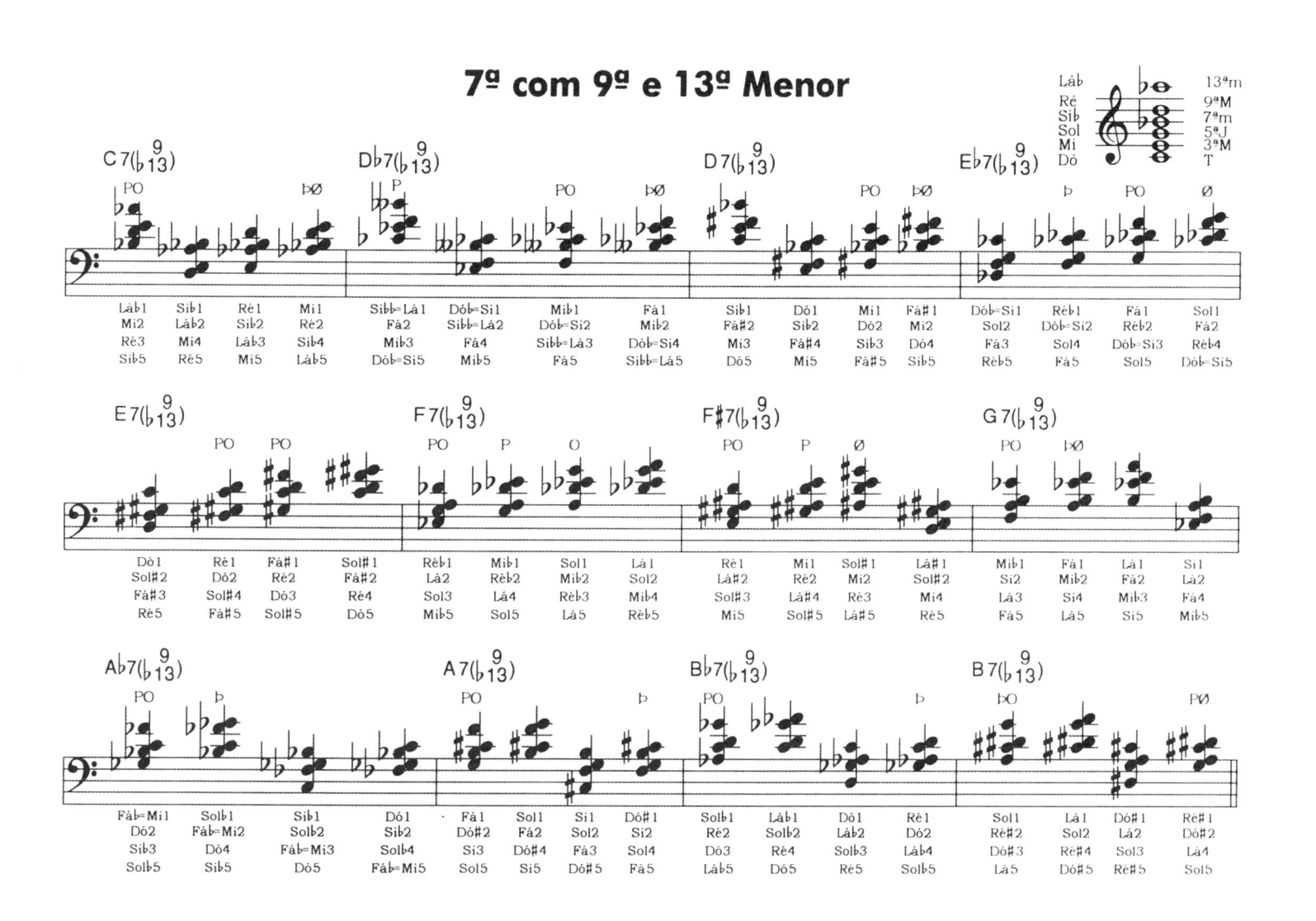

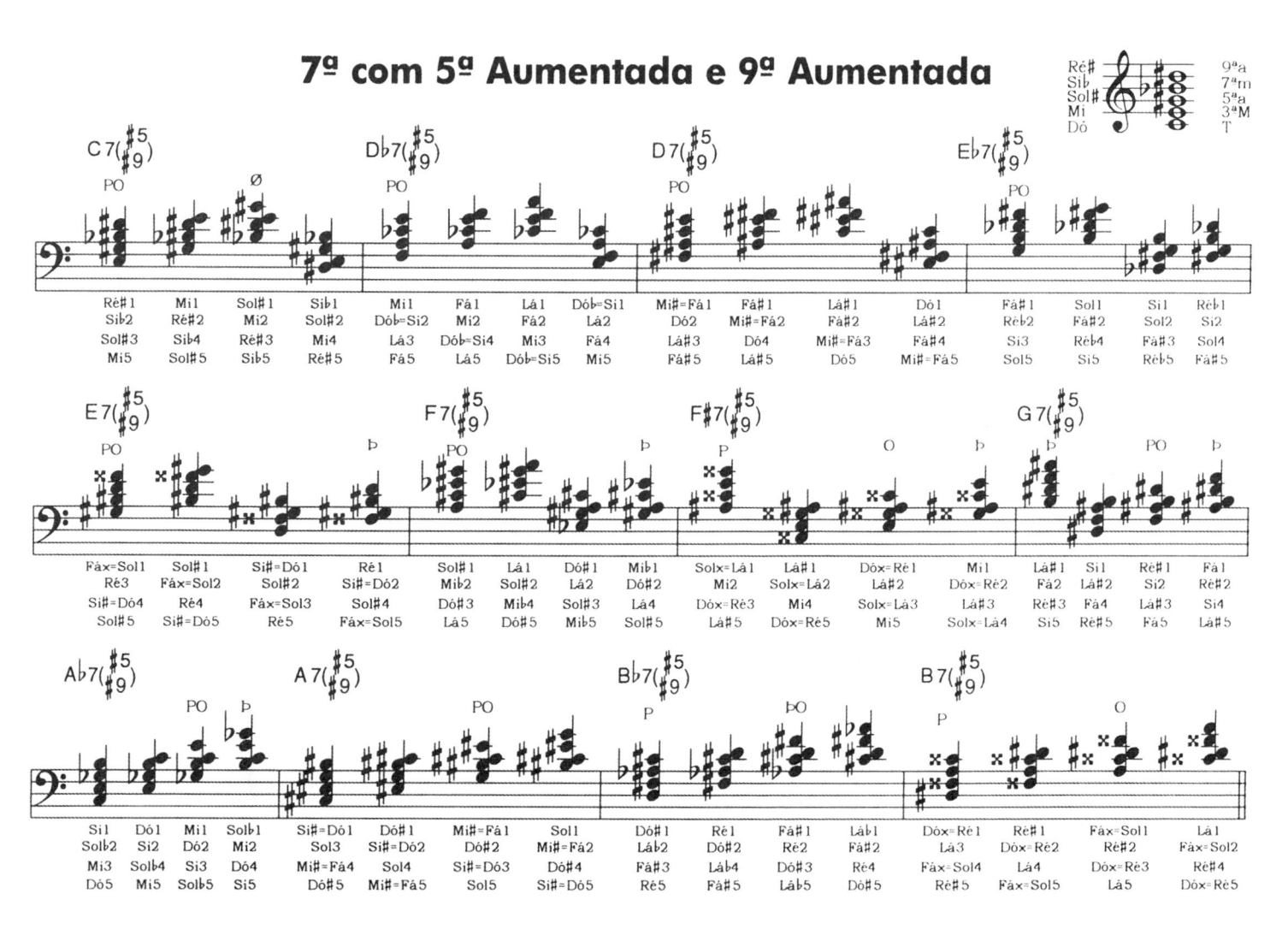

## 7ª com 5ª Aumentada e 9ª Aumentada

# 7ª com 6ª ou 7ª com 13ª

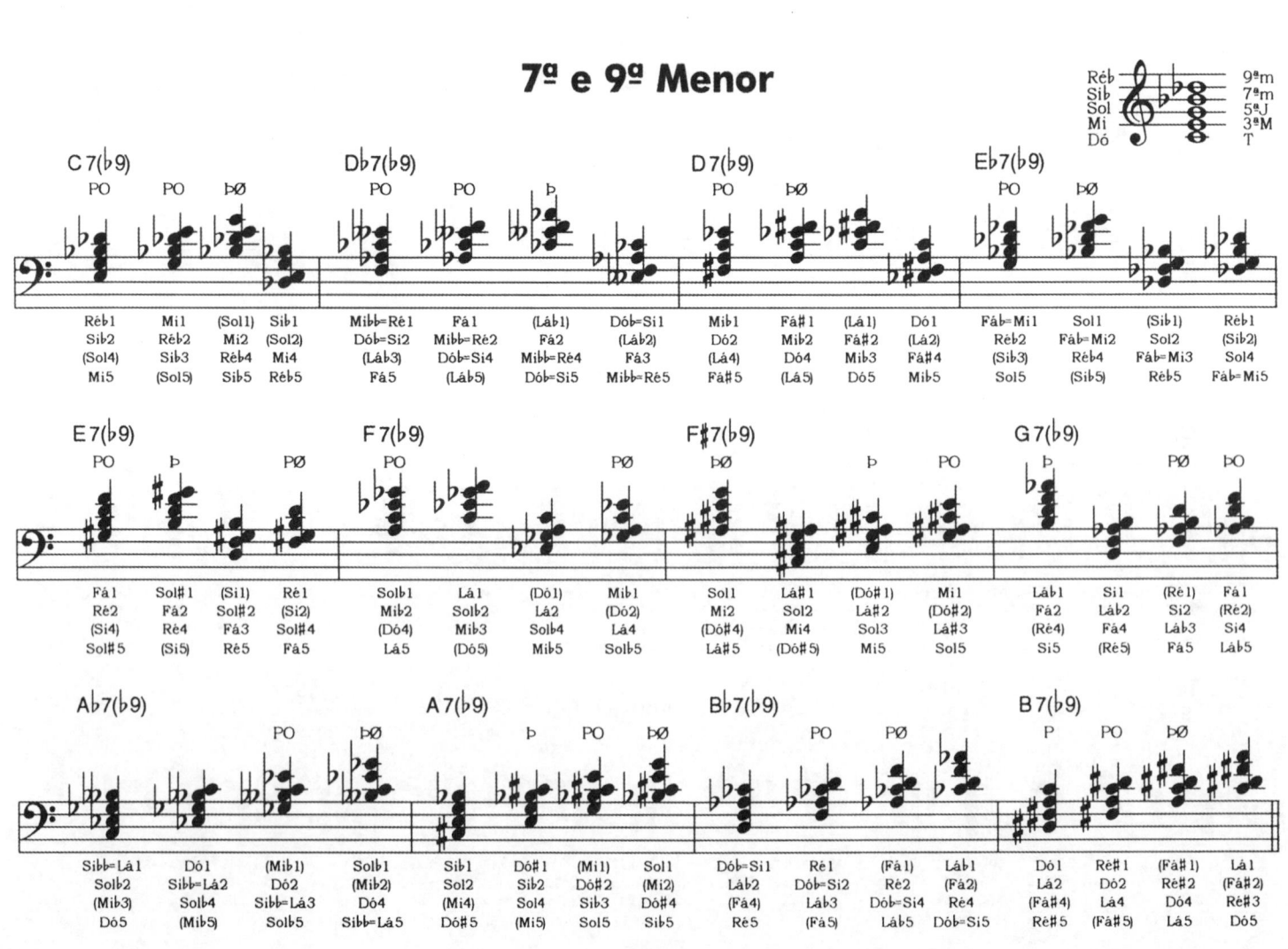

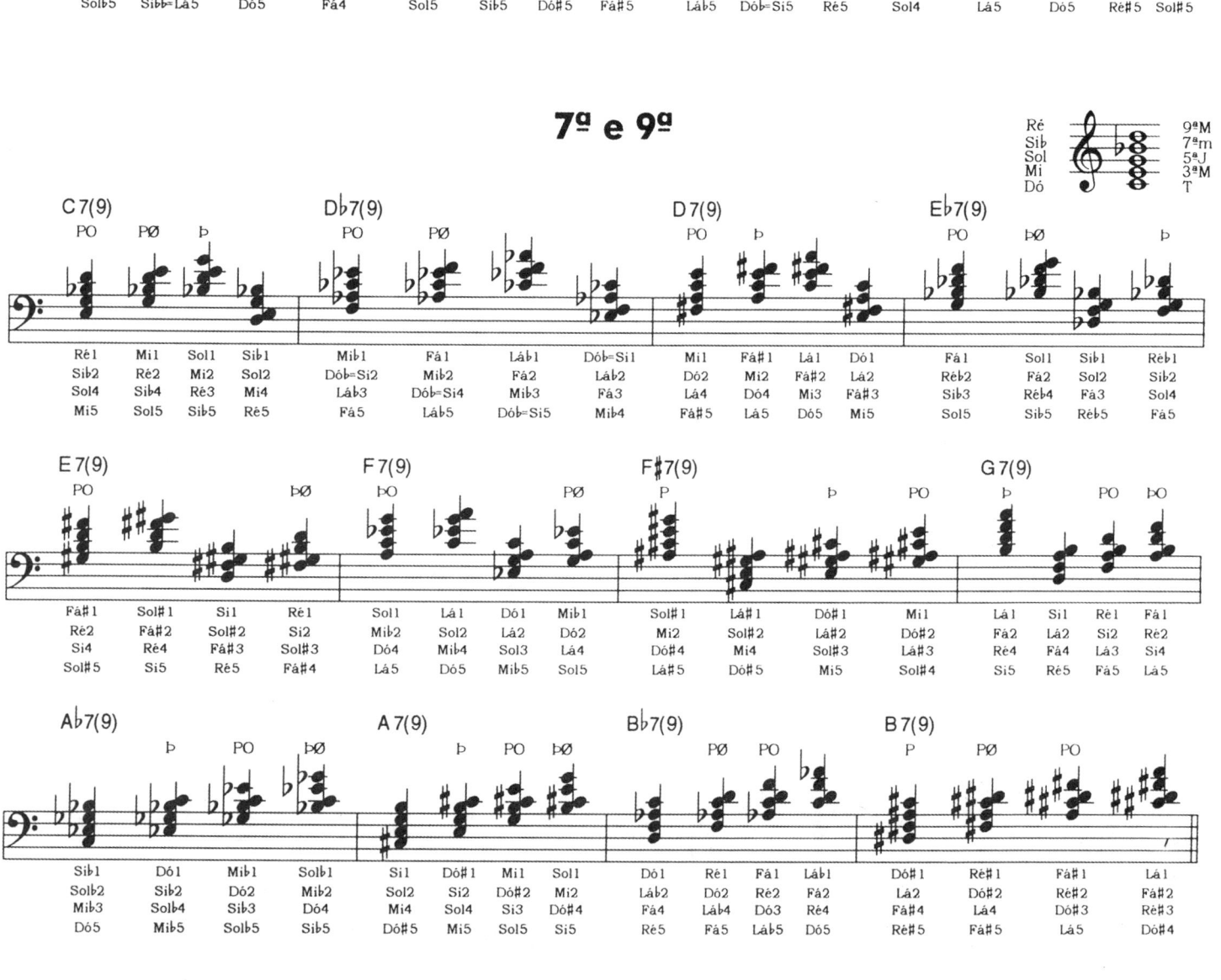

# 7ª com 9ª Menor e 13ª

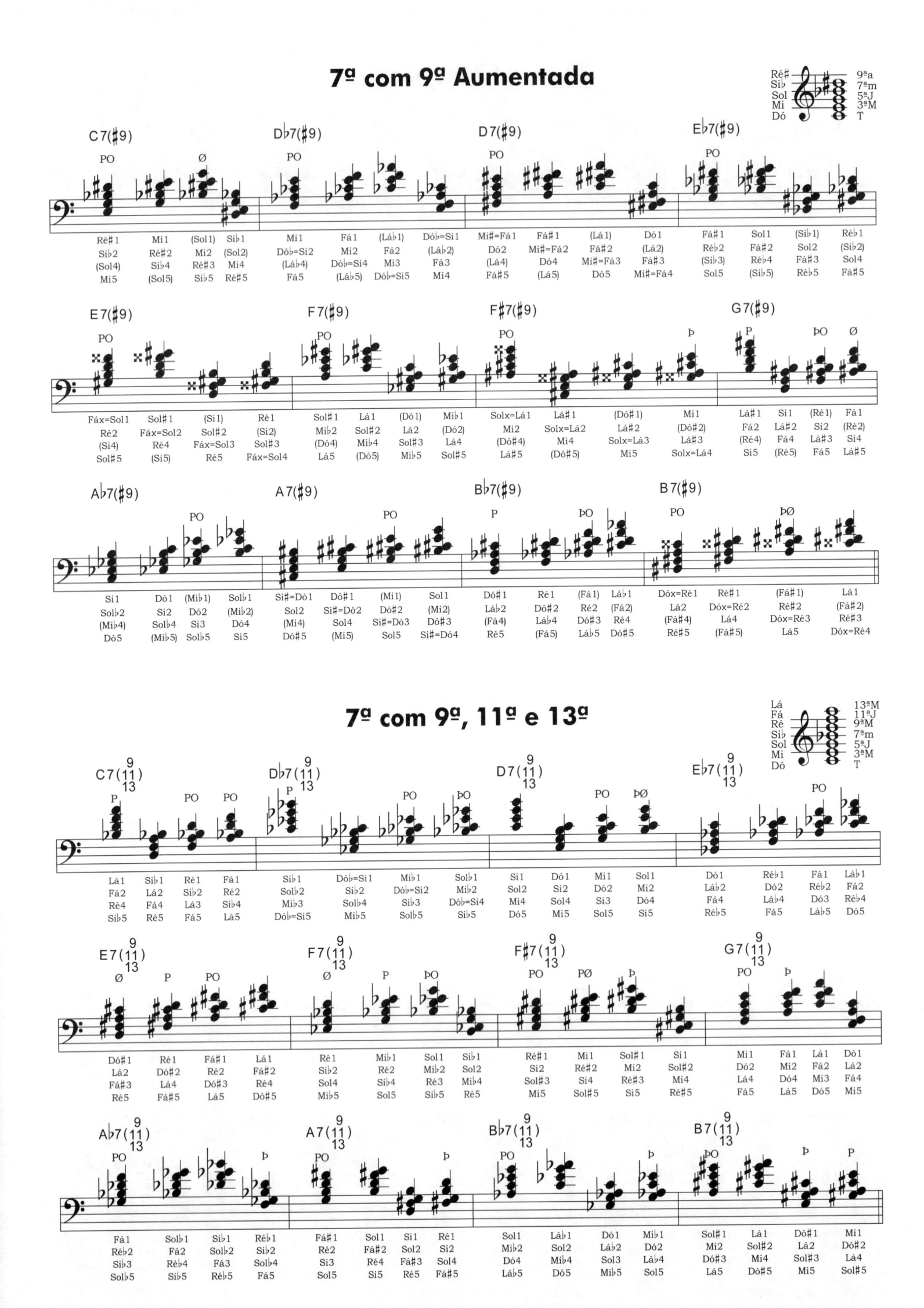

# 7ª com 9ª Aumentada

# 7ª com 9ª, 11ª e 13ª

## 7ª com 9ª, 11ª Aumentada e 13ª

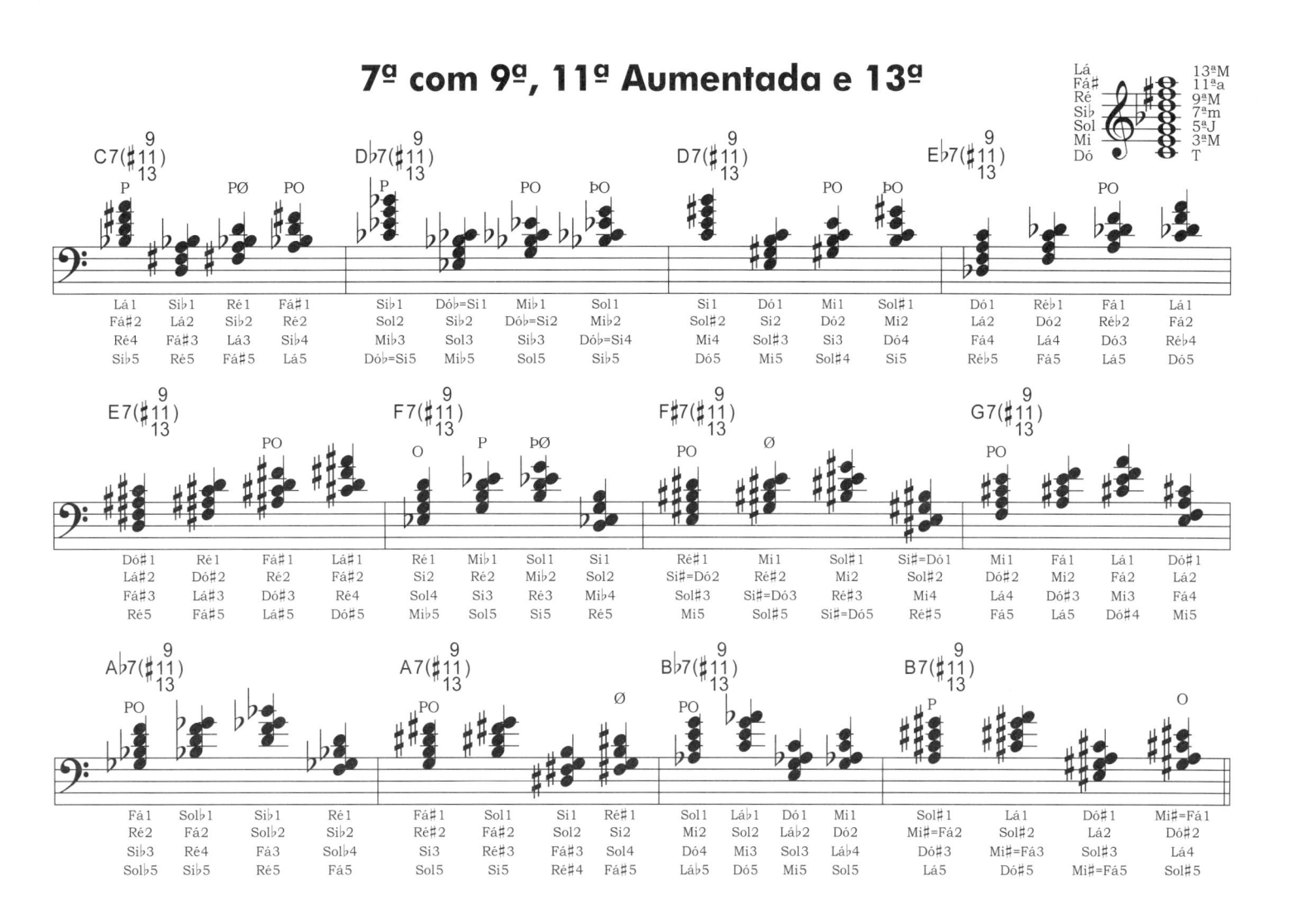

## 7ª com 9ª Menor, 11ª e 13ª

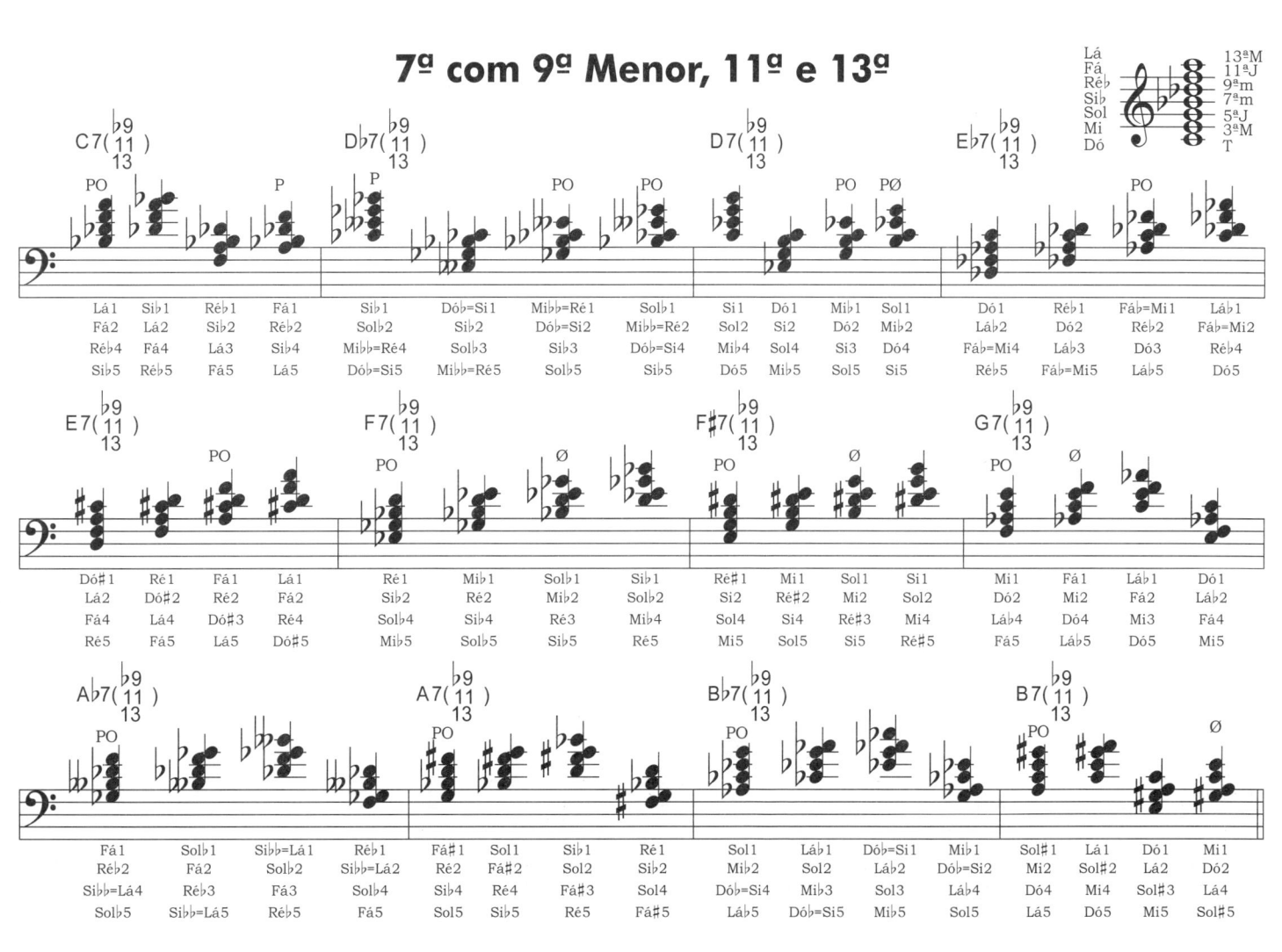

# Diminutos

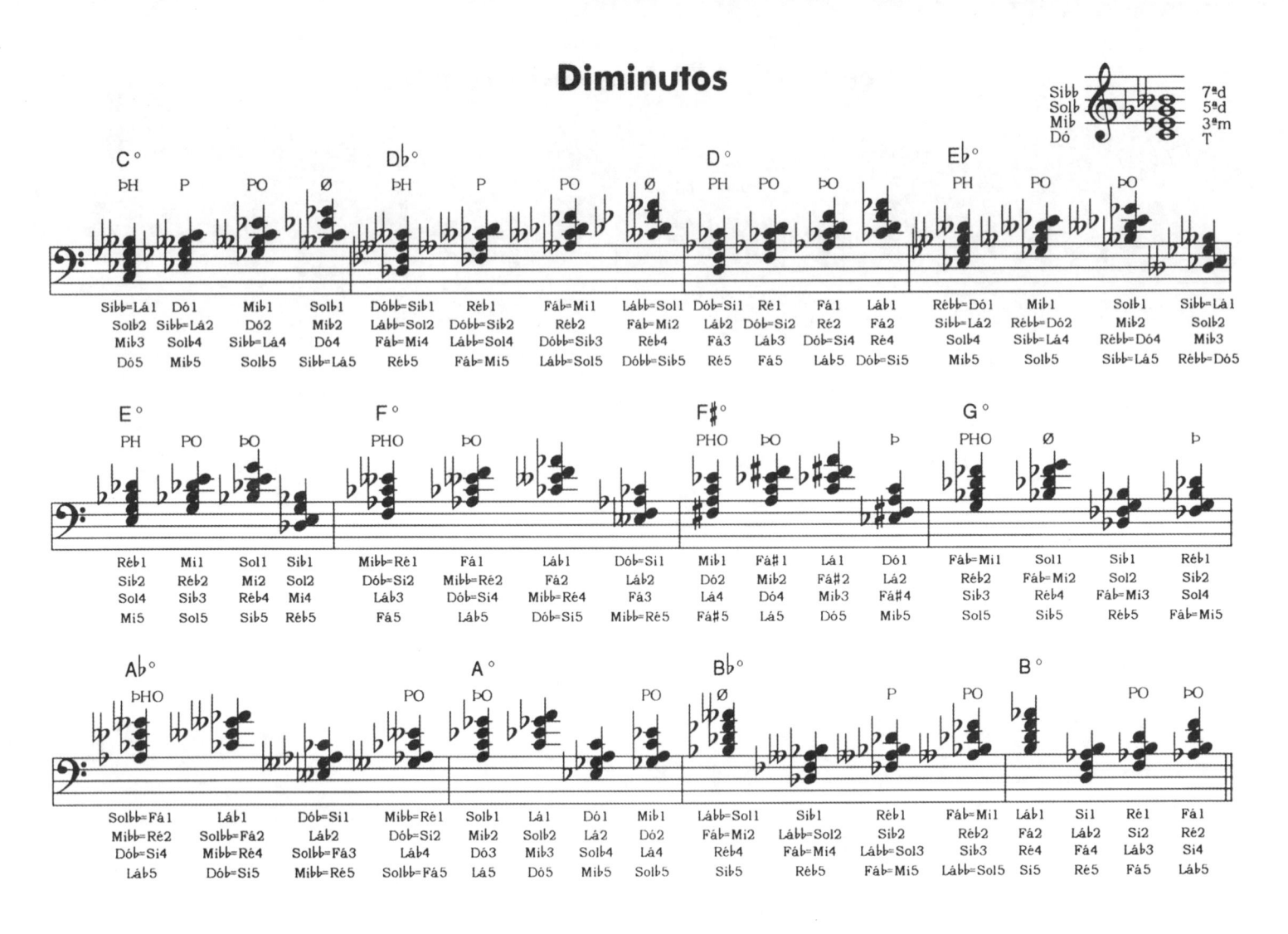

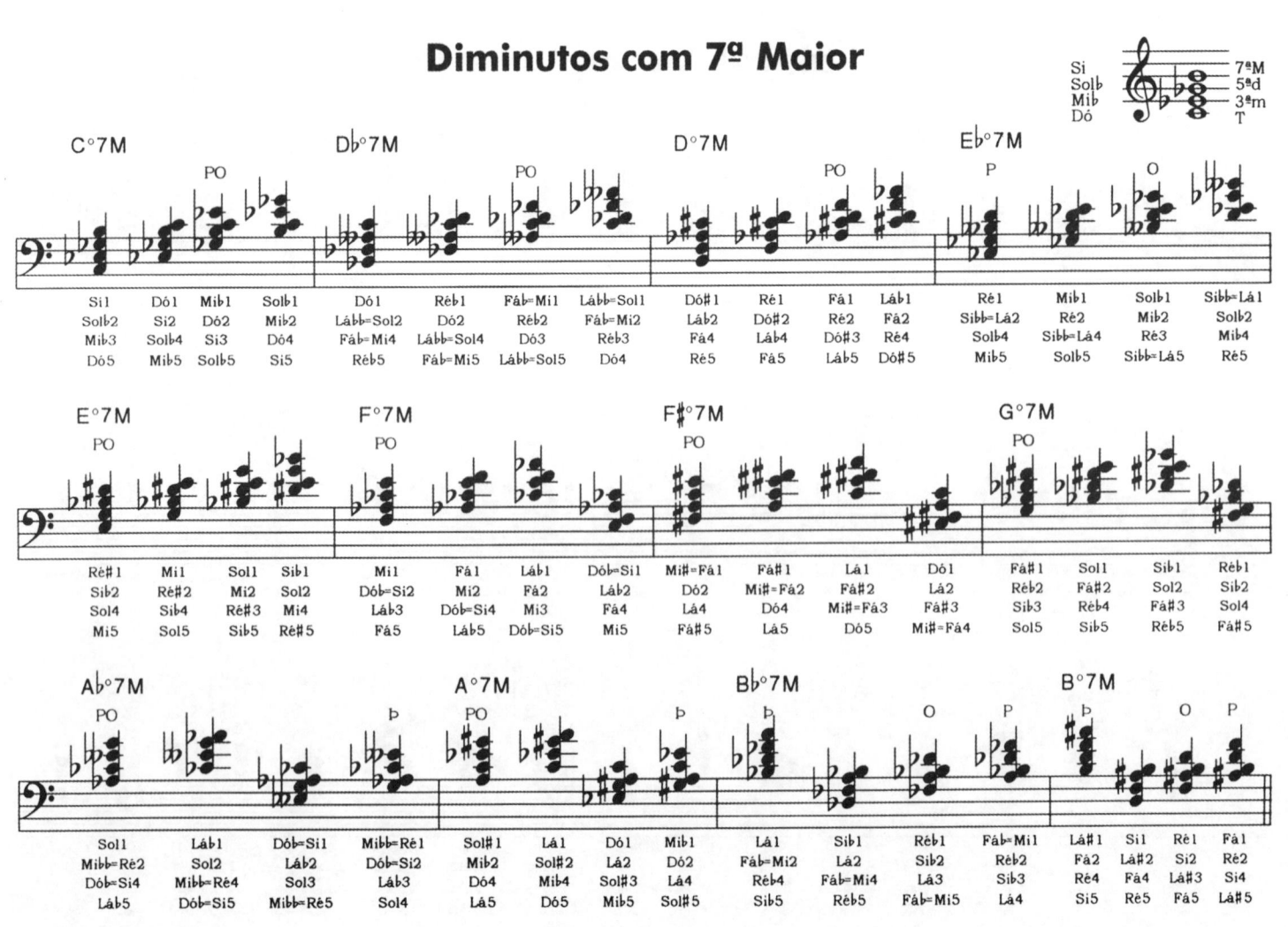

# Parte 4

# Dicionário Gráfico

O Dicionário Gráfico contém todos os acordes já relacionados no Dicionário na Pauta (páginas 65 a 92). A diferença básica encontra-se na forma de apresentação dos cinqüenta e seis tipos de acordes com suas respectivas inversões, em todos os tons, que aqui é feita por intermédio de gráficos de teclados com duas oitavas (Dó a Dó). Essa forma de anotar acordes facilita as consultas rápidas, já que, além de mostrar os nomes das notas e dedilhados, proporciona um registro visual muito eficiente. Os teclados gráficos ajudam a memorizar as diversas posições, simulando a presença do instrumento.

## Disposição dos Acordes no Dicionário Gráfico

No Dicionário na Pauta, vimos cada acorde em sucessão ascendente de semitom em semitom (C, D♭, D, E♭, E, F, F♯, G, A♭, A, B♭, B). No Dicionário Gráfico, a disposição é bem diferente. Para cada tom haverá os cinqüenta e seis acordes seguidos: C, C (♯5), C6, C $^6_9$, C (add9), C7M, C7M (♯5), etc.; depois D♭, D♭ (♯5), D♭6, D♭ $^6_9$, D♭ (add9), D♭7M, D♭7M (♯5) e assim por diante. A vantagem dessa disposição consiste na possibilidade de estudo de todos os tipos de acordes do mesmo tom.

Se houver dúvidas sobre a escrita das cifras e enarmônicos, consulte as páginas 57 e 58 do Dicionário na Pauta, onde estão definidos esses conceitos.

## Regiões Ideais

Todos os gráficos dos acordes encontram-se na região permitida para acompanhamento, ou seja, estão entre o Dó 2 e o Si 3. Para *Home Keyboard* com a Função *Fingered* ligada, as posições estão marcadas com H e não ultrapassam o Fá, nota limite para a maioria dos modelos responder à harmonia com baixos automáticos (ver gráfico na página 36). Caso esteja usando o *Home Keyboard* com a função *Fingered* desligada, isto é, com um único som para todo o teclado, passarão a valer as regiões do piano como descritas no gráfico da página 25.

## Marcas Especiais

**P** - Posição ideal para Piano.
**P̶** - Posição opcional para Piano.
**H** - Posição recomendável ou obrigatória para *Home Keyboard* com *Fingered* ligado.
**O** - Posição ideal para Órgão.
**Ø** - Posição opcional para Órgão.
● - Marca as notas a serem tocadas nas posições.
○ - Indica as notas opcionais, ou seja, que podem ser suprimidas das posições.
**5, 4, 3, 2, 1** - Dedilhado. Aparece sempre à direita dos nomes das notas por extenso.

As melhores posições para Sintetizador e *Sampler* são as mesmas que para Piano, supondo que o instrumento esteja no Modo Normal (*Layer*), ou com uma configuração de *Split*, com harmonia na faixa de Dó até Si duas oitavas acima.

O exemplo a seguir demonstra as regiões e marcas especiais como aparecem no Dicionário Gráfico, com o acorde de C7 (Dó Sétima).

## C7

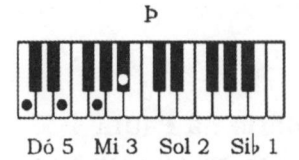

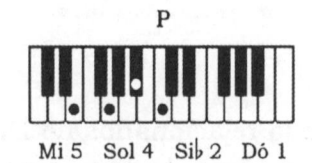

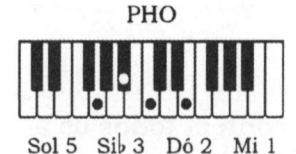

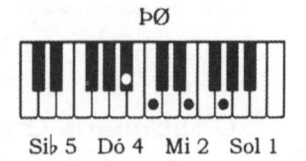

| ♭ | P | PHO | ♭∅ |
|---|---|---|---|
| Dó 5  Mi 3  Sol 2  Sib 1 | Mi 5  Sol 4  Sib 2  Dó 1 | Sol 5  Sib 3  Dó 2  Mi 1 | Sib 5  Dó 4  Mi 2  Sol 1 |

Observe as marcas especiais colocadas acima dos desenhos dos teclados. Elas indicam que a primeira posição é opcional para Piano, a segunda é ideal para Piano, a terceira é ideal para Piano, *Home Keybord* e Órgão, e a quarta é opcional para Piano e Órgão.

## Como Consultar o Dicionário Gráfico

Conforme mencionado anteriormente, o Dicionário Gráfico dispõe cada tom com seus cinqüenta e seis tipos de acordes nas respectivas posições. Na consulta de uma cifra com grafia diferente da adotada neste livro, veja nas páginas 62, 63 e 64 a opção correspondente. Por exemplo, se numa partitura aparece a cifra Cm (maj7), ou outro músico solicita a execução do acorde de Dó Menor com Sétima Maior, esta cifra, escrita em todas as opções possíveis, com sua leitura correta, encontra-se na página 62. Neste exemplo, observe que Cm (7M) e Cm (maj7) são grafias diferentes para o mesmo acorde e a adotada neste livro é Cm (7M), tanto no Dicionário Gráfico como no Dicionário na Pauta.

Utilizando o mesmo exemplo do Dicionário na Pauta, para se encontrar as posições do acorde de Cm (7M) (Dó Menor com 7ª Maior), o processo é simples, devido à disposição dos acordes. Siga as seguintes etapas:

1. Recorra ao índice e procure a Tabela de Localização dos Acordes.
2. Faça um cruzamento do Tom com o Tipo de Acorde desejado, que neste exemplo é Cm (7M). Resultado: página 99.
3. Na página 99, localize a cifra Cm (7M).
4. Toque as quatro posições e escolha a que soar melhor para a finalidade pretendida.

▶ Esta é uma maneira rápida de consultar um determinado acorde mas, com a prática, a procura se dará diretamente pelas cifras, sem necessidade de recorrer à tabela.

Nas posições de 9ª, 11ª e 13ª em que a nota fundamental (tônica) não aparece, execute-a com as técnicas de saltos de baixo descritas nas páginas 28 e 29 para obter a noção geral da sonoridade do acorde.

O Dicionário Gráfico também pode ser utilizado como um eficiente exercício, executando-se os cinqüenta e seis tipos de acordes em cada tom.

O domínio sobre todos os acordes de um mesmo tom favorecerá, gradativamente, a substituição dos acordes simples (consonantes) por acordes mais complexos (dissonantes), que enriquecem o acompanhamento. No caso do *Home Keyboard*, isto só será possível desligando a Função *Fingered* e tocando com som de um só instrumento no teclado inteiro.

Um dos objetivos deste livro é incentivar o tecladista a aprimorar suas possibilidades na área da harmonização, através do estudo e da prática diária de todos os acordes em todas as tonalidades. Não existe fórmula mágica para tocar Teclados em um mês, portanto, o único caminho é o da perseverança. Atualmente, os métodos de aprendizagem são bastante prazerosos pois permitem a livre escolha de músicas, a partir das quais se aprende e se desenvolve a atuação como intérprete. Mas não se limite exclusivamente às músicas. Procure aperfeiçoar a leitura das notas, das figuras rítmicas, bem como agilizar o processo de interpretação das cifras, que é a base da música popular.

# Acordes de C (Dó)

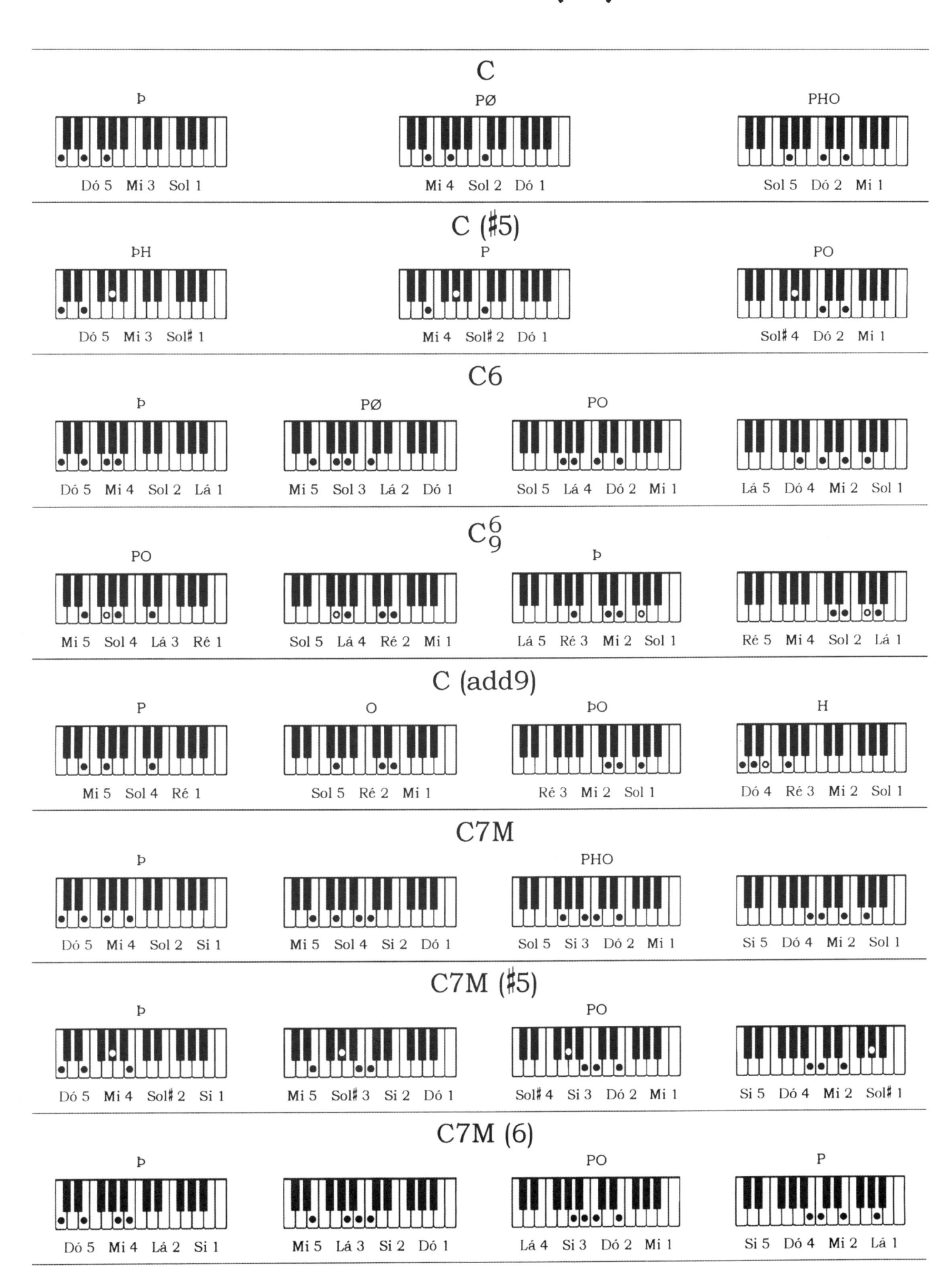

## C

| Þ | PØ | PHO |
|---|---|---|
| Dó 5  Mi 3  Sol 1 | Mi 4  Sol 2  Dó 1 | Sol 5  Dó 2  Mi 1 |

## C (#5)

| ÞH | P | PO |
|---|---|---|
| Dó 5  Mi 3  Sol# 1 | Mi 4  Sol# 2  Dó 1 | Sol# 4  Dó 2  Mi 1 |

## C6

| Þ | PØ | PO | |
|---|---|---|---|
| Dó 5  Mi 4  Sol 2  Lá 1 | Mi 5  Sol 3  Lá 2  Dó 1 | Sol 5  Lá 4  Dó 2  Mi 1 | Lá 5  Dó 4  Mi 2  Sol 1 |

## C$^6_9$

| PO | | Þ | |
|---|---|---|---|
| Mi 5  Sol 4  Lá 3  Ré 1 | Sol 5  Lá 4  Ré 2  Mi 1 | Lá 5  Ré 3  Mi 2  Sol 1 | Ré 5  Mi 4  Sol 2  Lá 1 |

## C (add9)

| P | O | ÞO | H |
|---|---|---|---|
| Mi 5  Sol 4  Ré 1 | Sol 5  Ré 2  Mi 1 | Ré 3  Mi 2  Sol 1 | Dó 4  Ré 3  Mi 2  Sol 1 |

## C7M

| Þ | | PHO | |
|---|---|---|---|
| Dó 5  Mi 4  Sol 2  Si 1 | Mi 5  Sol 4  Si 2  Dó 1 | Sol 5  Si 3  Dó 2  Mi 1 | Si 5  Dó 4  Mi 2  Sol 1 |

## C7M (#5)

| Þ | | PO | |
|---|---|---|---|
| Dó 5  Mi 4  Sol# 2  Si 1 | Mi 5  Sol# 3  Si 2  Dó 1 | Sol# 4  Si 3  Dó 2  Mi 1 | Si 5  Dó 4  Mi 2  Sol# 1 |

## C7M (6)

| Þ | | ÞO | P |
|---|---|---|---|
| Dó 5  Mi 4  Lá 2  Si 1 | Mi 5  Lá 3  Si 2  Dó 1 | Lá 4  Si 3  Dó 2  Mi 1 | Si 5  Dó 4  Mi 2  Lá 1 |

## Acordes de C (Dó)

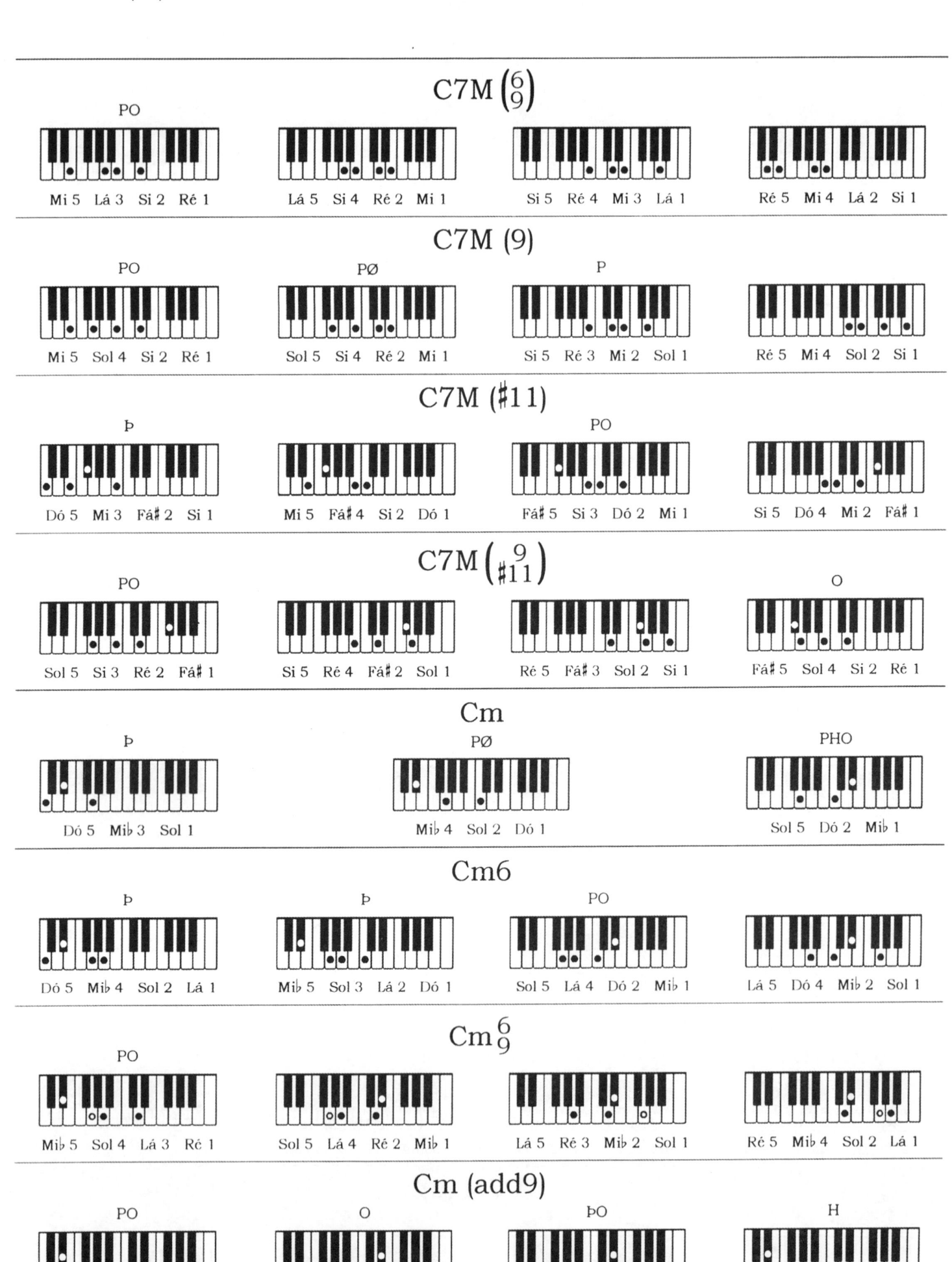

### C7M (6/9)

| PO | | | |
|---|---|---|---|
| Mi 5  Lá 3  Si 2  Ré 1 | Lá 5  Si 4  Ré 2  Mi 1 | Si 5  Ré 4  Mi 3  Lá 1 | Ré 5  Mi 4  Lá 2  Si 1 |

### C7M (9)

| PO | PØ | P | |
|---|---|---|---|
| Mi 5  Sol 4  Si 2  Ré 1 | Sol 5  Si 4  Ré 2  Mi 1 | Si 5  Ré 3  Mi 2  Sol 1 | Ré 5  Mi 4  Sol 2  Si 1 |

### C7M (#11)

| Þ | | PO | |
|---|---|---|---|
| Dó 5  Mi 3  Fá# 2  Si 1 | Mi 5  Fá# 4  Si 2  Dó 1 | Fá# 5  Si 3  Dó 2  Mi 1 | Si 5  Dó 4  Mi 2  Fá# 1 |

### C7M (9/#11)

| PO | | | O |
|---|---|---|---|
| Sol 5  Si 3  Ré 2  Fá# 1 | Si 5  Ré 4  Fá# 2  Sol 1 | Ré 5  Fá# 3  Sol 2  Si 1 | Fá# 5  Sol 4  Si 2  Ré 1 |

### Cm

| Þ | PØ | PHO |
|---|---|---|
| Dó 5  Mib 3  Sol 1 | Mib 4  Sol 2  Dó 1 | Sol 5  Dó 2  Mib 1 |

### Cm6

| Þ | Þ | PO | |
|---|---|---|---|
| Dó 5  Mib 4  Sol 2  Lá 1 | Mib 5  Sol 3  Lá 2  Dó 1 | Sol 5  Lá 4  Dó 2  Mib 1 | Lá 5  Dó 4  Mib 2  Sol 1 |

### Cm 6/9

| PO | | | |
|---|---|---|---|
| Mib 5  Sol 4  Lá 3  Ré 1 | Sol 5  Lá 4  Ré 2  Mib 1 | Lá 5  Ré 3  Mib 2  Sol 1 | Ré 5  Mib 4  Sol 2  Lá 1 |

### Cm (add9)

| PO | O | ÞO | H |
|---|---|---|---|
| Mib 5  Sol 3  Ré 1 | Sol 5  Ré 2  Mib 1 | Ré 3  Mib 2  Sol 1 | Dó 4  Ré 3  Mib 2  Sol 1 |

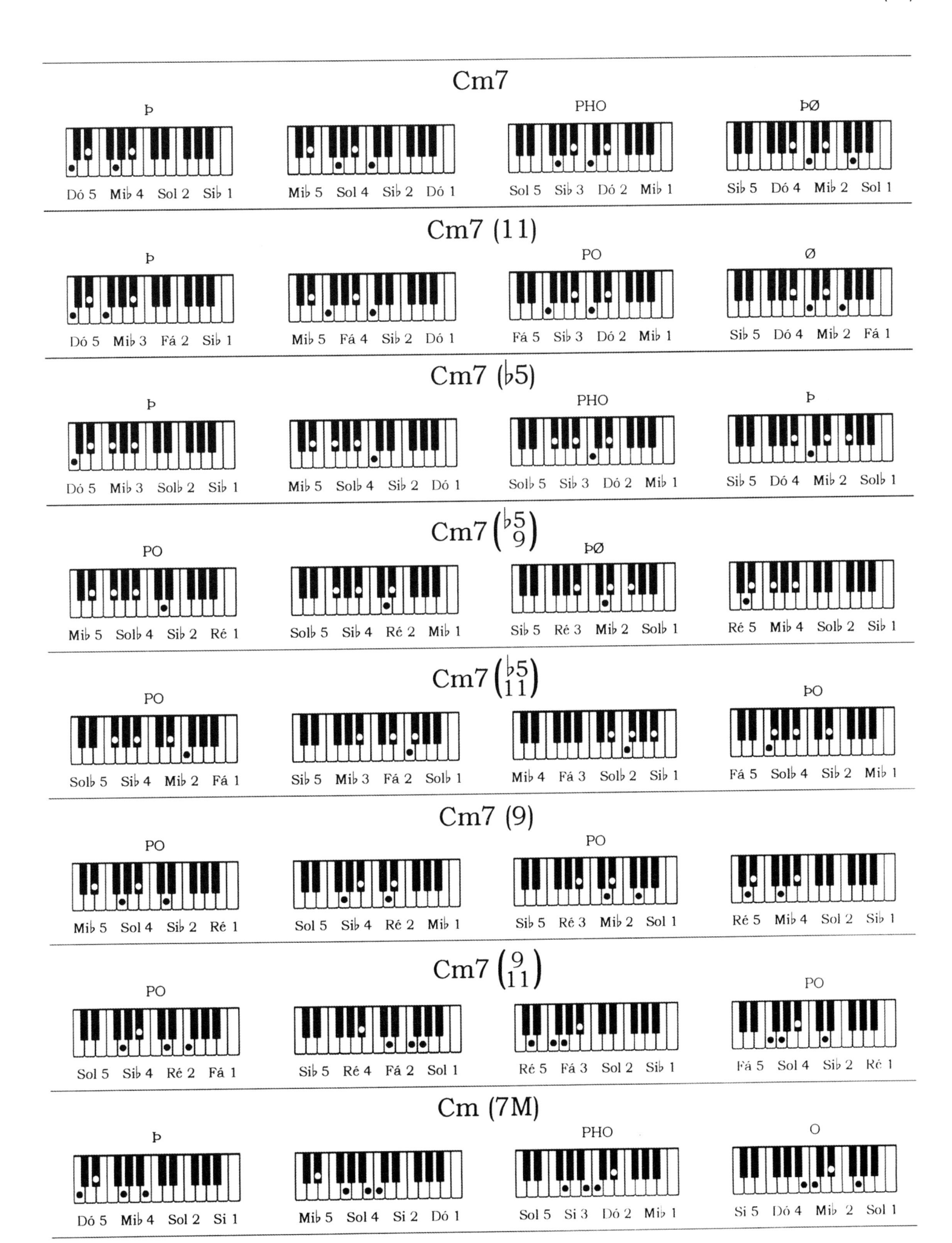

Acordes de C (Dó)

## Cm7

| Þ | | PHO | ÞØ |
|---|---|---|---|
| Dó 5  Mib 4  Sol 2  Sib 1 | Mib 5  Sol 4  Sib 2  Dó 1 | Sol 5  Sib 3  Dó 2  Mib 1 | Sib 5  Dó 4  Mib 2  Sol 1 |

## Cm7 (11)

| Þ | | PO | Ø |
|---|---|---|---|
| Dó 5  Mib 3  Fá 2  Sib 1 | Mib 5  Fá 4  Sib 2  Dó 1 | Fá 5  Sib 3  Dó 2  Mib 1 | Sib 5  Dó 4  Mib 2  Fá 1 |

## Cm7 (♭5)

| Þ | | PHO | Þ |
|---|---|---|---|
| Dó 5  Mib 3  Solb 2  Sib 1 | Mib 5  Solb 4  Sib 2  Dó 1 | Solb 5  Sib 3  Dó 2  Mib 1 | Sib 5  Dó 4  Mib 2  Solb 1 |

## Cm7 (♭5 / 9)

| PO | | ÞØ | |
|---|---|---|---|
| Mib 5  Solb 4  Sib 2  Ré 1 | Solb 5  Sib 4  Ré 2  Mib 1 | Sib 5  Ré 3  Mib 2  Solb 1 | Ré 5  Mib 4  Solb 2  Sib 1 |

## Cm7 (♭5 / 11)

| PO | | | ÞO |
|---|---|---|---|
| Solb 5  Sib 4  Mib 2  Fá 1 | Sib 5  Mib 3  Fá 2  Solb 1 | Mib 4  Fá 3  Solb 2  Sib 1 | Fá 5  Solb 4  Sib 2  Mib 1 |

## Cm7 (9)

| PO | | PO | |
|---|---|---|---|
| Mib 5  Sol 4  Sib 2  Ré 1 | Sol 5  Sib 4  Ré 2  Mib 1 | Sib 5  Ré 3  Mib 2  Sol 1 | Ré 5  Mib 4  Sol 2  Sib 1 |

## Cm7 (9 / 11)

| PO | | | PO |
|---|---|---|---|
| Sol 5  Sib 4  Ré 2  Fá 1 | Sib 5  Ré 4  Fá 2  Sol 1 | Ré 5  Fá 3  Sol 2  Sib 1 | Fá 5  Sol 4  Sib 2  Ré 1 |

## Cm (7M)

| Þ | | PHO | O |
|---|---|---|---|
| Dó 5  Mib 4  Sol 2  Si 1 | Mib 5  Sol 4  Si 2  Dó 1 | Sol 5  Si 3  Dó 2  Mib 1 | Si 5  Dó 4  Mib 2  Sol 1 |

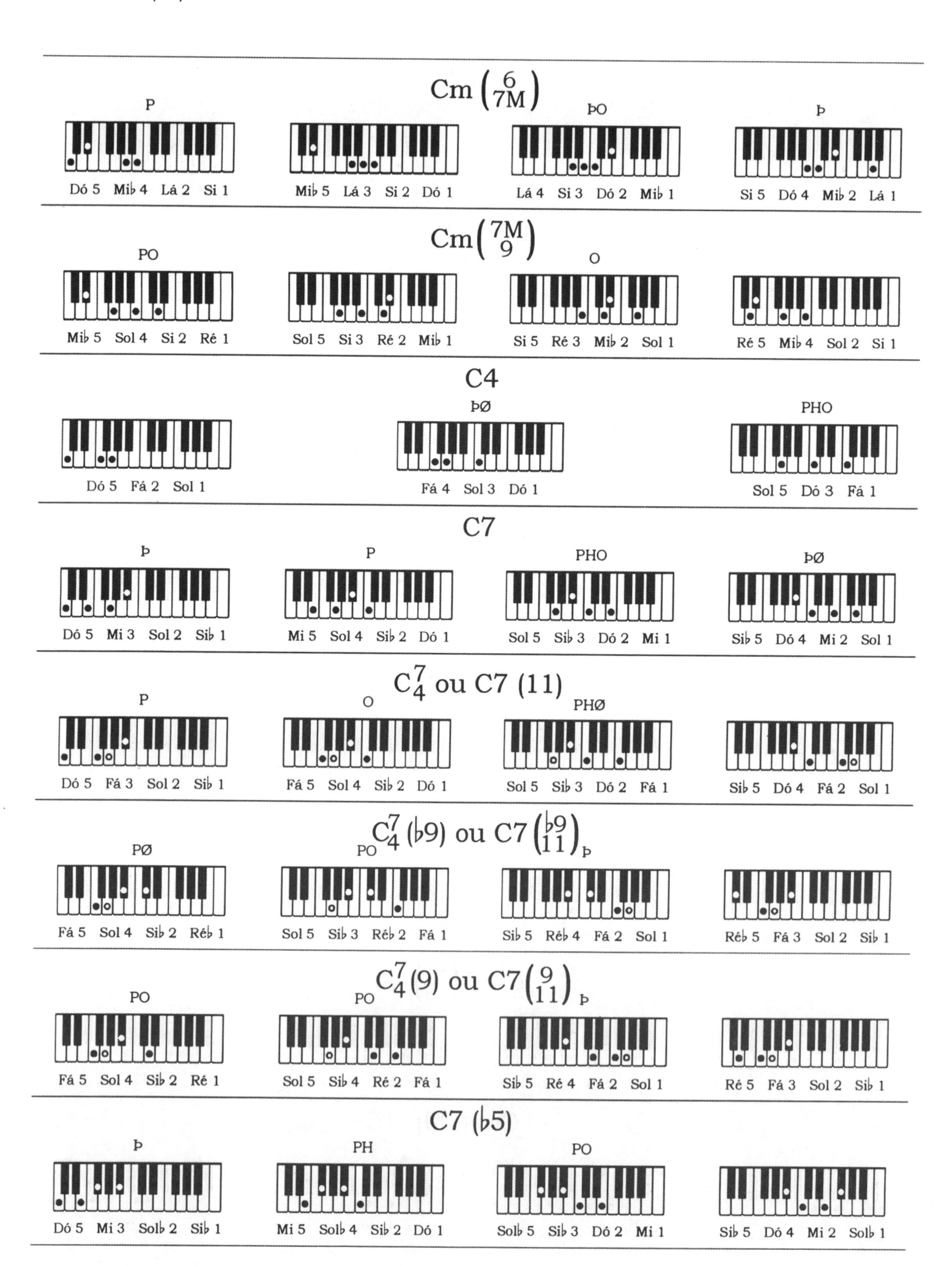

# Acordes de C (Dó)

## Cm $\binom{6}{7M}$

| P | | ♭O | ♭ |
|---|---|---|---|
| Dó 5  Mi♭ 4  Lá 2  Si 1 | Mi♭ 5  Lá 3  Si 2  Dó 1 | Lá 4  Si 3  Dó 2  Mi♭ 1 | Si 5  Dó 4  Mi♭ 2  Lá 1 |

## Cm $\binom{7M}{9}$

| PO | | O | |
|---|---|---|---|
| Mi♭ 5  Sol 4  Si 2  Ré 1 | Sol 5  Si 3  Ré 2  Mi♭ 1 | Si 5  Ré 3  Mi♭ 2  Sol 1 | Ré 5  Mi♭ 4  Sol 2  Si 1 |

## C4

| | ♭Ø | | PHO |
|---|---|---|---|
| Dó 5  Fá 2  Sol 1 | Fá 4  Sol 3  Dó 1 | | Sol 5  Dó 3  Fá 1 |

## C7

| ♭ | P | PHO | ♭Ø |
|---|---|---|---|
| Dó 5  Mi 3  Sol 2  Si♭ 1 | Mi 5  Sol 4  Si♭ 2  Dó 1 | Sol 5  Si♭ 3  Dó 2  Mi 1 | Si♭ 5  Dó 4  Mi 2  Sol 1 |

## $C_4^7$ ou C7 (11)

| P | O | PHØ | |
|---|---|---|---|
| Dó 5  Fá 3  Sol 2  Si♭ 1 | Fá 5  Sol 4  Si♭ 2  Dó 1 | Sol 5  Si♭ 3  Dó 2  Fá 1 | Si♭ 5  Dó 4  Fá 2  Sol 1 |

## $_{PO}C_4^7$ (♭9) ou C7 $\binom{♭9}{11}_♭$

| PØ | PO | | |
|---|---|---|---|
| Fá 5  Sol 4  Si♭ 2  Ré♭ 1 | Sol 5  Si♭ 3  Ré♭ 2  Fá 1 | Si♭ 5  Ré♭ 4  Fá 2  Sol 1 | Ré♭ 5  Fá 3  Sol 2  Si♭ 1 |

## $_{PO}C_4^7$ (9) ou C7 $\binom{9}{11}_♭$

| PO | PO | | |
|---|---|---|---|
| Fá 5  Sol 4  Si♭ 2  Ré 1 | Sol 5  Si♭ 4  Ré 2  Fá 1 | Si♭ 5  Ré 4  Fá 2  Sol 1 | Ré 5  Fá 3  Sol 2  Si♭ 1 |

## C7 (♭5)

| ♭ | PH | PO | |
|---|---|---|---|
| Dó 5  Mi 3  Sol♭ 2  Si♭ 1 | Mi 5  Sol♭ 4  Si♭ 2  Dó 1 | Sol♭ 5  Si♭ 3  Dó 2  Mi 1 | Si♭ 5  Dó 4  Mi 2  Sol♭ 1 |

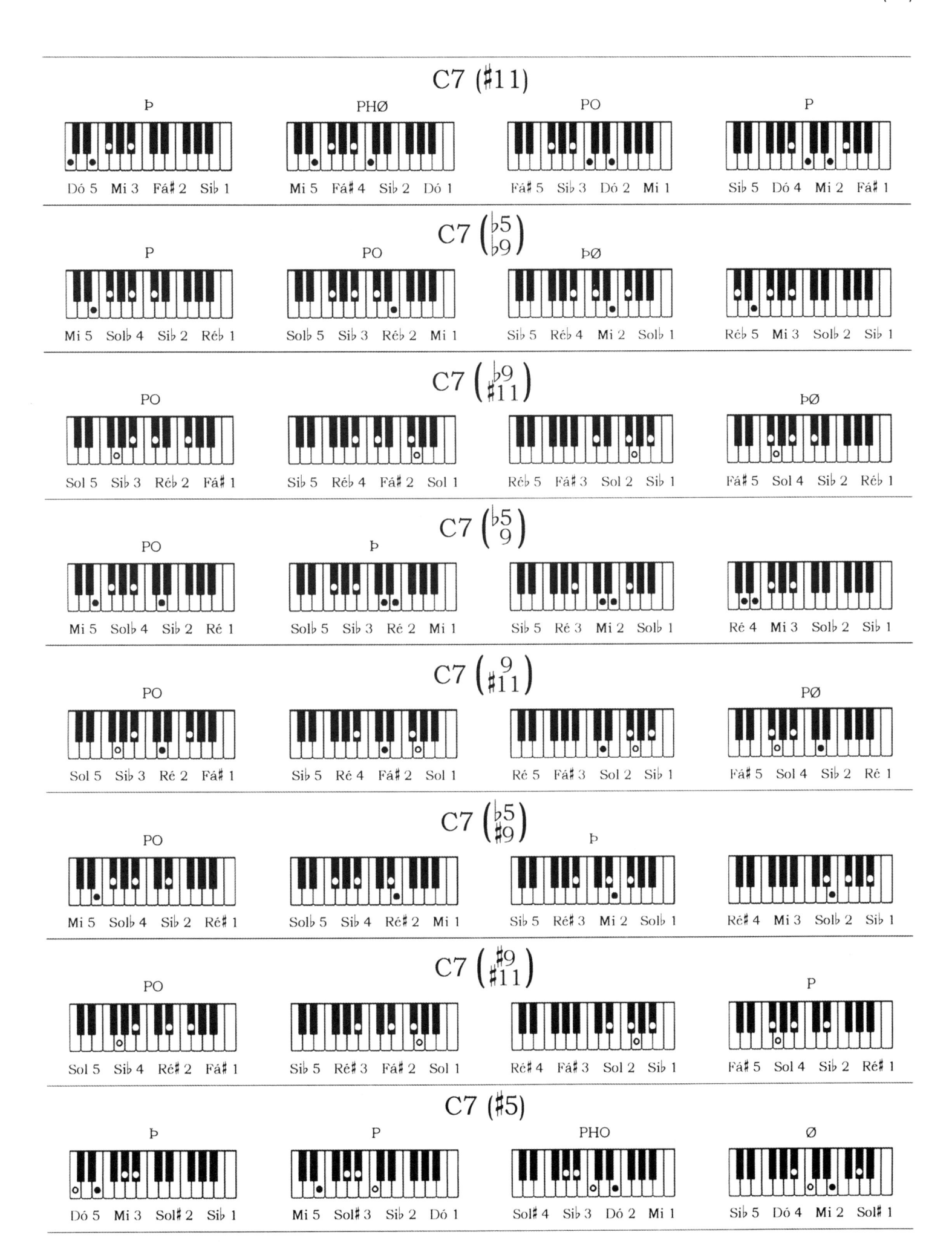

Acordes de C (Dó)

## C7 (♯11)

| Þ | PHØ | PO | P |
|---|---|---|---|
| Dó 5  Mi 3  Fá♯ 2  Si♭ 1 | Mi 5  Fá♯ 4  Si♭ 2  Dó 1 | Fá♯ 5  Si♭ 3  Dó 2  Mi 1 | Si♭ 5  Dó 4  Mi 2  Fá♯ 1 |

## C7 (♭5 ♭9)

| P | PO | ÞØ | |
|---|---|---|---|
| Mi 5  Sol♭ 4  Si♭ 2  Ré♭ 1 | Sol♭ 5  Si♭ 3  Ré♭ 2  Mi 1 | Si♭ 5  Ré♭ 4  Mi 2  Sol♭ 1 | Ré♭ 5  Mi 3  Sol♭ 2  Si♭ 1 |

## C7 (♭9 ♯11)

| PO | | | ÞØ |
|---|---|---|---|
| Sol 5  Si♭ 3  Ré♭ 2  Fá♯ 1 | Si♭ 5  Ré♭ 4  Fá♯ 2  Sol 1 | Ré♭ 5  Fá♯ 3  Sol 2  Si♭ 1 | Fá♯ 5  Sol 4  Si♭ 2  Ré♭ 1 |

## C7 (♭5 9)

| PO | Þ | | |
|---|---|---|---|
| Mi 5  Sol♭ 4  Si♭ 2  Ré 1 | Sol♭ 5  Si♭ 3  Ré 2  Mi 1 | Si♭ 5  Ré 3  Mi 2  Sol♭ 1 | Ré 4  Mi 3  Sol♭ 2  Si♭ 1 |

## C7 (9 ♯11)

| PO | | | PØ |
|---|---|---|---|
| Sol 5  Si♭ 3  Ré 2  Fá♯ 1 | Si♭ 5  Ré 4  Fá♯ 2  Sol 1 | Ré 5  Fá♯ 3  Sol 2  Si♭ 1 | Fá♯ 5  Sol 4  Si♭ 2  Ré 1 |

## C7 (♭5 ♯9)

| PO | | Þ | |
|---|---|---|---|
| Mi 5  Sol♭ 4  Si♭ 2  Ré♯ 1 | Sol♭ 5  Si♭ 4  Ré♯ 2  Mi 1 | Si♭ 5  Ré♯ 3  Mi 2  Sol♭ 1 | Ré♯ 4  Mi 3  Sol♭ 2  Si♭ 1 |

## C7 (♯9 ♯11)

| PO | | | P |
|---|---|---|---|
| Sol 5  Si♭ 4  Ré♯ 2  Fá♯ 1 | Si♭ 5  Ré♯ 3  Fá♯ 2  Sol 1 | Ré♯ 4  Fá♯ 3  Sol 2  Si♭ 1 | Fá♯ 5  Sol 4  Si♭ 2  Ré♯ 1 |

## C7 (♯5)

| Þ | P | PHO | Ø |
|---|---|---|---|
| Dó 5  Mi 3  Sol♯ 2  Si♭ 1 | Mi 5  Sol♯ 3  Si♭ 2  Dó 1 | Sol♯ 4  Si♭ 3  Dó 2  Mi 1 | Si♭ 5  Dó 4  Mi 2  Sol♯ 1 |

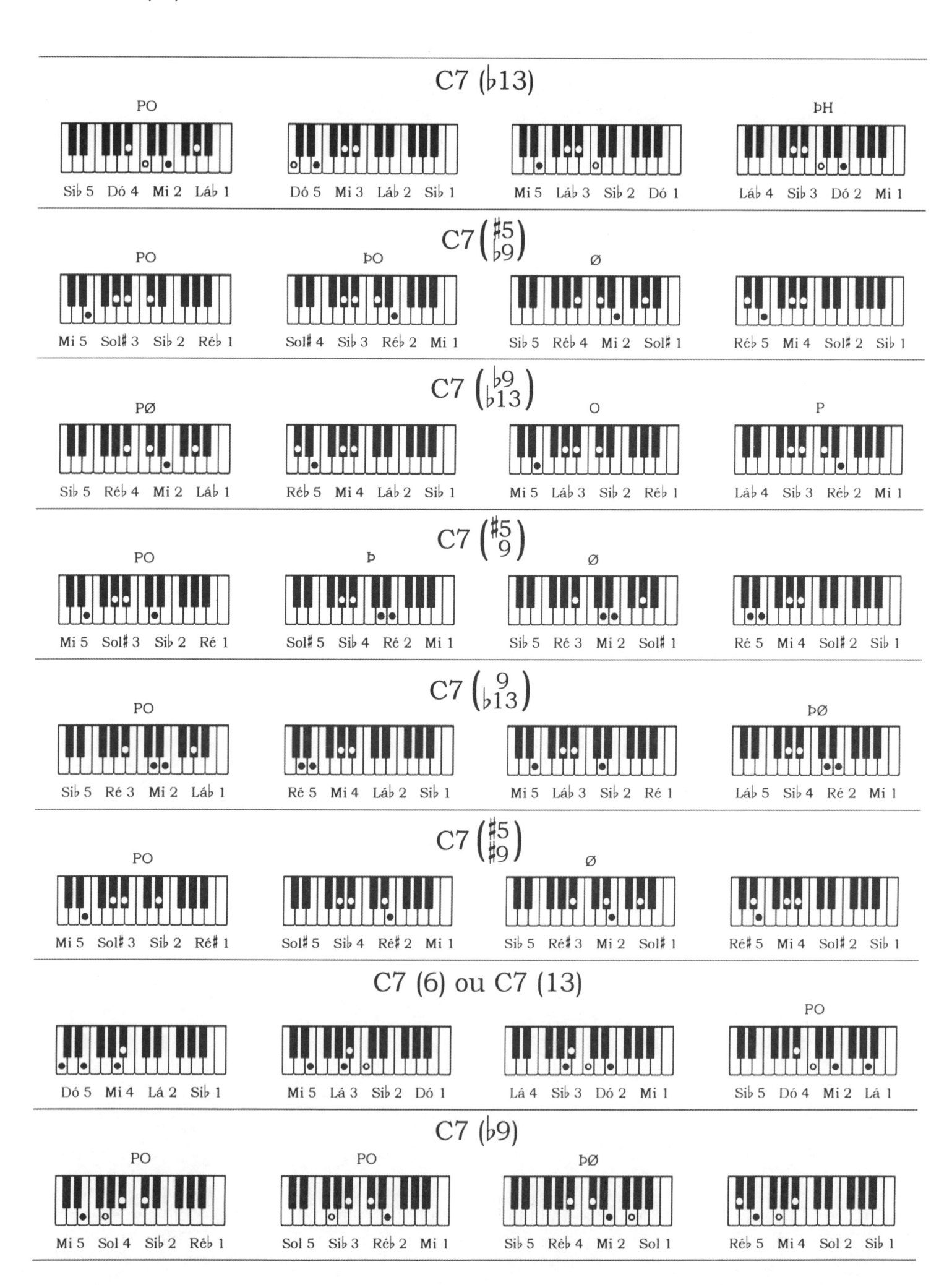

# Acordes de C (Dó)

## C7 (♭13)

| PO | | | ♭H |
|---|---|---|---|
| Si♭ 5  Dó 4  Mi 2  Lá♭ 1 | Dó 5  Mi 3  Lá♭ 2  Si♭ 1 | Mi 5  Lá♭ 3  Si♭ 2  Dó 1 | Lá♭ 4  Si♭ 3  Dó 2  Mi 1 |

## C7 (♯5 / ♭9)

| PO | ♭O | ø | |
|---|---|---|---|
| Mi 5  Sol♯ 3  Si♭ 2  Ré♭ 1 | Sol♯ 4  Si♭ 3  Ré♭ 2  Mi 1 | Si♭ 5  Ré♭ 4  Mi 2  Sol♯ 1 | Ré♭ 5  Mi 4  Sol♯ 2  Si♭ 1 |

## C7 (♭9 / ♭13)

| Pø | | O | P |
|---|---|---|---|
| Si♭ 5  Ré♭ 4  Mi 2  Lá♭ 1 | Ré♭ 5  Mi 4  Lá♭ 2  Si♭ 1 | Mi 5  Lá♭ 3  Si♭ 2  Ré♭ 1 | Lá♭ 4  Si♭ 3  Ré♭ 2  Mi 1 |

## C7 (♯5 / 9)

| PO | ♭ | ø | |
|---|---|---|---|
| Mi 5  Sol♯ 3  Si♭ 2  Ré 1 | Sol♯ 5  Si♭ 4  Ré 2  Mi 1 | Si♭ 5  Ré 3  Mi 2  Sol♯ 1 | Ré 5  Mi 4  Sol♯ 2  Si♭ 1 |

## C7 (9 / ♭13)

| PO | | | ♭ø |
|---|---|---|---|
| Si♭ 5  Ré 3  Mi 2  Lá♭ 1 | Ré 5  Mi 4  Lá♭ 2  Si♭ 1 | Mi 5  Lá♭ 3  Si♭ 2  Ré 1 | Lá♭ 5  Si♭ 4  Ré 2  Mi 1 |

## C7 (♯5 / ♯9)

| PO | | ø | |
|---|---|---|---|
| Mi 5  Sol♯ 3  Si♭ 2  Ré♯ 1 | Sol♯ 5  Si♭ 4  Ré♯ 2  Mi 1 | Si♭ 5  Ré♯ 3  Mi 2  Sol♯ 1 | Ré♯ 5  Mi 4  Sol♯ 2  Si♭ 1 |

## C7 (6) ou C7 (13)

| | | | PO |
|---|---|---|---|
| Dó 5  Mi 4  Lá 2  Si♭ 1 | Mi 5  Lá 3  Si♭ 2  Dó 1 | Lá 4  Si♭ 3  Dó 2  Mi 1 | Si♭ 5  Dó 4  Mi 2  Lá 1 |

## C7 (♭9)

| PO | PO | ♭ø | |
|---|---|---|---|
| Mi 5  Sol 4  Si♭ 2  Ré♭ 1 | Sol 5  Si♭ 3  Ré♭ 2  Mi 1 | Si♭ 5  Ré♭ 4  Mi 2  Sol 1 | Ré♭ 5  Mi 4  Sol 2  Si♭ 1 |

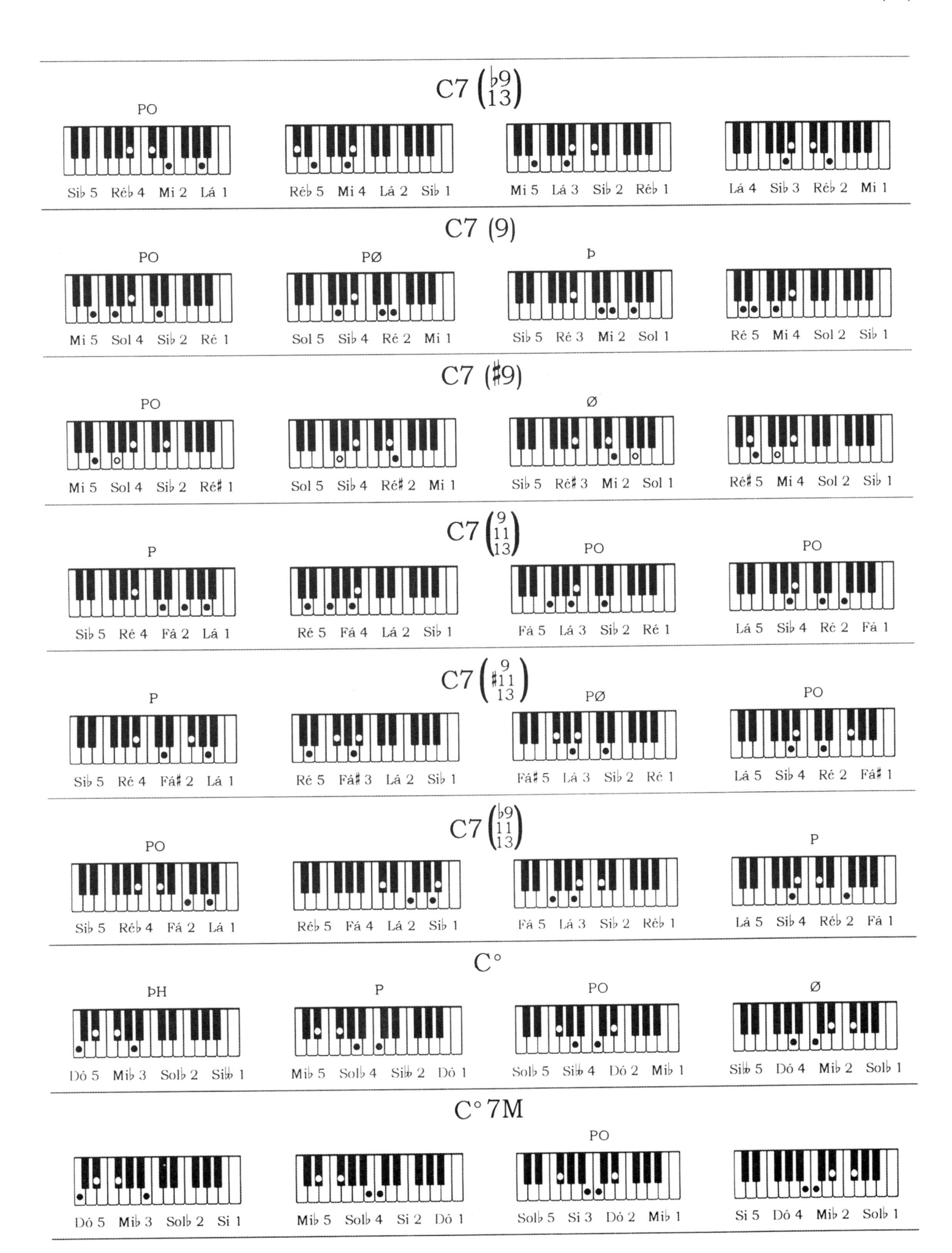

Acordes de C (Dó)

## C7 (♭9 / 13)

| PO | | | |
|---|---|---|---|
| Si♭ 5  Ré♭ 4  Mi 2  Lá 1 | Ré♭ 5  Mi 4  Lá 2  Si♭ 1 | Mi 5  Lá 3  Si♭ 2  Ré♭ 1 | Lá 4  Si♭ 3  Ré♭ 2  Mi 1 |

## C7 (9)

| PO | PØ | ♭ | |
|---|---|---|---|
| Mi 5  Sol 4  Si♭ 2  Ré 1 | Sol 5  Si♭ 4  Ré 2  Mi 1 | Si♭ 5  Ré 3  Mi 2  Sol 1 | Ré 5  Mi 4  Sol 2  Si♭ 1 |

## C7 (♯9)

| PO | | Ø | |
|---|---|---|---|
| Mi 5  Sol 4  Si♭ 2  Ré♯ 1 | Sol 5  Si♭ 4  Ré♯ 2  Mi 1 | Si♭ 5  Ré♯ 3  Mi 2  Sol 1 | Ré♯ 5  Mi 4  Sol 2  Si♭ 1 |

## C7 (9 / 11 / 13)

| P | | PO | PO |
|---|---|---|---|
| Si♭ 5  Ré 4  Fá 2  Lá 1 | Ré 5  Fá 4  Lá 2  Si♭ 1 | Fá 5  Lá 3  Si♭ 2  Ré 1 | Lá 5  Si♭ 4  Ré 2  Fá 1 |

## C7 (♯9 / 11 / 13)

| P | | PØ | PO |
|---|---|---|---|
| Si♭ 5  Ré 4  Fá♯ 2  Lá 1 | Ré 5  Fá♯ 3  Lá 2  Si♭ 1 | Fá♯ 5  Lá 3  Si♭ 2  Ré 1 | Lá 5  Si♭ 4  Ré 2  Fá♯ 1 |

## C7 (♭9 / 11 / 13)

| PO | | | P |
|---|---|---|---|
| Si♭ 5  Ré♭ 4  Fá 2  Lá 1 | Ré♭ 5  Fá 4  Lá 2  Si♭ 1 | Fá 5  Lá 3  Si♭ 2  Ré♭ 1 | Lá 5  Si♭ 4  Ré♭ 2  Fá 1 |

## C°

| ♭H | P | PO | Ø |
|---|---|---|---|
| Dó 5  Mi♭ 3  Sol♭ 2  Si♭♭ 1 | Mi♭ 5  Sol♭ 4  Si♭♭ 2  Dó 1 | Sol♭ 5  Si♭♭ 4  Dó 2  Mi♭ 1 | Si♭♭ 5  Dó 4  Mi♭ 2  Sol♭ 1 |

## C°7M

| | | PO | |
|---|---|---|---|
| Dó 5  Mi♭ 3  Sol♭ 2  Si 1 | Mi♭ 5  Sol♭ 4  Si 2  Dó 1 | Sol♭ 5  Si 3  Dó 2  Mi♭ 1 | Si 5  Dó 4  Mi♭ 2  Sol♭ 1 |

# Acordes de D♭ (Ré bemol)

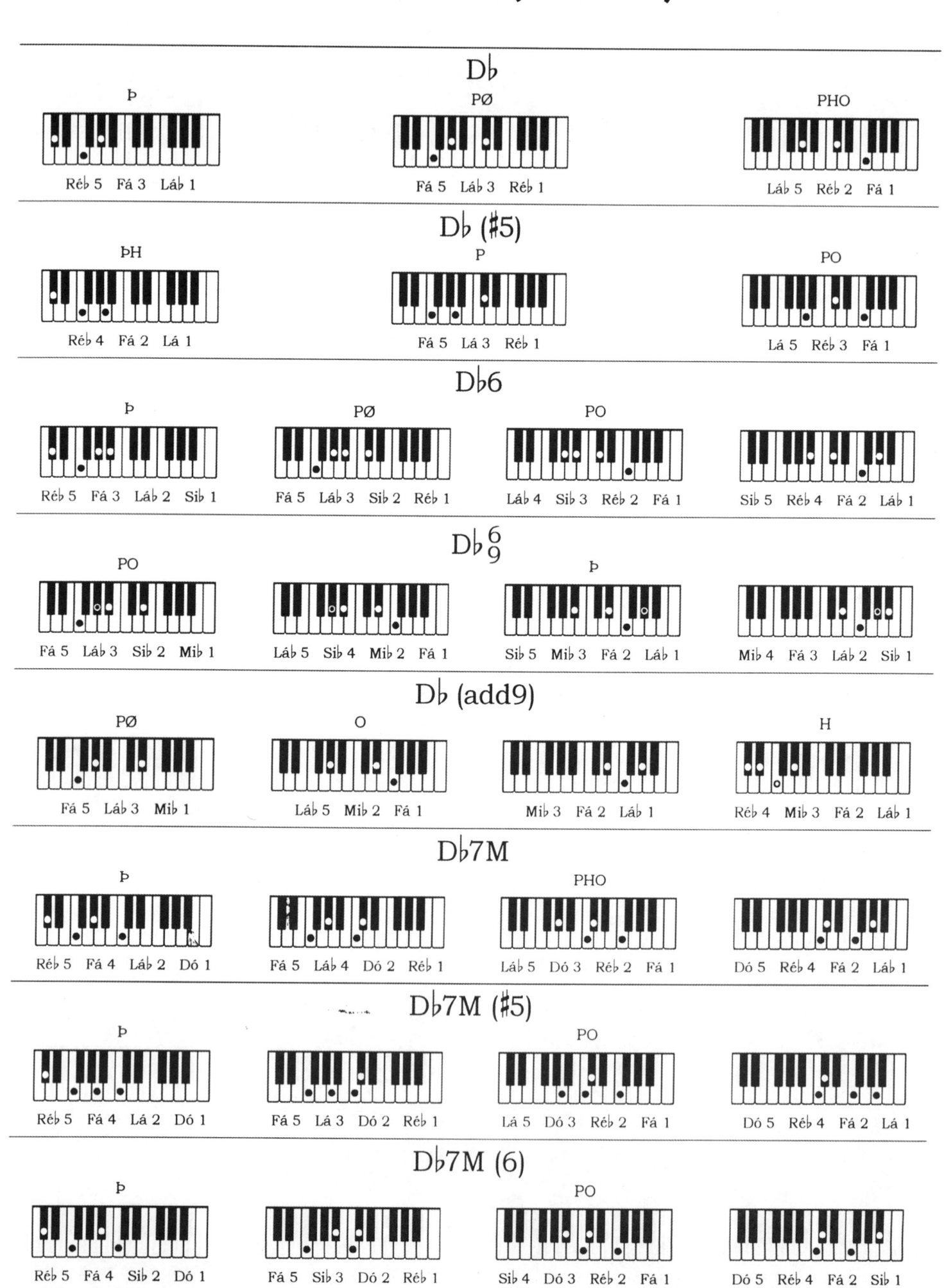

## D♭

| ♭ | PØ | PHO |
|---|---|---|
| Ré♭ 5  Fá 3  Lá♭ 1 | Fá 5  Lá♭ 3  Ré♭ 1 | Lá♭ 5  Ré♭ 2  Fá 1 |

## D♭ (♯5)

| ♭H | P | PO |
|---|---|---|
| Ré♭ 4  Fá 2  Lá 1 | Fá 5  Lá 3  Ré♭ 1 | Lá 5  Ré♭ 3  Fá 1 |

## D♭6

| ♭ | PØ | PO | |
|---|---|---|---|
| Ré♭ 5  Fá 3  Lá♭ 2  Si♭ 1 | Fá 5  Lá♭ 3  Si♭ 2  Ré♭ 1 | Lá♭ 4  Si♭ 3  Ré♭ 2  Fá 1 | Si♭ 5  Ré♭ 4  Fá 2  Lá♭ 1 |

## D♭ 6/9

| PO | | ♭ | |
|---|---|---|---|
| Fá 5  Lá♭ 3  Si♭ 2  Mi♭ 1 | Lá♭ 5  Si♭ 4  Mi♭ 2  Fá 1 | Si♭ 5  Mi♭ 3  Fá 2  Lá♭ 1 | Mi♭ 4  Fá 3  Lá♭ 2  Si♭ 1 |

## D♭ (add9)

| PØ | O | | H |
|---|---|---|---|
| Fá 5  Lá♭ 3  Mi♭ 1 | Lá♭ 5  Mi♭ 2  Fá 1 | Mi♭ 3  Fá 2  Lá♭ 1 | Ré♭ 4  Mi♭ 3  Fá 2  Lá♭ 1 |

## D♭7M

| ♭ | | PHO | |
|---|---|---|---|
| Ré♭ 5  Fá 4  Lá♭ 2  Dó 1 | Fá 5  Lá♭ 4  Dó 2  Ré♭ 1 | Lá♭ 5  Dó 3  Ré♭ 2  Fá 1 | Dó 5  Ré♭ 4  Fá 2  Lá♭ 1 |

## D♭7M (♯5)

| ♭ | | PO | |
|---|---|---|---|
| Ré♭ 5  Fá 4  Lá 2  Dó 1 | Fá 5  Lá 3  Dó 2  Ré♭ 1 | Lá 5  Dó 3  Ré♭ 2  Fá 1 | Dó 5  Ré♭ 4  Fá 2  Lá 1 |

## D♭7M (6)

| ♭ | | PO | |
|---|---|---|---|
| Ré♭ 5  Fá 4  Si♭ 2  Dó 1 | Fá 5  Si♭ 3  Dó 2  Ré♭ 1 | Si♭ 4  Dó 3  Ré♭ 2  Fá 1 | Dó 5  Ré♭ 4  Fá 2  Si♭ 1 |

Acordes de D♭ (Ré bemol)

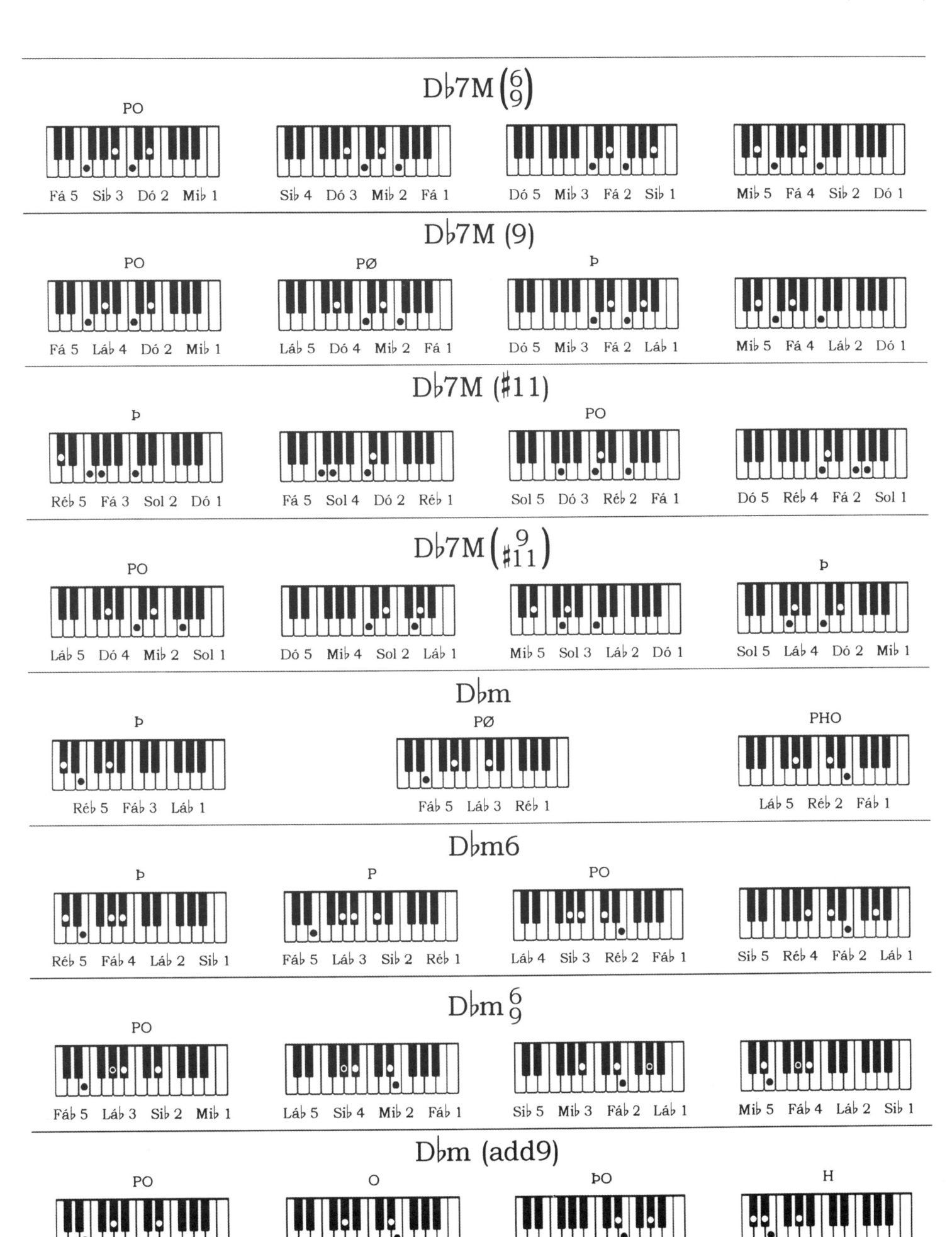

## D♭7M (6/9)

| PO | | | |
|---|---|---|---|
| Fá 5  Si♭ 3  Dó 2  Mi♭ 1 | Si♭ 4  Dó 3  Mi♭ 2  Fá 1 | Dó 5  Mi♭ 3  Fá 2  Si♭ 1 | Mi♭ 5  Fá 4  Si♭ 2  Dó 1 |

## D♭7M (9)

| PO | PØ | ♭ | |
|---|---|---|---|
| Fá 5  Lá♭ 4  Dó 2  Mi♭ 1 | Lá♭ 5  Dó 4  Mi♭ 2  Fá 1 | Dó 5  Mi♭ 3  Fá 2  Lá♭ 1 | Mi♭ 5  Fá 4  Lá♭ 2  Dó 1 |

## D♭7M (♯11)

| ♭ | | PO | |
|---|---|---|---|
| Ré♭ 5  Fá 3  Sol 2  Dó 1 | Fá 5  Sol 4  Dó 2  Ré♭ 1 | Sol 5  Dó 3  Ré♭ 2  Fá 1 | Dó 5  Ré♭ 4  Fá 2  Sol 1 |

## D♭7M (9/♯11)

| PO | | | ♭ |
|---|---|---|---|
| Lá♭ 5  Dó 4  Mi♭ 2  Sol 1 | Dó 5  Mi♭ 4  Sol 2  Lá♭ 1 | Mi♭ 5  Sol 3  Lá♭ 2  Dó 1 | Sol 5  Lá♭ 4  Dó 2  Mi♭ 1 |

## D♭m

| ♭ | PØ | PHO |
|---|---|---|
| Ré♭ 5  Fá♭ 3  Lá♭ 1 | Fá♭ 5  Lá♭ 3  Ré♭ 1 | Lá♭ 5  Ré♭ 2  Fá♭ 1 |

## D♭m6

| ♭ | P | PO | |
|---|---|---|---|
| Ré♭ 5  Fá♭ 4  Lá♭ 2  Si♭ 1 | Fá♭ 5  Lá♭ 3  Si♭ 2  Ré♭ 1 | Lá♭ 4  Si♭ 3  Ré♭ 2  Fá♭ 1 | Si♭ 5  Ré♭ 4  Fá♭ 2  Lá♭ 1 |

## D♭m 6/9

| PO | | | |
|---|---|---|---|
| Fá♭ 5  Lá♭ 3  Si♭ 2  Mi♭ 1 | Lá♭ 5  Si♭ 4  Mi♭ 2  Fá♭ 1 | Si♭ 5  Mi♭ 3  Fá♭ 2  Lá♭ 1 | Mi♭ 5  Fá♭ 4  Lá♭ 2  Si♭ 1 |

## D♭m (add9)

| PO | O | ♭O | H |
|---|---|---|---|
| Fá♭ 5  Lá♭ 3  Mi♭ 1 | Lá♭ 5  Mi♭ 2  Fá 1 | Mi♭ 3  Fá♭ 2  Lá♭ 1 | Ré♭ 4  Mi♭ 3  Fá♭ 2  Lá♭ 1 |

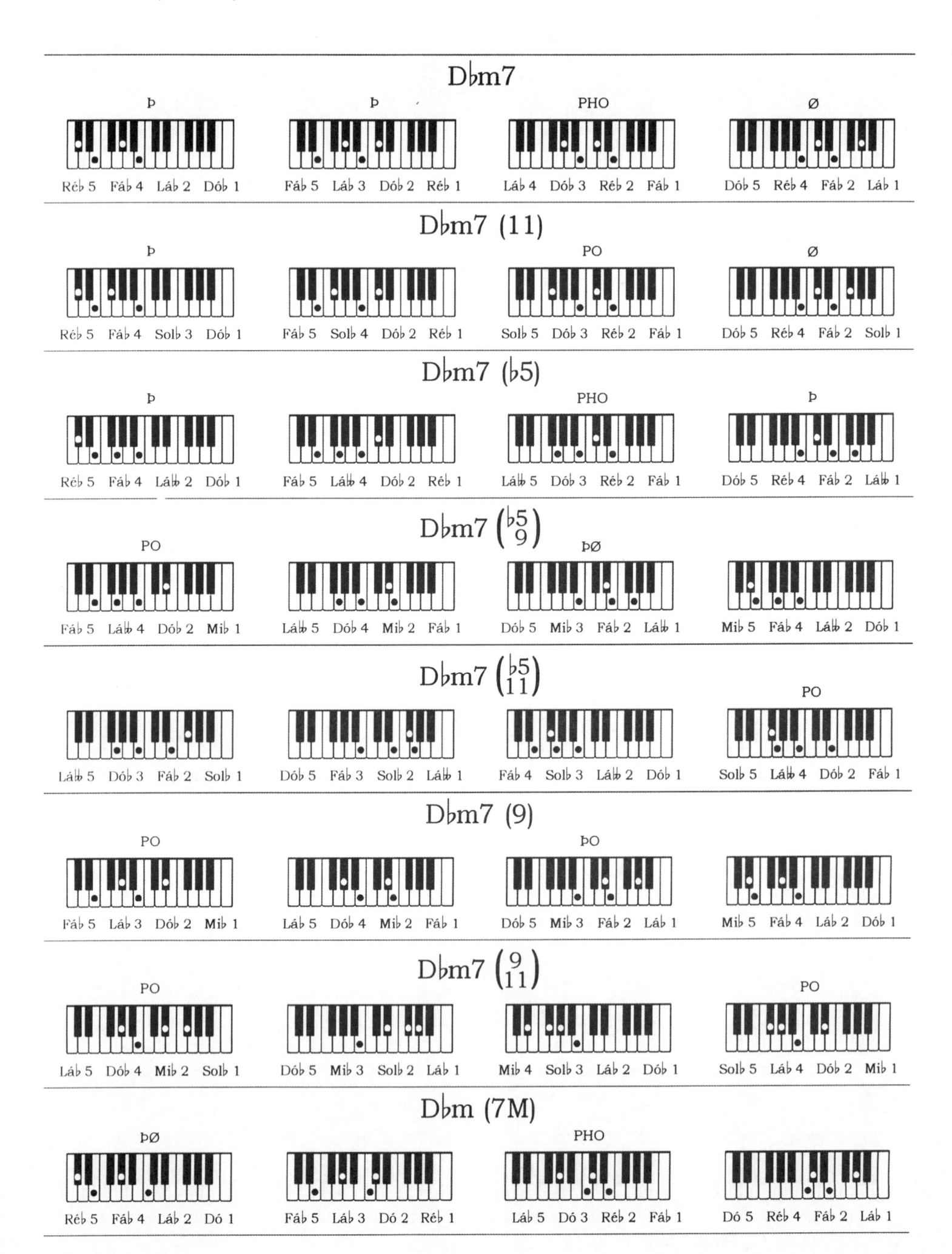

# Acordes de D♭ (Ré bemol)

## D♭m7

| ♭ | ♭ | PHO | Ø |
|---|---|---|---|
| Ré♭ 5  Fá♭ 4  Lá♭ 2  Dó♭ 1 | Fá♭ 5  Lá♭ 3  Dó♭ 2  Ré♭ 1 | Lá♭ 4  Dó♭ 3  Ré♭ 2  Fá♭ 1 | Dó♭ 5  Ré♭ 4  Fá♭ 2  Lá♭ 1 |

## D♭m7 (11)

| ♭ | ♭ | PO | Ø |
|---|---|---|---|
| Ré♭ 5  Fá♭ 4  Sol♭ 3  Dó♭ 1 | Fá♭ 5  Sol♭ 4  Dó♭ 2  Ré♭ 1 | Sol♭ 5  Dó♭ 3  Ré♭ 2  Fá♭ 1 | Dó♭ 5  Ré♭ 4  Fá♭ 2  Sol♭ 1 |

## D♭m7 (♭5)

| ♭ | | PHO | ♭ |
|---|---|---|---|
| Ré♭ 5  Fá♭ 4  Lá♭♭ 2  Dó♭ 1 | Fá♭ 5  Lá♭♭ 4  Dó♭ 2  Ré♭ 1 | Lá♭♭ 5  Dó♭ 3  Ré♭ 2  Fá♭ 1 | Dó♭ 5  Ré♭ 4  Fá♭ 2  Lá♭♭ 1 |

## D♭m7 (♭5 / 9)

| PO | | ♭Ø | |
|---|---|---|---|
| Fá♭ 5  Lá♭♭ 4  Dó♭ 2  Mi♭ 1 | Lá♭♭ 5  Dó♭ 4  Mi♭ 2  Fá♭ 1 | Dó♭ 5  Mi♭ 3  Fá♭ 2  Lá♭♭ 1 | Mi♭ 5  Fá♭ 4  Lá♭♭ 2  Dó♭ 1 |

## D♭m7 (♭5 / 11)

| | | | PO |
|---|---|---|---|
| Lá♭♭ 5  Dó♭ 3  Fá♭ 2  Sol♭ 1 | Dó♭ 5  Fá♭ 3  Sol♭ 2  Lá♭♭ 1 | Fá♭ 4  Sol♭ 3  Lá♭♭ 2  Dó♭ 1 | Sol♭ 5  Lá♭♭ 4  Dó♭ 2  Fá♭ 1 |

## D♭m7 (9)

| PO | | ♭O | |
|---|---|---|---|
| Fá♭ 5  Lá♭ 3  Dó♭ 2  Mi♭ 1 | Lá♭ 5  Dó♭ 4  Mi♭ 2  Fá♭ 1 | Dó♭ 5  Mi♭ 3  Fá♭ 2  Lá♭ 1 | Mi♭ 5  Fá♭ 4  Lá♭ 2  Dó♭ 1 |

## D♭m7 (9 / 11)

| PO | | | PO |
|---|---|---|---|
| Lá♭ 5  Dó♭ 4  Mi♭ 2  Sol♭ 1 | Dó♭ 5  Mi♭ 3  Sol♭ 2  Lá♭ 1 | Mi♭ 4  Sol♭ 3  Lá♭ 2  Dó♭ 1 | Sol♭ 5  Lá♭ 4  Dó♭ 2  Mi♭ 1 |

## D♭m (7M)

| ♭Ø | | PHO | |
|---|---|---|---|
| Ré♭ 5  Fá♭ 4  Lá♭ 2  Dó 1 | Fá♭ 5  Lá♭ 3  Dó 2  Ré♭ 1 | Lá♭ 5  Dó 3  Ré♭ 2  Fá♭ 1 | Dó 5  Ré♭ 4  Fá♭ 2  Lá♭ 1 |

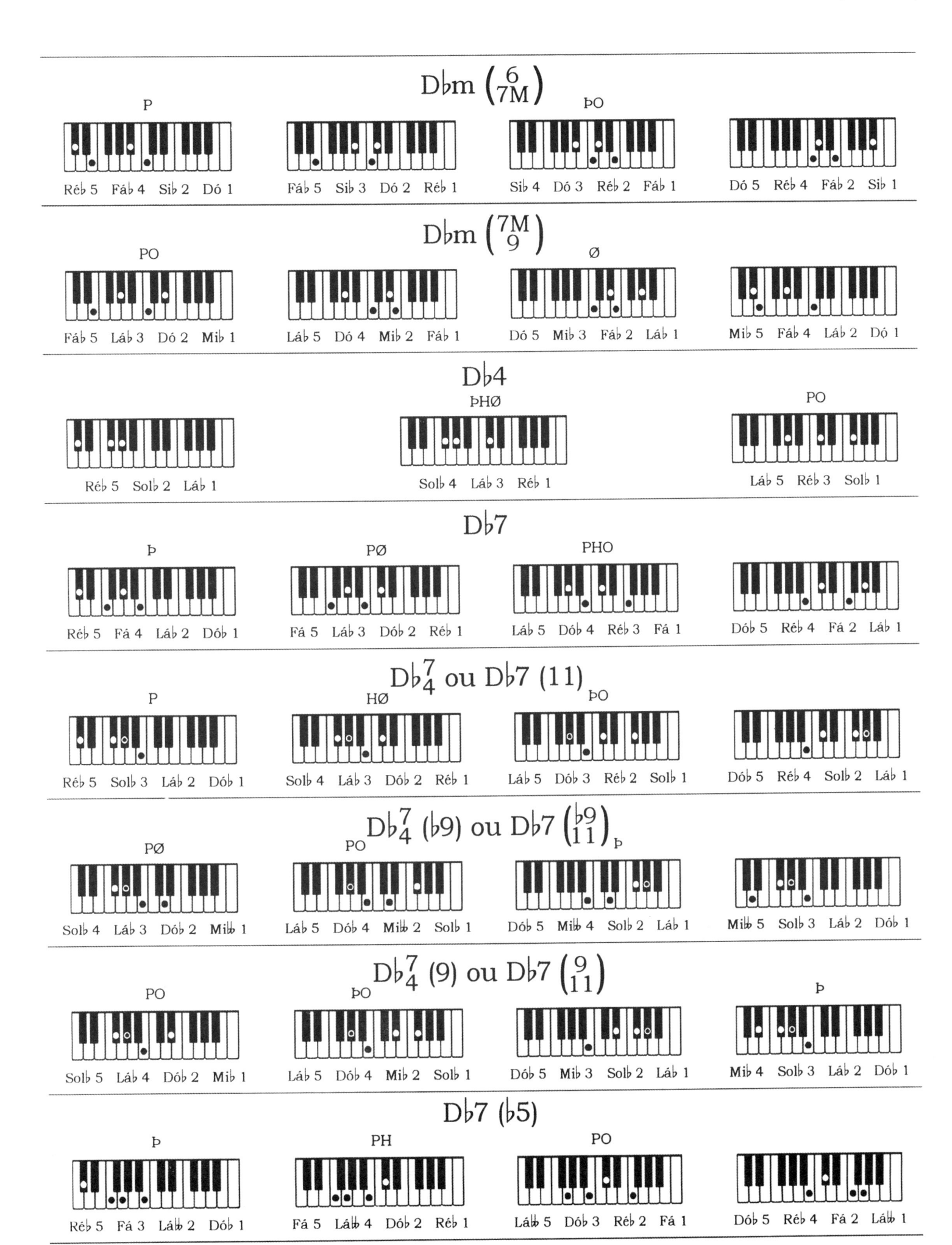

Acordes de D♭ (Ré bemol)

## D♭m $\binom{6}{7M}$

| P | | ♭O | |
|---|---|---|---|
| Ré♭ 5  Fá♭ 4  Si♭ 2  Dó 1 | Fá♭ 5  Si♭ 3  Dó 2  Ré♭ 1 | Si♭ 4  Dó 3  Ré♭ 2  Fá♭ 1 | Dó 5  Ré♭ 4  Fá♭ 2  Si♭ 1 |

## D♭m $\binom{7M}{9}$

| PO | | Ø | |
|---|---|---|---|
| Fá♭ 5  Lá♭ 3  Dó 2  Mi♭ 1 | Lá♭ 5  Dó 4  Mi♭ 2  Fá♭ 1 | Dó 5  Mi♭ 3  Fá♭ 2  Lá♭ 1 | Mi♭ 5  Fá♭ 4  Lá♭ 2  Dó 1 |

## D♭4

| P | ♭HØ | PO |
|---|---|---|
| Ré♭ 5  Sol♭ 2  Lá♭ 1 | Sol♭ 4  Lá♭ 3  Ré♭ 1 | Lá♭ 5  Ré♭ 3  Sol♭ 1 |

## D♭7

| ♭ | PØ | PHO | |
|---|---|---|---|
| Ré♭ 5  Fá 4  Lá♭ 2  Dó♭ 1 | Fá 5  Lá♭ 3  Dó♭ 2  Ré♭ 1 | Lá♭ 5  Dó♭ 4  Ré♭ 3  Fá 1 | Dó♭ 5  Ré♭ 4  Fá 2  Lá♭ 1 |

## D♭$^7_4$ ou D♭7 (11)

| P | HØ | ♭O | |
|---|---|---|---|
| Ré♭ 5  Sol♭ 3  Lá♭ 2  Dó♭ 1 | Sol♭ 4  Lá♭ 3  Dó♭ 2  Ré♭ 1 | Lá♭ 5  Dó♭ 3  Ré♭ 2  Sol♭ 1 | Dó♭ 5  Ré♭ 4  Sol♭ 2  Lá♭ 1 |

## ₚₒD♭$^7_4$ (♭9) ou D♭7 $\binom{♭9}{11}$ ♭

| PØ | PO | | |
|---|---|---|---|
| Sol♭ 4  Lá♭ 3  Dó♭ 2  Mi♭♭ 1 | Lá♭ 5  Dó♭ 4  Mi♭♭ 2  Sol♭ 1 | Dó♭ 5  Mi♭♭ 4  Sol♭ 2  Lá♭ 1 | Mi♭♭ 5  Sol♭ 3  Lá♭ 2  Dó♭ 1 |

## D♭$^7_4$ (9) ou D♭7 $\binom{9}{11}$

| PO | ♭O | | ♭ |
|---|---|---|---|
| Sol♭ 5  Lá♭ 4  Dó♭ 2  Mi♭ 1 | Lá♭ 5  Dó♭ 4  Mi♭ 2  Sol♭ 1 | Dó♭ 5  Mi♭ 3  Sol♭ 2  Lá♭ 1 | Mi♭ 4  Sol♭ 3  Lá♭ 2  Dó♭ 1 |

## D♭7 (♭5)

| ♭ | PH | PO | |
|---|---|---|---|
| Ré♭ 5  Fá 3  Lá♭♭ 2  Dó♭ 1 | Fá 5  Lá♭♭ 4  Dó♭ 2  Ré♭ 1 | Lá♭♭ 5  Dó♭ 3  Ré♭ 2  Fá 1 | Dó♭ 5  Ré♭ 4  Fá 2  Lá♭♭ 1 |

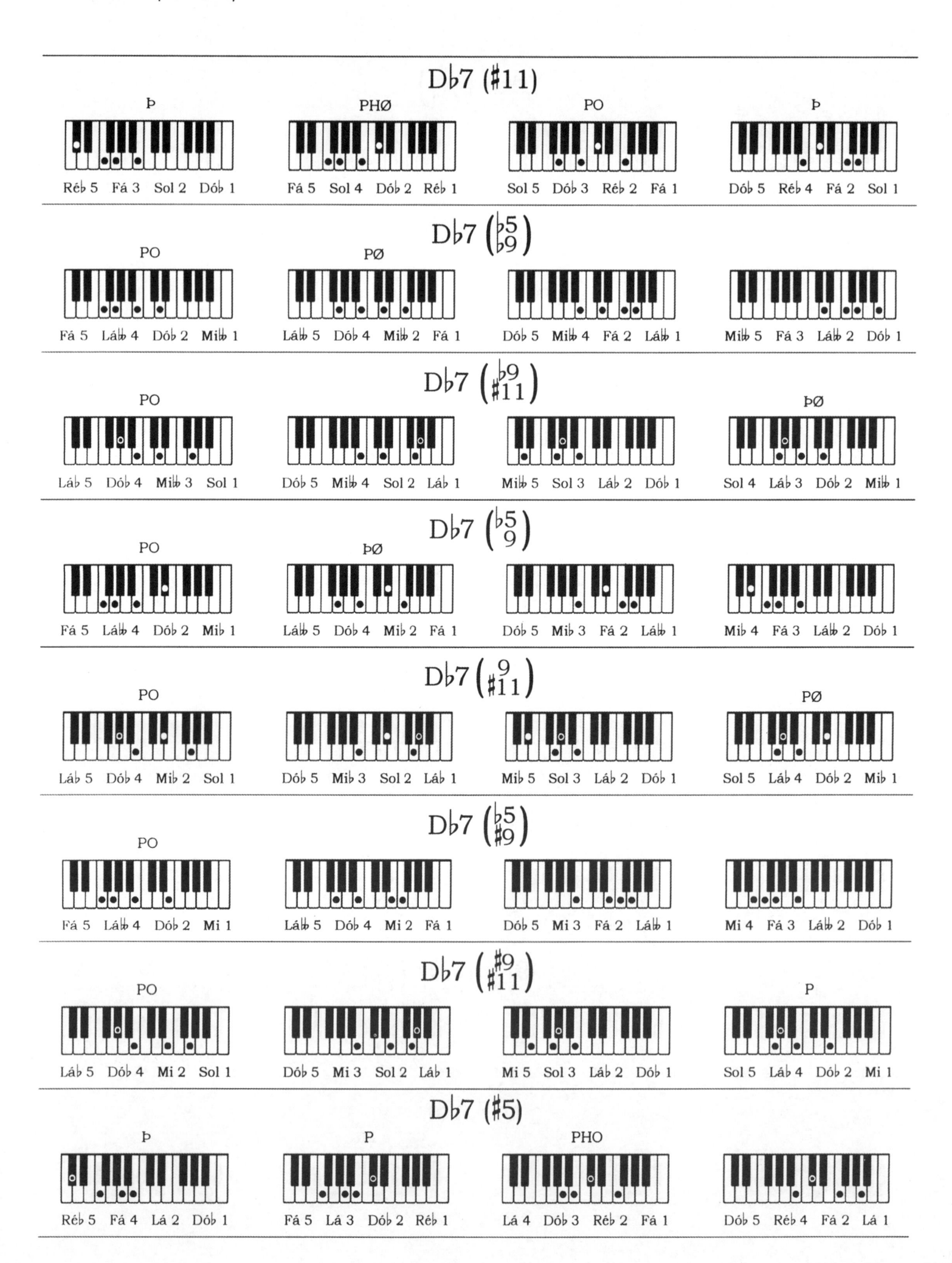

## Acordes de D♭ (Ré bemol)

### D♭7 (♯11)

| ♭ | PHØ | PO | ♭ |
|---|---|---|---|
| Ré♭ 5  Fá 3  Sol 2  Dó♭ 1 | Fá 5  Sol 4  Dó♭ 2  Ré♭ 1 | Sol 5  Dó♭ 3  Ré♭ 2  Fá 1 | Dó♭ 5  Ré♭ 4  Fá 2  Sol 1 |

### D♭7 (♭5 ♭9)

| PO | PØ | | |
|---|---|---|---|
| Fá 5  Lá♭♭ 4  Dó♭ 2  Mi♭ 1 | Lá♭♭ 5  Dó♭ 4  Mi♭ 2  Fá 1 | Dó♭ 5  Mi♭ 4  Fá 2  Lá♭♭ 1 | Mi♭ 5  Fá 3  Lá♭♭ 2  Dó♭ 1 |

### D♭7 (♭9 ♯11)

| PO | | | ♭Ø |
|---|---|---|---|
| Lá♭ 5  Dó♭ 4  Mi♭♭ 3  Sol 1 | Dó♭ 5  Mi♭♭ 4  Sol 2  Lá♭ 1 | Mi♭♭ 5  Sol 3  Lá♭ 2  Dó♭ 1 | Sol 4  Lá♭ 3  Dó♭ 2  Mi♭♭ 1 |

### D♭7 (♭5 9)

| PO | ♭Ø | | |
|---|---|---|---|
| Fá 5  Lá♭♭ 4  Dó♭ 2  Mi♭ 1 | Lá♭♭ 5  Dó♭ 4  Mi♭ 2  Fá 1 | Dó♭ 5  Mi♭ 3  Fá 2  Lá♭♭ 1 | Mi♭ 4  Fá 3  Lá♭♭ 2  Dó♭ 1 |

### D♭7 (9 ♯11)

| PO | | | PØ |
|---|---|---|---|
| Lá♭ 5  Dó♭ 4  Mi♭ 2  Sol 1 | Dó♭ 5  Mi♭ 3  Sol 2  Lá♭ 1 | Mi♭ 5  Sol 3  Lá♭ 2  Dó♭ 1 | Sol 5  Lá♭ 4  Dó♭ 2  Mi♭ 1 |

### D♭7 (♭5 ♯9)

| PO | | | |
|---|---|---|---|
| Fá 5  Lá♭♭ 4  Dó♭ 2  Mi 1 | Lá♭♭ 5  Dó♭ 4  Mi 2  Fá 1 | Dó♭ 5  Mi 3  Fá 2  Lá♭♭ 1 | Mi 4  Fá 3  Lá♭♭ 2  Dó♭ 1 |

### D♭7 (♯9 ♯11)

| PO | | | P |
|---|---|---|---|
| Lá♭ 5  Dó♭ 4  Mi 2  Sol 1 | Dó♭ 5  Mi 3  Sol 2  Lá♭ 1 | Mi 5  Sol 3  Lá♭ 2  Dó♭ 1 | Sol 5  Lá♭ 4  Dó♭ 2  Mi 1 |

### D♭7 (♯5)

| ♭ | P | PHO | |
|---|---|---|---|
| Ré♭ 5  Fá 4  Lá 2  Dó♭ 1 | Fá 5  Lá 3  Dó♭ 2  Ré♭ 1 | Lá 4  Dó♭ 3  Ré♭ 2  Fá 1 | Dó♭ 5  Ré♭ 4  Fá 2  Lá 1 |

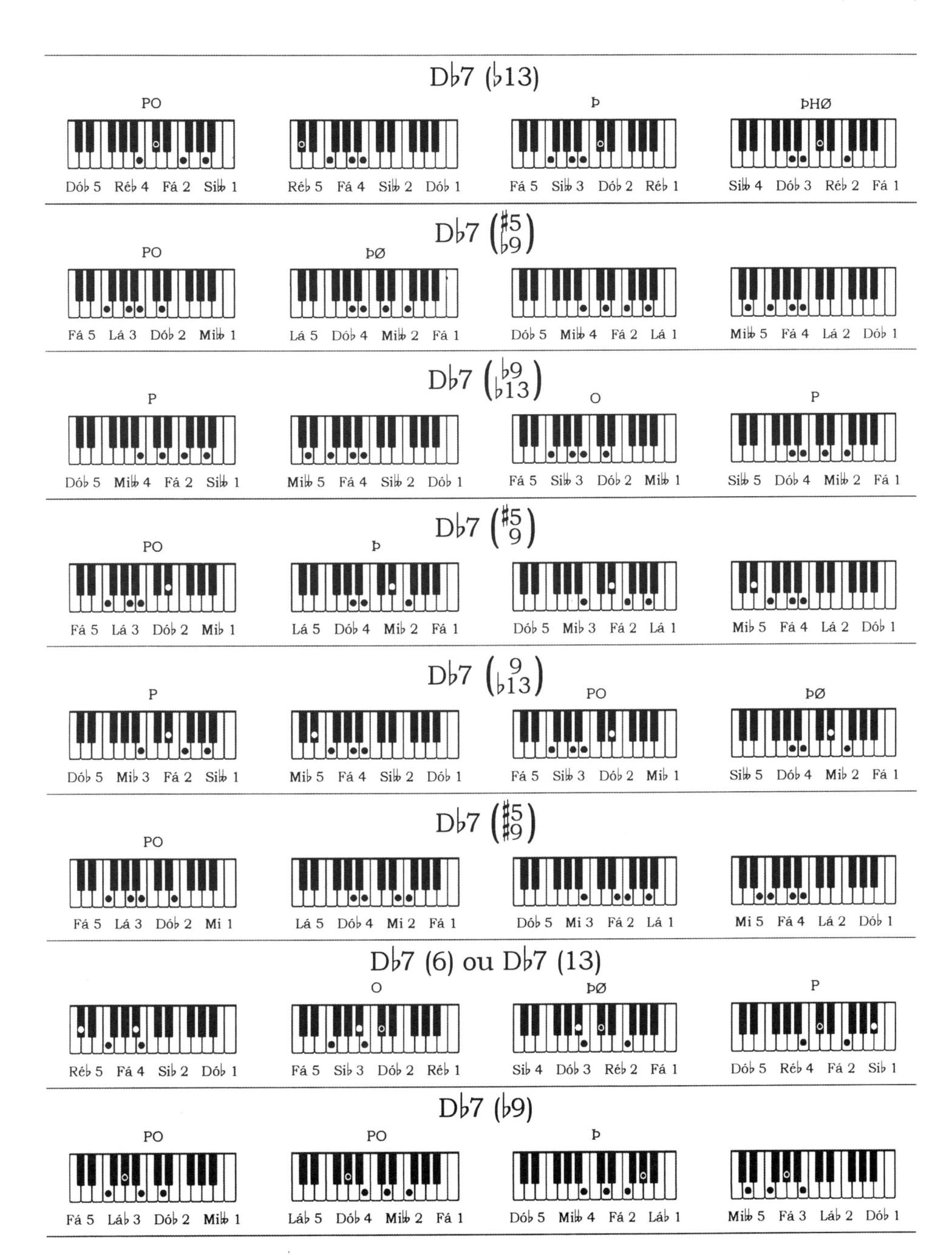

Acordes de D♭ (Ré bemol)

## D♭7 (♭13)

## D♭7 (♯5 ♭9)

## D♭7 (♭9 ♭13)

## D♭7 (♯5 9)

## D♭7 (9 ♭13)

## D♭7 (♯5 ♯9)

## D♭7 (6) ou D♭7 (13)

## D♭7 (♭9)

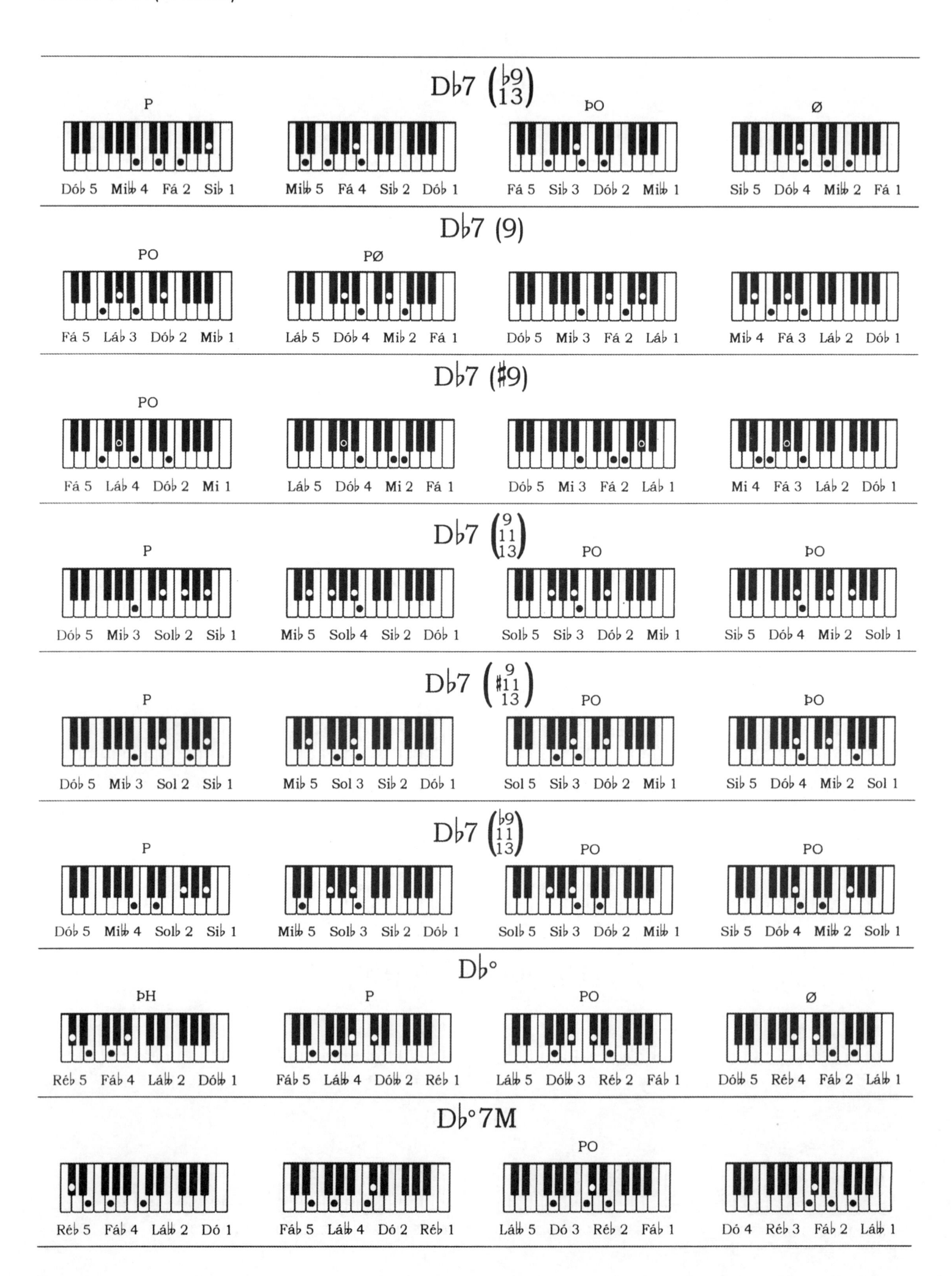

## Acordes de D♭ (Ré bemol)

### D♭7 (♭9/13)

| P | | ♭O | Ø |
|---|---|---|---|
| Dó♭ 5  Mi♭ 4  Fá 2  Si♭ 1 | Mi♭♭ 5  Fá 4  Si♭ 2  Dó♭ 1 | Fá 5  Si♭ 3  Dó♭ 2  Mi♭♭ 1 | Si♭ 5  Dó♭ 4  Mi♭♭ 2  Fá 1 |

### D♭7 (9)

| PO | PØ | | |
|---|---|---|---|
| Fá 5  Lá♭ 3  Dó♭ 2  Mi♭ 1 | Lá♭ 5  Dó♭ 4  Mi♭ 2  Fá 1 | Dó♭ 5  Mi♭ 3  Fá 2  Lá♭ 1 | Mi♭ 4  Fá 3  Lá♭ 2  Dó♭ 1 |

### D♭7 (♯9)

| PO | | | |
|---|---|---|---|
| Fá 5  Lá♭ 4  Dó♭ 2  Mi 1 | Lá♭ 5  Dó♭ 4  Mi 2  Fá 1 | Dó♭ 5  Mi 3  Fá 2  Lá♭ 1 | Mi 4  Fá 3  Lá♭ 2  Dó♭ 1 |

### D♭7 (9/11/13)

| P | | PO | ♭O |
|---|---|---|---|
| Dó♭ 5  Mi♭ 3  Sol♭ 2  Si♭ 1 | Mi♭ 5  Sol♭ 4  Si♭ 2  Dó♭ 1 | Sol♭ 5  Si♭ 3  Dó♭ 2  Mi♭ 1 | Si♭ 5  Dó♭ 4  Mi♭ 2  Sol♭ 1 |

### D♭7 (♯11/9/13)

| P | | PO | ♭O |
|---|---|---|---|
| Dó♭ 5  Mi♭ 3  Sol 2  Si♭ 1 | Mi♭ 5  Sol 3  Si♭ 2  Dó♭ 1 | Sol 5  Si♭ 3  Dó♭ 2  Mi♭ 1 | Si♭ 5  Dó♭ 4  Mi♭ 2  Sol 1 |

### D♭7 (♭9/11/13)

| P | | PO | PO |
|---|---|---|---|
| Dó♭ 5  Mi♭♭ 4  Sol♭ 2  Si♭ 1 | Mi♭♭ 5  Sol♭ 3  Si♭ 2  Dó♭ 1 | Sol♭ 5  Si♭ 3  Dó♭ 2  Mi♭♭ 1 | Si♭ 5  Dó♭ 4  Mi♭♭ 2  Sol♭ 1 |

### D♭°

| ♭H | P | PO | Ø |
|---|---|---|---|
| Ré♭ 5  Fá♭ 4  Lá♭ 2  Dó♭ 1 | Fá♭ 5  Lá♭♭ 4  Dó♭ 2  Ré♭ 1 | Lá♭♭ 5  Dó♭ 3  Ré♭ 2  Fá♭ 1 | Dó♭ 5  Ré♭ 4  Fá♭ 2  Lá♭♭ 1 |

### D♭°7M

| | | PO | |
|---|---|---|---|
| Ré♭ 5  Fá♭ 4  Lá♭♭ 2  Dó 1 | Fá♭ 5  Lá♭♭ 4  Dó 2  Ré♭ 1 | Lá♭♭ 5  Dó 3  Ré♭ 2  Fá♭ 1 | Dó 4  Ré♭ 3  Fá♭ 2  Lá♭♭ 1 |

# Acordes de D (Ré)

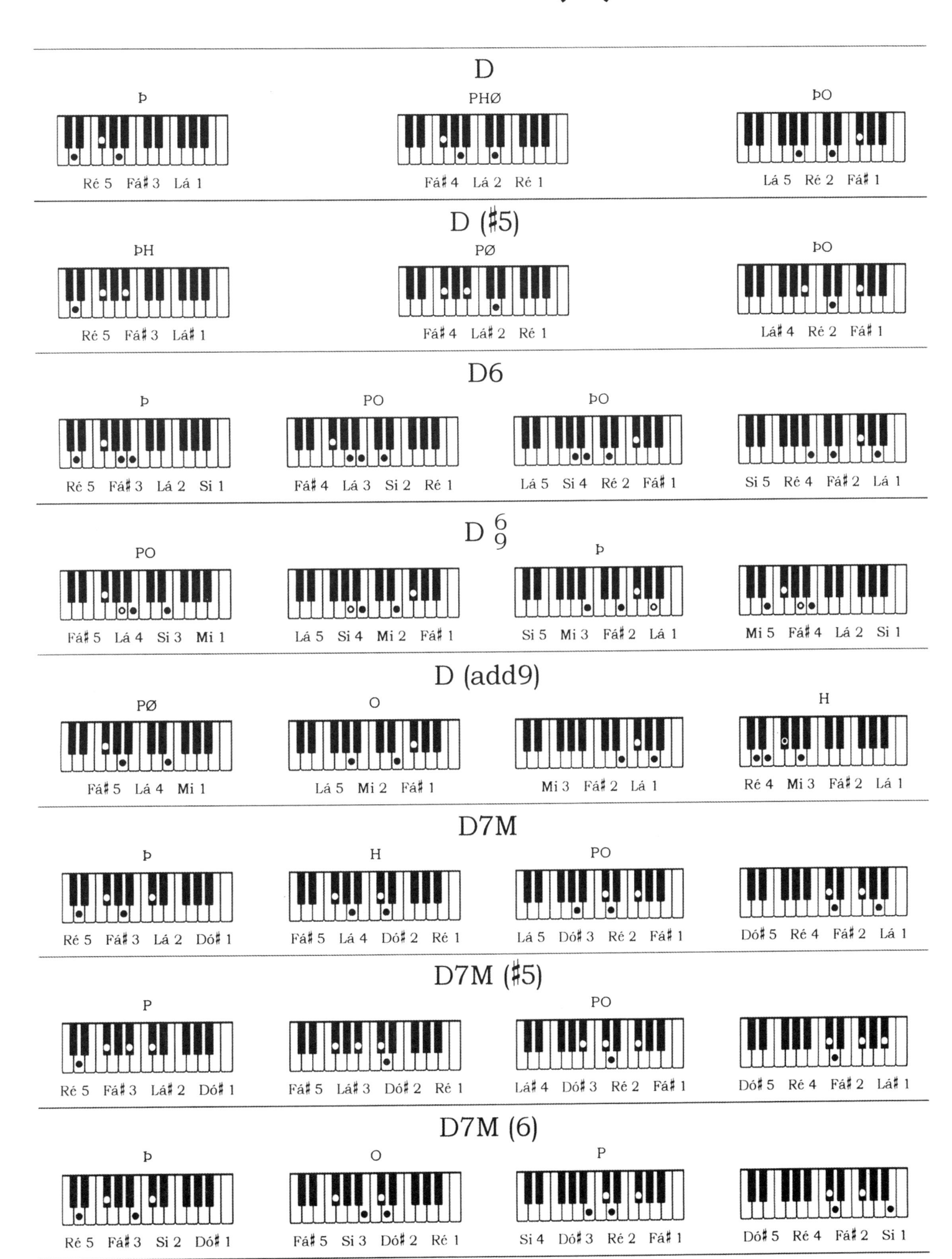

## D

Þ — Ré 5  Fá# 3  Lá 1
PHØ — Fá# 4  Lá 2  Ré 1
ÞO — Lá 5  Ré 2  Fá# 1

## D (#5)

ÞH — Ré 5  Fá# 3  Lá# 1
PØ — Fá# 4  Lá# 2  Ré 1
ÞO — Lá# 4  Ré 2  Fá# 1

## D6

Þ — Ré 5  Fá# 3  Lá 2  Si 1
PO — Fá# 4  Lá 3  Si 2  Ré 1
ÞO — Lá 5  Si 4  Ré 2  Fá# 1
— Si 5  Ré 4  Fá# 2  Lá 1

## D $\frac{6}{9}$

PO — Fá# 5  Lá 4  Si 3  Mi 1
— Lá 5  Si 4  Mi 2  Fá# 1
Þ — Si 5  Mi 3  Fá# 2  Lá 1
— Mi 5  Fá# 4  Lá 2  Si 1

## D (add9)

PØ — Fá# 5  Lá 4  Mi 1
O — Lá 5  Mi 2  Fá# 1
— Mi 3  Fá# 2  Lá 1
H — Ré 4  Mi 3  Fá# 2  Lá 1

## D7M

Þ — Ré 5  Fá# 3  Lá 2  Dó# 1
H — Fá# 5  Lá 4  Dó# 2  Ré 1
PO — Lá 5  Dó# 3  Ré 2  Fá# 1
— Dó# 5  Ré 4  Fá# 2  Lá 1

## D7M (#5)

P — Ré 5  Fá# 3  Lá 2  Dó# 1
— Fá# 5  Lá# 3  Dó# 2  Ré 1
PO — Lá# 4  Dó# 3  Ré 2  Fá# 1
— Dó# 5  Ré 4  Fá# 2  Lá# 1

## D7M (6)

Þ — Ré 5  Fá# 3  Si 2  Dó# 1
O — Fá# 5  Si 3  Dó# 2  Ré 1
P — Si 4  Dó# 3  Ré 2  Fá# 1
— Dó# 5  Ré 4  Fá# 2  Si 1

Acordes de D (Ré)

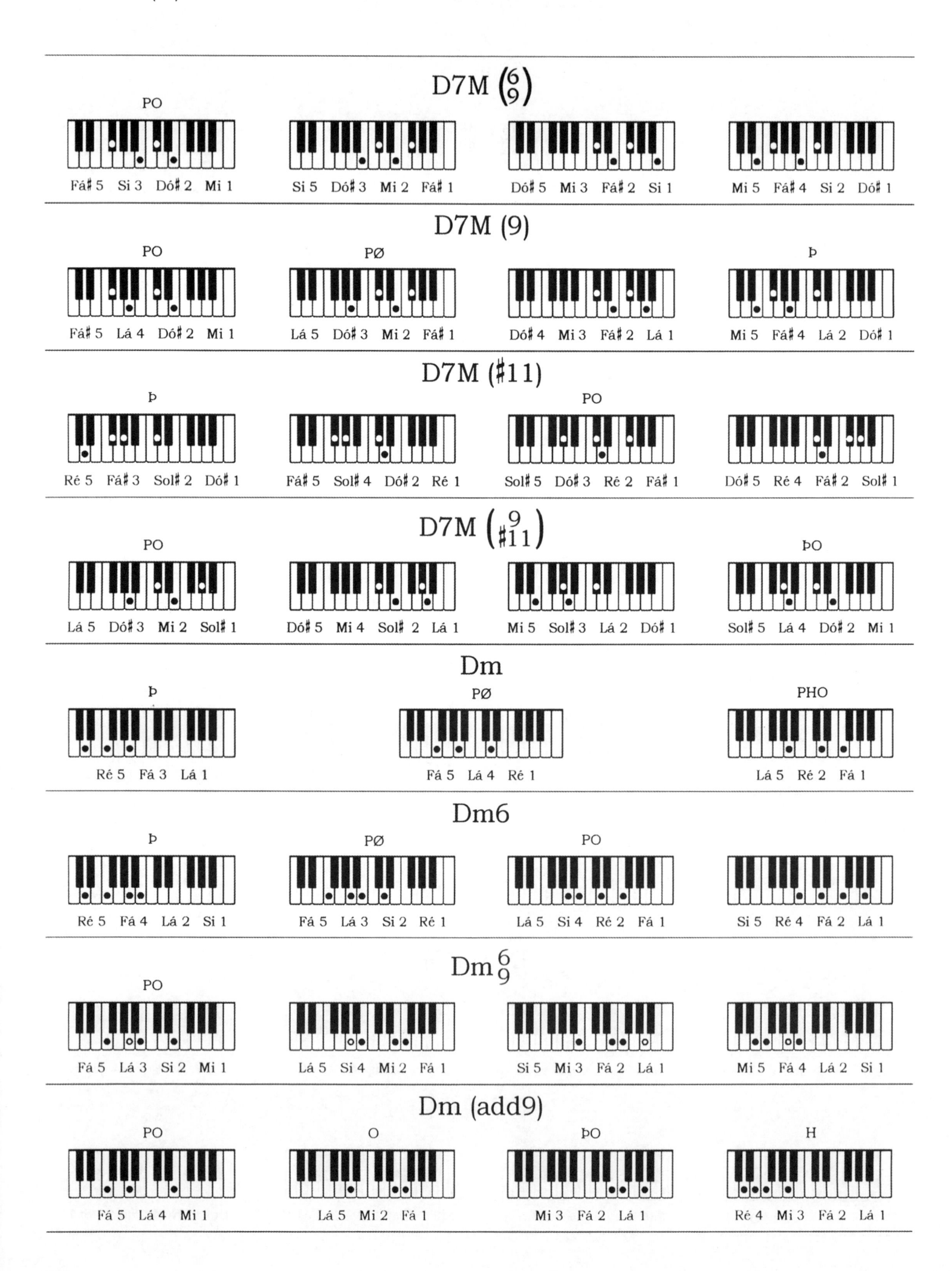

## D7M (6/9)

| Fá# 5  Si 3  Dó# 2  Mi 1 | Si 5  Dó# 3  Mi 2  Fá# 1 | Dó# 5  Mi 3  Fá# 2  Si 1 | Mi 5  Fá# 4  Si 2  Dó# 1 |

PO

## D7M (9)

| Fá# 5  Lá 4  Dó# 2  Mi 1 | Lá 5  Dó# 3  Mi 2  Fá# 1 | Dó# 4  Mi 3  Fá# 2  Lá 1 | Mi 5  Fá# 4  Lá 2  Dó# 1 |

PO — PØ — — ♭

## D7M (#11)

| Ré 5  Fá# 3  Sol# 2  Dó# 1 | Fá# 5  Sol# 4  Dó# 2  Ré 1 | Sol# 5  Dó# 3  Ré 2  Fá# 1 | Dó# 5  Ré 4  Fá# 2  Sol# 1 |

♭ — — PO — 

## D7M (9/#11)

| Lá 5  Dó# 3  Mi 2  Sol# 1 | Dó# 5  Mi 4  Sol# 2  Lá 1 | Mi 5  Sol# 3  Lá 2  Dó# 1 | Sol# 5  Lá 4  Dó# 2  Mi 1 |

PO — — — ♭O

## Dm

| Ré 5  Fá 3  Lá 1 | Fá 5  Lá 4  Ré 1 | Lá 5  Ré 2  Fá 1 |

♭ — PØ — PHO

## Dm6

| Ré 5  Fá 4  Lá 2  Si 1 | Fá 5  Lá 3  Si 2  Ré 1 | Lá 5  Si 4  Ré 2  Fá 1 | Si 5  Ré 4  Fá 2  Lá 1 |

♭ — PØ — PO

## Dm 6/9

| Fá 5  Lá 3  Si 2  Mi 1 | Lá 5  Si 4  Mi 2  Fá 1 | Si 5  Mi 3  Fá 2  Lá 1 | Mi 5  Fá 4  Lá 2  Si 1 |

PO

## Dm (add9)

| Fá 5  Lá 4  Mi 1 | Lá 5  Mi 2  Fá 1 | Mi 3  Fá 2  Lá 1 | Ré 4  Mi 3  Fá 2  Lá 1 |

PO — O — ♭O — H

Acordes de D (Ré)

## Dm7

| Þ | PO | PHO | |
|---|---|---|---|
| Ré 5  Fá 4  Lá 2  Dó 1 | Fá 5  Lá 4  Dó 2  Ré 1 | Lá 5  Dó 3  Ré 2  Fá 1 | Dó 5  Ré 4  Fá 2  Lá 1 |

## Dm7 (11)

| Þ | | PO | ∅ |
|---|---|---|---|
| Ré 5  Fá 4  Sol 3  Dó 1 | Fá 5  Sol 4  Dó 2  Ré 1 | Sol 5  Dó 3  Ré 2  Fá 1 | Dó 5  Ré 4  Fá 2  Sol 1 |

## Dm7 (♭5)

| P | P | PHO | Þ |
|---|---|---|---|
| Ré 5  Fá 4  Láb 2  Dó 1 | Fá 5  Láb 4  Dó 2  Ré 1 | Láb 5  Dó 3  Ré 2  Fá 1 | Dó 5  Ré 4  Fá 2  Láb 1 |

## Dm7 (♭5/9)

| PO | | | |
|---|---|---|---|
| Fá 5  Láb 4  Dó 2  Mi 1 | Láb 5  Dó 4  Mi 2  Fá 1 | Dó 5  Mi 3  Fá 2  Láb 1 | Mi 5  Fá 4  Láb 2  Dó 1 |

## Dm7 (♭5/11)

| ÞO | Þ | | PO |
|---|---|---|---|
| Láb 5  Dó 4  Fá 2  Sol 1 | Dó 5  Fá 3  Sol 2  Láb 1 | Fá 4  Sol 3  Láb 2  Dó 1 | Sol 5  Láb 4  Dó 2  Fá 1 |

## Dm7 (9)

| PO | | | PØ |
|---|---|---|---|
| Fá 5  Lá 4  Dó 2  Mi 1 | Lá 5  Dó 4  Mi 2  Fá 1 | Dó 5  Mi 3  Fá 2  Lá 1 | Mi 5  Fá 4  Lá 2  Dó 1 |

## Dm7 (9/11)

| PO | | | PO |
|---|---|---|---|
| Lá 5  Dó 4  Mi 2  Sol 1 | Dó 5  Mi 4  Sol 2  Lá 1 | Mi 5  Sol 3  Lá 2  Dó 1 | Sol 5  Lá 4  Dó 2  Mi 1 |

## Dm (7M)

| P | | PHO | |
|---|---|---|---|
| Ré 5  Fá 4  Lá 2  Dó# 1 | Fá 5  Lá 4  Dó# 2  Ré 1 | Lá 5  Dó# 3  Ré 2  Fá 1 | Dó# 5  Ré 4  Fá 2  Lá 1 |

## Acordes de D (Ré)

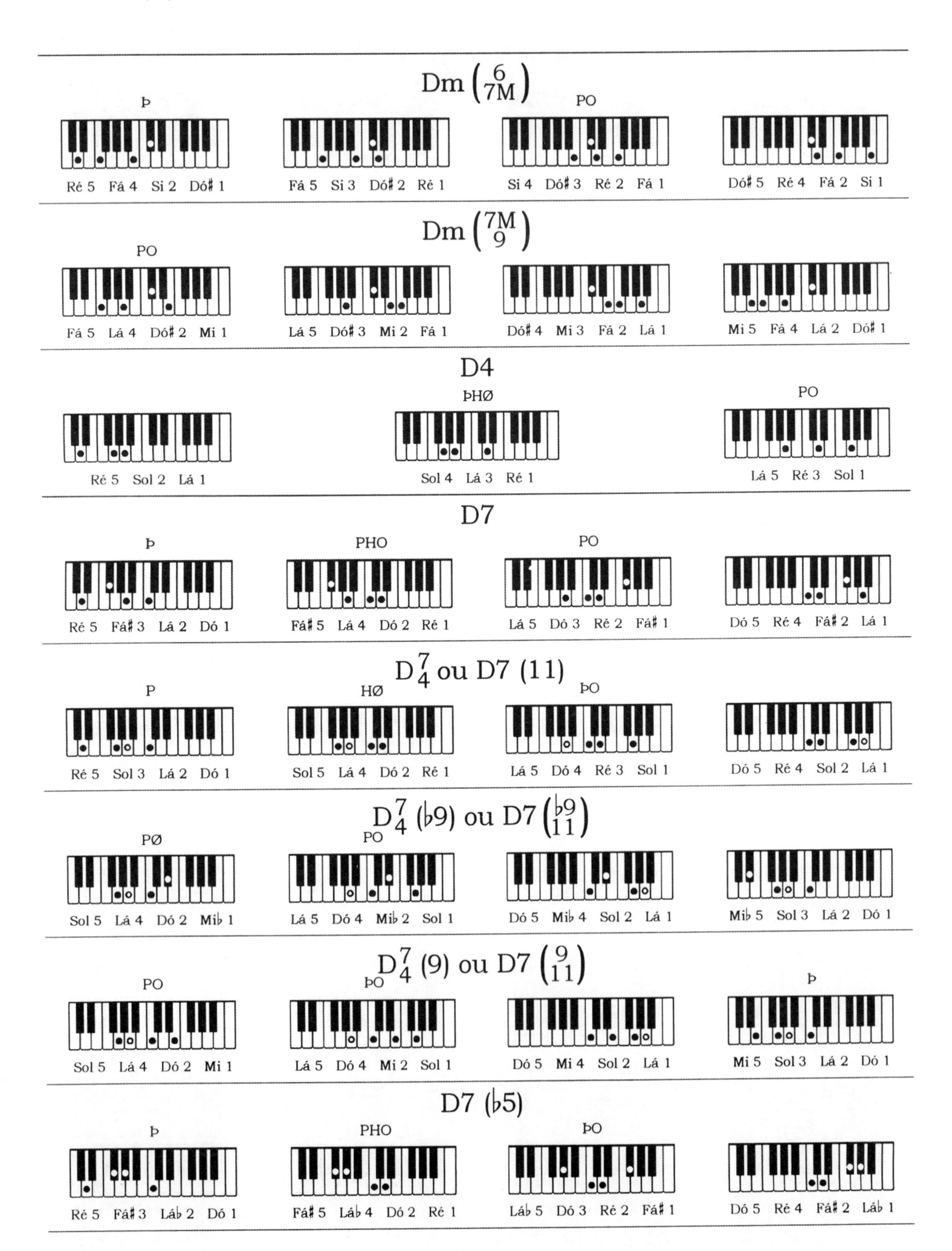

### Dm $\binom{6}{7M}$

| Þ | | PO | |
|---|---|---|---|
| Ré 5  Fá 4  Si 2  Dó# 1 | Fá 5  Si 3  Dó# 2  Ré 1 | Si 4  Dó# 3  Ré 2  Fá 1 | Dó# 5  Ré 4  Fá 2  Si 1 |

### Dm $\binom{7M}{9}$

| PO | | | |
|---|---|---|---|
| Fá 5  Lá 4  Dó# 2  Mi 1 | Lá 5  Dó# 3  Mi 2  Fá 1 | Dó# 4  Mi 3  Fá 2  Lá 1 | Mi 5  Fá 4  Lá 2  Dó# 1 |

### D4

| | ÞHØ | PO |
|---|---|---|
| Ré 5  Sol 2  Lá 1 | Sol 4  Lá 3  Ré 1 | Lá 5  Ré 3  Sol 1 |

### D7

| Þ | PHO | PO | |
|---|---|---|---|
| Ré 5  Fá# 3  Lá 2  Dó 1 | Fá# 5  Lá 4  Dó 2  Ré 1 | Lá 5  Dó 3  Ré 2  Fá# 1 | Dó 5  Ré 4  Fá# 2  Lá 1 |

### D$^7_4$ ou D7 (11)

| P | HØ | ÞO | |
|---|---|---|---|
| Ré 5  Sol 3  Lá 2  Dó 1 | Sol 5  Lá 4  Dó 2  Ré 1 | Lá 5  Dó 4  Ré 3  Sol 1 | Dó 5  Ré 4  Sol 2  Lá 1 |

### D$^7_4$ (♭9) ou D7 $\binom{♭9}{11}$

| PØ | PO | | |
|---|---|---|---|
| Sol 5  Lá 4  Dó 2  Mi♭ 1 | Lá 5  Dó 4  Mi♭ 2  Sol 1 | Dó 5  Mi♭ 4  Sol 2  Lá 1 | Mi♭ 5  Sol 3  Lá 2  Dó 1 |

### D$^7_4$ (9) ou D7 $\binom{9}{11}$

| PO | ÞO | | Þ |
|---|---|---|---|
| Sol 5  Lá 4  Dó 2  Mi 1 | Lá 5  Dó 4  Mi 2  Sol 1 | Dó 5  Mi 4  Sol 2  Lá 1 | Mi 5  Sol 3  Lá 2  Dó 1 |

### D7 (♭5)

| Þ | PHO | ÞO | |
|---|---|---|---|
| Ré 5  Fá# 3  Lá♭ 2  Dó 1 | Fá# 5  Lá♭ 4  Dó 2  Ré 1 | Lá♭ 5  Dó 3  Ré 2  Fá# 1 | Dó 5  Ré 4  Fá# 2  Lá♭ 1 |

Acordes de D (Ré)

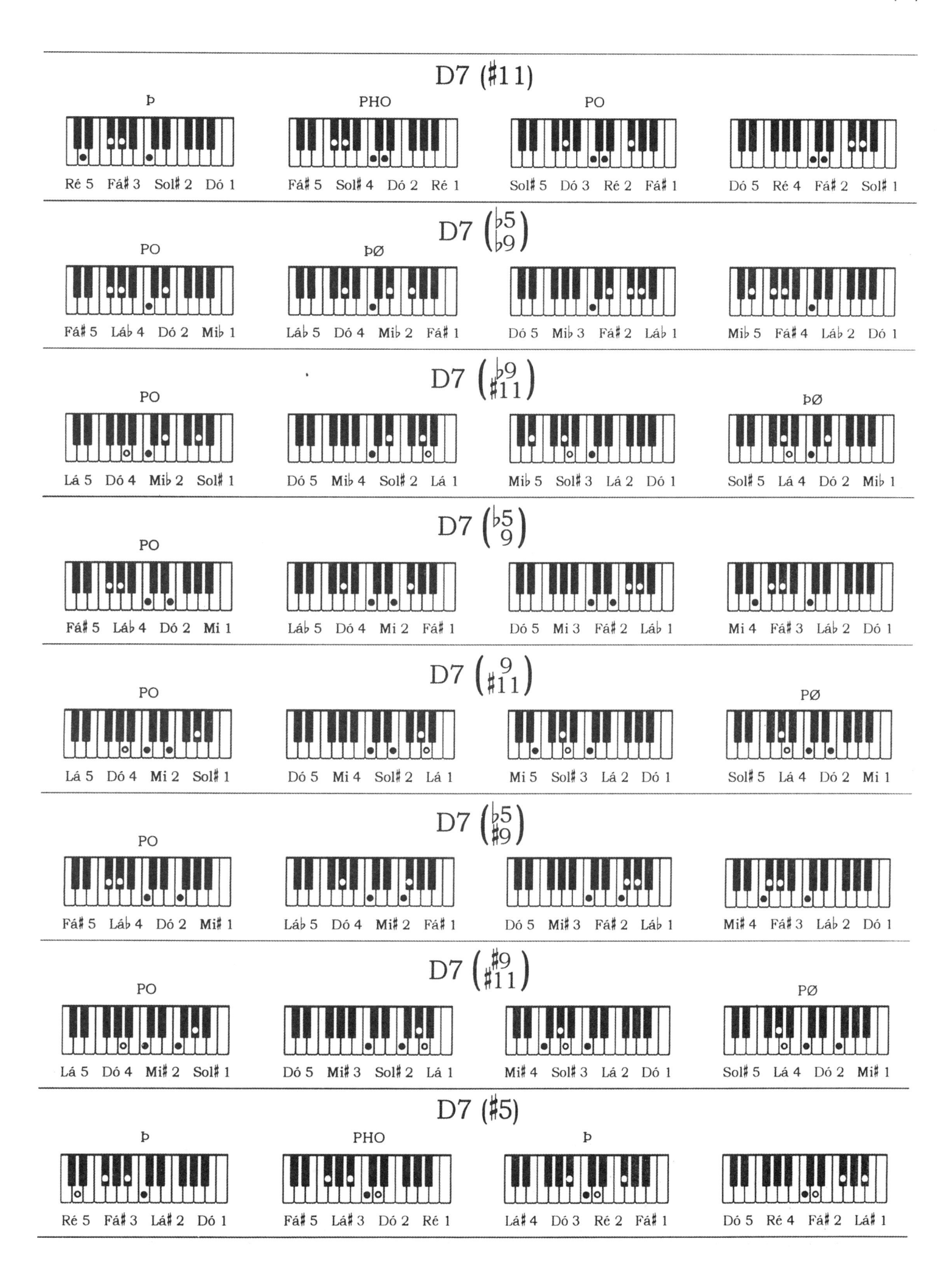

## D7 (♯11)

| ♭ | PHO | PO | |
|---|---|---|---|
| Ré 5  Fá♯ 3  Sol♯ 2  Dó 1 | Fá♯ 5  Sol♯ 4  Dó 2  Ré 1 | Sol♯ 5  Dó 3  Ré 2  Fá♯ 1 | Dó 5  Ré 4  Fá♯ 2  Sol♯ 1 |

## D7 (♭5 ♭9)

| PO | ♭Ø | | |
|---|---|---|---|
| Fá♯ 5  Lá♭ 4  Dó 2  Mi♭ 1 | Lá♭ 5  Dó 4  Mi♭ 2  Fá♯ 1 | Dó 5  Mi♭ 3  Fá♯ 2  Lá♭ 1 | Mi♭ 5  Fá♯ 4  Lá♭ 2  Dó 1 |

## D7 (♭9 ♯11)

| PO | | | ♭Ø |
|---|---|---|---|
| Lá 5  Dó 4  Mi♭ 2  Sol♯ 1 | Dó 5  Mi♭ 4  Sol♯ 2  Lá 1 | Mi♭ 5  Sol♯ 3  Lá 2  Dó 1 | Sol♯ 5  Lá 4  Dó 2  Mi♭ 1 |

## D7 (♭5 9)

| PO | | | |
|---|---|---|---|
| Fá♯ 5  Lá♭ 4  Dó 2  Mi 1 | Lá♭ 5  Dó 4  Mi 2  Fá♯ 1 | Dó 5  Mi 3  Fá♯ 2  Lá♭ 1 | Mi 4  Fá♯ 3  Lá♭ 2  Dó 1 |

## D7 (9 ♯11)

| PO | | | PØ |
|---|---|---|---|
| Lá 5  Dó 4  Mi 2  Sol♯ 1 | Dó 5  Mi 4  Sol♯ 2  Lá 1 | Mi 5  Sol♯ 3  Lá 2  Dó 1 | Sol♯ 5  Lá 4  Dó 2  Mi 1 |

## D7 (♭5 ♯9)

| PO | | | |
|---|---|---|---|
| Fá♯ 5  Lá♭ 4  Dó 2  Mi♯ 1 | Lá♭ 5  Dó 4  Mi♯ 2  Fá♯ 1 | Dó 5  Mi♯ 3  Fá♯ 2  Lá♭ 1 | Mi♯ 4  Fá♯ 3  Lá♭ 2  Dó 1 |

## D7 (♯9 ♯11)

| PO | | | PØ |
|---|---|---|---|
| Lá 5  Dó 4  Mi♯ 2  Sol♯ 1 | Dó 5  Mi♯ 3  Sol♯ 2  Lá 1 | Mi♯ 4  Sol♯ 3  Lá 2  Dó 1 | Sol♯ 5  Lá 4  Dó 2  Mi♯ 1 |

## D7 (♯5)

| ♭ | PHO | ♭ | |
|---|---|---|---|
| Ré 5  Fá♯ 3  Lá♯ 2  Dó 1 | Fá♯ 5  Lá♯ 3  Dó 2  Ré 1 | Lá♯ 4  Dó 3  Ré 2  Fá♯ 1 | Dó 5  Ré 4  Fá♯ 2  Lá♯ 1 |

Acordes de D (Ré)

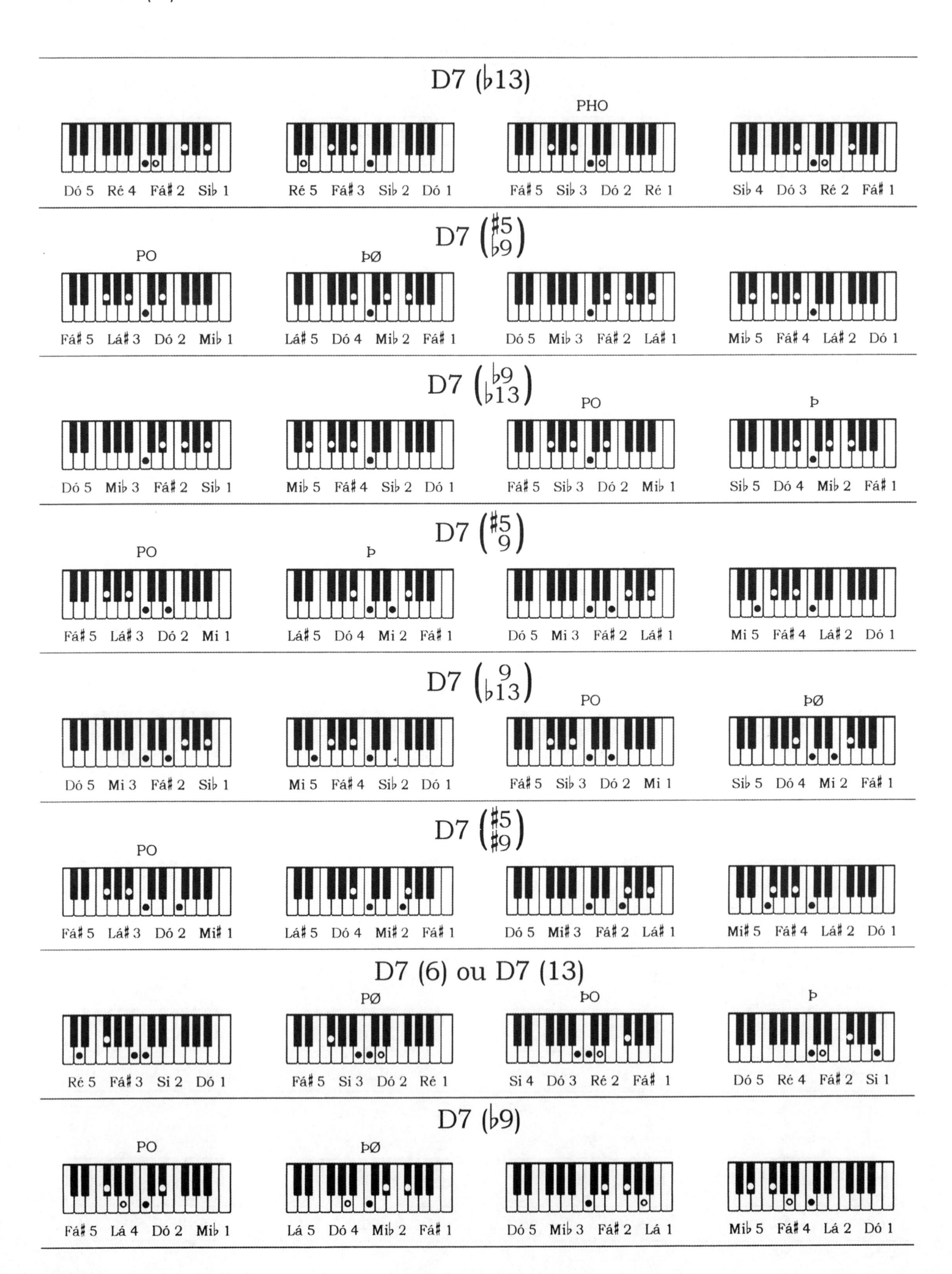

## D7 (♭13)

| Dó 5  Ré 4  Fá♯ 2  Si♭ 1 | Ré 5  Fá♯ 3  Si♭ 2  Dó 1 | PHO  Fá♯ 5  Si♭ 3  Dó 2  Ré 1 | Si♭ 4  Dó 3  Ré 2  Fá♯ 1 |

## D7 (♯5 / ♭9)

| PO  Fá♯ 5  Lá♯ 3  Dó 2  Mi♭ 1 | ♭Ø  Lá♯ 5  Dó 4  Mi♭ 2  Fá♯ 1 | Dó 5  Mi♭ 3  Fá♯ 2  Lá♯ 1 | Mi♭ 5  Fá♯ 4  Lá♯ 2  Dó 1 |

## D7 (♭9 / ♭13)

| Dó 5  Mi♭ 3  Fá♯ 2  Si♭ 1 | Mi♭ 5  Fá♯ 4  Si♭ 2  Dó 1 | PO  Fá♯ 5  Si♭ 3  Dó 2  Mi♭ 1 | ♭  Si♭ 5  Dó 4  Mi♭ 2  Fá♯ 1 |

## D7 (♯5 / 9)

| PO  Fá♯ 5  Lá♯ 3  Dó 2  Mi 1 | ♭  Lá♯ 5  Dó 4  Mi 2  Fá♯ 1 | Dó 5  Mi 3  Fá♯ 2  Lá♯ 1 | Mi 5  Fá♯ 4  Lá♯ 2  Dó 1 |

## D7 (9 / ♭13)

| Dó 5  Mi 3  Fá♯ 2  Si♭ 1 | Mi 5  Fá♯ 4  Si♭ 2  Dó 1 | PO  Fá♯ 5  Si♭ 3  Dó 2  Mi 1 | ♭Ø  Si♭ 5  Dó 4  Mi 2  Fá♯ 1 |

## D7 (♯5 / ♯9)

| PO  Fá♯ 5  Lá♯ 3  Dó 2  Mi♯ 1 | Lá♯ 5  Dó 4  Mi♯ 2  Fá♯ 1 | Dó 5  Mi♯ 3  Fá♯ 2  Lá♯ 1 | Mi♯ 5  Fá♯ 4  Lá♯ 2  Dó 1 |

## D7 (6) ou D7 (13)

| Ré 5  Fá♯ 3  Si 2  Dó 1 | PØ  Fá♯ 5  Si 3  Dó 2  Ré 1 | ♭O  Si 4  Dó 3  Ré 2  Fá♯ 1 | ♭  Dó 5  Ré 4  Fá♯ 2  Si 1 |

## D7 (♭9)

| PO  Fá♯ 5  Lá 4  Dó 2  Mi♭ 1 | ♭Ø  Lá 5  Dó 4  Mi♭ 2  Fá♯ 1 | Dó 5  Mi♭ 3  Fá♯ 2  Lá 1 | Mi♭ 5  Fá♯ 4  Lá 2  Dó 1 |

Acordes de D (Ré)

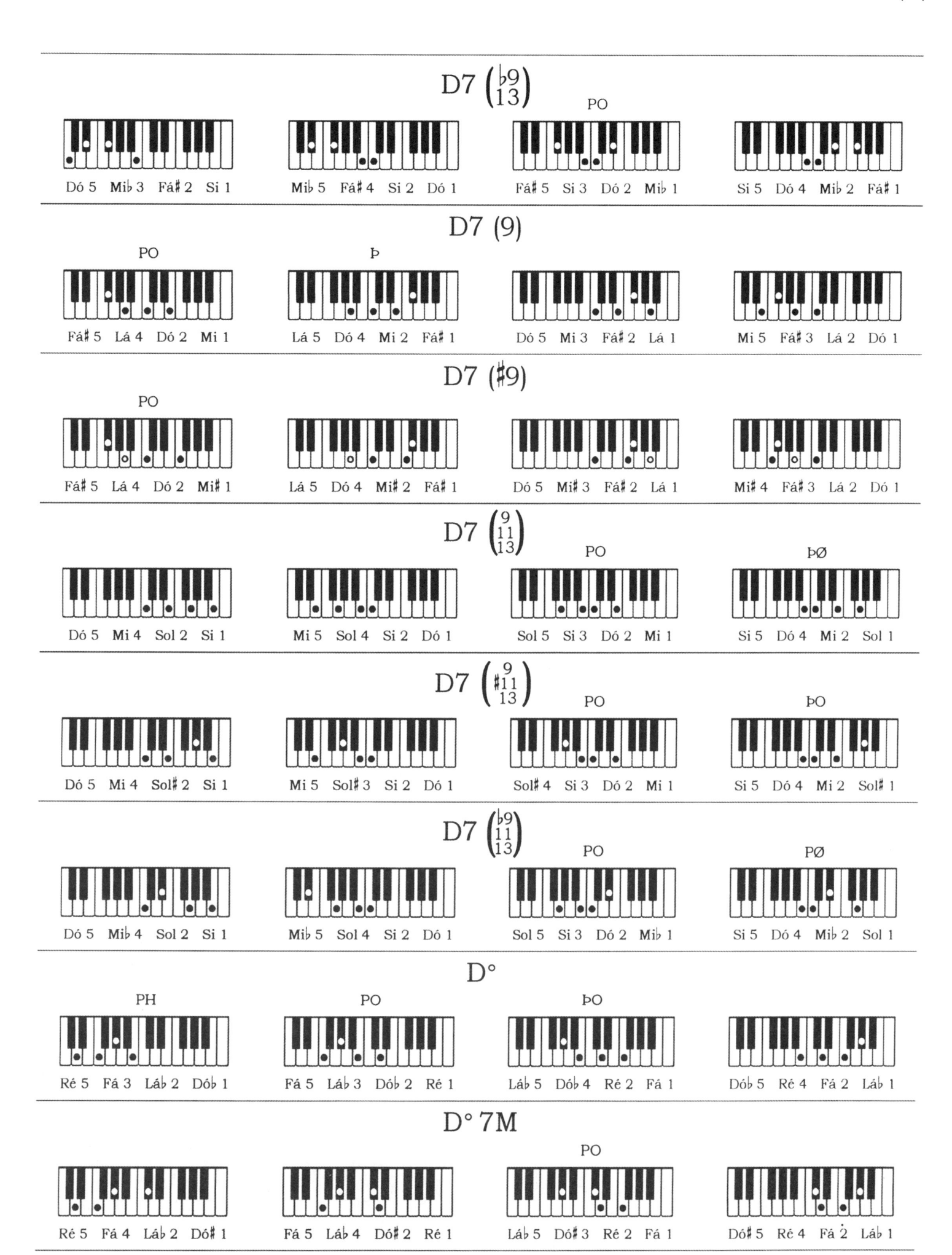

## D7 (♭9/13)

| | | PO | |
|---|---|---|---|
| Dó 5  Mi♭ 3  Fá# 2  Si 1 | Mi♭ 5  Fá# 4  Si 2  Dó 1 | Fá# 5  Si 3  Dó 2  Mi♭ 1 | Si 5  Dó 4  Mi♭ 2  Fá# 1 |

## D7 (9)

| PO | ♭ | | |
|---|---|---|---|
| Fá# 5  Lá 4  Dó 2  Mi 1 | Lá 5  Dó 4  Mi 2  Fá# 1 | Dó 5  Mi 3  Fá# 2  Lá 1 | Mi 5  Fá# 3  Lá 2  Dó 1 |

## D7 (#9)

| PO | | | |
|---|---|---|---|
| Fá# 5  Lá 4  Dó 2  Mi# 1 | Lá 5  Dó 4  Mi# 2  Fá# 1 | Dó 5  Mi# 3  Fá# 2  Lá 1 | Mi# 4  Fá# 3  Lá 2  Dó 1 |

## D7 (9/11/13)

| | | PO | ♭Ø |
|---|---|---|---|
| Dó 5  Mi 4  Sol 2  Si 1 | Mi 5  Sol 4  Si 2  Dó 1 | Sol 5  Si 3  Dó 2  Mi 1 | Si 5  Dó 4  Mi 2  Sol 1 |

## D7 (#9/#11/13)

| | | PO | ♭O |
|---|---|---|---|
| Dó 5  Mi 4  Sol# 2  Si 1 | Mi 5  Sol# 3  Si 2  Dó 1 | Sol# 4  Si 3  Dó 2  Mi 1 | Si 5  Dó 4  Mi 2  Sol# 1 |

## D7 (♭9/11/13)

| | | PO | PØ |
|---|---|---|---|
| Dó 5  Mi♭ 4  Sol 2  Si 1 | Mi♭ 5  Sol 4  Si 2  Dó 1 | Sol 5  Si 3  Dó 2  Mi♭ 1 | Si 5  Dó 4  Mi♭ 2  Sol 1 |

## D°

| PH | PO | ♭O | |
|---|---|---|---|
| Ré 5  Fá 3  Lá♭ 2  Dó♭ 1 | Fá 5  Lá♭ 3  Dó♭ 2  Ré 1 | Lá♭ 5  Dó♭ 4  Ré 2  Fá 1 | Dó♭ 5  Ré 4  Fá 2  Lá♭ 1 |

## D° 7M

| | | PO | |
|---|---|---|---|
| Ré 5  Fá 4  Lá♭ 2  Dó# 1 | Fá 5  Lá♭ 4  Dó# 2  Ré 1 | Lá♭ 5  Dó# 3  Ré 2  Fá 1 | Dó# 5  Ré 4  Fá 2  Lá♭ 1 |

# Acordes de E♭ (Mi bemol)

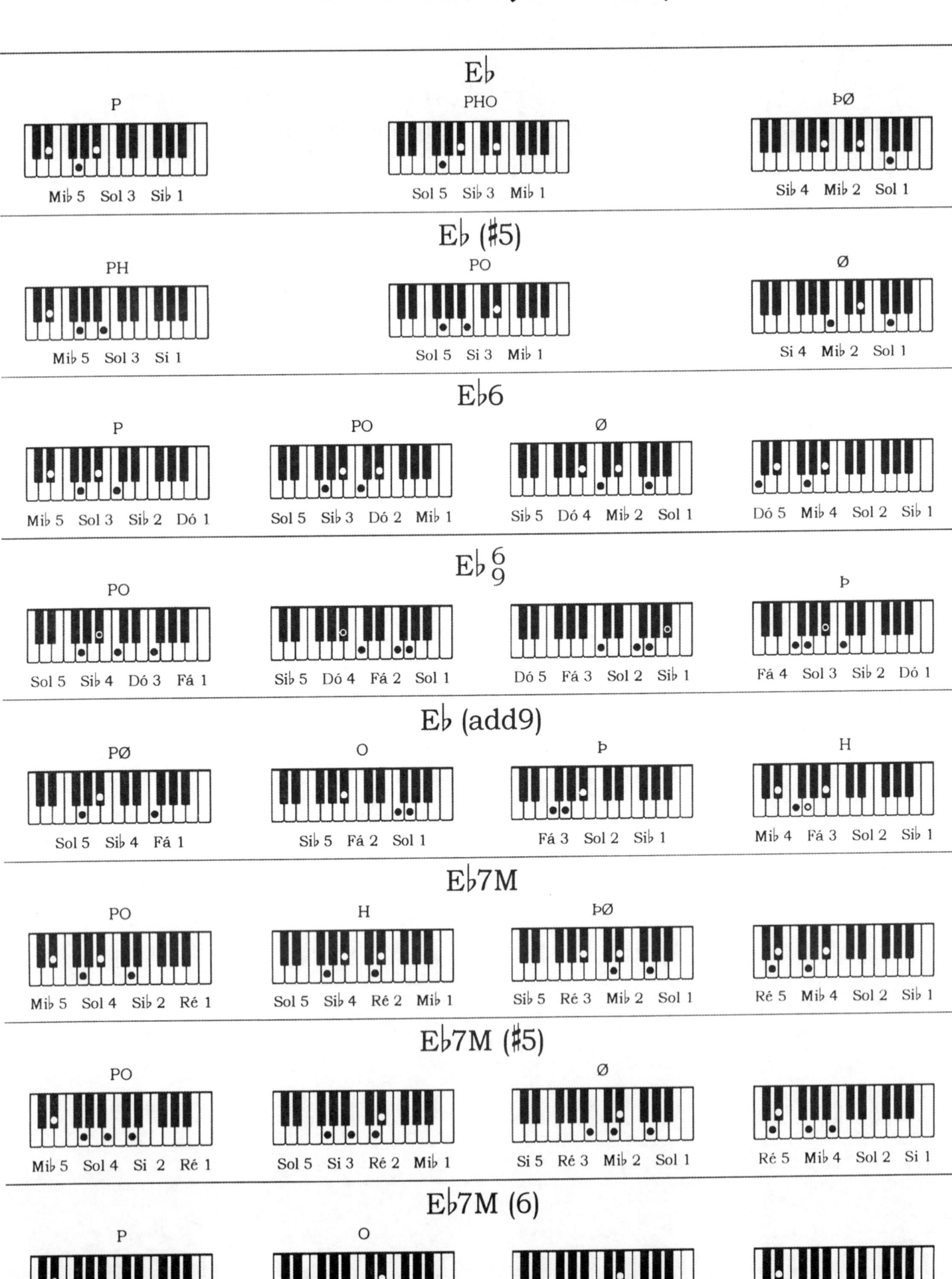

## E♭

| P | PHO | ♭Ø |
|---|-----|-----|
| Mi♭ 5  Sol 3  Si♭ 1 | Sol 5  Si♭ 3  Mi♭ 1 | Si♭ 4  Mi♭ 2  Sol 1 |

## E♭ (♯5)

| PH | PO | Ø |
|----|----|---|
| Mi♭ 5  Sol 3  Si 1 | Sol 5  Si 3  Mi♭ 1 | Si 4  Mi♭ 2  Sol 1 |

## E♭6

| P | PO | Ø | |
|---|----|---|---|
| Mi♭ 5  Sol 3  Si♭ 2  Dó 1 | Sol 5  Si♭ 3  Dó 2  Mi♭ 1 | Si♭ 5  Dó 4  Mi♭ 2  Sol 1 | Dó 5  Mi♭ 4  Sol 2  Si♭ 1 |

## E♭ 6/9

| PO | | | ♭ |
|----|---|---|---|
| Sol 5  Si♭ 4  Dó 3  Fá 1 | Si♭ 5  Dó 4  Fá 2  Sol 1 | Dó 5  Fá 3  Sol 2  Si♭ 1 | Fá 4  Sol 3  Si♭ 2  Dó 1 |

## E♭ (add9)

| PØ | O | ♭ | H |
|----|---|---|---|
| Sol 5  Si♭ 4  Fá 1 | Si♭ 5  Fá 2  Sol 1 | Fá 3  Sol 2  Si♭ 1 | Mi♭ 4  Fá 3  Sol 2  Si♭ 1 |

## E♭7M

| PO | H | ♭Ø | |
|----|---|-----|---|
| Mi♭ 5  Sol 4  Si♭ 2  Ré 1 | Sol 5  Si♭ 4  Ré 2  Mi♭ 1 | Si♭ 5  Ré 3  Mi♭ 2  Sol 1 | Ré 5  Mi♭ 4  Sol 2  Si♭ 1 |

## E♭7M (♯5)

| PO | | Ø | |
|----|---|---|---|
| Mi♭ 5  Sol 4  Si 2  Ré 1 | Sol 5  Si 3  Ré 2  Mi♭ 1 | Si 5  Ré 3  Mi♭ 2  Sol 1 | Ré 5  Mi♭ 4  Sol 2  Si 1 |

## E♭7M (6)

| P | O | | |
|---|---|---|---|
| Mi♭ 5  Sol 4  Dó 2  Ré 1 | Sol 5  Dó 3  Ré 2  Mi♭ 1 | Dó 4  Ré 3  Mi♭ 2  Sol 1 | Ré 5  Mi♭ 4  Sol 2  Dó 1 |

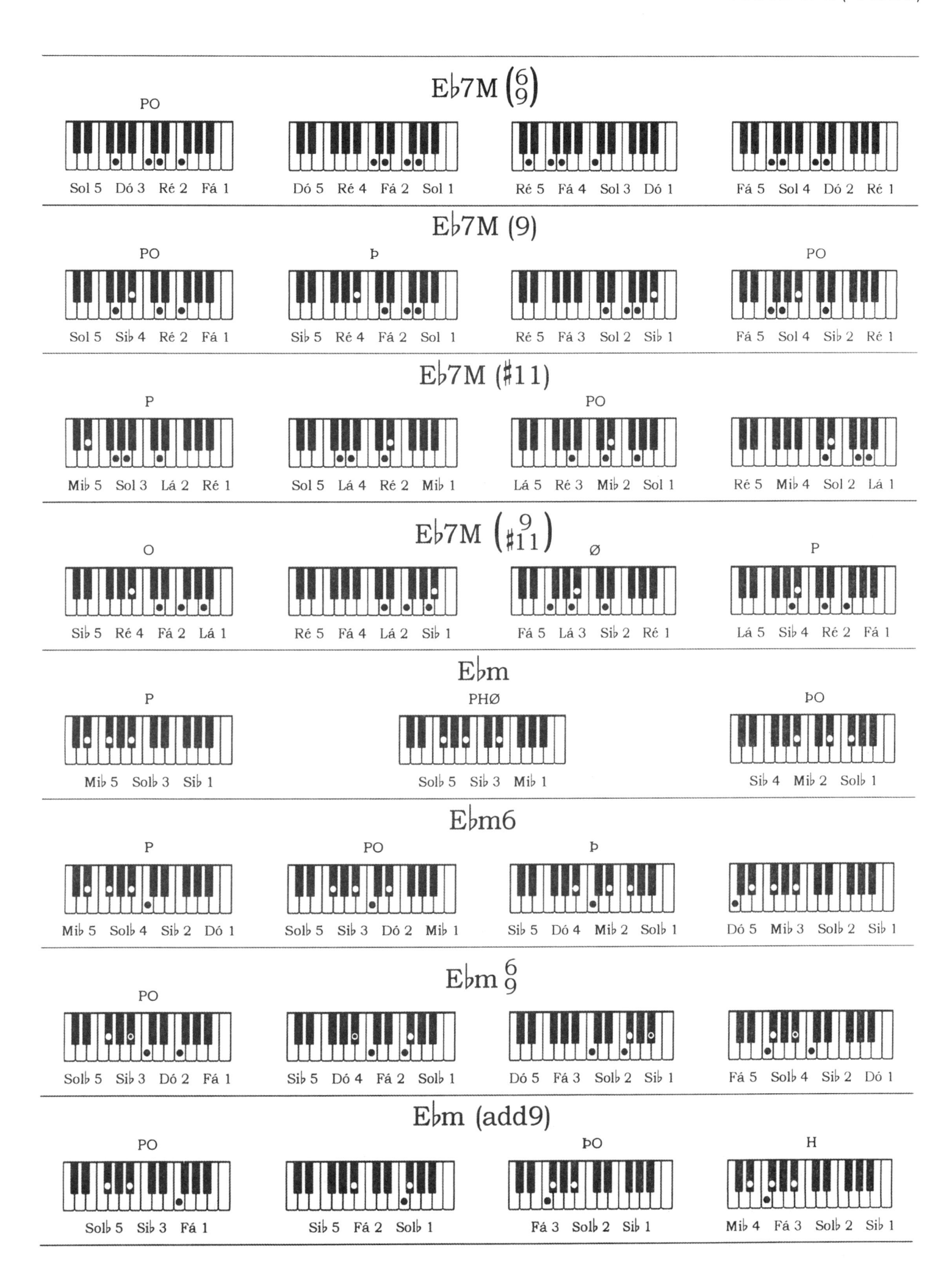

Acordes de E♭ (Mi bemol)

## E♭7M (6/9)

| PO | | | |
|---|---|---|---|
| Sol 5  Dó 3  Ré 2  Fá 1 | Dó 5  Ré 4  Fá 2  Sol 1 | Ré 5  Fá 4  Sol 3  Dó 1 | Fá 5  Sol 4  Dó 2  Ré 1 |

## E♭7M (9)

| PO | ♭ | | PO |
|---|---|---|---|
| Sol 5  Si♭ 4  Ré 2  Fá 1 | Si♭ 5  Ré 4  Fá 2  Sol 1 | Ré 5  Fá 3  Sol 2  Si♭ 1 | Fá 5  Sol 4  Si♭ 2  Ré 1 |

## E♭7M (♯11)

| P | | PO | |
|---|---|---|---|
| Mi♭ 5  Sol 3  Lá 2  Ré 1 | Sol 5  Lá 4  Ré 2  Mi♭ 1 | Lá 5  Ré 3  Mi♭ 2  Sol 1 | Ré 5  Mi♭ 4  Sol 2  Lá 1 |

## E♭7M (9/♯11)

| O | | Ø | P |
|---|---|---|---|
| Si♭ 5  Ré 4  Fá 2  Lá 1 | Ré 5  Fá 4  Lá 2  Si♭ 1 | Fá 5  Lá 3  Si♭ 2  Ré 1 | Lá 5  Si♭ 4  Ré 2  Fá 1 |

## E♭m

| P | PHØ | ♭O |
|---|---|---|
| Mi♭ 5  Sol♭ 3  Si♭ 1 | Sol♭ 5  Si♭ 3  Mi♭ 1 | Si♭ 4  Mi♭ 2  Sol♭ 1 |

## E♭m6

| P | PO | ♭ | |
|---|---|---|---|
| Mi♭ 5  Sol♭ 4  Si♭ 2  Dó 1 | Sol♭ 5  Si♭ 3  Dó 2  Mi♭ 1 | Si♭ 5  Dó 4  Mi♭ 2  Sol♭ 1 | Dó 5  Mi♭ 3  Sol♭ 2  Si♭ 1 |

## E♭m 6/9

| PO | | | |
|---|---|---|---|
| Sol♭ 5  Si♭ 3  Dó 2  Fá 1 | Si♭ 5  Dó 4  Fá 2  Sol♭ 1 | Dó 5  Fá 3  Sol♭ 2  Si♭ 1 | Fá 5  Sol♭ 4  Si♭ 2  Dó 1 |

## E♭m (add9)

| PO | | ♭O | H |
|---|---|---|---|
| Sol♭ 5  Si♭ 3  Fá 1 | Si♭ 5  Fá 2  Sol♭ 1 | Fá 3  Sol♭ 2  Si♭ 1 | Mi♭ 4  Fá 3  Sol♭ 2  Si♭ 1 |

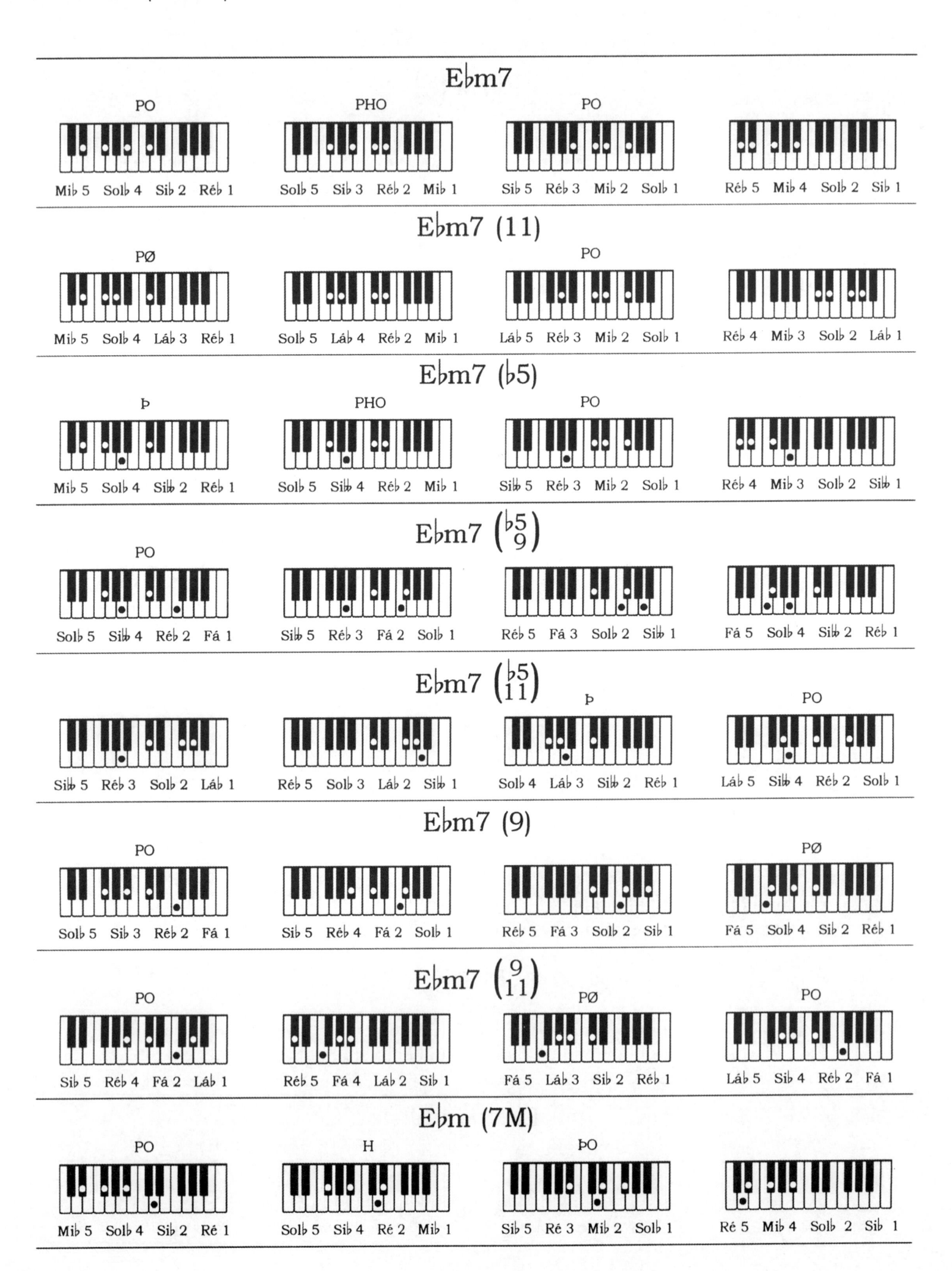

# Acordes de E♭ (Mi bemol)

## E♭m7

| PO | PHO | PO | |
|---|---|---|---|
| Mi♭ 5  Sol♭ 4  Si♭ 2  Ré♭ 1 | Sol♭ 5  Si♭ 3  Ré♭ 2  Mi♭ 1 | Si♭ 5  Ré♭ 3  Mi♭ 2  Sol♭ 1 | Ré♭ 5  Mi♭ 4  Sol♭ 2  Si♭ 1 |

## E♭m7 (11)

| PØ | | PO | |
|---|---|---|---|
| Mi♭ 5  Sol♭ 4  Lá♭ 3  Ré♭ 1 | Sol♭ 5  Lá♭ 4  Ré♭ 2  Mi♭ 1 | Lá♭ 5  Ré♭ 3  Mi♭ 2  Sol♭ 1 | Ré♭ 4  Mi♭ 3  Sol♭ 2  Lá♭ 1 |

## E♭m7 (♭5)

| ♭ | PHO | PO | |
|---|---|---|---|
| Mi♭ 5  Sol♭ 4  Si♭♭ 2  Ré♭ 1 | Sol♭ 5  Si♭♭ 4  Ré♭ 2  Mi♭ 1 | Si♭♭ 5  Ré♭ 3  Mi♭ 2  Sol♭ 1 | Ré♭ 4  Mi♭ 3  Sol♭ 2  Si♭♭ 1 |

## E♭m7 (♭5/9)

| PO | | | |
|---|---|---|---|
| Sol♭ 5  Si♭♭ 4  Ré♭ 2  Fá 1 | Si♭♭ 5  Ré♭ 3  Fá 2  Sol♭ 1 | Ré♭ 5  Fá 3  Sol♭ 2  Si♭♭ 1 | Fá 5  Sol♭ 4  Si♭♭ 2  Ré♭ 1 |

## E♭m7 (♭5/11)

| | | ♭ | PO |
|---|---|---|---|
| Si♭♭ 5  Ré♭ 3  Sol♭ 2  Lá♭ 1 | Ré♭ 5  Sol♭ 3  Lá♭ 2  Si♭♭ 1 | Sol♭ 4  Lá♭ 3  Si♭♭ 2  Ré♭ 1 | Lá♭ 5  Si♭♭ 4  Ré♭ 2  Sol♭ 1 |

## E♭m7 (9)

| PO | | | PØ |
|---|---|---|---|
| Sol♭ 5  Si♭ 3  Ré♭ 2  Fá 1 | Si♭ 5  Ré♭ 4  Fá 2  Sol♭ 1 | Ré♭ 5  Fá 3  Sol♭ 2  Si♭ 1 | Fá 5  Sol♭ 4  Si♭ 2  Ré♭ 1 |

## E♭m7 (9/11)

| PO | | PØ | PO |
|---|---|---|---|
| Si♭ 5  Ré♭ 4  Fá 2  Lá♭ 1 | Ré♭ 5  Fá 4  Lá♭ 2  Si♭ 1 | Fá 5  Lá♭ 3  Si♭ 2  Ré♭ 1 | Lá♭ 5  Si♭ 4  Ré♭ 2  Fá 1 |

## E♭m (7M)

| PO | H | ♭O | |
|---|---|---|---|
| Mi♭ 5  Sol♭ 4  Si♭ 2  Ré 1 | Sol♭ 5  Si♭ 4  Ré 2  Mi♭ 1 | Si♭ 5  Ré 3  Mi♭ 2  Sol♭ 1 | Ré 5  Mi♭ 4  Sol♭ 2  Si♭ 1 |

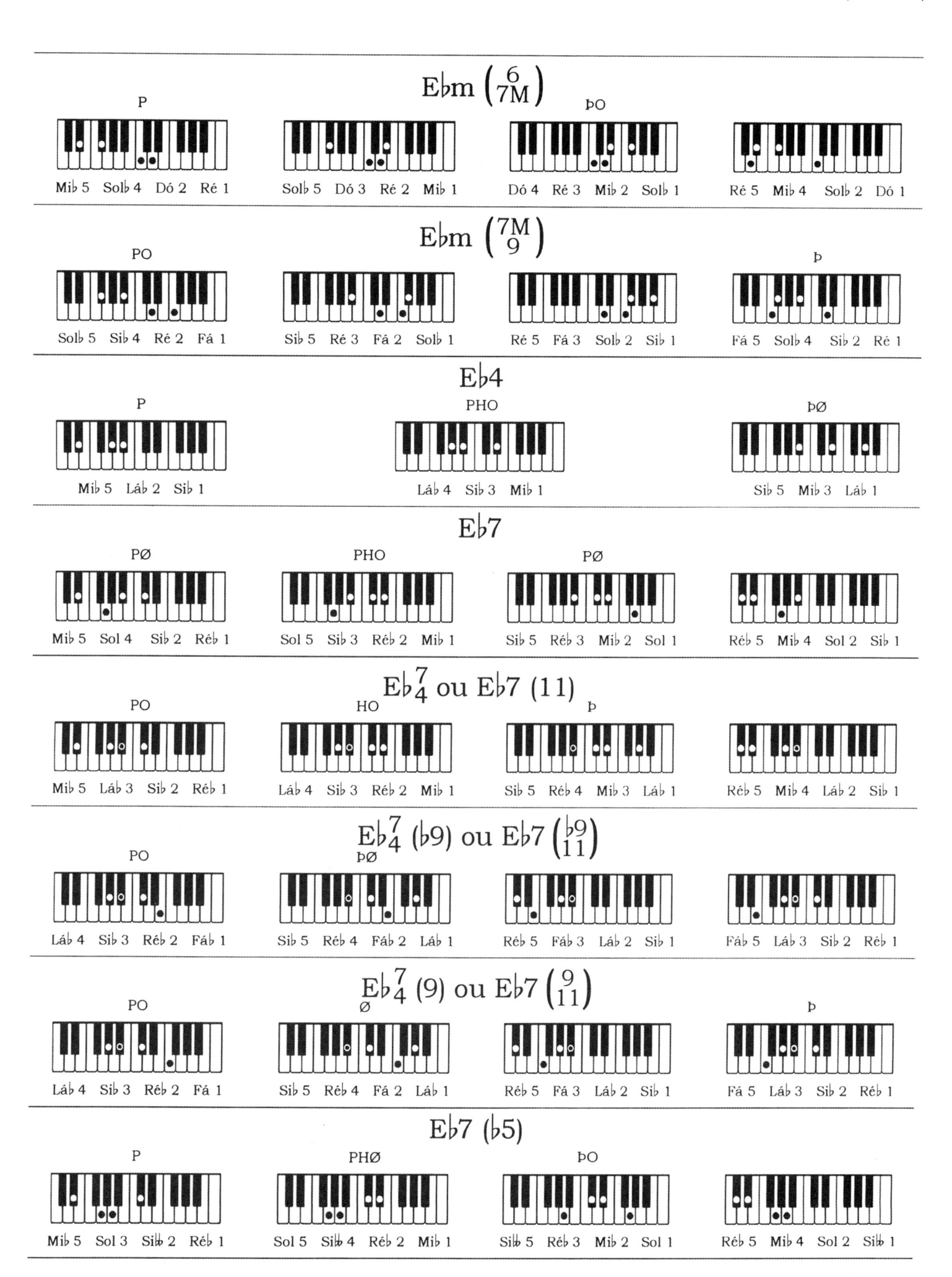

Acordes de E♭ (Mi bemol)

## E♭m (6/7M)

| P | | ♭O | |
|---|---|---|---|
| Mi♭ 5  Sol♭ 4  Dó 2  Ré 1 | Sol♭ 5  Dó 3  Ré 2  Mi♭ 1 | Dó 4  Ré 3  Mi♭ 2  Sol♭ 1 | Ré 5  Mi♭ 4  Sol♭ 2  Dó 1 |

## E♭m (7M/9)

| PO | | | ♭ |
|---|---|---|---|
| Sol♭ 5  Si♭ 4  Ré 2  Fá 1 | Si♭ 5  Ré 3  Fá 2  Sol♭ 1 | Ré 5  Fá 3  Sol♭ 2  Si♭ 1 | Fá 5  Sol♭ 4  Si♭ 2  Ré 1 |

## E♭4

| P | PHO | ♭O |
|---|---|---|
| Mi♭ 5  Lá♭ 2  Si♭ 1 | Lá♭ 4  Si♭ 3  Mi♭ 1 | Si♭ 5  Mi♭ 3  Lá♭ 1 |

## E♭7

| PØ | PHO | PØ | |
|---|---|---|---|
| Mi♭ 5  Sol 4  Si♭ 2  Ré♭ 1 | Sol 5  Si♭ 3  Ré♭ 2  Mi♭ 1 | Si♭ 5  Ré♭ 3  Mi♭ 2  Sol 1 | Ré♭ 5  Mi♭ 4  Sol 2  Si♭ 1 |

## E♭7/4 ou E♭7 (11)

| PO | HO | ♭ | |
|---|---|---|---|
| Mi♭ 5  Lá♭ 3  Si♭ 2  Ré♭ 1 | Lá♭ 4  Si♭ 3  Ré♭ 2  Mi♭ 1 | Si♭ 5  Ré♭ 4  Mi♭ 3  Lá♭ 1 | Ré♭ 5  Mi♭ 4  Lá♭ 2  Si♭ 1 |

## E♭7/4 (♭9) ou E♭7 (♭9/11)

| PO | ♭Ø | | |
|---|---|---|---|
| Lá♭ 4  Si♭ 3  Ré♭ 2  Fá♭ 1 | Si♭ 5  Ré♭ 4  Fá♭ 2  Lá♭ 1 | Ré♭ 5  Fá♭ 3  Lá♭ 2  Si♭ 1 | Fá♭ 5  Lá♭ 3  Si♭ 2  Ré♭ 1 |

## E♭7/4 (9) ou E♭7 (9/11)

| PO | | | ♭ |
|---|---|---|---|
| Lá♭ 4  Si♭ 3  Ré♭ 2  Fá 1 | Si♭ 5  Ré♭ 4  Fá 2  Lá♭ 1 | Ré♭ 5  Fá 3  Lá♭ 2  Si♭ 1 | Fá 5  Lá♭ 3  Si♭ 2  Ré♭ 1 |

## E♭7 (♭5)

| P | PHØ | ♭O | |
|---|---|---|---|
| Mi♭ 5  Sol 3  Si♭♭ 2  Ré♭ 1 | Sol 5  Si♭♭ 4  Ré♭ 2  Mi♭ 1 | Si♭♭ 5  Ré♭ 3  Mi♭ 2  Sol 1 | Ré♭ 5  Mi♭ 4  Sol 2  Si♭♭ 1 |

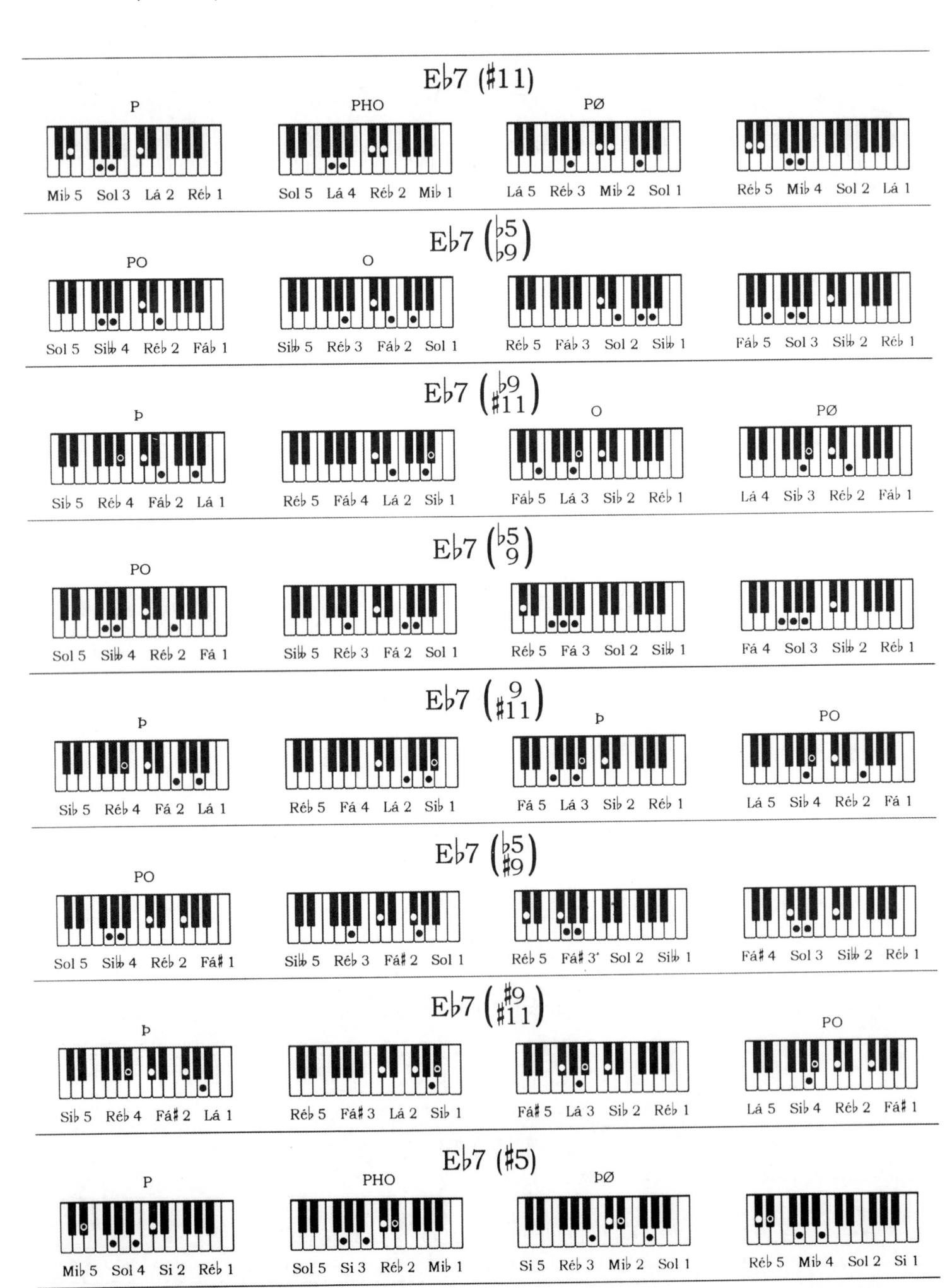

## Acordes de E♭ (Mi bemol)

### E♭7 (♯11)

| P | PHO | PØ | |
|---|---|---|---|
| Mi♭ 5  Sol 3  Lá 2  Ré♭ 1 | Sol 5  Lá 4  Ré♭ 2  Mi♭ 1 | Lá 5  Ré♭ 3  Mi♭ 2  Sol 1 | Ré♭ 5  Mi♭ 4  Sol 2  Lá 1 |

### E♭7 (♭5 ♭9)

| PO | O | | |
|---|---|---|---|
| Sol 5  Si♭♭ 4  Ré♭ 2  Fá♭ 1 | Si♭♭ 5  Ré♭ 3  Fá♭ 2  Sol 1 | Ré♭ 5  Fá♭ 3  Sol 2  Si♭♭ 1 | Fá♭ 5  Sol 3  Si♭♭ 2  Ré♭ 1 |

### E♭7 (♭9 ♯11)

| Þ | | O | PØ |
|---|---|---|---|
| Si♭ 5  Ré♭ 4  Fá♭ 2  Lá 1 | Ré♭ 5  Fá♭ 4  Lá 2  Si♭ 1 | Fá♭ 5  Lá 3  Si♭ 2  Ré♭ 1 | Lá 4  Si♭ 3  Ré♭ 2  Fá♭ 1 |

### E♭7 (♭5 9)

| PO | | | |
|---|---|---|---|
| Sol 5  Si♭♭ 4  Ré♭ 2  Fá 1 | Si♭♭ 5  Ré♭ 3  Fá 2  Sol 1 | Ré♭ 5  Fá 3  Sol 2  Si♭♭ 1 | Fá 4  Sol 3  Si♭♭ 2  Ré♭ 1 |

### E♭7 (9 ♯11)

| Þ | | Þ | PO |
|---|---|---|---|
| Si♭ 5  Ré♭ 4  Fá 2  Lá 1 | Ré♭ 5  Fá 4  Lá 2  Si♭ 1 | Fá 5  Lá 3  Si♭ 2  Ré♭ 1 | Lá 5  Si♭ 4  Ré♭ 2  Fá 1 |

### E♭7 (♭5 ♯9)

| PO | | | |
|---|---|---|---|
| Sol 5  Si♭♭ 4  Ré♭ 2  Fá♯ 1 | Si♭♭ 5  Ré♭ 3  Fá♯ 2  Sol 1 | Ré♭ 5  Fá♯ 3  Sol 2  Si♭♭ 1 | Fá♯ 4  Sol 3  Si♭♭ 2  Ré♭ 1 |

### E♭7 (♯9 ♯11)

| Þ | | | PO |
|---|---|---|---|
| Si♭ 5  Ré♭ 4  Fá♯ 2  Lá 1 | Ré♭ 5  Fá♯ 3  Lá 2  Si♭ 1 | Fá♯ 5  Lá 3  Si♭ 2  Ré♭ 1 | Lá 5  Si♭ 4  Ré♭ 2  Fá♯ 1 |

### E♭7 (♯5)

| P | PHO | ♭Ø | |
|---|---|---|---|
| Mi♭ 5  Sol 4  Si 2  Ré♭ 1 | Sol 5  Si 3  Ré♭ 2  Mi♭ 1 | Si 5  Ré♭ 3  Mi♭ 2  Sol 1 | Ré♭ 5  Mi♭ 4  Sol 2  Si 1 |

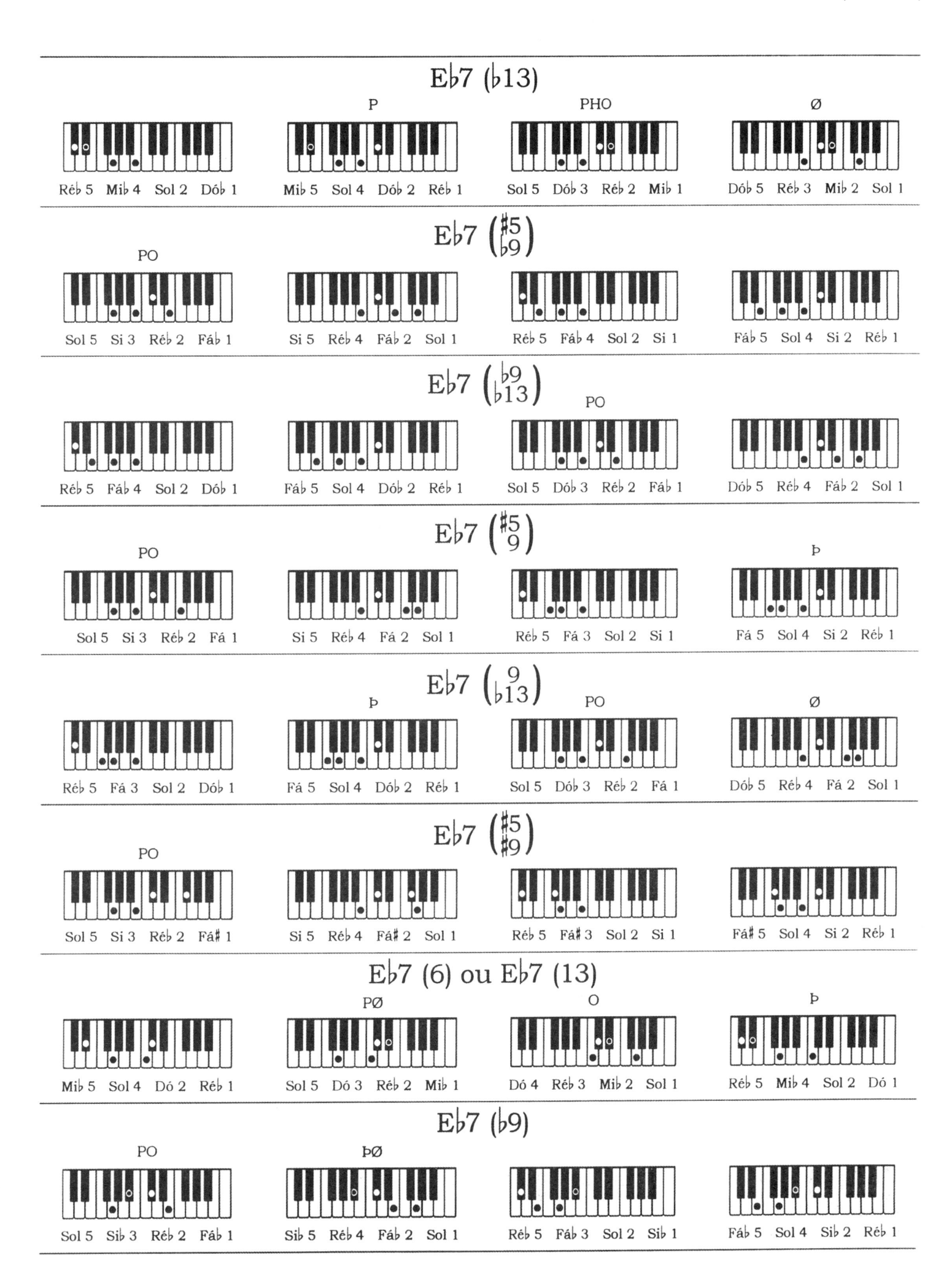

Acordes de E♭ (Mi bemol)

## E♭7 (♭13)

| | P | PHO | Ø |
|---|---|---|---|
| Ré♭ 5  Mi♭ 4  Sol 2  Dó♭ 1 | Mi♭ 5  Sol 4  Dó♭ 2  Ré♭ 1 | Sol 5  Dó♭ 3  Ré♭ 2  Mi♭ 1 | Dó♭ 5  Ré♭ 3  Mi♭ 2  Sol 1 |

## E♭7 ($^{\sharp 5}_{\flat 9}$)

| PO | | | |
|---|---|---|---|
| Sol 5  Si 3  Ré♭ 2  Fá♭ 1 | Si 5  Ré♭ 4  Fá♭ 2  Sol 1 | Ré♭ 5  Fá♭ 4  Sol 2  Si 1 | Fá♭ 5  Sol 4  Si 2  Ré♭ 1 |

## E♭7 ($^{\flat 9}_{\flat 13}$)

| | | PO | |
|---|---|---|---|
| Ré♭ 5  Fá♭ 4  Sol 2  Dó♭ 1 | Fá♭ 5  Sol 4  Dó♭ 2  Ré♭ 1 | Sol 5  Dó♭ 3  Ré♭ 2  Fá♭ 1 | Dó♭ 5  Ré♭ 4  Fá♭ 2  Sol 1 |

## E♭7 ($^{\sharp 5}_{9}$)

| PO | | | ♭ |
|---|---|---|---|
| Sol 5  Si 3  Ré♭ 2  Fá 1 | Si 5  Ré♭ 4  Fá 2  Sol 1 | Ré♭ 5  Fá 3  Sol 2  Si 1 | Fá 5  Sol 4  Si 2  Ré♭ 1 |

## E♭7 ($^{9}_{\flat 13}$)

| | ♭ | PO | Ø |
|---|---|---|---|
| Ré♭ 5  Fá 3  Sol 2  Dó♭ 1 | Fá 5  Sol 4  Dó♭ 2  Ré♭ 1 | Sol 5  Dó♭ 3  Ré♭ 2  Fá 1 | Dó♭ 5  Ré♭ 4  Fá 2  Sol 1 |

## E♭7 ($^{\sharp 5}_{\sharp 9}$)

| PO | | | |
|---|---|---|---|
| Sol 5  Si 3  Ré♭ 2  Fá♯ 1 | Si 5  Ré♭ 4  Fá♯ 2  Sol 1 | Ré♭ 5  Fá♯ 3  Sol 2  Si 1 | Fá♯ 5  Sol 4  Si 2  Ré♭ 1 |

## E♭7 (6) ou E♭7 (13)

| | PØ | O | ♭ |
|---|---|---|---|
| Mi♭ 5  Sol 4  Dó 2  Ré♭ 1 | Sol 5  Dó 3  Ré♭ 2  Mi♭ 1 | Dó 4  Ré♭ 3  Mi♭ 2  Sol 1 | Ré♭ 5  Mi♭ 4  Sol 2  Dó 1 |

## E♭7 (♭9)

| PO | ♭Ø | | |
|---|---|---|---|
| Sol 5  Si♭ 3  Ré♭ 2  Fá♭ 1 | Si♭ 5  Ré♭ 4  Fá♭ 2  Sol 1 | Ré♭ 5  Fá♭ 3  Sol 2  Si♭ 1 | Fá♭ 5  Sol 4  Si♭ 2  Ré♭ 1 |

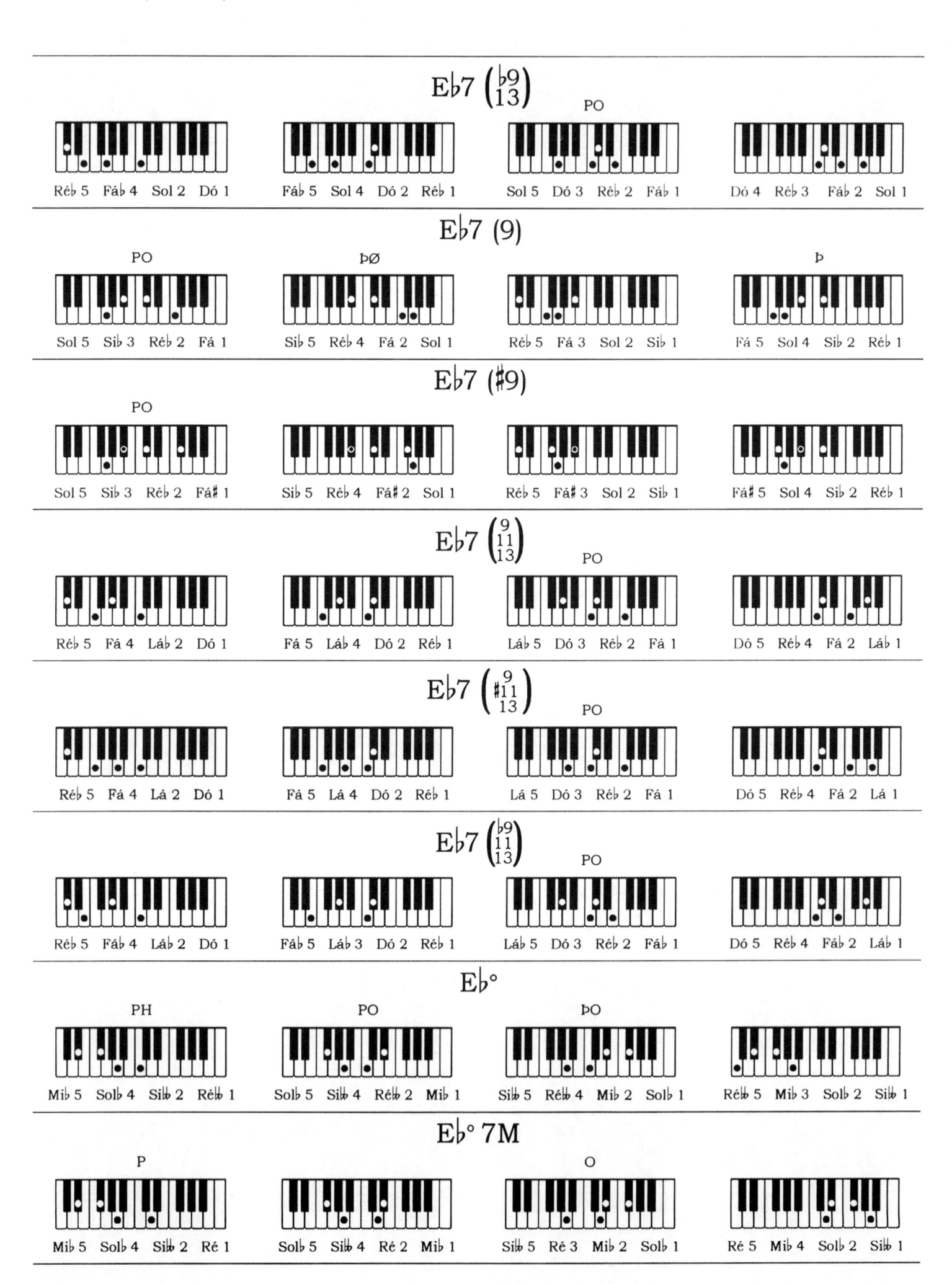

## Acordes de E♭ (Mi bemol)

### E♭7 (♭9/13)

| Réb 5 Fáb 4 Sol 2 Dó 1 | Fáb 5 Sol 4 Dó 2 Réb 1 | **PO** — Sol 5 Dó 3 Réb 2 Fáb 1 | Dó 4 Réb 3 Fáb 2 Sol 1 |

### E♭7 (9)

| **PO** — Sol 5 Sib 3 Réb 2 Fá 1 | **♭Ø** — Sib 5 Réb 4 Fá 2 Sol 1 | Réb 5 Fá 3 Sol 2 Sib 1 | **♭** — Fá 5 Sol 4 Sib 2 Réb 1 |

### E♭7 (♯9)

| **PO** — Sol 5 Sib 3 Réb 2 Fá♯ 1 | Sib 5 Réb 4 Fá♯ 2 Sol 1 | Réb 5 Fá♯ 3 Sol 2 Sib 1 | Fá♯ 5 Sol 4 Sib 2 Réb 1 |

### E♭7 (9/11/13)

| Réb 5 Fá 4 Láb 2 Dó 1 | Fá 5 Láb 4 Dó 2 Réb 1 | **PO** — Láb 5 Dó 3 Réb 2 Fá 1 | Dó 5 Réb 4 Fá 2 Láb 1 |

### E♭7 (♯9/11/13)

| Réb 5 Fá 4 Lá 2 Dó 1 | Fá 5 Lá 4 Dó 2 Réb 1 | **PO** — Lá 5 Dó 3 Réb 2 Fá 1 | Dó 5 Réb 4 Fá 2 Lá 1 |

### E♭7 (♭9/11/13)

| Réb 5 Fáb 4 Láb 2 Dó 1 | Fáb 5 Láb 3 Dó 2 Réb 1 | **PO** — Láb 5 Dó 3 Réb 2 Fáb 1 | Dó 5 Réb 4 Fáb 2 Láb 1 |

### E♭°

| **PH** — Mib 5 Solb 4 Sib 2 Rébb 1 | **PO** — Solb 5 Sib 4 Rébb 2 Mib 1 | **♭O** — Sib 5 Rébb 4 Mib 2 Solb 1 | Rébb 5 Mib 3 Solb 2 Sib 1 |

### E♭° 7M

| **P** — Mib 5 Solb 4 Sib 2 Ré 1 | Solb 5 Sib 4 Ré 2 Mib 1 | **O** — Sib 5 Ré 3 Mib 2 Solb 1 | Ré 5 Mib 4 Solb 2 Sib 1 |

# Acordes de E (Mi)

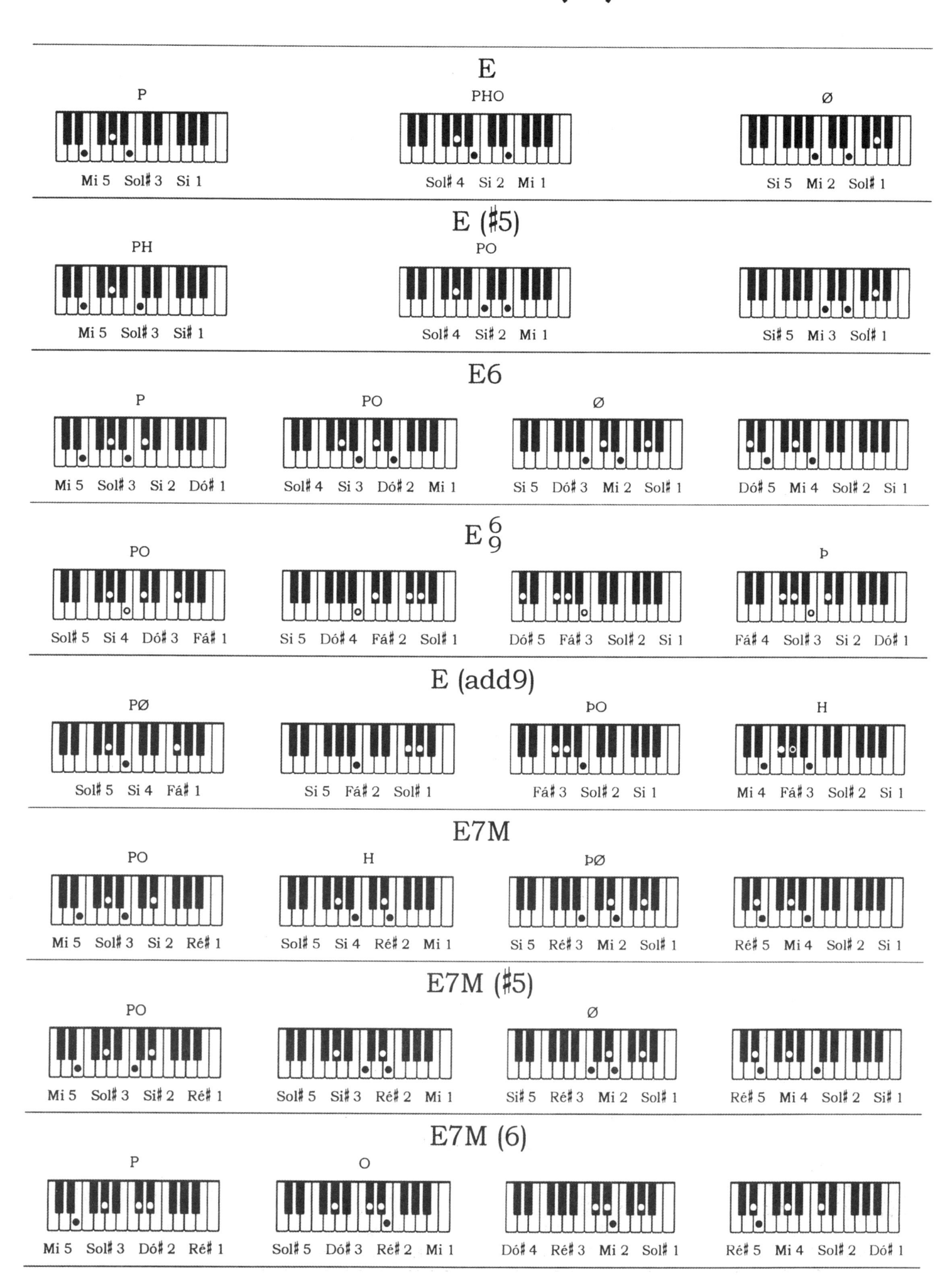

## E

| P | PHO | Ø |
|---|---|---|
| Mi 5  Sol# 3  Si 1 | Sol# 4  Si 2  Mi 1 | Si 5  Mi 2  Sol# 1 |

## E (#5)

| PH | PO | |
|---|---|---|
| Mi 5  Sol# 3  Si# 1 | Sol# 4  Si# 2  Mi 1 | Si# 5  Mi 3  Sol# 1 |

## E6

| P | PO | Ø | |
|---|---|---|---|
| Mi 5  Sol# 3  Si 2  Dó# 1 | Sol# 4  Si 3  Dó# 2  Mi 1 | Si 5  Dó# 3  Mi 2  Sol# 1 | Dó# 5  Mi 4  Sol# 2  Si 1 |

## E 6/9

| PO | | | Þ |
|---|---|---|---|
| Sol# 5  Si 4  Dó# 3  Fá# 1 | Si 5  Dó# 4  Fá# 2  Sol# 1 | Dó# 5  Fá# 3  Sol# 2  Si 1 | Fá# 4  Sol# 3  Si 2  Dó# 1 |

## E (add9)

| PØ | | ÞO | H |
|---|---|---|---|
| Sol# 5  Si 4  Fá# 1 | Si 5  Fá# 2  Sol# 1 | Fá# 3  Sol# 2  Si 1 | Mi 4  Fá# 3  Sol# 2  Si 1 |

## E7M

| PO | H | ÞØ | |
|---|---|---|---|
| Mi 5  Sol# 3  Si 2  Ré# 1 | Sol# 5  Si 4  Ré# 2  Mi 1 | Si 5  Ré# 3  Mi 2  Sol# 1 | Ré# 5  Mi 4  Sol# 2  Si 1 |

## E7M (#5)

| PO | | Ø | |
|---|---|---|---|
| Mi 5  Sol# 3  Si# 2  Ré# 1 | Sol# 5  Si# 3  Ré# 2  Mi 1 | Si# 5  Ré# 3  Mi 2  Sol# 1 | Ré# 5  Mi 4  Sol# 2  Si# 1 |

## E7M (6)

| P | O | | |
|---|---|---|---|
| Mi 5  Sol# 3  Dó# 2  Ré# 1 | Sol# 5  Dó# 3  Ré# 2  Mi 1 | Dó# 4  Ré# 3  Mi 2  Sol# 1 | Ré# 5  Mi 4  Sol# 2  Dó# 1 |

## Acordes de E (Mi)

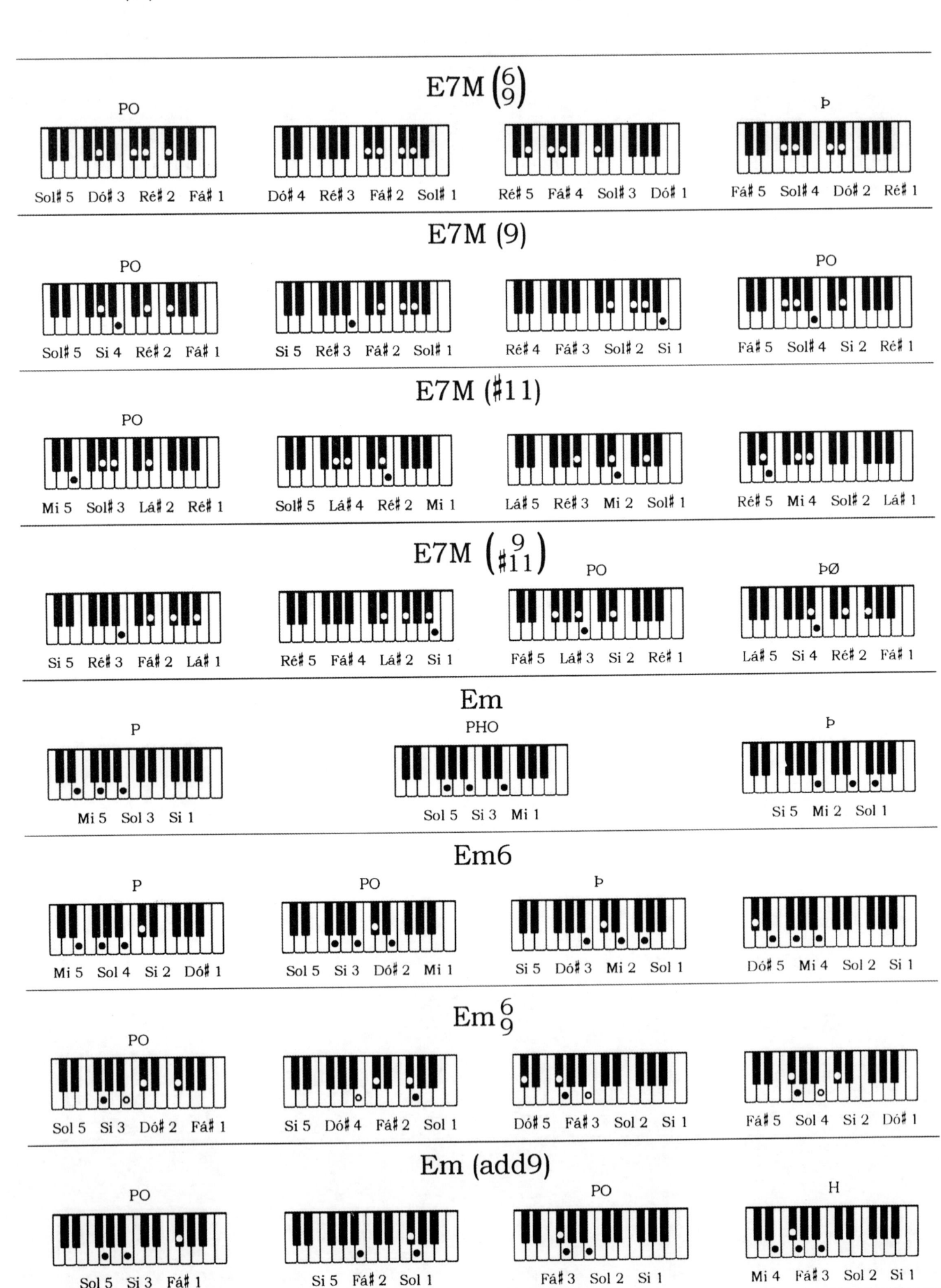

### E7M $\binom{6}{9}$

PO — Sol#5 Dó#3 Ré#2 Fá#1
Dó#4 Ré#3 Fá#2 Sol#1
Ré#5 Fá#4 Sol#3 Dó#1
♭ — Fá#5 Sol#4 Dó#2 Ré#1

### E7M (9)

PO — Sol#5 Si4 Ré#2 Fá#1
Si5 Ré#3 Fá#2 Sol#1
Ré#4 Fá#3 Sol#2 Si1
PO — Fá#5 Sol#4 Si2 Ré#1

### E7M (#11)

PO — Mi5 Sol#3 Lá#2 Ré#1
Sol#5 Lá#4 Ré#2 Mi1
Lá#5 Ré#3 Mi2 Sol#1
Ré#5 Mi4 Sol#2 Lá#1

### E7M $\binom{9}{\#11}$

Si5 Ré#3 Fá#2 Lá#1
Ré#5 Fá#4 Lá#2 Si1
PO — Fá#5 Lá#3 Si2 Ré#1
♭∅ — Lá#5 Si4 Ré#2 Fá#1

### Em

P — Mi5 Sol3 Si1
PHO — Sol5 Si3 Mi1
♭ — Si5 Mi2 Sol1

### Em6

P — Mi5 Sol4 Si2 Dó#1
PO — Sol5 Si3 Dó#2 Mi1
♭ — Si5 Dó#3 Mi2 Sol1
Dó#5 Mi4 Sol2 Si1

### Em $\binom{6}{9}$

PO — Sol5 Si3 Dó#2 Fá#1
Si5 Dó#4 Fá#2 Sol1
Dó#5 Fá#3 Sol2 Si1
Fá#5 Sol4 Si2 Dó#1

### Em (add9)

PO — Sol5 Si3 Fá#1
PO — Si5 Fá#2 Sol1
Fá#3 Sol2 Si1
H — Mi4 Fá#3 Sol2 Si1

## Acordes de E (Mi)

### Em7

| PO | PHO | Þ | |
|---|---|---|---|
| Mi 5  Sol 4  Si 2  Ré 1 | Sol 5  Si 4  Ré 2  Mi 1 | Si 5  Ré 3  Mi 2  Sol 1 | Ré 5  Mi 4  Sol 2  Si 1 |

### Em7 (11)

| PØ | | ÞO | |
|---|---|---|---|
| Mi 5  Sol 4  Lá 3  Ré 1 | Sol 5  Lá 4  Ré 2  Mi 1 | Lá 5  Ré 3  Mi 2  Sol 1 | Ré 5  Mi 4  Sol 2  Lá 1 |

### Em7 (♭5)

| PO | PHO | P | |
|---|---|---|---|
| Mi 5  Sol 4  Si♭ 2  Ré 1 | Sol 5  Si♭ 4  Ré 2  Mi 1 | Si♭ 5  Ré 3  Mi 2  Sol 1 | Ré 5  Mi 4  Sol 2  Si♭ 1 |

### Em7 (♭5 / 9)

| PO | | | Þ |
|---|---|---|---|
| Sol 5  Si♭ 3  Ré 2  Fá♯ 1 | Si♭ 5  Ré 4  Fá♯ 2  Sol 1 | Ré 5  Fá♯ 3  Sol 2  Si♭ 1 | Fá♯ 5  Sol 4  Si♭ 2  Ré 1 |

### Em7 (♭5 / 11)

| | | P | ÞO |
|---|---|---|---|
| Si♭ 5  Ré 4  Sol 2  Lá 1 | Ré 5  Sol 3  Lá 2  Si♭ 1 | Sol 4  Lá 3  Si♭ 2  Ré 1 | Lá 5  Si♭ 4  Ré 2  Sol 1 |

### Em7 (9)

| PO | | | PØ |
|---|---|---|---|
| Sol 5  Si 3  Ré 2  Fá♯ 1 | Si 5  Ré 4  Fá♯ 2  Sol 1 | Ré 5  Fá♯ 3  Sol 2  Si 1 | Fá♯ 5  Sol 4  Si 2  Ré 1 |

### Em7 (9 / 11)

| Þ | | PO | PO |
|---|---|---|---|
| Si 5  Ré 4  Fá♯ 2  Lá 1 | Ré 5  Fá♯ 3  Lá 2  Si 1 | Fá♯ 5  Lá 3  Si 2  Ré 1 | Lá 5  Si 4  Ré 2  Fá♯ 1 |

### Em (7M)

| PO | H | O | |
|---|---|---|---|
| Mi 5  Sol 4  Si 2  Ré♯ 1 | Sol 5  Si 4  Ré♯ 2  Mi 1 | Si 5  Ré♯ 3  Mi 2  Sol 1 | Ré♯ 5  Mi 4  Sol 2  Si 1 |

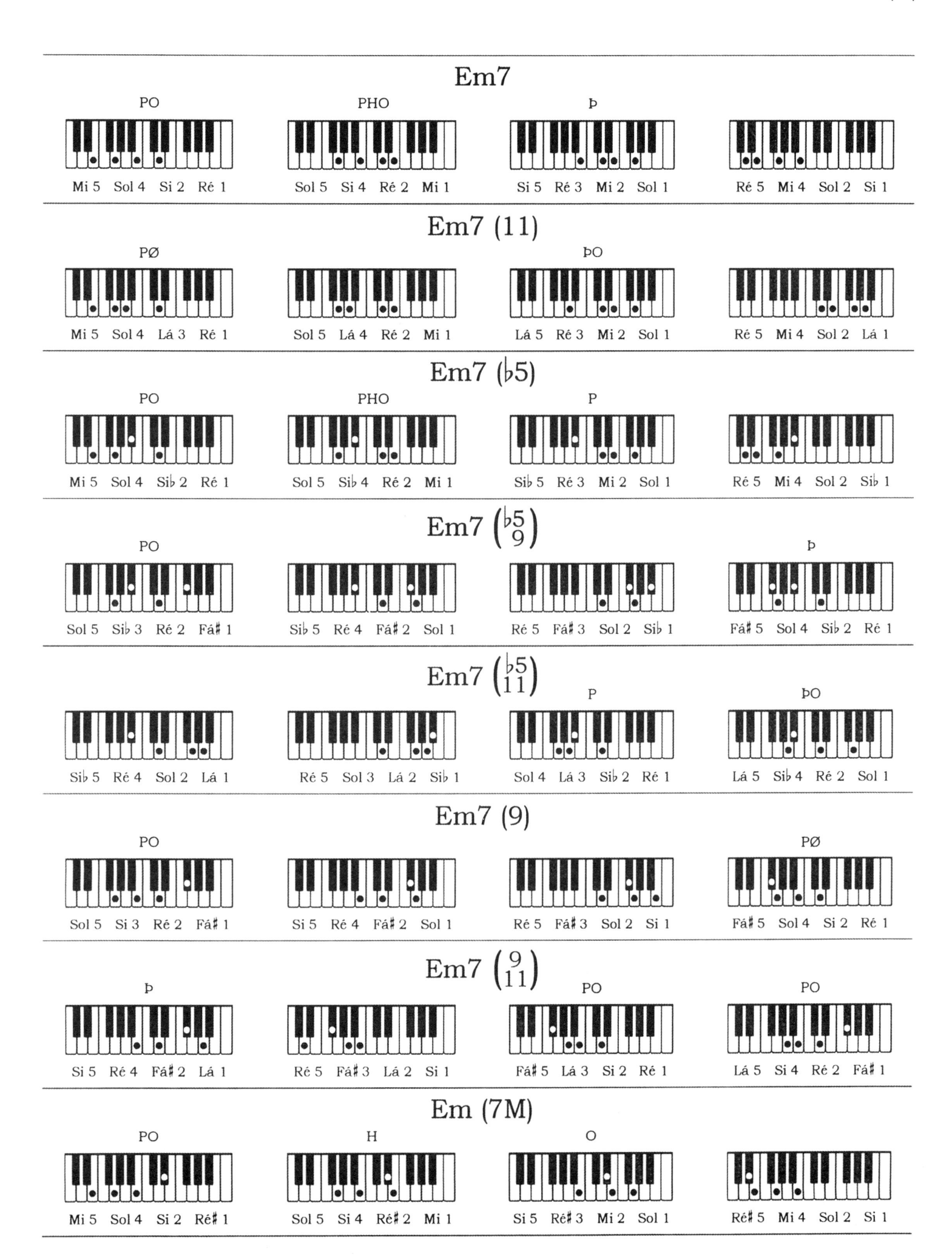

## Acordes de E (Mi)

### Em $\binom{6}{7M}$

| PO | ♭ | | |
|---|---|---|---|
| Mi 5  Sol 4  Dó#2  Ré#1 | Sol 5  Dó#3  Ré 2  Mi 1 | Dó#4  Ré 3  Mi 2  Sol 1 | Ré#5  Mi 4  Sol 2  Dó#1 |

### Em $\binom{7M}{9}$

| PO | | | ♭Ø |
|---|---|---|---|
| Sol 5  Si 3  Ré#2  Fá#1 | Si 5  Ré#3  Fá#2  Sol 1 | Ré#4  Fá#3  Sol 2  Si 1 | Fá#5  Sol 4  Si 2  Ré#1 |

### E4

| PØ | PHO | | ♭ |
|---|---|---|---|
| Mi 5  Lá 2  Si 1 | Lá 4  Si 3  Mi 1 | | Si 5  Mi 3  Lá 1 |

### E7

| PØ | PHO | PØ | |
|---|---|---|---|
| Mi 5  Sol#3  Si 2  Ré 1 | Sol#5  Si 4  Ré 2  Mi 1 | Si 5  Ré 3  Mi 2  Sol#1 | Ré 5  Mi 4  Sol#2  Si 1 |

### $E_4^7$ ou E7 (11)

| PO | HØ | | |
|---|---|---|---|
| Mi 5  Lá 3  Si 2  Ré 1 | Lá 5  Si 4  Ré 2  Mi 1 | Si 5  Ré 4  Mi 3  Lá 1 | Ré 5  Mi 4  Lá 2  Si 1 |

### $E_4^7$ (♭9) ou E7 $\binom{♭9}{11}$

| PO | | | ♭Ø |
|---|---|---|---|
| Lá 5  Si 4  Ré 2  Fá 1 | Si 5  Ré 4  Fá 2  Lá 1 | Ré 5  Fá 3  Lá 2  Si 1 | Fá 5  Lá 3  Si 2  Ré 1 |

### $E_4^7$ (9) ou E7 $\binom{9}{11}$

| PO | | | PØ |
|---|---|---|---|
| Lá 5  Si 4  Ré 2  Fá#1 | Si 5  Ré 4  Fá#2  Lá 1 | Ré 5  Fá#3  Lá 2  Si 1 | Fá#5  Lá 3  Si 2  Ré 1 |

### E7 (♭5)

| PO | PHO | ♭ | |
|---|---|---|---|
| Mi 5  Sol#3  Si♭2  Ré 1 | Sol#5  Si♭4  Ré 2  Mi 1 | Si♭5  Ré 3  Mi 2  Sol#1 | Ré 5  Mi 4  Sol#2  Si♭1 |

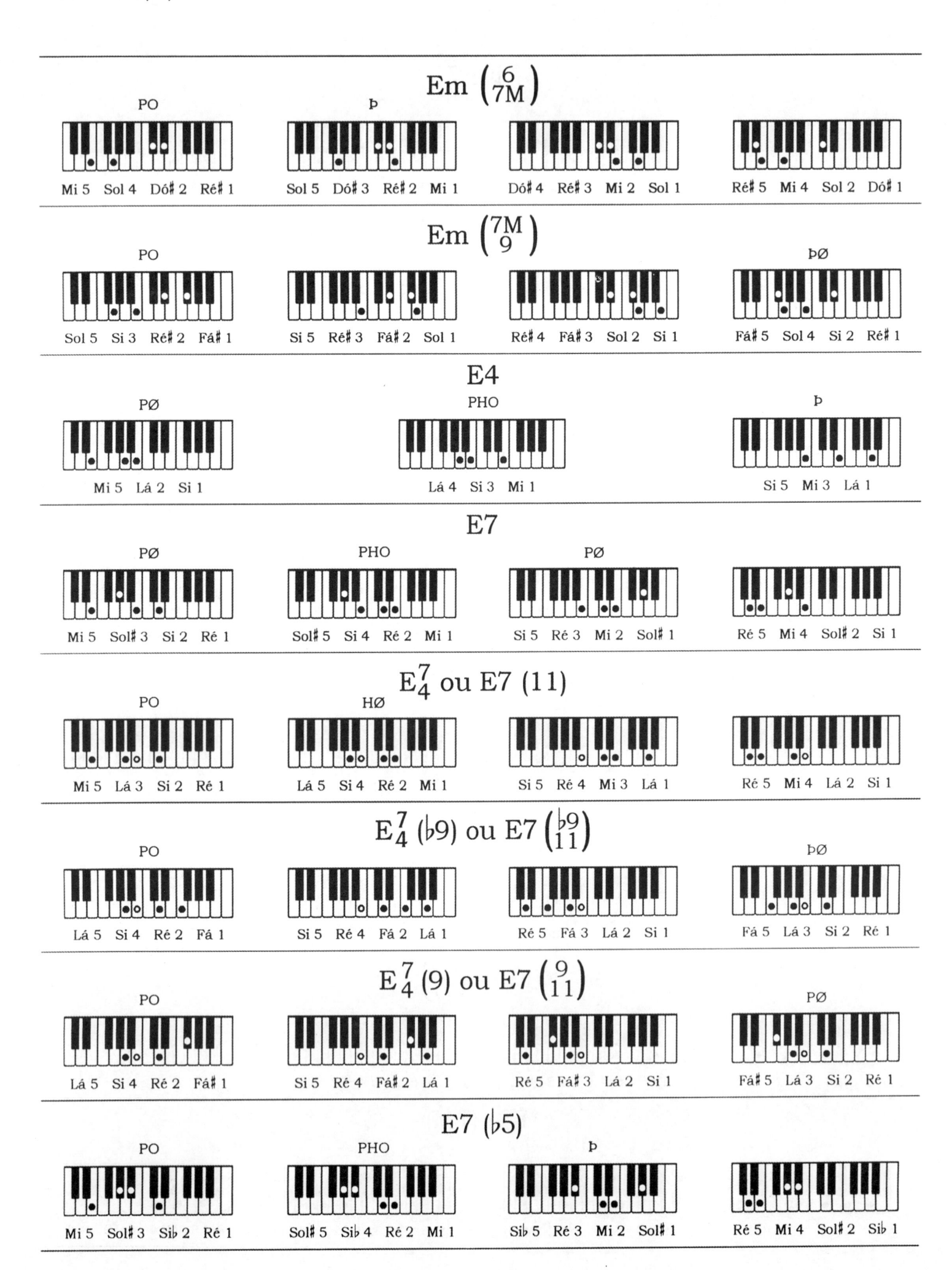

Acordes de E (Mi)

## E7 (♯11)

| P | PHO | ÞO | |
|---|---|---|---|
| Mi 5  Sol♯ 3  Lá♯ 2  Ré 1 | Sol♯ 5  Lá 4  Ré 2  Mi 1 | Lá♯ 5  Ré 3  Mi 2  Sol♯ 1 | Ré 5  Mi 4  Sol♯ 2  Lá♯ 1 |

## E7 (♭5 / ♭9)

| PO | Ø | | ÞØ |
|---|---|---|---|
| Sol♯ 5  Si♭ 4  Ré 2  Fá 1 | Si♭ 5  Ré 4  Fá 2  Sol♯ 1 | Ré 5  Fá 3  Sol♯ 2  Si♭ 1 | Fá 5  Sol♯ 3  Si♭ 2  Ré 1 |

## E7 (♭9 / ♯11)

| Þ | | Ø | PO |
|---|---|---|---|
| Si 5  Ré 4  Fá 2  Lá 1 | Ré 5  Fá 4  Lá♯ 2  Si 1 | Fá 5  Lá♯ 3  Si 2  Ré 1 | Lá♯ 5  Si 4  Ré 2  Fá 1 |

## E7 (♭5 / 9)

| PO | | | |
|---|---|---|---|
| Sol♯ 5  Si♭ 4  Ré 2  Fá♯ 1 | Si♭ 5  Ré 4  Fá♯ 2  Sol♯ 1 | Ré 5  Fá♯ 3  Sol♯ 2  Si♭ 1 | Fá♯ 4  Sol♯ 3  Si♭ 2  Ré 1 |

## E7 (9 / ♯11)

| | | PO | ÞØ |
|---|---|---|---|
| Si 5  Ré 4  Fá♯ 2  Lá 1 | Ré 5  Fá♯ 3  Lá♯ 2  Si 1 | Fá♯ 5  Lá♯ 3  Si 2  Ré 1 | Lá♯ 5  Si 4  Ré 2  Fá♯ 1 |

## E7 (♭5 / ♯9)

| O | | | P |
|---|---|---|---|
| Sol♯ 5  Si♭ 4  Ré 2  Fá𝄪 1 | Si♭ 5  Ré 4  Fá𝄪 2  Sol♯ 1 | Ré 5  Fá𝄪 3  Sol♯ 2  Si♭ 1 | Fá𝄪 4  Sol♯ 3  Si♭ 2  Ré 1 |

## E7 (♯9 / ♯11)

| | | PO | O |
|---|---|---|---|
| Si 5  Ré 4  Fá𝄪 2  Lá♯ 1 | Ré 5  Fá𝄪 3  Lá♯ 2  Si 1 | Fá𝄪 4  Lá♯ 3  Si 2  Ré 1 | Lá♯ 5  Si 4  Ré 2  Fá𝄪 1 |

## E7 (♯5)

| PO | PHØ | | |
|---|---|---|---|
| Mi 5  Sol♯ 3  Si♯ 2  Ré 1 | Sol♯ 5  Si♯ 3  Ré 2  Mi 1 | Si♯ 4  Ré 3  Mi 2  Sol♯ 1 | Ré 5  Mi 4  Sol♯ 2  Si♯ 1 |

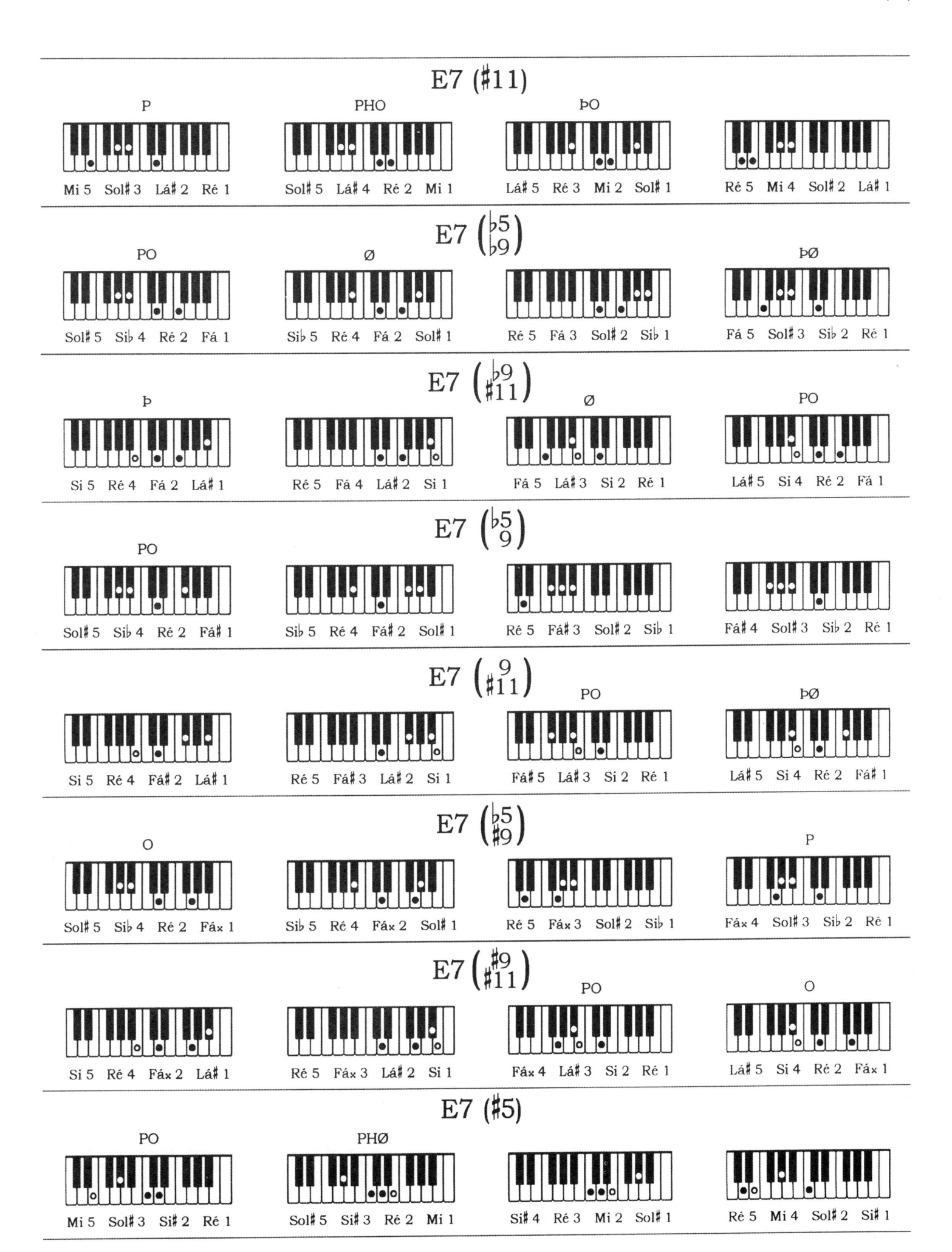

## Acordes de E (Mi)

### E7 (♭13)

| O | PØ | PH | |
|---|---|---|---|
| Ré 5  Mi 4  Sol# 2  Dó 1 | Mi 5  Sol# 3  Dó 2  Ré 1 | Sol# 5  Dó 3  Ré 2  Mi 1 | Dó 4  Ré 3  Mi 2  Sol# 1 |

### E7 (#5 ♭9)

| PO | | | PØ |
|---|---|---|---|
| Sol# 5  Si# 3  Ré 2  Fá 1 | Si# 5  Ré 4  Fá 2  Sol# 1 | Ré 5  Fá 4  Sol# 2  Si# 1 | Fá 5  Sol# 4  Si# 2  Ré 1 |

### E7 (♭9 ♭13)

| | P | PO | |
|---|---|---|---|
| Ré 5  Fá 4  Sol# 2  Dó 1 | Fá 5  Sol# 4  Dó 2  Ré 1 | Sol# 5  Dó 3  Ré 2  Fá 1 | Dó 5  Ré 4  Fá 2  Sol# 1 |

### E7 (#5 9)

| PO | | | PØ |
|---|---|---|---|
| Sol# 5  Si# 3  Ré 2  Fá# 1 | Si# 5  Ré 4  Fá# 2  Sol# 1 | Ré 5  Fá# 3  Sol# 2  Si# 1 | Fá# 5  Sol# 4  Si# 2  Ré 1 |

### E7 (9 ♭13)

| | PO | PO | |
|---|---|---|---|
| Ré 5  Fá# 3  Sol# 2  Dó 1 | Fá# 5  Sol# 4  Dó 2  Ré 1 | Sol# 5  Dó 3  Ré 2  Fá# 1 | Dó 5  Ré 4  Fá# 2  Sol# 1 |

### E7 (#5 #9)

| PO | | | ♭ |
|---|---|---|---|
| Sol# 5  Si# 4  Ré 3  Fá× 1 | Si# 5  Ré 4  Fá× 2  Sol# 1 | Ré 5  Fá× 3  Sol# 2  Si# 1 | Fá× 5  Sol# 4  Si# 2  Ré 1 |

### E7 (6) ou E7 (13)

| | P | | ♭O |
|---|---|---|---|
| Mi 5  Sol# 3  Dó# 2  Ré 1 | Sol# 5  Dó# 3  Ré 2  Mi 1 | Dó# 4  Ré 3  Mi 2  Sol# 1 | Ré 5  Mi 4  Sol# 2  Dó# 1 |

### E7 (♭9)

| PO | ♭ | | PØ |
|---|---|---|---|
| Sol# 5  Si 4  Ré 2  Fá 1 | Si 5  Ré 4  Fá 2  Sol# 1 | Ré 5  Fá 3  Sol# 2  Si 1 | Fá 5  Sol# 4  Si 2  Ré 1 |

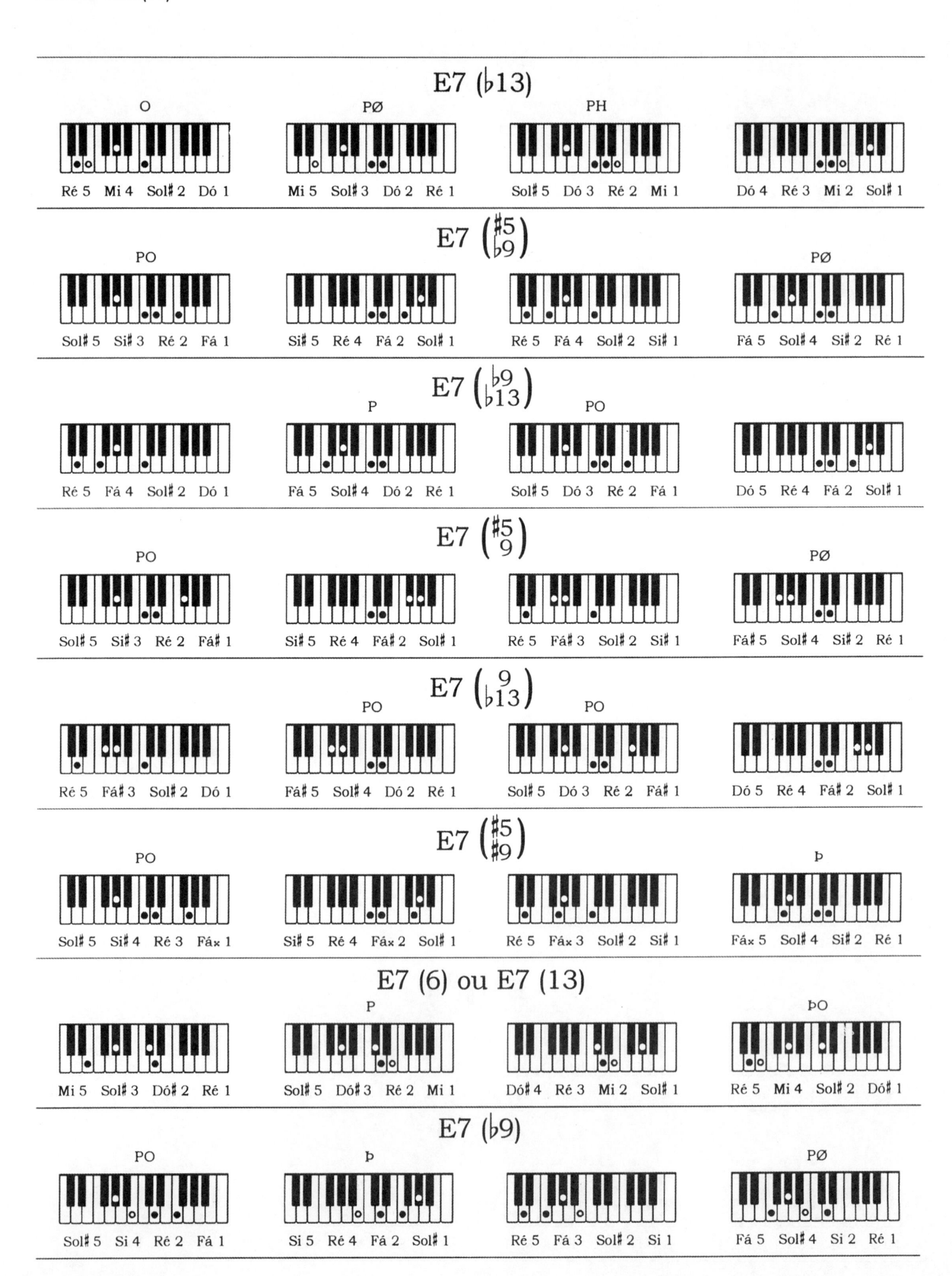

# Acordes de E (Mi)

## E7 (♭9/13)

| | PO | |
|---|---|---|---|
| Ré 5  Fá 4  Sol# 2  Dó# 1 | Fá 5  Sol# 4  Dó 2  Ré 1 | Sol# 5  Dó 3  Ré 2  Fá 1 | Dó# 5  Ré 4  Fá 2  Sol# 1 |

## E7 (9)

| PO | | | ♭Ø |
|---|---|---|---|
| Sol# 5  Si 4  Ré 2  Fá# 1 | Si 5  Ré 4  Fá# 2  Sol# 1 | Ré 5  Fá# 3  Sol# 2  Si 1 | Fá# 4  Sol# 3  Si 2  Ré 1 |

## E7 (#9)

| PO | | | |
|---|---|---|---|
| Sol# 5  Si 4  Ré 2  Fáx 1 | Si 5  Ré 4  Fáx 2  Sol# 1 | Ré 5  Fáx 3  Sol# 2  Si 1 | Fáx 4  Sol# 3  Si 2  Ré 1 |

## E7 (9/11/13)

| Ø | P | PO | |
|---|---|---|---|
| Ré 5  Fá# 3  Lá 2  Dó# 1 | Fá# 5  Lá 4  Dó# 2  Ré 1 | Lá 5  Dó# 3  Ré 2  Fá# 1 | Dó# 5  Ré 4  Fá# 2  Lá 1 |

## E7 (#9/11/13)

| | | PO | |
|---|---|---|---|
| Ré 5  Fá# 3  Lá# 2  Dó# 1 | Fá# 5  Lá# 3  Dó# 2  Ré 1 | Lá# 5  Dó# 3  Ré 2  Fá# 1 | Dó# 5  Ré 4  Fá# 2  Lá# 1 |

## E7 (♭9/11/13)

| | | PO | |
|---|---|---|---|
| Ré 5  Fá 4  Lá 2  Dó# 1 | Fá 5  Lá 4  Dó# 2  Ré 1 | Lá 5  Dó# 3  Ré 2  Fá 1 | Dó# 5  Ré 4  Fá 2  Lá 1 |

## E°

| PH | PO | ♭O | |
|---|---|---|---|
| Mi 5  Sol 4  Si♭ 2  Ré♭ 1 | Sol 5  Si♭ 3  Ré♭ 2  Mi 1 | Si♭ 5  Ré♭ 4  Mi 2  Sol 1 | Ré♭ 5  Mi 4  Sol 2  Si♭ 1 |

## E°7M

| PO | | | |
|---|---|---|---|
| Mi 5  Sol 4  Si♭ 2  Ré# 1 | Sol 5  Si♭ 4  Ré# 2  Mi 1 | Si♭ 5  Ré# 3  Mi 2  Sol 1 | Ré# 5  Mi 4  Sol 2  Si♭ 1 |

# Acordes de F (Fá)

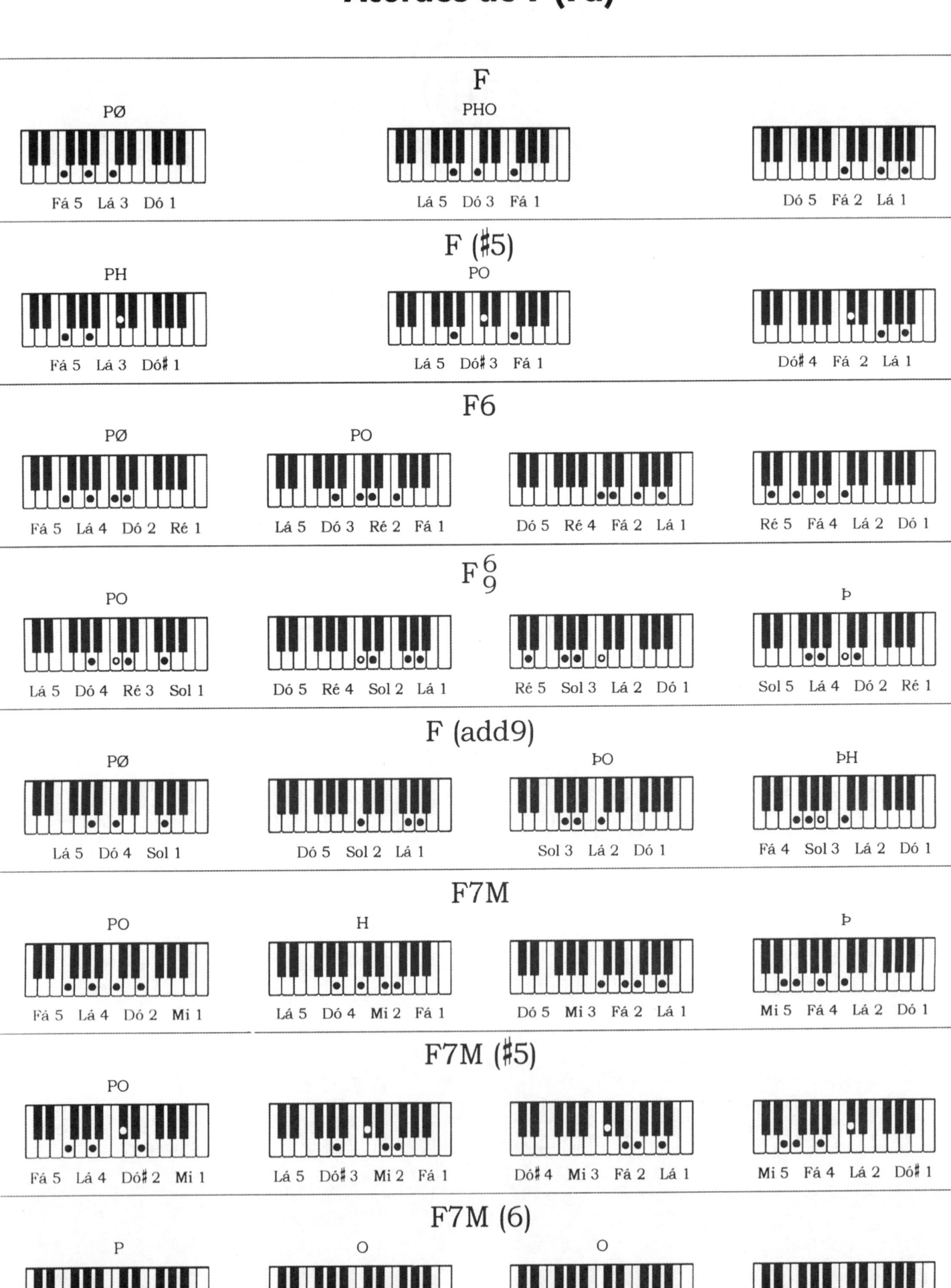

## F

| PØ | PHO | |
|---|---|---|
| Fá 5  Lá 3  Dó 1 | Lá 5  Dó 3  Fá 1 | Dó 5  Fá 2  Lá 1 |

## F (#5)

| PH | PO | |
|---|---|---|
| Fá 5  Lá 3  Dó# 1 | Lá 5  Dó# 3  Fá 1 | Dó# 4  Fá 2  Lá 1 |

## F6

| PØ | PO | | |
|---|---|---|---|
| Fá 5  Lá 4  Dó 2  Ré 1 | Lá 5  Dó 3  Ré 2  Fá 1 | Dó 5  Ré 4  Fá 2  Lá 1 | Ré 5  Fá 4  Lá 2  Dó 1 |

## F$^6_9$

| PO | | | Þ |
|---|---|---|---|
| Lá 5  Dó 4  Ré 3  Sol 1 | Dó 5  Ré 4  Sol 2  Lá 1 | Ré 5  Sol 3  Lá 2  Dó 1 | Sol 5  Lá 4  Dó 2  Ré 1 |

## F (add9)

| PØ | | ÞO | ÞH |
|---|---|---|---|
| Lá 5  Dó 4  Sol 1 | Dó 5  Sol 2  Lá 1 | Sol 3  Lá 2  Dó 1 | Fá 4  Sol 3  Lá 2  Dó 1 |

## F7M

| PO | H | | Þ |
|---|---|---|---|
| Fá 5  Lá 4  Dó 2  Mi 1 | Lá 5  Dó 4  Mi 2  Fá 1 | Dó 5  Mi 3  Fá 2  Lá 1 | Mi 5  Fá 4  Lá 2  Dó 1 |

## F7M (#5)

| PO | | | |
|---|---|---|---|
| Fá 5  Lá 4  Dó# 2  Mi 1 | Lá 5  Dó# 3  Mi 2  Fá 1 | Dó# 4  Mi 3  Fá 2  Lá 1 | Mi 5  Fá 4  Lá 2  Dó# 1 |

## F7M (6)

| P | O | O | |
|---|---|---|---|
| Fá 5  Lá 4  Ré 2  Mi 1 | Lá 5  Ré 3  Mi 2  Fá 1 | Ré 4  Mi 3  Fá 2  Lá 1 | Mi 5  Fá 4  Lá 2  Ré 1 |

Acordes de F (Fá)

## F7M (6/9)

| PO | | b | |
|---|---|---|---|
| Lá 5  Ré 3  Mi 2  Sol 1 | Ré 5  Mi 4  Sol 2  Lá 1 | Mi 5  Sol 4  Lá 3  Ré 1 | Sol 5  Lá 4  Ré 2  Mi 1 |

## F7M (9)

| bO | | | PO |
|---|---|---|---|
| Lá 5  Dó 4  Mi 2  Sol 1 | Dó 5  Mi 4  Sol 2  Lá 1 | Mi 5  Sol 3  Lá 2  Dó 1 | Sol 5  Lá 4  Dó 2  Mi 1 |

## F7M (#11)

| PO | | | |
|---|---|---|---|
| Fá 5  Lá 3  Si 2  Mi 1 | Lá 5  Si 4  Mi 2  Fá 1 | Si 5  Mi 3  Fá 2  Lá 1 | Mi 5  Fá 4  Lá 2  Si 1 |

## F7M (9/#11)

| | | PO | |
|---|---|---|---|
| Dó 5  Mi 4  Sol 2  Si 1 | Mi 5  Sol 4  Si 2  Dó 1 | Sol 5  Si 3  Dó 2  Mi 1 | Si 5  Dó 4  Mi 2  Sol 1 |

## Fm

| PØ | PHO | |
|---|---|---|
| Fá 5  Láb 3  Dó 1 | Láb 4  Dó 2  Fá 1 | Dó 5  Fá 2  Láb 1 |

## Fm6

| PO | PO | | |
|---|---|---|---|
| Fá 5  Láb 4  Dó 2  Ré 1 | Láb 5  Dó 3  Ré 2  Fá 1 | Dó 5  Ré 4  Fá 2  Láb 1 | Ré 5  Fá 4  Láb 2  Dó 1 |

## Fm 6/9

| PO | | | b |
|---|---|---|---|
| Láb 5  Dó 4  Ré 3  Sol 1 | Dó 5  Ré 4  Sol 2  Láb 1 | Ré 5  Sol 3  Láb 2  Dó 1 | Sol 5  Láb 4  Dó 2  Ré 1 |

## Fm (add9)

| PO | | PO | PH |
|---|---|---|---|
| Láb 5  Dó 4  Sol 1 | Dó 5  Sol 2  Lá 1 | Sol 3  Láb 2  Dó 1 | Fá 4  Sol 3  Láb 2  Dó 1 |

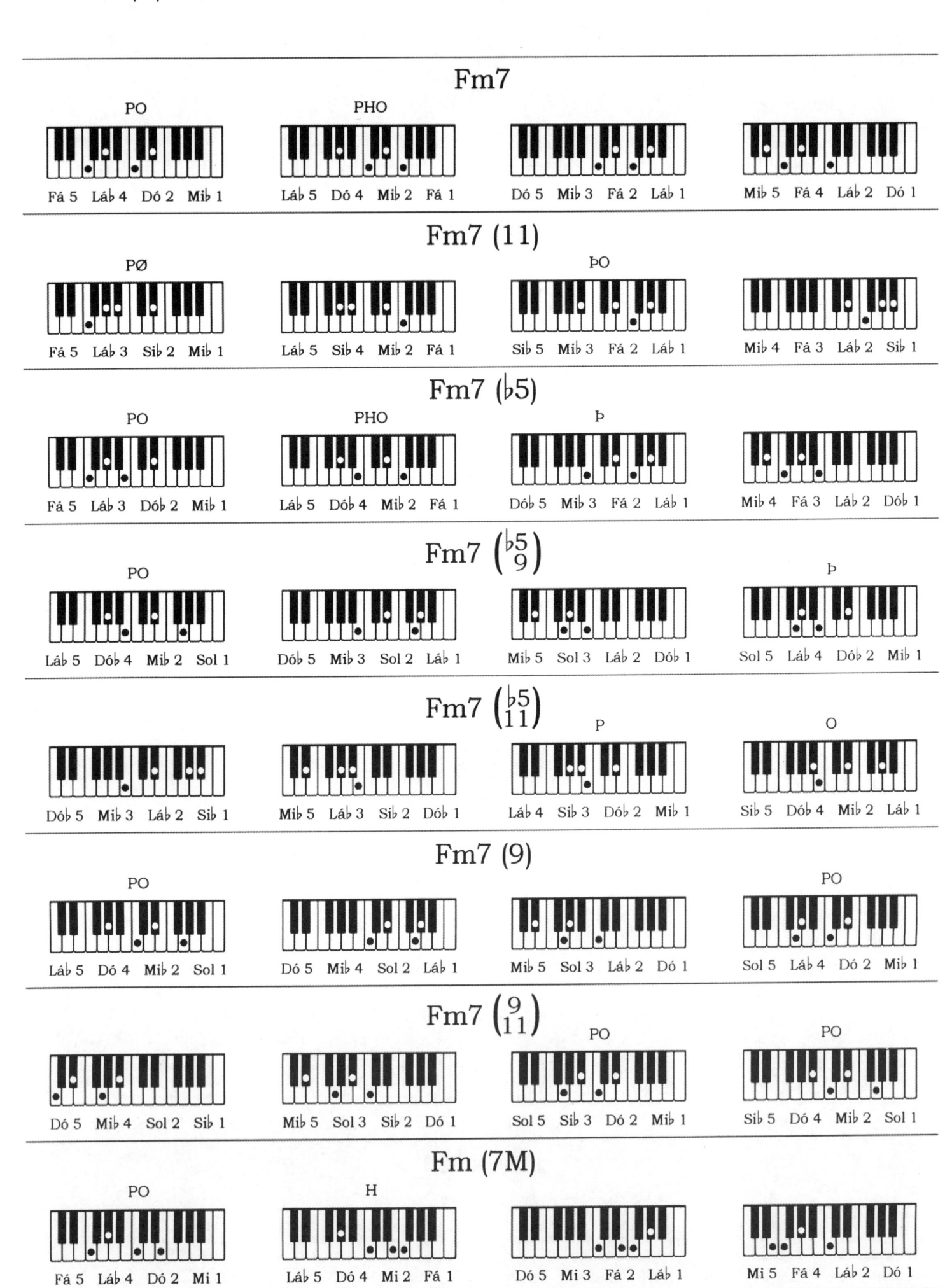

## Acordes de F (Fá)

### Fm7

| PO | PHO | | |
|---|---|---|---|
| Fá 5  Láb 4  Dó 2  Mib 1 | Láb 5  Dó 4  Mib 2  Fá 1 | Dó 5  Mib 3  Fá 2  Láb 1 | Mib 5  Fá 4  Láb 2  Dó 1 |

### Fm7 (11)

| PØ | | ÞO | |
|---|---|---|---|
| Fá 5  Láb 3  Sib 2  Mib 1 | Láb 5  Sib 4  Mib 2  Fá 1 | Sib 5  Mib 3  Fá 2  Láb 1 | Mib 4  Fá 3  Láb 2  Sib 1 |

### Fm7 (b5)

| PO | PHO | Þ | |
|---|---|---|---|
| Fá 5  Láb 3  Dób 2  Mib 1 | Láb 5  Dób 4  Mib 2  Fá 1 | Dób 5  Mib 3  Fá 2  Láb 1 | Mib 4  Fá 3  Láb 2  Dób 1 |

### Fm7 (b5, 9)

| PO | | | Þ |
|---|---|---|---|
| Láb 5  Dób 4  Mib 2  Sol 1 | Dób 5  Mib 3  Sol 2  Láb 1 | Mib 5  Sol 3  Láb 2  Dób 1 | Sol 5  Láb 4  Dób 2  Mib 1 |

### Fm7 (b5, 11)

| | | P | O |
|---|---|---|---|
| Dób 5  Mib 3  Láb 2  Sib 1 | Mib 5  Láb 3  Sib 2  Dób 1 | Láb 4  Sib 3  Dób 2  Mib 1 | Sib 5  Dób 4  Mib 2  Láb 1 |

### Fm7 (9)

| PO | | | PO |
|---|---|---|---|
| Láb 5  Dó 4  Mib 2  Sol 1 | Dó 5  Mib 4  Sol 2  Láb 1 | Mib 5  Sol 3  Láb 2  Dó 1 | Sol 5  Láb 4  Dó 2  Mib 1 |

### Fm7 (9, 11)

| | | PO | PO |
|---|---|---|---|
| Dó 5  Mib 4  Sol 2  Sib 1 | Mib 5  Sol 3  Sib 2  Dó 1 | Sol 5  Sib 3  Dó 2  Mib 1 | Sib 5  Dó 4  Mib 2  Sol 1 |

### Fm (7M)

| PO | H | | |
|---|---|---|---|
| Fá 5  Láb 4  Dó 2  Mi 1 | Láb 5  Dó 4  Mi 2  Fá 1 | Dó 5  Mi 3  Fá 2  Láb 1 | Mi 5  Fá 4  Láb 2  Dó 1 |

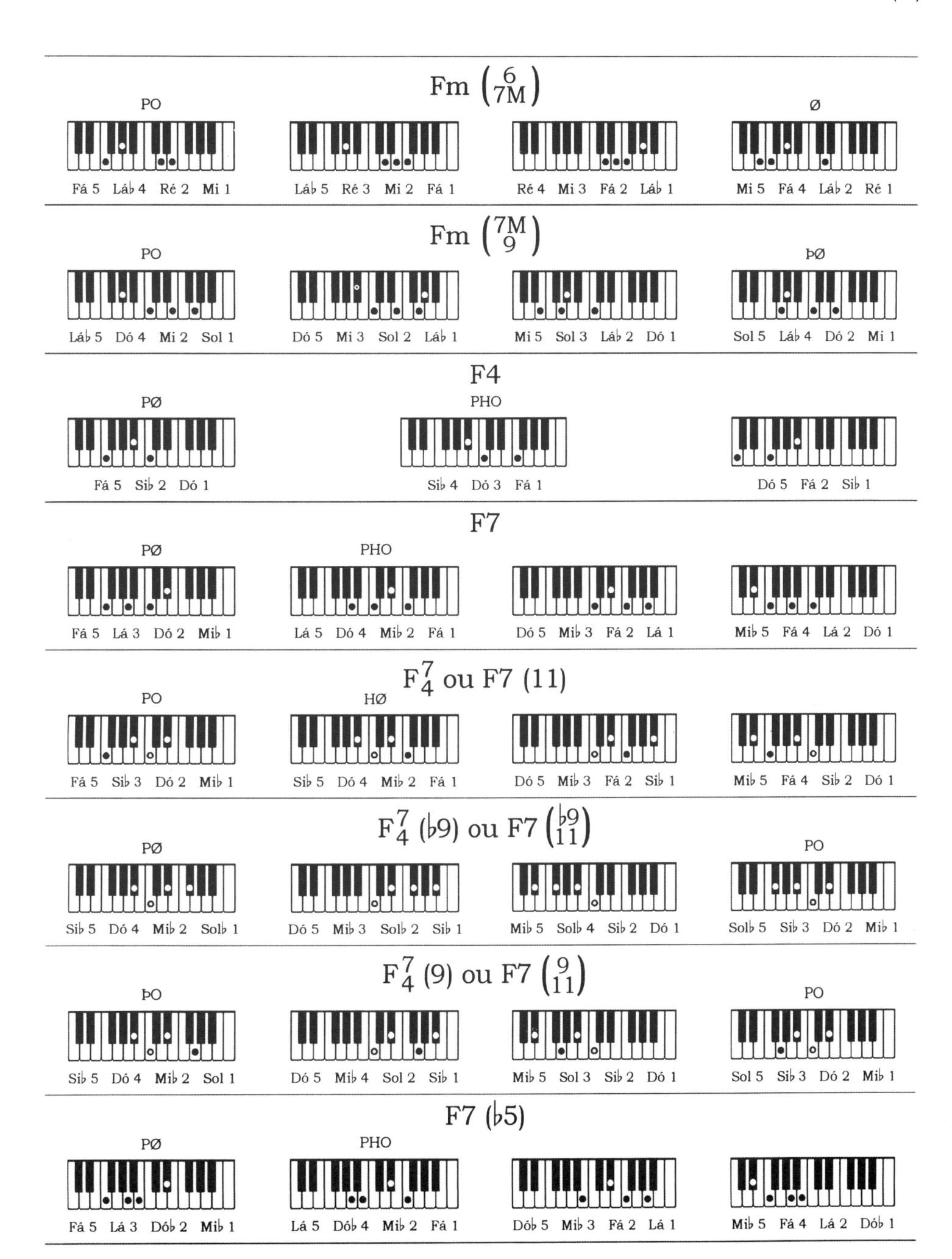

# Acordes de F (Fá)

## Fm $\binom{6}{7M}$

PO — Fá 5, Láb 4, Ré 2, Mi 1
Láb 5, Ré 3, Mi 2, Fá 1
Ré 4, Mi 3, Fá 2, Láb 1
Ø — Mi 5, Fá 4, Láb 2, Ré 1

## Fm $\binom{7M}{9}$

PO — Láb 5, Dó 4, Mi 2, Sol 1
Dó 5, Mi 3, Sol 2, Láb 1
Mi 5, Sol 3, Láb 2, Dó 1
♭Ø — Sol 5, Láb 4, Dó 2, Mi 1

## F4

PØ — Fá 5, Sib 2, Dó 1
PHO — Sib 4, Dó 3, Fá 1
Dó 5, Fá 2, Sib 1

## F7

PØ — Fá 5, Lá 3, Dó 2, Mib 1
PHO — Lá 5, Dó 4, Mib 2, Fá 1
Dó 5, Mib 3, Fá 2, Lá 1
Mib 5, Fá 4, Lá 2, Dó 1

## $F^7_4$ ou F7 (11)

PO — Fá 5, Sib 3, Dó 2, Mib 1
HØ — Sib 5, Dó 4, Mib 2, Fá 1
Dó 5, Mib 3, Fá 2, Sib 1
Mib 5, Fá 4, Sib 2, Dó 1

## $F^7_4$ (♭9) ou F7 $\binom{♭9}{11}$

PØ — Sib 5, Dó 4, Mib 2, Solb 1
Dó 5, Mib 3, Solb 2, Sib 1
Mib 5, Solb 4, Sib 2, Dó 1
PO — Solb 5, Sib 3, Dó 2, Mib 1

## $F^7_4$ (9) ou F7 $\binom{9}{11}$

♭Ø — Sib 5, Dó 4, Mib 2, Sol 1
Dó 5, Mib 4, Sol 2, Sib 1
Mib 5, Sol 3, Sib 2, Dó 1
PO — Sol 5, Sib 3, Dó 2, Mib 1

## F7 (♭5)

PØ — Fá 5, Lá 3, Dób 2, Mib 1
PHO — Lá 5, Dób 4, Mib 2, Fá 1
Dób 5, Mib 3, Fá 2, Lá 1
Mib 5, Fá 4, Lá 2, Dób 1

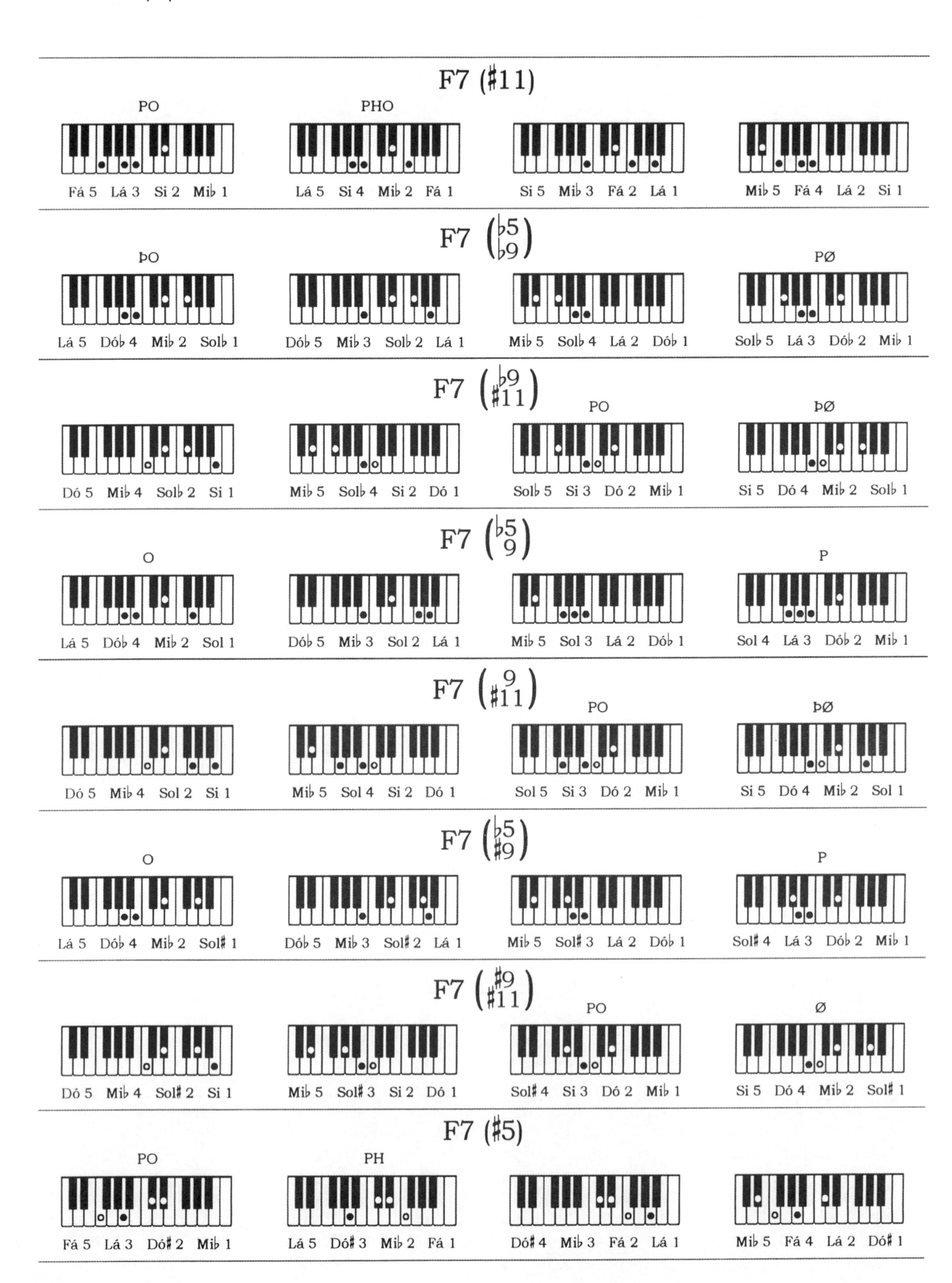

## Acordes de F (Fá)

### F7 (#11)

| PO | PHO | | |
|---|---|---|---|
| Fá 5  Lá 3  Si 2  Mi♭ 1 | Lá 5  Si 4  Mi♭ 2  Fá 1 | Si 5  Mi♭ 3  Fá 2  Lá 1 | Mi♭ 5  Fá 4  Lá 2  Si 1 |

### F7 (♭5 ♭9)

| ÞO | | | PØ |
|---|---|---|---|
| Lá 5  Dó♭ 4  Mi♭ 2  Sol♭ 1 | Dó♭ 5  Mi♭ 3  Sol♭ 2  Lá 1 | Mi♭ 5  Sol♭ 4  Lá 2  Dó♭ 1 | Sol♭ 5  Lá 3  Dó♭ 2  Mi♭ 1 |

### F7 (♭9 #11)

| | | PO | ÞØ |
|---|---|---|---|
| Dó 5  Mi♭ 4  Sol♭ 2  Si 1 | Mi♭ 5  Sol♭ 4  Si 2  Dó 1 | Sol♭ 5  Si 3  Dó 2  Mi♭ 1 | Si 5  Dó 4  Mi♭ 2  Sol♭ 1 |

### F7 (♭5 9)

| O | | | P |
|---|---|---|---|
| Lá 5  Dó♭ 4  Mi♭ 2  Sol 1 | Dó♭ 5  Mi♭ 3  Sol 2  Lá 1 | Mi♭ 5  Sol 3  Lá 2  Dó♭ 1 | Sol 4  Lá 3  Dó♭ 2  Mi♭ 1 |

### F7 (9 #11)

| | | PO | ÞØ |
|---|---|---|---|
| Dó 5  Mi♭ 4  Sol 2  Si 1 | Mi♭ 5  Sol 4  Si 2  Dó 1 | Sol 5  Si 3  Dó 2  Mi♭ 1 | Si 5  Dó 4  Mi♭ 2  Sol 1 |

### F7 (♭5 #9)

| O | | | P |
|---|---|---|---|
| Lá 5  Dó♭ 4  Mi♭ 2  Sol# 1 | Dó♭ 5  Mi♭ 3  Sol# 2  Lá 1 | Mi♭ 5  Sol# 3  Lá 2  Dó♭ 1 | Sol# 4  Lá 3  Dó♭ 2  Mi♭ 1 |

### F7 (#9 #11)

| | | PO | Ø |
|---|---|---|---|
| Dó 5  Mi♭ 4  Sol# 2  Si 1 | Mi♭ 5  Sol# 3  Si 2  Dó 1 | Sol# 4  Si 3  Dó 2  Mi♭ 1 | Si 5  Dó 4  Mi♭ 2  Sol# 1 |

### F7 (#5)

| PO | PH | | |
|---|---|---|---|
| Fá 5  Lá 3  Dó# 2  Mi♭ 1 | Lá 5  Dó# 3  Mi♭ 2  Fá 1 | Dó# 4  Mi♭ 3  Fá 2  Lá 1 | Mi♭ 5  Fá 4  Lá 2  Dó# 1 |

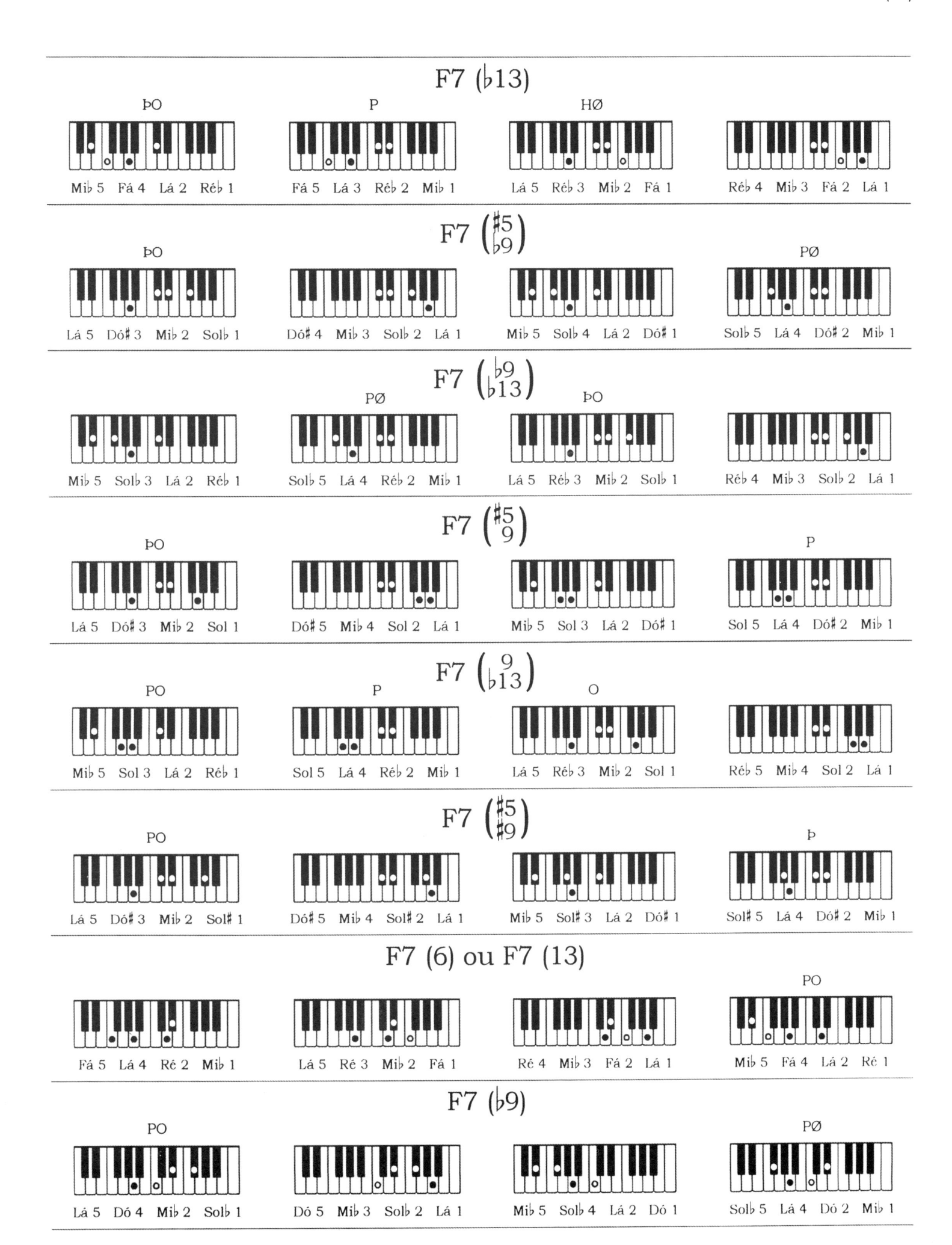

# Acordes de F (Fá)

## F7 (♭13)

| ÞO | P | HØ | |
|---|---|---|---|
| Mi♭ 5  Fá 4  Lá 2  Ré♭ 1 | Fá 5  Lá 3  Ré♭ 2  Mi♭ 1 | Lá 5  Ré♭ 3  Mi♭ 2  Fá 1 | Ré♭ 4  Mi♭ 3  Fá 2  Lá 1 |

## F7 (♯5 / ♭9)

| ÞO | | | PØ |
|---|---|---|---|
| Lá 5  Dó♯ 3  Mi♭ 2  Sol♭ 1 | Dó♯ 4  Mi♭ 3  Sol♭ 2  Lá 1 | Mi♭ 5  Sol♭ 4  Lá 2  Dó♯ 1 | Sol♭ 5  Lá 4  Dó♯ 2  Mi♭ 1 |

## F7 (♭9 / ♭13)

| | PØ | ÞO | |
|---|---|---|---|
| Mi♭ 5  Sol♭ 3  Lá 2  Ré♭ 1 | Sol♭ 5  Lá 4  Ré♭ 2  Mi♭ 1 | Lá 5  Ré♭ 3  Mi♭ 2  Sol♭ 1 | Ré♭ 4  Mi♭ 3  Sol♭ 2  Lá 1 |

## F7 (♯5 / 9)

| ÞO | | | P |
|---|---|---|---|
| Lá 5  Dó♯ 3  Mi♭ 2  Sol 1 | Dó♯ 5  Mi♭ 4  Sol 2  Lá 1 | Mi♭ 5  Sol 3  Lá 2  Dó♯ 1 | Sol 5  Lá 4  Dó♯ 2  Mi♭ 1 |

## F7 (9 / ♭13)

| PO | P | O | |
|---|---|---|---|
| Mi♭ 5  Sol 3  Lá 2  Ré♭ 1 | Sol 5  Lá 4  Ré♭ 2  Mi♭ 1 | Lá 5  Ré♭ 3  Mi♭ 2  Sol 1 | Ré♭ 5  Mi♭ 4  Sol 2  Lá 1 |

## F7 (♯5 / ♯9)

| PO | | | ♭ |
|---|---|---|---|
| Lá 5  Dó♯ 3  Mi♭ 2  Sol♯ 1 | Dó♯ 5  Mi♭ 4  Sol♯ 2  Lá 1 | Mi♭ 5  Sol♯ 3  Lá 2  Dó♯ 1 | Sol♯ 5  Lá 4  Dó♯ 2  Mi♭ 1 |

## F7 (6) ou F7 (13)

| | | | PO |
|---|---|---|---|
| Fá 5  Lá 4  Ré 2  Mi♭ 1 | Lá 5  Ré 3  Mi♭ 2  Fá 1 | Ré 4  Mi♭ 3  Fá 2  Lá 1 | Mi♭ 5  Fá 4  Lá 2  Ré 1 |

## F7 (♭9)

| PO | | | PØ |
|---|---|---|---|
| Lá 5  Dó 4  Mi♭ 2  Sol♭ 1 | Dó 5  Mi♭ 3  Sol♭ 2  Lá 1 | Mi♭ 5  Sol♭ 4  Lá 2  Dó 1 | Sol♭ 5  Lá 4  Dó 2  Mi♭ 1 |

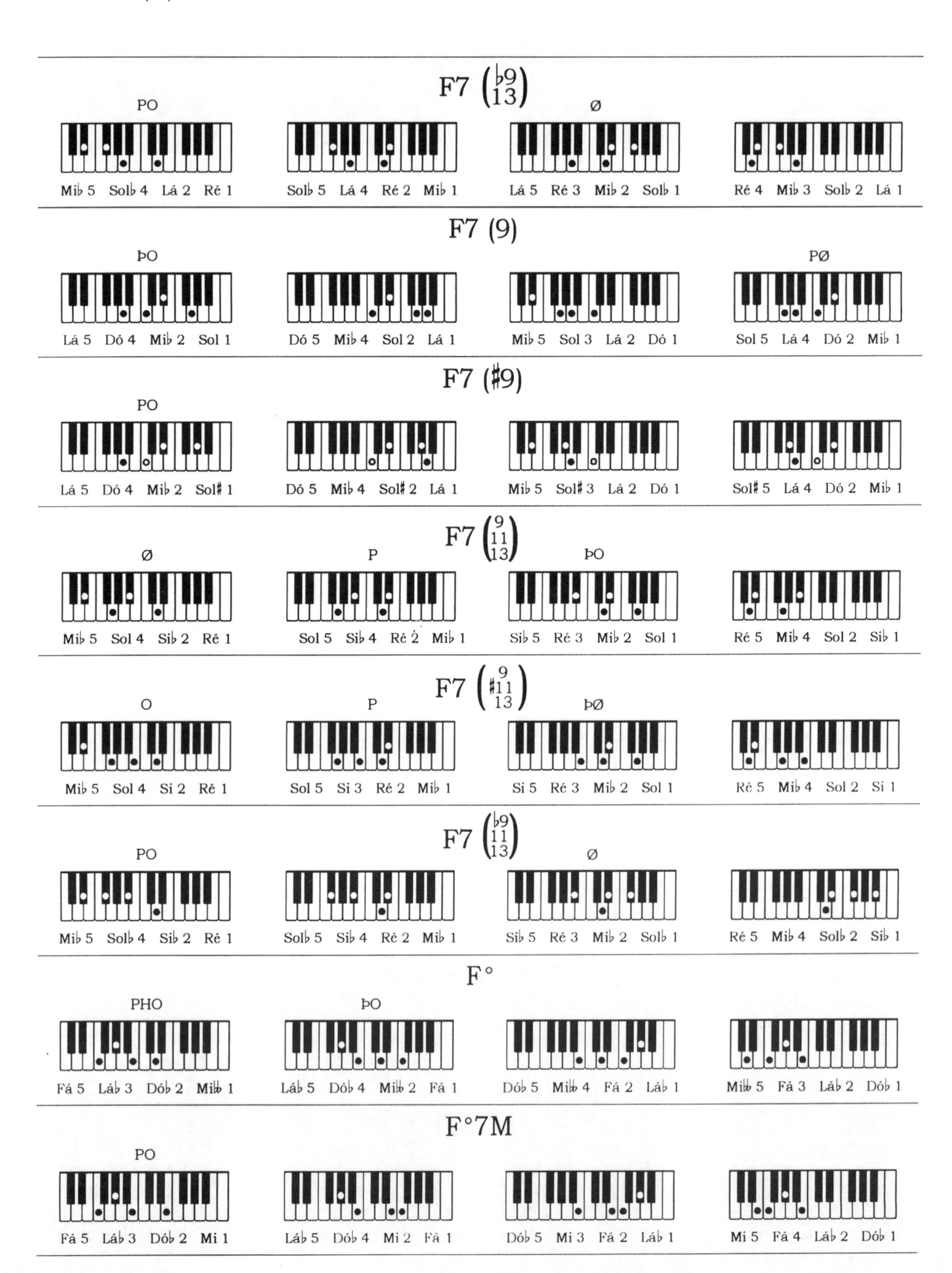

# Acordes de F (Fá)

## F7 (♭9/13)

| PO | | Ø | |
|---|---|---|---|
| Mi♭ 5  Sol♭ 4  Lá 2  Ré 1 | Sol♭ 5  Lá 4  Ré 2  Mi♭ 1 | Lá 5  Ré 3  Mi♭ 2  Sol♭ 1 | Ré 4  Mi♭ 3  Sol♭ 2  Lá 1 |

## F7 (9)

| ÞO | | | PØ |
|---|---|---|---|
| Lá 5  Dó 4  Mi♭ 2  Sol 1 | Dó 5  Mi♭ 4  Sol 2  Lá 1 | Mi♭ 5  Sol 3  Lá 2  Dó 1 | Sol 5  Lá 4  Dó 2  Mi♭ 1 |

## F7 (♯9)

| PO | | | |
|---|---|---|---|
| Lá 5  Dó 4  Mi♭ 2  Sol♯ 1 | Dó 5  Mi♭ 4  Sol♯ 2  Lá 1 | Mi♭ 5  Sol♯ 3  Lá 2  Dó 1 | Sol♯ 5  Lá 4  Dó 2  Mi♭ 1 |

## F7 (9/11/13)

| Ø | P | | ÞO |
|---|---|---|---|
| Mi♭ 5  Sol 4  Si♭ 2  Ré 1 | Sol 5  Si♭ 4  Ré 2  Mi♭ 1 | Si♭ 5  Ré 3  Mi♭ 2  Sol 1 | Ré 5  Mi♭ 4  Sol 2  Si♭ 1 |

## F7 (9/♯11/13)

| O | P | | ÞØ |
|---|---|---|---|
| Mi♭ 5  Sol 4  Si 2  Ré 1 | Sol 5  Si 3  Ré 2  Mi♭ 1 | Si 5  Ré 3  Mi♭ 2  Sol 1 | Ré 5  Mi♭ 4  Sol 2  Si 1 |

## F7 (♭9/11/13)

| PO | | Ø | |
|---|---|---|---|
| Mi♭ 5  Sol♭ 4  Si♭ 2  Ré 1 | Sol♭ 5  Si♭ 4  Ré 2  Mi♭ 1 | Si♭ 5  Ré 3  Mi♭ 2  Sol♭ 1 | Ré 5  Mi♭ 4  Sol♭ 2  Si♭ 1 |

## F°

| PHO | ÞO | | |
|---|---|---|---|
| Fá 5  Lá♭ 3  Dó♭ 2  Mi♭♭ 1 | Lá♭ 5  Dó♭ 4  Mi♭♭ 2  Fá 1 | Dó♭ 5  Mi♭♭ 4  Fá 2  Lá♭ 1 | Mi♭♭ 5  Fá 3  Lá♭ 2  Dó♭ 1 |

## F°7M

| PO | | | |
|---|---|---|---|
| Fá 5  Lá♭ 3  Dó♭ 2  Mi 1 | Lá♭ 5  Dó♭ 4  Mi 2  Fá 1 | Dó♭ 5  Mi 3  Fá 2  Lá♭ 1 | Mi 5  Fá 4  Lá♭ 2  Dó♭ 1 |

# Acordes de F♯ (Fá sustenido)

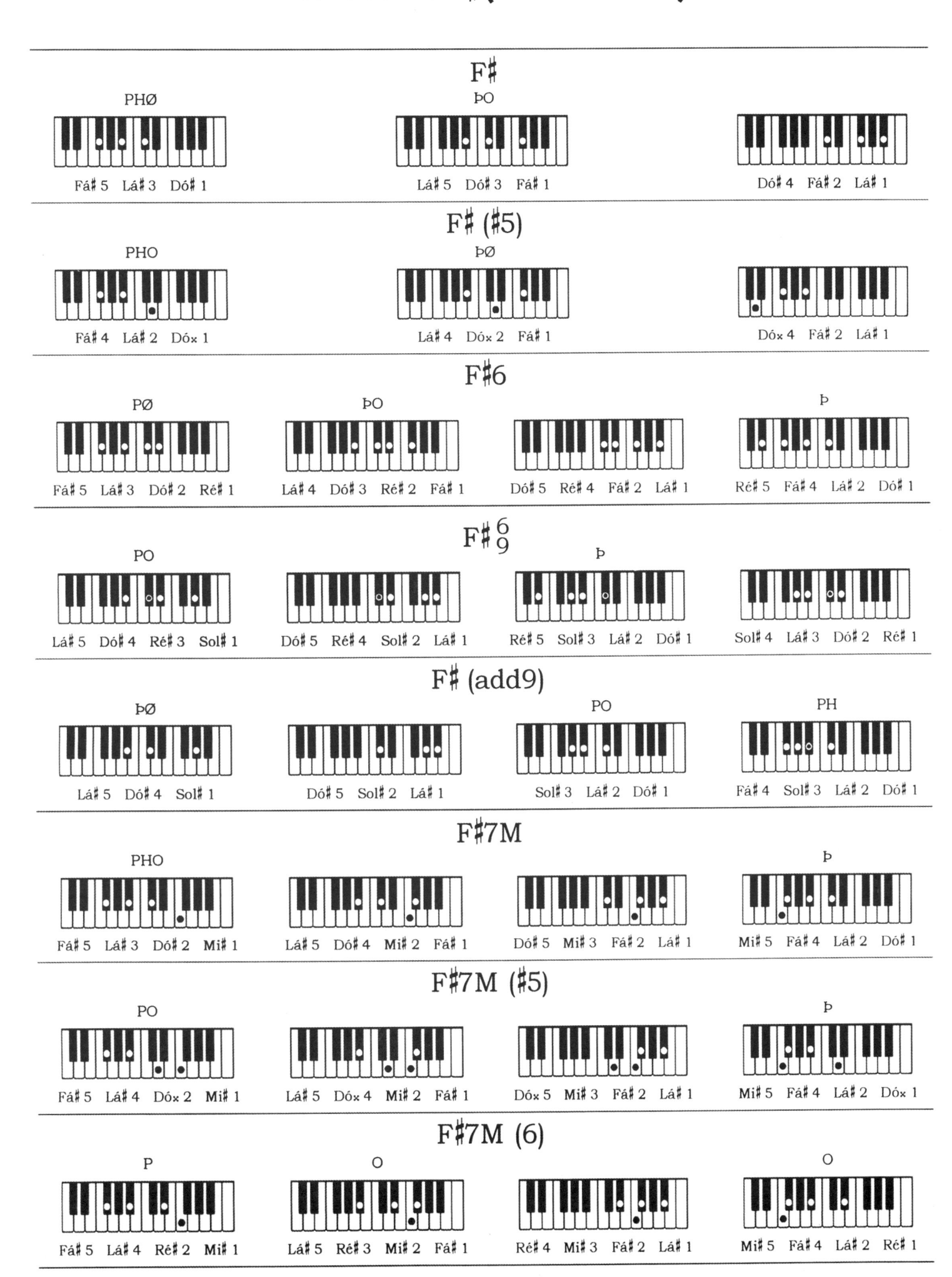

## F♯

**PHØ** — Fá♯ 5  Lá♯ 3  Dó♯ 1
**ÞO** — Lá♯ 5  Dó♯ 3  Fá♯ 1
Dó♯ 4  Fá♯ 2  Lá♯ 1

## F♯ (♯5)

**PHO** — Fá♯ 4  Lá♯ 2  Dóx 1
**ÞØ** — Lá♯ 4  Dóx 2  Fá♯ 1
Dóx 4  Fá♯ 2  Lá♯ 1

## F♯6

**PØ** — Fá♯ 5  Lá♯ 3  Dó♯ 2  Ré♯ 1
**ÞO** — Lá♯ 4  Dó♯ 3  Ré♯ 2  Fá♯ 1
Dó♯ 5  Ré♯ 4  Fá♯ 2  Lá♯ 1
**Þ** — Ré♯ 5  Fá♯ 4  Lá♯ 2  Dó♯ 1

## F♯ 6/9

**PO** — Lá♯ 5  Dó♯ 4  Ré♯ 3  Sol♯ 1
Dó♯ 5  Ré♯ 4  Sol♯ 2  Lá♯ 1
**Þ** — Ré♯ 5  Sol♯ 3  Lá♯ 2  Dó♯ 1
Sol♯ 4  Lá♯ 3  Dó♯ 2  Ré♯ 1

## F♯ (add9)

**ÞØ** — Lá♯ 5  Dó♯ 4  Sol♯ 1
**PO** — Dó♯ 5  Sol♯ 2  Lá♯ 1
Sol♯ 3  Lá♯ 2  Dó♯ 1
**PH** — Fá♯ 4  Sol♯ 3  Lá♯ 2  Dó♯ 1

## F♯7M

**PHO** — Fá♯ 5  Lá♯ 3  Dó♯ 2  Mi♯ 1
Lá♯ 5  Dó♯ 4  Mi♯ 2  Fá♯ 1
Dó♯ 5  Mi♯ 3  Fá♯ 2  Lá♯ 1
**Þ** — Mi♯ 5  Fá♯ 4  Lá♯ 2  Dó♯ 1

## F♯7M (♯5)

**PO** — Fá♯ 5  Lá♯ 4  Dóx 2  Mi♯ 1
Lá♯ 5  Dóx 4  Mi♯ 2  Fá♯ 1
Dóx 5  Mi♯ 3  Fá♯ 2  Lá♯ 1
**Þ** — Mi♯ 5  Fá♯ 4  Lá♯ 2  Dóx 1

## F♯7M (6)

**P** — Fá♯ 5  Lá♯ 4  Ré♯ 2  Mi♯ 1
**O** — Lá♯ 5  Ré♯ 3  Mi♯ 2  Fá♯ 1
Ré♯ 4  Mi♯ 3  Fá♯ 2  Lá♯ 1
**O** — Mi♯ 5  Fá♯ 4  Lá♯ 2  Ré♯ 1

## Acordes de F# (Fá sustenido)

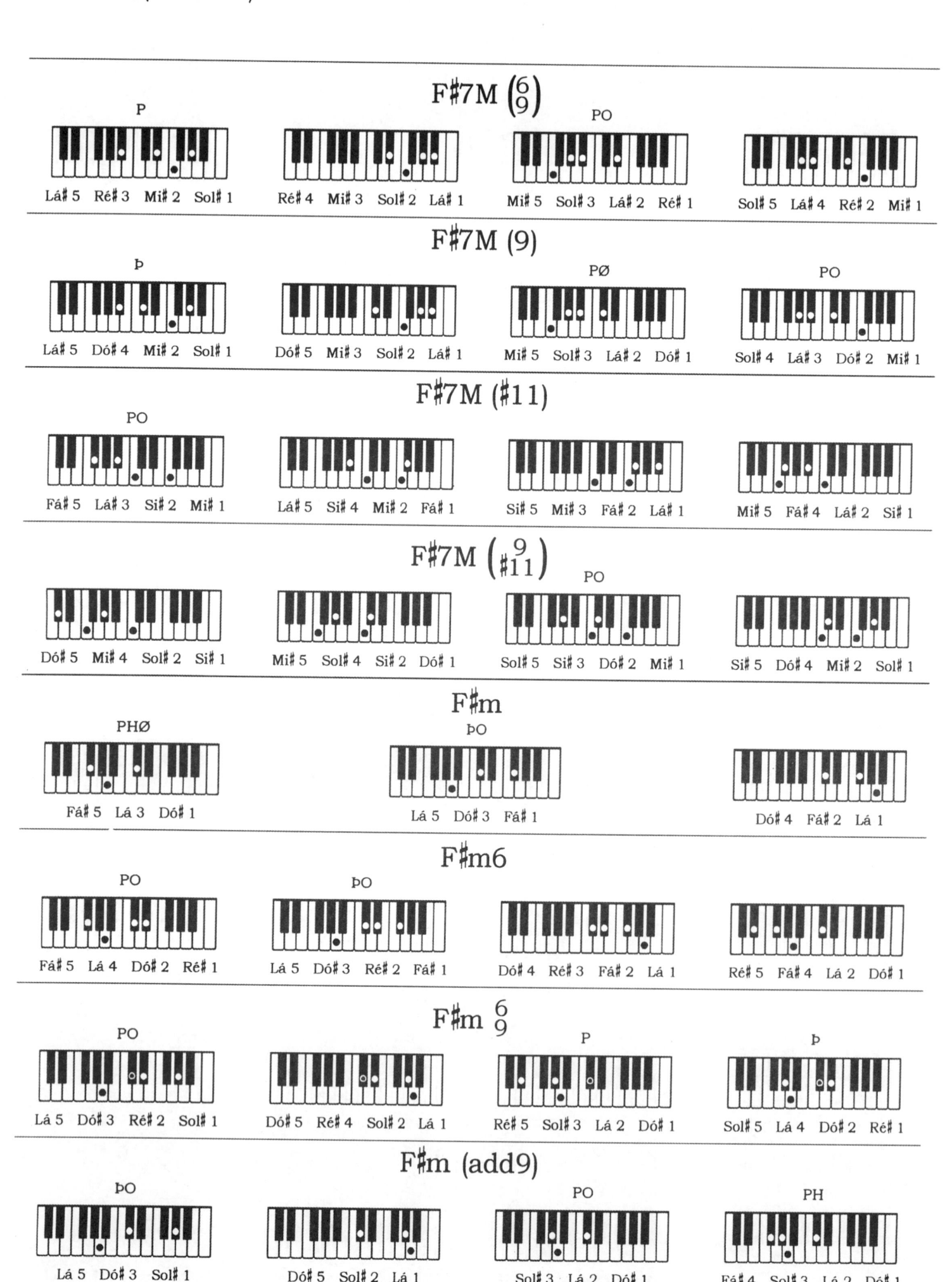

### F#7M (6/9)

| P | | PO | |
|---|---|---|---|
| Lá#5 Ré#3 Mi#2 Sol#1 | Ré#4 Mi#3 Sol#2 Lá#1 | Mi#5 Sol#3 Lá#2 Ré#1 | Sol#5 Lá#4 Ré#2 Mi#1 |

### F#7M (9)

| Þ | | PØ | PO |
|---|---|---|---|
| Lá#5 Dó#4 Mi#2 Sol#1 | Dó#5 Mi#3 Sol#2 Lá#1 | Mi#5 Sol#3 Lá#2 Dó#1 | Sol#4 Lá#3 Dó#2 Mi#1 |

### F#7M (#11)

| PO | | | |
|---|---|---|---|
| Fá#5 Lá#3 Si#2 Mi#1 | Lá#5 Si#4 Mi#2 Fá#1 | Si#5 Mi#3 Fá#2 Lá#1 | Mi#5 Fá#4 Lá#2 Si#1 |

### F#7M (9/#11)

| | | PO | |
|---|---|---|---|
| Dó#5 Mi#4 Sol#2 Si#1 | Mi#5 Sol#4 Si#2 Dó#1 | Sol#5 Si#3 Dó#2 Mi#1 | Si#5 Dó#4 Mi#2 Sol#1 |

### F#m

| PHØ | ÞO | | |
|---|---|---|---|
| Fá#5 Lá 3 Dó#1 | Lá 5 Dó#3 Fá#1 | | Dó#4 Fá#2 Lá 1 |

### F#m6

| PO | ÞO | | |
|---|---|---|---|
| Fá#5 Lá 4 Dó#2 Ré#1 | Lá 5 Dó#3 Ré#2 Fá#1 | Dó#4 Ré#3 Fá#2 Lá 1 | Ré#5 Fá#4 Lá 2 Dó#1 |

### F#m 6/9

| PO | | P | Þ |
|---|---|---|---|
| Lá 5 Dó#3 Ré#2 Sol#1 | Dó#5 Ré#4 Sol#2 Lá 1 | Ré#5 Sol#3 Lá 2 Dó#1 | Sol#5 Lá 4 Dó#2 Ré#1 |

### F#m (add9)

| ÞO | | PO | PH |
|---|---|---|---|
| Lá 5 Dó#3 Sol#1 | Dó#5 Sol#2 Lá 1 | Sol#3 Lá 2 Dó#1 | Fá#4 Sol#3 Lá 2 Dó#1 |

Acordes de F# (Fá sustenido)

## F#m7

| PHO | ÞO | | P |
|---|---|---|---|
| Fá# 5  Lá 4  Dó# 2  Mi 1 | Lá 5  Dó# 3  Mi 2  Fá# 1 | Dó# 4  Mi 3  Fá# 2  Lá 1 | Mi 5  Fá# 4  Lá 2  Dó# 1 |

## F#m7 (11)

| PO | | Þ | |
|---|---|---|---|
| Fá# 5  Lá 4  Si 3  Mi 1 | Lá 5  Si 4  Mi 2  Fá# 1 | Si 5  Mi 3  Fá# 2  Lá 1 | Mi 4  Fá# 3  Lá 2  Si 1 |

## F#m7 (b5)

| PHO | PO | Þ | |
|---|---|---|---|
| Fá# 5  Lá 4  Dó 2  Mi 1 | Lá 5  Dó 4  Mi 2  Fá# 1 | Dó 5  Mi 3  Fá# 2  Lá 1 | Mi 5  Fá# 4  Lá 2  Dó 1 |

## F#m7 (b5/9)

| PO | | | Þ |
|---|---|---|---|
| Lá 5  Dó 4  Mi 2  Sol# 1 | Dó 5  Mi 4  Sol# 2  Lá 1 | Mi 5  Sol# 3  Lá 2  Dó 1 | Sol# 5  Lá 4  Dó 2  Mi 1 |

## F#m7 (b5/11)

| | | P | O |
|---|---|---|---|
| Dó 5  Mi 4  Lá 2  Si 1 | Mi 5  Lá 3  Si 2  Dó 1 | Lá 4  Si 3  Dó 2  Mi 1 | Si 5  Dó 4  Mi 2  Lá 1 |

## F#m7 (9)

| PO | | | PO |
|---|---|---|---|
| Lá 5  Dó# 3  Mi 2  Sol# 1 | Dó# 5  Mi 4  Sol# 2  Lá 1 | Mi 5  Sol# 3  Lá 2  Dó# 1 | Sol# 5  Lá 4  Dó# 2  Mi 1 |

## F#m7 (9/11)

| | P | PO | ÞO |
|---|---|---|---|
| Dó# 5  Mi 4  Sol# 2  Si 1 | Mi 5  Sol# 3  Si 2  Dó# 1 | Sol# 4  Si 3  Dó# 2  Mi 1 | Si 5  Dó# 4  Mi 2  Sol# 1 |

## F#m (7M)

| PHO | | | |
|---|---|---|---|
| Fá# 5  Lá 4  Dó# 2  Mi# 1 | Lá 5  Dó# 3  Mi# 2  Fá# 1 | Dó# 5  Mi# 3  Fá# 2  Lá 1 | Mi# 5  Fá# 4  Lá 2  Dó# 1 |

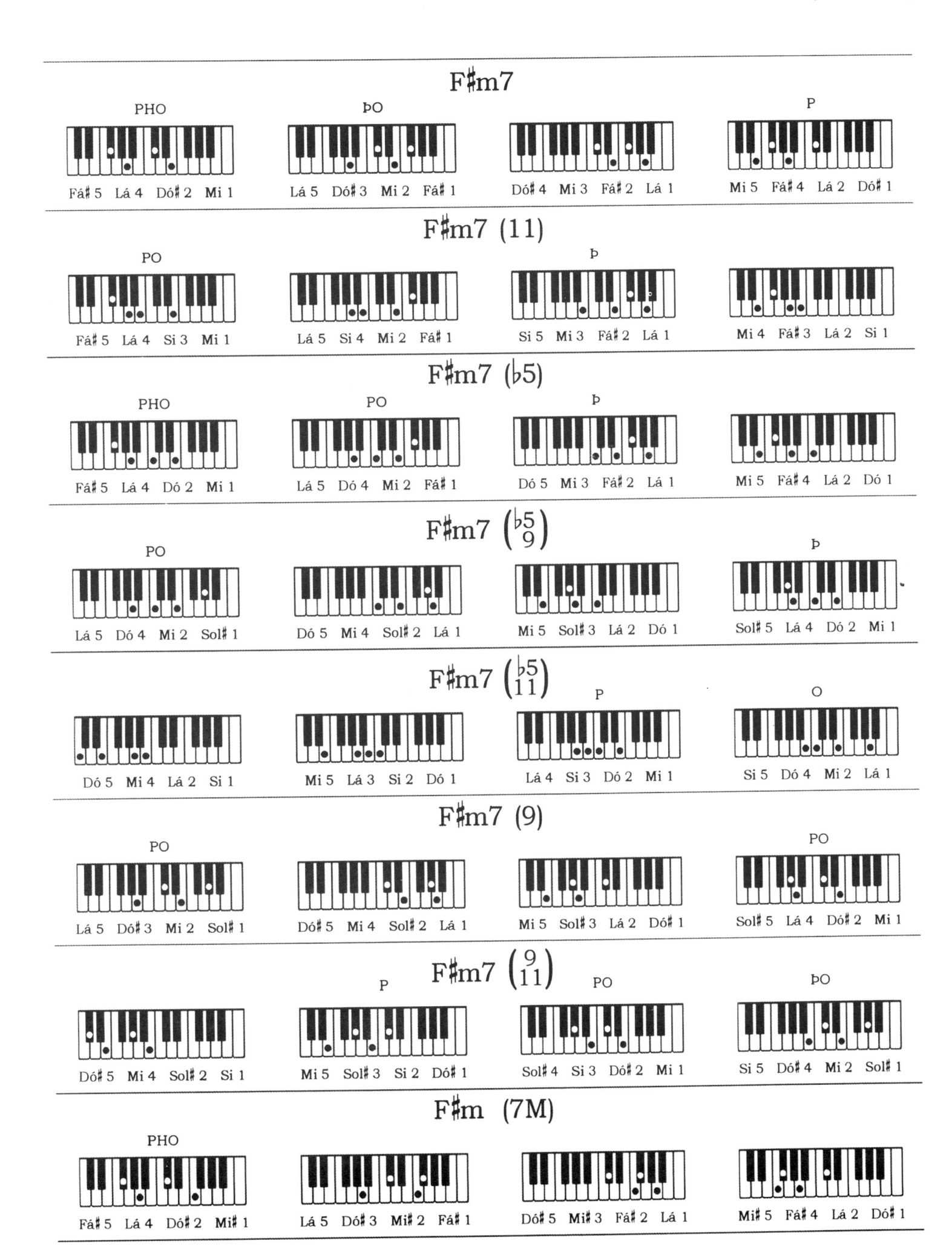

## Acordes de F# (Fá sustenido)

### F#m $\binom{6}{7M}$

PO — Fá#5 Lá4 Ré#2 Mi#1
Lá5 Ré#3 Mi#2 Fá#1
Ré#4 Mi#3 Fá#2 Lá1
ÞØ — Mi#5 Fá#4 Lá2 Ré#1

### F#m $\binom{7M}{9}$

PO — Lá5 Dó#3 Mi#2 Sol#1
Dó#5 Mi#3 Sol#2 Lá1
Mi#5 Sol#3 Lá2 Dó#1
ÞØ — Sol#5 Lá4 Dó#2 Mi#1

### F#4

PHØ — Fá#5 Si2 Dó#1
PO — Si4 Dó#3 Fá#1
Dó#5 Fá#3 Si1

### F#7

PHO — Fá#5 Lá#3 Dó#2 Mi1
PØ — Lá#5 Dó#4 Mi2 Fá#1
Dó#5 Mi3 Fá#2 Lá#1
Þ — Mi5 Fá#4 Lá#2 Dó#1

### F#$^{\#7}_4$ ou F#7 (11)

PHO — Fá#5 Si3 Dó#2 Mi1
Ø — Si5 Dó#3 Mi2 Fá#1
Dó#5 Mi3 Fá#2 Si1
Mi5 Fá#4 Si2 Dó#1

### F#$^{\#7}_4$ (♭9) ou F#7 $\binom{♭9}{11}$

ÞØ — Si5 Dó#4 Mi2 Sol1
Dó#5 Mi4 Sol2 Si1
Mi5 Sol4 Si2 Dó#1
PO — Sol5 Si3 Dó#2 Mi1

### F#$^{\#7}_4$ (9) ou F#7 $\binom{9}{11}$

ÞØ — Si5 Dó#4 Mi2 Sol#1
Dó#5 Mi4 Sol#2 Si1
Mi5 Sol#3 Si2 Dó#1
PO — Sol#4 Si3 Dó#2 Mi1

### F#7 (♭5)

PHO — Fá#5 Lá#3 Dó2 Mi1
ÞØ — Lá#5 Dó4 Mi2 Fá#1
Dó5 Mi3 Fá#2 Lá#1
Mi5 Fá#4 Lá#2 Dó1

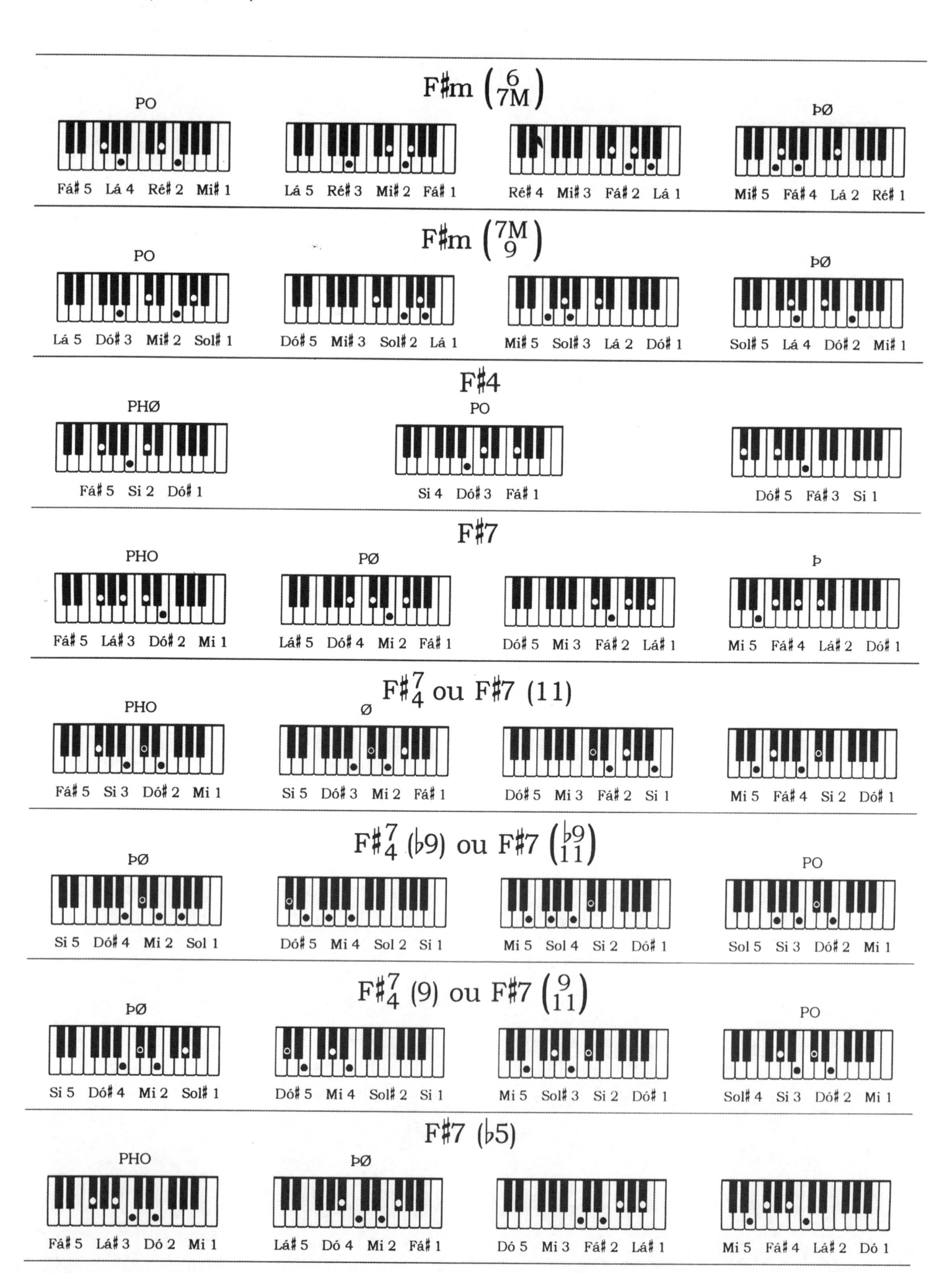

Acordes de F# (Fá sustenido)

## F#7 (#11)

| PHO | ♭Ø | | |
|---|---|---|---|
| Fá#5 Lá#3 Si#2 Mi 1 | Lá#5 Si#4 Mi 2 Fá#1 | Si#5 Mi 3 Fá#2 Lá#1 | Mi 5 Fá#4 Lá#2 Si#1 |

## F#7 (♭5 ♭9)

| | | P | PO |
|---|---|---|---|
| Lá#5 Dó 4 Mi 2 Sol 1 | Dó 5 Mi 3 Sol 2 Lá#1 | Mi 5 Sol 3 Lá#2 Dó 1 | Sol 5 Lá#3 Dó 2 Mi 1 |

## F#7 (♭9 #11)

| | | PO | |
|---|---|---|---|
| Dó 5 Mi 4 Sol 2 Si#1 | Mi 5 Sol 4 Si#2 Dó 1 | Sol 5 Si#3 Dó#2 Mi 1 | Si#4 Dó#3 Mi 2 Sol 1 |

## F#7 (♭5 9)

| | | | PO |
|---|---|---|---|
| Lá#5 Dó 4 Mi 2 Sol#1 | Dó 5 Mi 3 Sol#2 Lá#1 | Mi 5 Sol#3 Lá#2 Dó 1 | Sol#4 Lá#3 Dó 2 Mi 1 |

## F#7 (9 #11)

| | | PO | ♭ |
|---|---|---|---|
| Dó#5 Mi 4 Sol#2 Si#1 | Mi 5 Sol#3 Si#2 Dó#1 | Sol#5 Si#3 Dó#2 Mi 1 | Si#5 Dó#4 Mi 2 Sol#1 |

## F#7 (♭5 #9)

| O | | | PØ |
|---|---|---|---|
| Lá#5 Dó 4 Mi 2 Solx 1 | Dó 5 Mi 3 Solx 2 Lá#1 | Mi 5 Solx 3 Lá#2 Dó 1 | Solx 4 Lá#3 Dó 2 Mi 1 |

## F#7 (#9 #11)

| | | PO | |
|---|---|---|---|
| Dó#5 Mi 4 Solx 2 Si#1 | Mi 5 Solx 3 Si#2 Dó#1 | Solx 5 Si#3 Dó#2 Mi 1 | Si#5 Dó#4 Mi 2 Solx 1 |

## F#7 (#5)

| PH | ♭ | | PO |
|---|---|---|---|
| Fá#5 Lá#3 Dóx 2 Mi 1 | Lá#5 Dóx 3 Mi 2 Fá#1 | Dóx 4 Mi 3 Fá#2 Lá#1 | Mi 5 Fá#4 Lá#2 Dóx 1 |

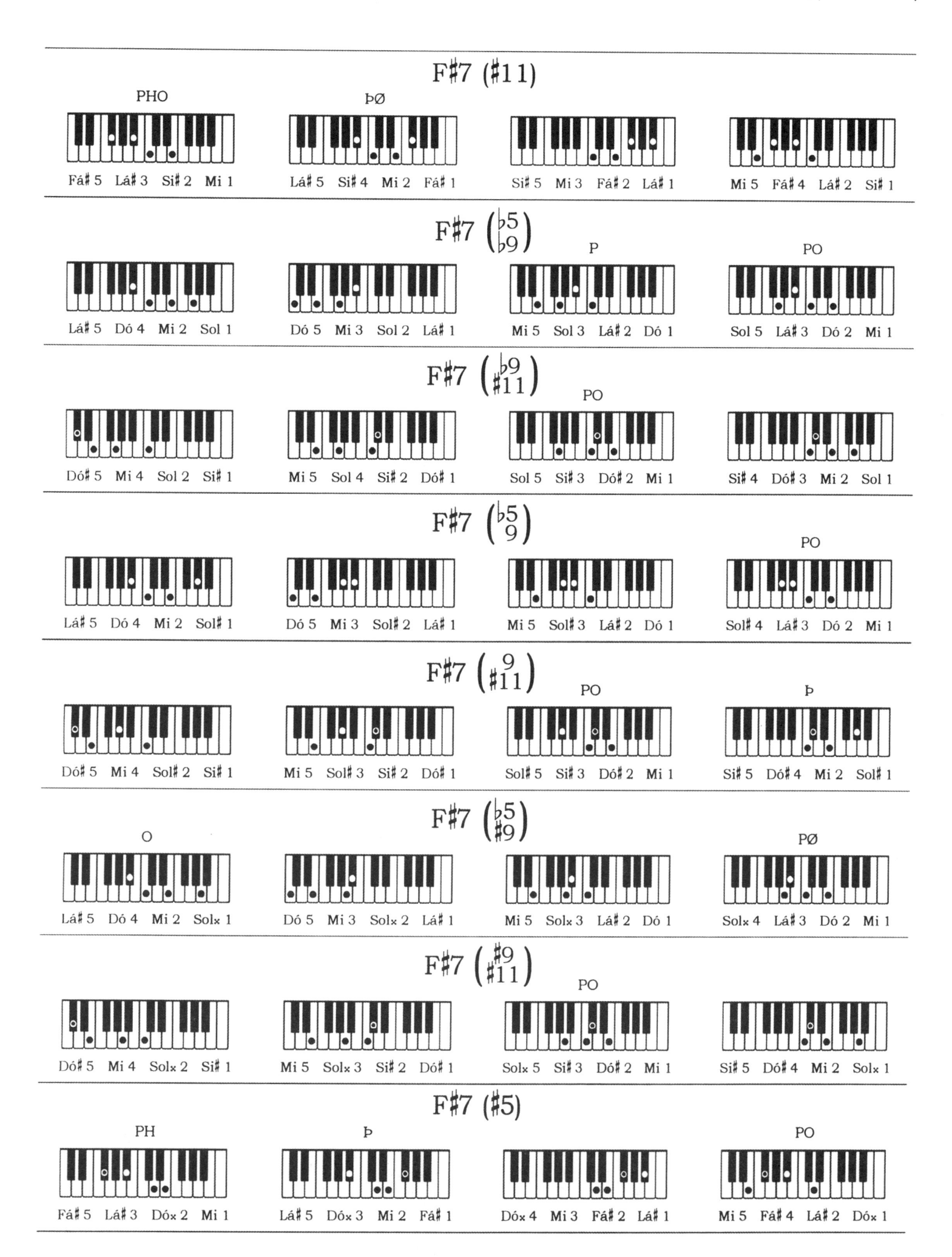

## Acordes de F# (Fá sustenido)

### F#7 (♭13)

| PO | PH | | |
|---|---|---|---|
| Mi 5  Fá#4  Lá#2  Ré 1 | Fá#5  Lá 3  Ré 2  Mi 1 | Lá#5  Ré 3  Mi 2  Fá#1 | Ré 4  Mi 3  Fá#2  Lá 1 |

### F#7 (#5 ♭9)

| Ø | | ÞO | PØ |
|---|---|---|---|
| Lá#5  Dóx 3  Mi 2  Sol 1 | Dóx 5  Mi 4  Sol 2  Lá#1 | Mi 5  Sol 4  Lá#2  Dóx 1 | Sol 5  Lá#3  Dóx 2  Mi 1 |

### F#7 (♭9 ♭13)

| ÞO | PØ | Ø | |
|---|---|---|---|
| Mi 5  Sol 4  Lá#2  Ré 1 | Sol 5  Lá#3  Ré 2  Mi 1 | Lá#5  Ré 3  Mi 2  Sol 1 | Ré 5  Mi 4  Sol 2  Lá#1 |

### F#7 (#5 9)

| ÞO | | | PØ |
|---|---|---|---|
| Lá#5  Dóx 3  Mi 2  Sol#1 | Dóx 5  Mi 4  Sol#2  Lá#1 | Mi 5  Sol#3  Lá#2  Dóx 1 | Sol#5  Lá#4  Dóx 2  Mi 1 |

### F#7 (9 ♭13)

| PO | P | Ø | |
|---|---|---|---|
| Mi 5  Sol#3  Lá#2  Ré 1 | Sol#5  Lá#4  Ré 2  Mi 1 | Lá#5  Ré 3  Mi 2  Sol#1 | Ré 5  Mi 4  Sol#2  Lá#1 |

### F#7 (#5 #9)

| P | | O | Þ |
|---|---|---|---|
| Lá#5  Dóx 3  Mi 2  Solx 1 | Dóx 5  Mi 4  Solx 2  Lá#1 | Mi 5  Solx 3  Lá#2  Dóx 1 | Solx 4  Lá#3  Dóx 2  Mi 1 |

### F#7 (6) ou F#7 (13)

| | | | PO |
|---|---|---|---|
| Fá#5  Lá 3  Ré#2  Mi 1 | Lá 5  Ré#3  Mi 2  Fá#1 | Ré#4  Mi 3  Fá#2  Lá 1 | Mi 5  Fá#4  Lá 2  Ré#1 |

### F#7 (♭9)

| Þ | | Þ | PO |
|---|---|---|---|
| Lá#5  Dó#4  Mi 2  Sol 1 | Dó#5  Mi 4  Sol 2  Lá#1 | Mi 5  Sol 3  Lá#2  Dó#1 | Sol 5  Lá#3  Dó#2  Mi 1 |

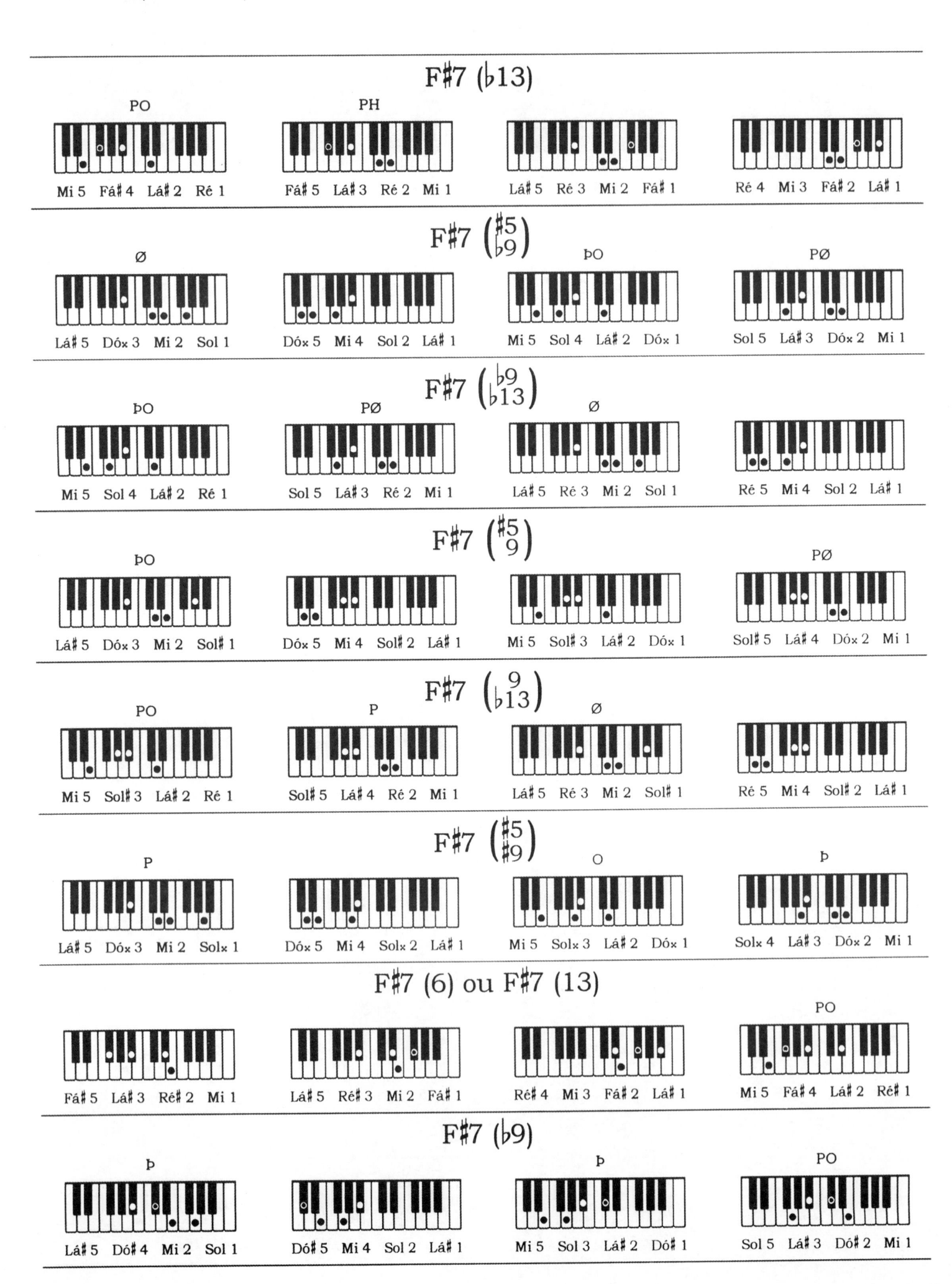

Acordes de F# (Fá sustenido)

## F#7 $\begin{pmatrix}\flat 9\\13\end{pmatrix}$

PO — Mi 5  Sol 4  Lá# 2  Ré# 1
— Sol 5  Lá# 4  Ré# 2  Mi 1
ø — Lá# 5  Ré# 3  Mi 2  Sol 1
— Ré# 5  Mi 4  Sol 2  Lá# 1

## F#7 (9)

P — Lá# 5  Dó# 4  Mi 2  Sol# 1
— Dó# 5  Mi 4  Sol# 2  Lá# 1
♭ — Mi 5  Sol# 3  Lá# 2  Dó# 1
PO — Sol# 4  Lá# 3  Dó# 2  Mi 1

## F#7 (#9)

PO — Lá# 5  Dó# 4  Mi 2  Solx 1
— Dó# 5  Mi 4  Solx 2  Lá# 1
— Mi 5  Solx 3  Lá# 2  Dó# 1
♭ — Solx 4  Lá# 3  Dó# 2  Mi 1

## F#7 $\begin{pmatrix}9\\11\\13\end{pmatrix}$

PO — Mi 5  Sol# 3  Si 2  Ré# 1
Pø — Sol# 5  Si 4  Ré# 2  Mi 1
♭ — Si 5  Ré# 3  Mi 2  Sol# 1
— Ré# 5  Mi 4  Sol# 2  Si 1

## F#7 $\begin{pmatrix}9\\\#11\\13\end{pmatrix}$

PO — Mi 5  Sol# 3  Si# 2  Ré# 1
ø — Sol# 5  Si# 3  Ré# 2  Mi 1
— Si# 5  Ré# 3  Mi 2  Sol# 1
— Ré# 5  Mi 4  Sol# 2  Si# 1

## F#7 $\begin{pmatrix}\flat 9\\11\\13\end{pmatrix}$

PO — Mi 5  Sol 4  Si 2  Ré# 1
— Sol 5  Si 4  Ré# 2  Mi 1
ø — Si 5  Ré# 3  Mi 2  Sol 1
— Ré# 5  Mi 4  Sol 2  Si 1

## F#°

PHO — Fá# 5  Lá 4  Dó 2  Mi♭ 1
♭O — Lá 5  Dó 4  Mi♭ 2  Fá# 1
— Dó 5  Mi♭ 3  Fá# 2  Lá 1
♭ — Mi♭ 5  Fá# 4  Lá 2  Dó 1

## F#°7M

PO — Fá# 5  Lá 4  Dó 2  Mi# 1
— Lá 5  Dó 4  Mi# 2  Fá# 1
— Dó 5  Mi# 3  Fá# 2  Lá 1
— Mi# 4  Fá# 3  Lá 2  Dó 1

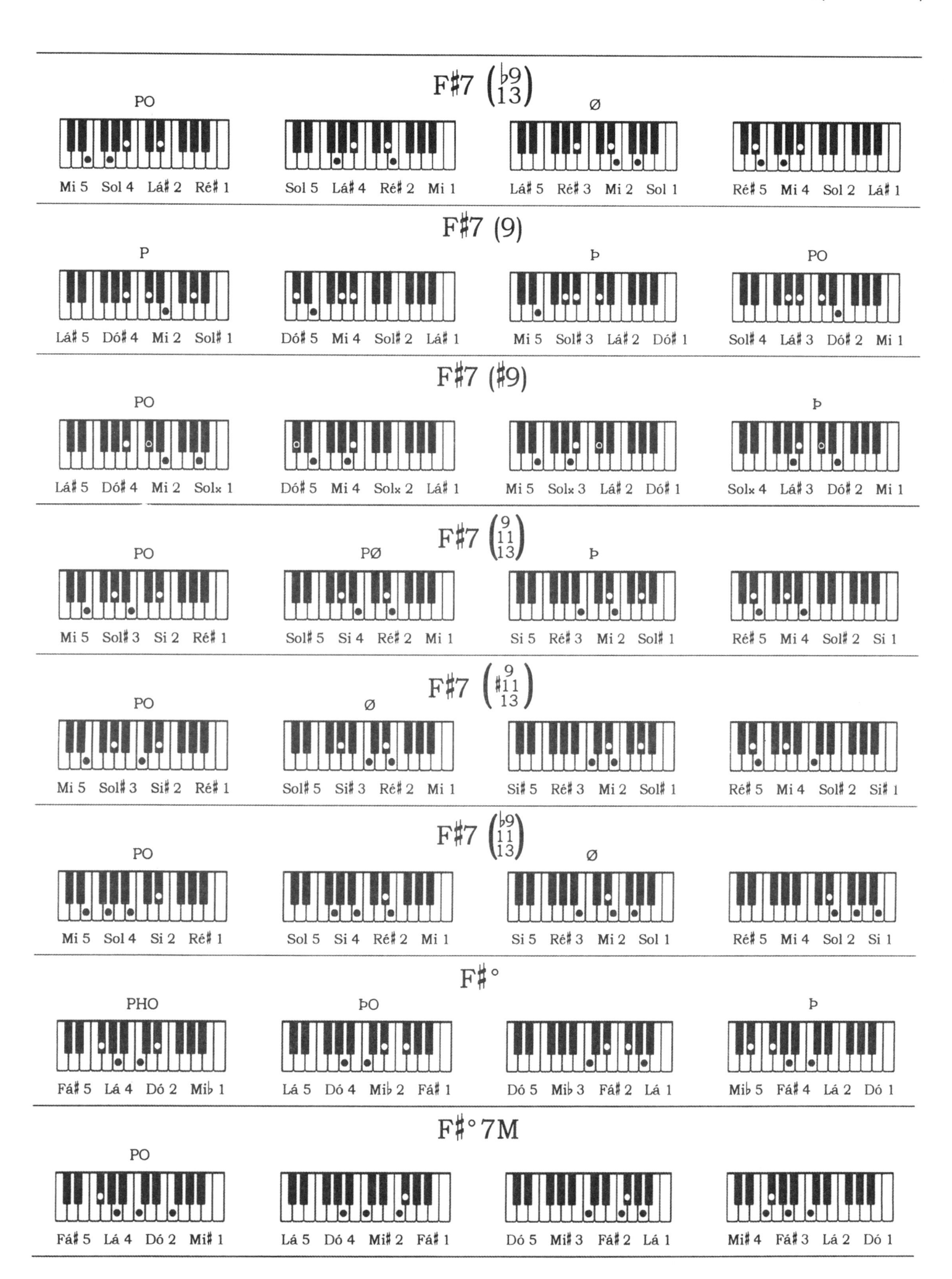

# Acordes de G (Sol)

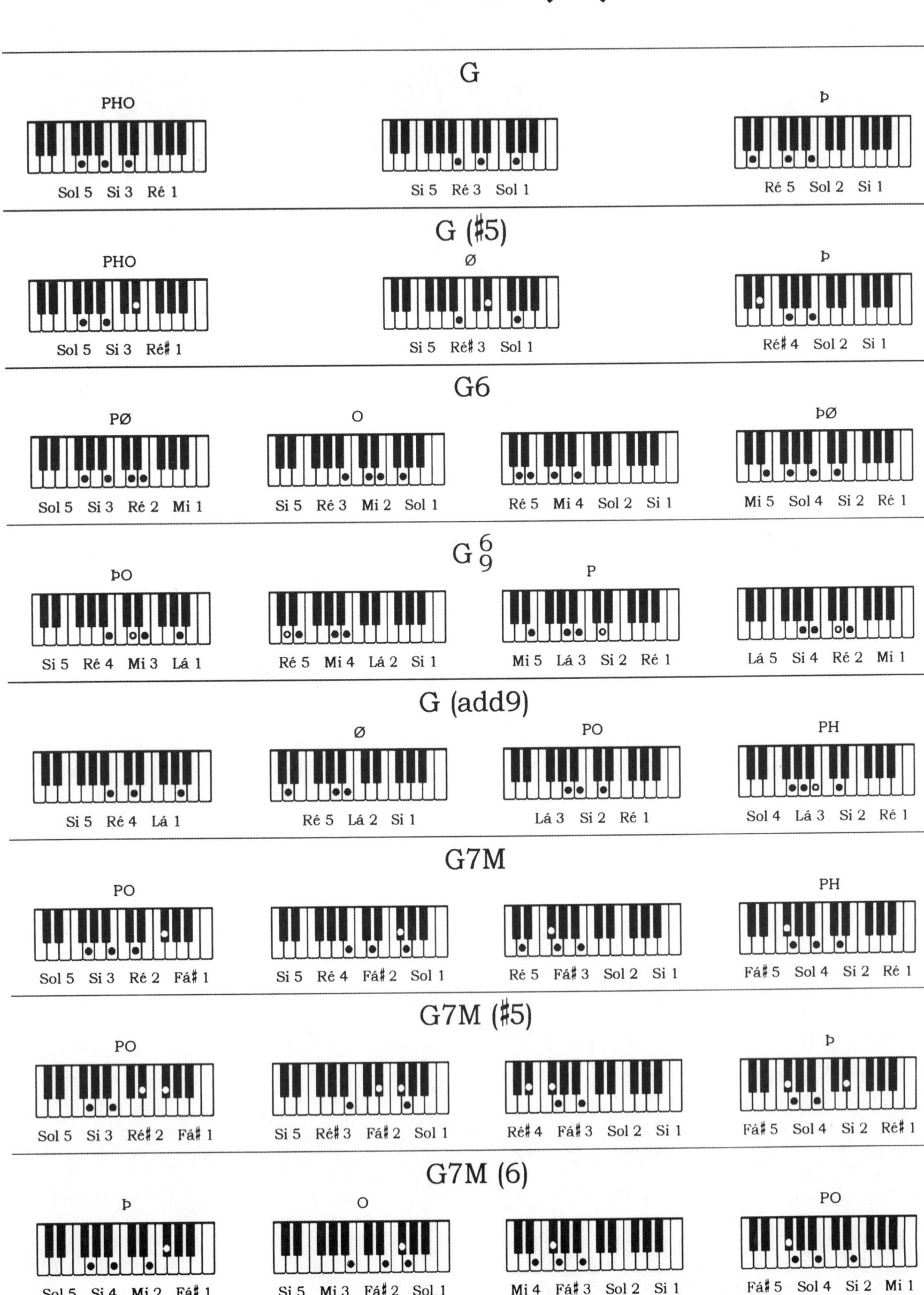

## G

| PHO | | þ |
|---|---|---|
| Sol 5  Si 3  Ré 1 | Si 5  Ré 3  Sol 1 | Ré 5  Sol 2  Si 1 |

## G (#5)

| PHO | ø | þ |
|---|---|---|
| Sol 5  Si 3  Ré# 1 | Si 5  Ré# 3  Sol 1 | Ré# 4  Sol 2  Si 1 |

## G6

| PØ | O | | ÞØ |
|---|---|---|---|
| Sol 5  Si 3  Ré 2  Mi 1 | Si 5  Ré 3  Mi 2  Sol 1 | Ré 5  Mi 4  Sol 2  Si 1 | Mi 5  Sol 4  Si 2  Ré 1 |

## G 6/9

| ÞO | | P | |
|---|---|---|---|
| Si 5  Ré 4  Mi 3  Lá 1 | Ré 5  Mi 4  Lá 2  Si 1 | Mi 5  Lá 3  Si 2  Ré 1 | Lá 5  Si 4  Ré 2  Mi 1 |

## G (add9)

| | ø | PO | PH |
|---|---|---|---|
| Si 5  Ré 4  Lá 1 | Ré 5  Lá 2  Si 1 | Lá 3  Si 2  Ré 1 | Sol 4  Lá 3  Si 2  Ré 1 |

## G7M

| PO | | | PH |
|---|---|---|---|
| Sol 5  Si 3  Ré 2  Fá# 1 | Si 5  Ré 4  Fá# 2  Sol 1 | Ré 5  Fá# 3  Sol 2  Si 1 | Fá# 5  Sol 4  Si 2  Ré 1 |

## G7M (#5)

| PO | | | þ |
|---|---|---|---|
| Sol 5  Si 3  Ré# 2  Fá# 1 | Si 5  Ré# 3  Fá# 2  Sol 1 | Ré# 4  Fá# 3  Sol 2  Si 1 | Fá# 5  Sol 4  Si 2  Ré# 1 |

## G7M (6)

| þ | O | | PO |
|---|---|---|---|
| Sol 5  Si 4  Mi 2  Fá# 1 | Si 5  Mi 3  Fá# 2  Sol 1 | Mi 4  Fá# 3  Sol 2  Si 1 | Fá# 5  Sol 4  Si 2  Mi 1 |

Acordes de G (Sol)

## G7M $\binom{6}{9}$

| Þ | | PO | |
|---|---|---|---|
| Si 5  Mi 3  Fá# 2  Lá 1 | Mi 5  Fá# 3  Lá 2  Si 1 | Fá# 5  Lá 3  Si 2  Mi 1 | Lá 5  Si 4  Mi 2  Fá# 1 |

## G7M (9)

| Þ | | PO | PO |
|---|---|---|---|
| Si 5  Ré 4  Fá# 2  Lá 1 | Ré 5  Fá# 3  Lá 2  Si 1 | Fá# 4  Lá 3  Si 2  Ré 1 | Lá 5  Si 4  Ré 2  Fá# 1 |

## G7M (#11)

| PO | | | Þ |
|---|---|---|---|
| Sol 5  Si 3  Dó# 2  Fá# 1 | Si 5  Dó# 4  Fá# 2  Sol 1 | Dó# 5  Fá# 3  Sol 2  Si 1 | Fá# 5  Sol 4  Si 2  Dó# 1 |

## G7M $\binom{9}{\sharp 11}$

| | | PO | |
|---|---|---|---|
| Ré 5  Fá# 3  Lá 2  Dó# 1 | Fá# 5  Lá 4  Dó# 2  Ré 1 | Lá 5  Dó# 3  Ré 2  Fá# 1 | Dó# 5  Ré 4  Fá# 2  Lá 1 |

## Gm

| PHO | Þ | |
|---|---|---|
| Sol 5  Sib 3  Ré 1 | Sib 4  Ré 2  Sol 1 | Ré 5  Sol 2  Sib 1 |

## Gm6

| PO | Þ | | O |
|---|---|---|---|
| Sol 5  Sib 4  Ré 2  Mi 1 | Sib 5  Ré 3  Mi 2  Sol 1 | Ré 5  Mi 4  Sol 2  Sib 1 | Mi 5  Sol 4  Sib 2  Ré 1 |

## Gm $\frac{6}{9}$

| ÞO | | P | Þ |
|---|---|---|---|
| Sib 5  Ré 4  Mi 3  Lá 1 | Ré 5  Mi 4  Lá 2  Sib 1 | Mi 5  Lá 3  Sib 2  Ré 1 | Lá 5  Sib 4  Ré 2  Mi 1 |

## Gm (add9)

| ÞO | | PO | PH |
|---|---|---|---|
| Sib 5  Ré 4  Lá 1 | Ré 5  Lá 2  Sib 1 | Lá 3  Sib 2  Ré 1 | Sol 4  Lá 3  Sib 2  Ré 1 |

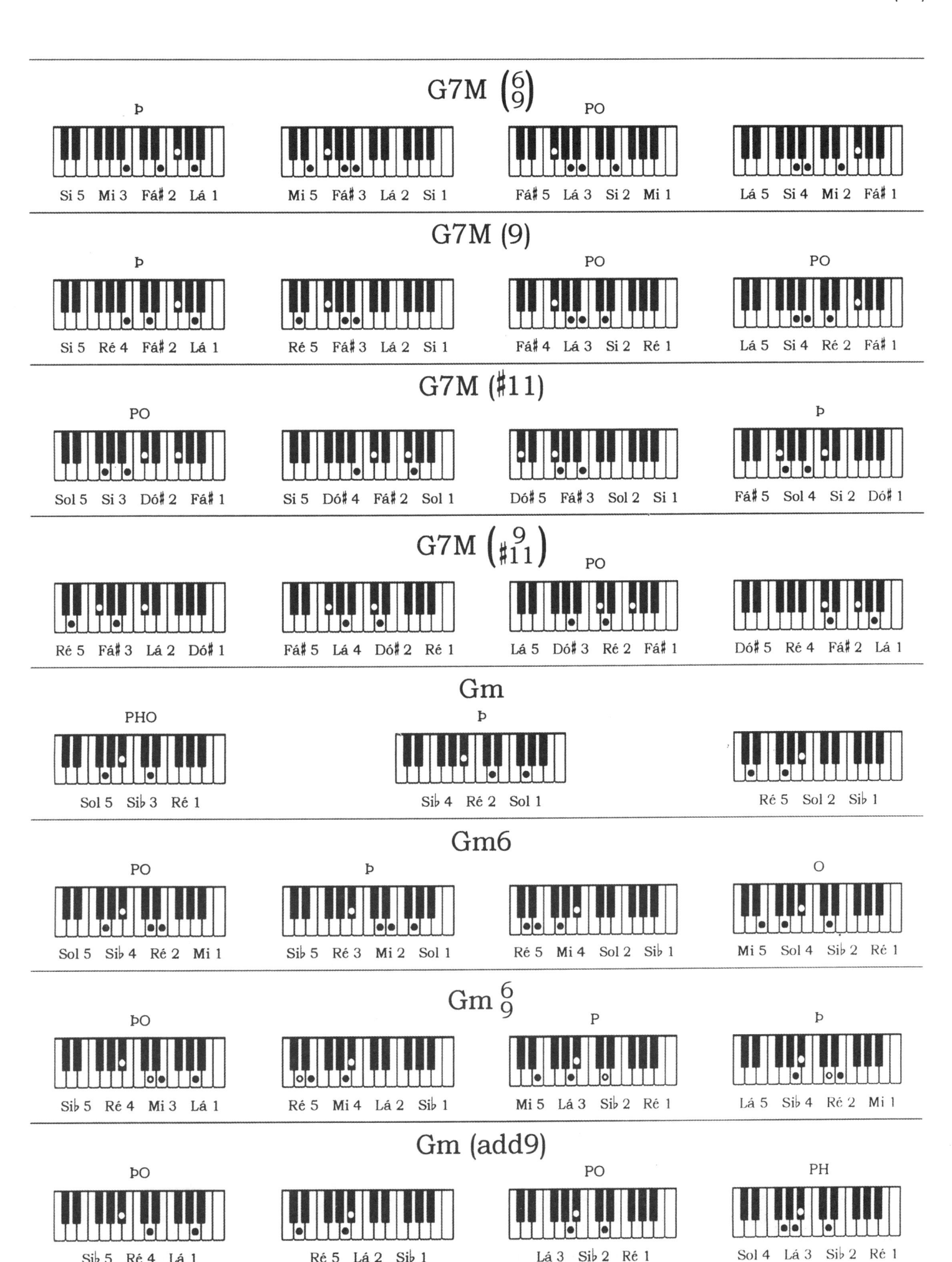

Acordes de G (Sol)

## Gm7

| PHO | | | PO |
|---|---|---|---|
| Sol 5  Sib 4  Ré 2  Fá 1 | Sib 5  Ré 4  Fá 2  Sol 1 | Ré 5  Fá 3  Sol 2  Sib 1 | Fá 5  Sol 4  Sib 2  Ré 1 |

## Gm7 (11)

| PO | | | ÞØ |
|---|---|---|---|
| Sol 5  Sib 4  Dó 3  Fá 1 | Sib 5  Dó 4  Fá 2  Sol 1 | Dó 5  Fá 3  Sol 2  Sib 1 | Fá 5  Sol 4  Sib 2  Dó 1 |

## Gm7 (♭5)

| PHO | P | | ÞO |
|---|---|---|---|
| Sol 5  Sib 3  Réb 2  Fá 1 | Sib 5  Réb 4  Fá 2  Sol 1 | Réb 5  Fá 3  Sol 2  Sib 1 | Fá 5  Sol 4  Sib 2  Réb 1 |

## Gm7 (♭5 / 9)

| PO | | | ÞØ |
|---|---|---|---|
| Sib 5  Réb 4  Fá 2  Lá 1 | Réb 5  Fá 4  Lá 2  Sib 1 | Fá 5  Lá 3  Sib 2  Réb 1 | Lá 5  Sib 4  Réb 2  Fá 1 |

## Gm7 (♭5 / 11)

| | Þ | PO | |
|---|---|---|---|
| Réb 5  Fá 4  Sib 2  Dó 1 | Fá 5  Sib 3  Dó 2  Réb 1 | Sib 4  Dó 3  Réb 2  Fá 1 | Dó 5  Réb 4  Fá 2  Sib 1 |

## Gm7 (9)

| ÞO | | PO | PØ |
|---|---|---|---|
| Sib 5  Ré 4  Fá 2  Lá 1 | Ré 5  Fá 4  Lá 2  Sib 1 | Fá 5  Lá 3  Sib 2  Ré 1 | Lá 5  Sib 4  Ré 2  Fá 1 |

## Gm7 (9 / 11)

| | PO | PO | |
|---|---|---|---|
| Ré 5  Fá 4  Lá 2  Dó 1 | Fá 5  Lá 4  Dó 2  Ré 1 | Lá 5  Dó 3  Ré 2  Fá 1 | Dó 5  Ré 4  Fá 2  Lá 1 |

## Gm (7M)

| PO | | | H |
|---|---|---|---|
| Sol 5  Sib 4  Ré 2  Fá# 1 | Sib 5  Ré 4  Fá# 2  Sol 1 | Ré 5  Fá# 3  Sol 2  Sib 1 | Fá# 5  Sol 4  Sib 2  Ré 1 |

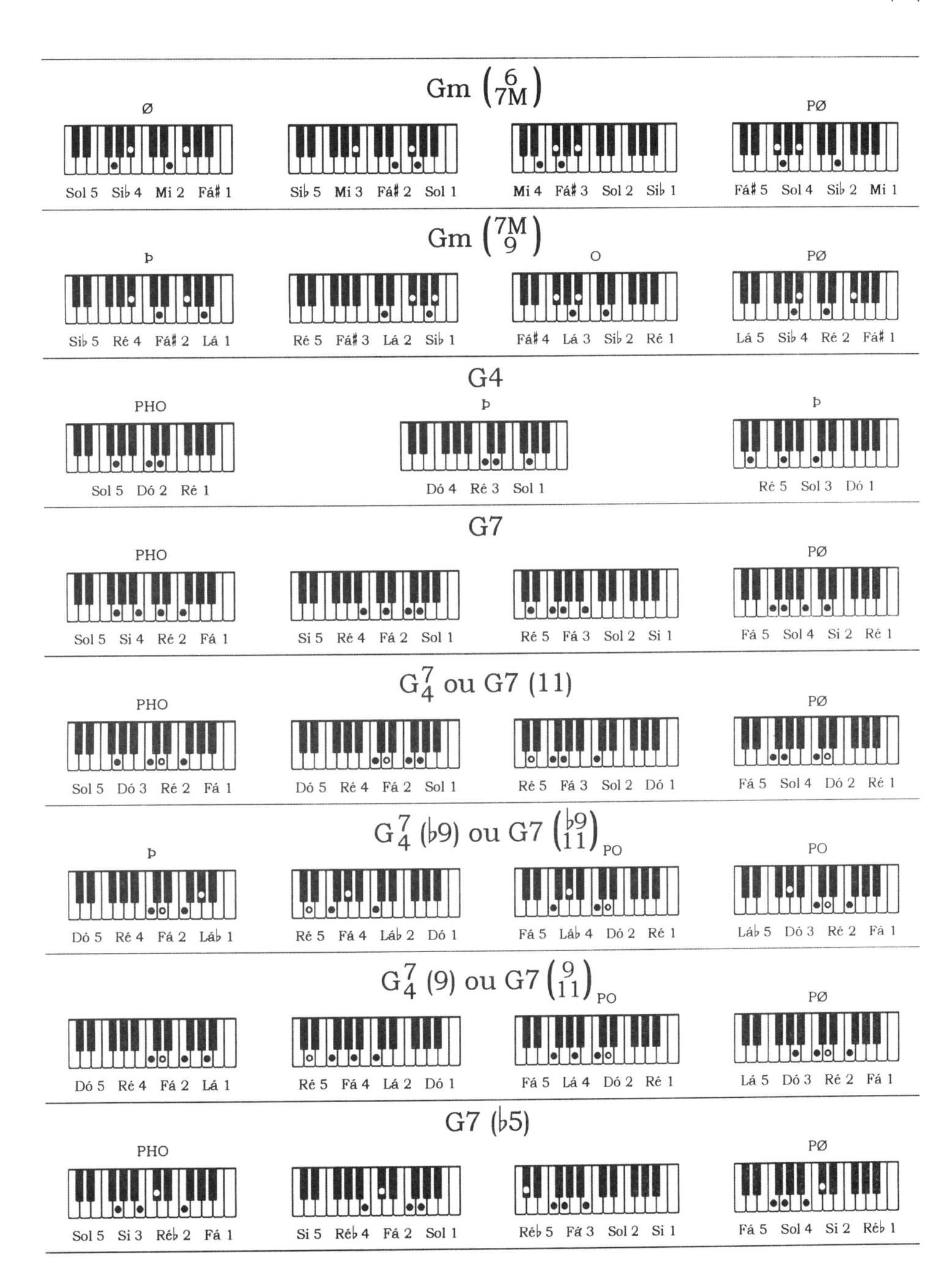

Acordes de G (Sol)

## Gm $\binom{6}{7M}$

| Ø | | | PØ |
|---|---|---|---|
| Sol 5  Sib 4  Mi 2  Fá# 1 | Sib 5  Mi 3  Fá# 2  Sol 1 | Mi 4  Fá# 3  Sol 2  Sib 1 | Fá# 5  Sol 4  Sib 2  Mi 1 |

## Gm $\binom{7M}{9}$

| ♭ | | O | PØ |
|---|---|---|---|
| Sib 5  Ré 4  Fá# 2  Lá 1 | Ré 5  Fá# 3  Lá 2  Sib 1 | Fá# 4  Lá 3  Sib 2  Ré 1 | Lá 5  Sib 4  Ré 2  Fá# 1 |

## G4

| PHO | ♭ | | ♭ |
|---|---|---|---|
| Sol 5  Dó 2  Ré 1 | | Dó 4  Ré 3  Sol 1 | Ré 5  Sol 3  Dó 1 |

## G7

| PHO | | | PØ |
|---|---|---|---|
| Sol 5  Si 4  Ré 2  Fá 1 | Si 5  Ré 4  Fá 2  Sol 1 | Ré 5  Fá 3  Sol 2  Si 1 | Fá 5  Sol 4  Si 2  Ré 1 |

## $G_4^7$ ou G7 (11)

| PHO | | | PØ |
|---|---|---|---|
| Sol 5  Dó 3  Ré 2  Fá 1 | Dó 5  Ré 4  Fá 2  Sol 1 | Ré 5  Fá 3  Sol 2  Dó 1 | Fá 5  Sol 4  Dó 2  Ré 1 |

## $G_4^7$ (♭9) ou G7 $\binom{♭9}{11}_{PO}$

| ♭ | | | PO |
|---|---|---|---|
| Dó 5  Ré 4  Fá 2  Láb 1 | Ré 5  Fá 4  Láb 2  Dó 1 | Fá 5  Láb 4  Dó 2  Ré 1 | Láb 5  Dó 3  Ré 2  Fá 1 |

## $G_4^7$ (9) ou G7 $\binom{9}{11}_{PO}$

| | | | PØ |
|---|---|---|---|
| Dó 5  Ré 4  Fá 2  Lá 1 | Ré 5  Fá 4  Lá 2  Dó 1 | Fá 5  Lá 4  Dó 2  Ré 1 | Lá 5  Dó 3  Ré 2  Fá 1 |

## G7 (♭5)

| PHO | | | PØ |
|---|---|---|---|
| Sol 5  Si 3  Réb 2  Fá 1 | Si 5  Réb 4  Fá 2  Sol 1 | Réb 5  Fá 3  Sol 2  Si 1 | Fá 5  Sol 4  Si 2  Réb 1 |

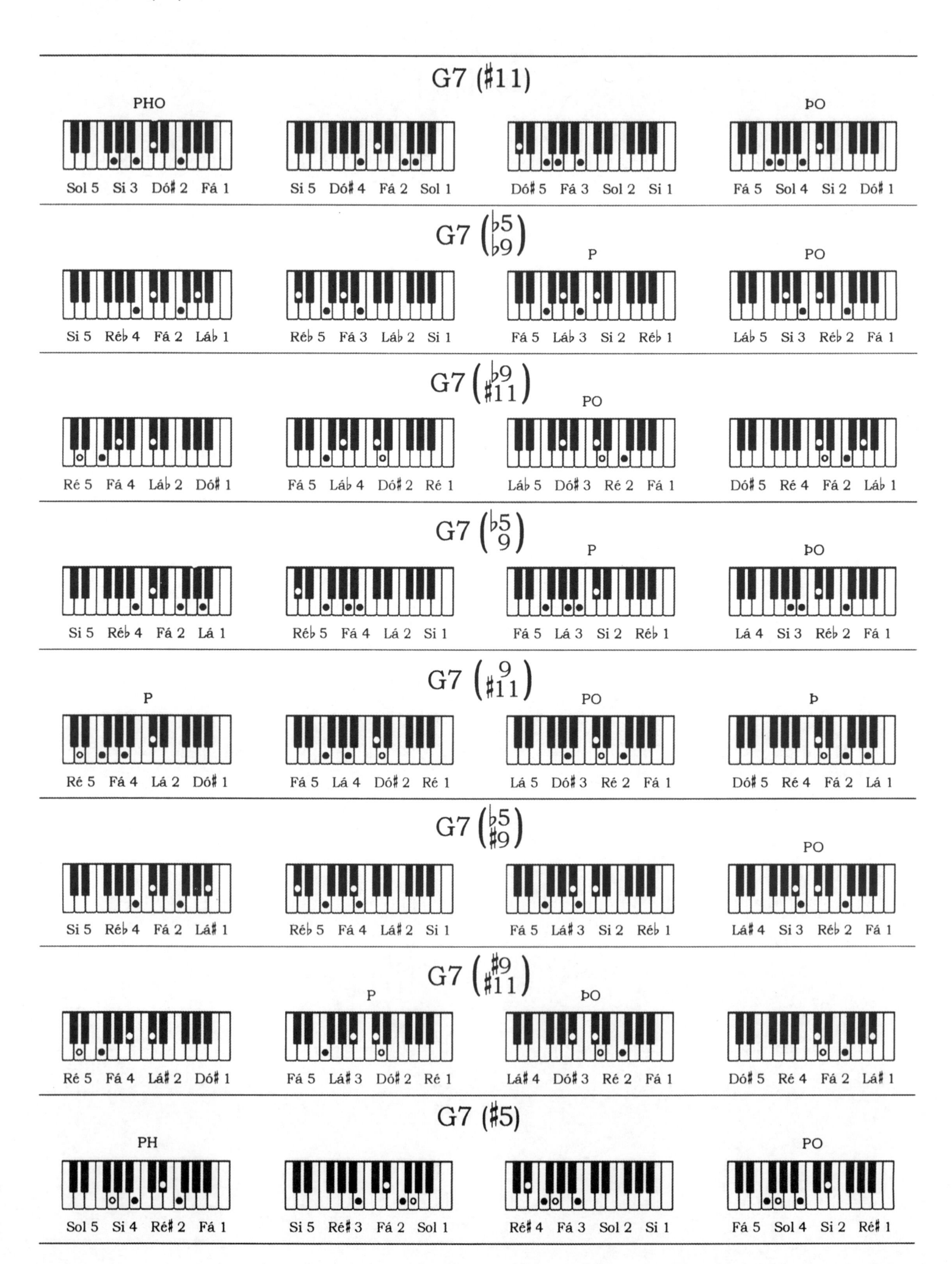

## Acordes de G (Sol)

### G7 (#11)

| PHO | | | ♭O |
|---|---|---|---|
| Sol 5  Si 3  Dó# 2  Fá 1 | Si 5  Dó# 4  Fá 2  Sol 1 | Dó# 5  Fá 3  Sol 2  Si 1 | Fá 5  Sol 4  Si 2  Dó# 1 |

### G7 (♭5 ♭9)

| | | P | PO |
|---|---|---|---|
| Si 5  Ré♭ 4  Fá 2  Lá♭ 1 | Ré♭ 5  Fá 3  Lá♭ 2  Si 1 | Fá 5  Lá♭ 3  Si 2  Ré♭ 1 | Lá♭ 5  Si 3  Ré♭ 2  Fá 1 |

### G7 (♭9 #11)

| | | PO | |
|---|---|---|---|
| Ré 5  Fá 4  Lá♭ 2  Dó# 1 | Fá 5  Lá♭ 4  Dó# 2  Ré 1 | Lá♭ 5  Dó# 3  Ré 2  Fá 1 | Dó# 5  Ré 4  Fá 2  Lá♭ 1 |

### G7 (♭5 9)

| | | P | ♭O |
|---|---|---|---|
| Si 5  Ré♭ 4  Fá 2  Lá 1 | Ré♭ 5  Fá 4  Lá 2  Si 1 | Fá 5  Lá 3  Si 2  Ré♭ 1 | Lá 4  Si 3  Ré♭ 2  Fá 1 |

### G7 (9 #11)

| P | | PO | ♭ |
|---|---|---|---|
| Ré 5  Fá 4  Lá 2  Dó# 1 | Fá 5  Lá 4  Dó# 2  Ré 1 | Lá 5  Dó# 3  Ré 2  Fá 1 | Dó# 5  Ré 4  Lá 1 |

### G7 (♭5 #9)

| | | | PO |
|---|---|---|---|
| Si 5  Ré♭ 4  Fá 2  Lá# 1 | Ré♭ 5  Fá 4  Lá# 2  Si 1 | Fá 5  Lá# 3  Si 2  Ré♭ 1 | Lá# 4  Si 3  Ré♭ 2  Fá 1 |

### G7 (#9 #11)

| | P | ♭O | |
|---|---|---|---|
| Ré 5  Fá 4  Lá# 2  Dó# 1 | Fá 5  Lá# 3  Dó# 2  Ré 1 | Lá# 4  Dó# 3  Ré 2  Fá 1 | Dó# 5  Ré 4  Fá 2  Lá# 1 |

### G7 (#5)

| PH | | | PO |
|---|---|---|---|
| Sol 5  Si 4  Ré# 2  Fá 1 | Si 5  Ré# 3  Fá 2  Sol 1 | Ré# 4  Fá 3  Sol 2  Si 1 | Fá 5  Sol 4  Si 2  Ré# 1 |

Acordes de G (Sol)

## G7 (♭13)

| PO | PH | | |
|---|---|---|---|
| Fá 5  Sol 4  Si 2  Mi♭ 1 | Sol 5  Si 4  Mi♭ 2  Fá 1 | Si 5  Mi♭ 3  Fá 2  Sol 1 | Mi♭ 4  Fá 3  Sol 2  Si 1 |

## G7 (♯5 / ♭9)

| | | ♭O | PØ |
|---|---|---|---|
| Si 5  Ré♯ 3  Fá 2  Lá♭ 1 | Ré♯ 4  Fá 3  Lá♭ 2  Si 1 | Fá 5  Lá♭ 3  Si 2  Ré♯ 1 | Lá♭ 5  Si 4  Ré♯ 2  Fá 1 |

## G7 (♭9 / ♭13)

| ♭O | P | | |
|---|---|---|---|
| Fá 5  Lá♭ 3  Si 2  Mi♭ 1 | Lá♭ 5  Si 4  Mi♭ 2  Fá 1 | Si 5  Mi♭ 3  Fá 2  Lá♭ 1 | Mi♭ 4  Fá 3  Lá♭ 2  Si 1 |

## G7 (♯5 / 9)

| | | PO | ♭ |
|---|---|---|---|
| Si 5  Ré♯ 3  Fá 2  Lá 1 | Ré♯ 5  Fá 4  Lá 2  Si 1 | Fá 5  Lá 3  Si 2  Ré♯ 1 | Lá 5  Si 4  Ré♯ 2  Fá 1 |

## G7 (9 / ♭13)

| PO | ♭Ø | | |
|---|---|---|---|
| Fá 5  Lá 3  Si 2  Mi♭ 1 | Lá 5  Si 4  Mi♭ 2  Fá 1 | Si 5  Mi♭ 3  Fá 2  Lá 1 | Mi♭ 5  Fá 4  Lá 2  Si 1 |

## G7 (♯5 / ♯9)

| ♭ | | PO | ♭ |
|---|---|---|---|
| Si 5  Ré♯ 3  Fá 2  Lá♯ 1 | Ré♯ 5  Fá 4  Lá♯ 2  Si 1 | Fá 5  Lá♯ 3  Si 2  Ré♯ 1 | Lá♯ 5  Si 4  Ré♯ 2  Fá 1 |

## G7 (6) ou G7 (13)

| | | | PO |
|---|---|---|---|
| Sol 5  Si 4  Mi 2  Fá 1 | Si 5  Mi 3  Fá 2  Sol 1 | Mi 4  Fá 3  Sol 2  Si 1 | Fá 5  Sol 4  Si 2  Mi 1 |

## G7 (♭9)

| ♭ | | PØ | ♭O |
|---|---|---|---|
| Si 5  Ré 4  Fá 2  Lá♭ 1 | Ré 5  Fá 4  Lá♭ 2  Si 1 | Fá 5  Lá♭ 3  Si 2  Ré 1 | Lá♭ 5  Si 4  Ré 2  Fá 1 |

## Acordes de G (Sol)

### G7 (♭9 / 13)

| PO | | | |
|---|---|---|---|
| Fá 5  Láb 4  Si 2  Mi 1 | Láb 5  Si 4  Mi 2  Fá 1 | Si 5  Mi 3  Fá 2  Láb 1 | Mi 4  Fá 3  Láb 2  Si 1 |

### G7 (9)

| ♭ | | PO | ♭O |
|---|---|---|---|
| Si 5  Ré 4  Fá 2  Lá 1 | Ré 5  Fá 4  Lá 2  Si 1 | Fá 5  Lá 3  Si 2  Ré 1 | Lá 5  Si 4  Ré 2  Fá 1 |

### G7 (♯9)

| P | | ♭O | Ø |
|---|---|---|---|
| Si 5  Ré 4  Fá 2  Lá♯ 1 | Ré 5  Fá 4  Lá♯ 2  Si 1 | Fá 5  Lá♯ 3  Si 2  Ré 1 | Lá♯ 5  Si 4  Ré 2  Fá 1 |

### G7 (9 / 11 / 13)

| PO | ♭ | | |
|---|---|---|---|
| Fá 5  Lá 4  Dó 2  Mi 1 | Lá 5  Dó 4  Mi 2  Fá 1 | Dó 5  Mi 3  Fá 2  Lá 1 | Mi 5  Fá 4  Lá 2  Dó 1 |

### G7 (9 / ♯11 / 13)

| PO | | | |
|---|---|---|---|
| Fá 5  Lá 4  Dó♯ 2  Mi 1 | Lá 5  Dó♯ 3  Mi 2  Fá 1 | Dó♯ 4  Mi 3  Fá 2  Lá 1 | Mi 5  Fá 4  Lá 2  Dó♯ 1 |

### G7 (♭9 / 11 / 13)

| PO | Ø | | |
|---|---|---|---|
| Fá 5  Láb 4  Dó 2  Mi 1 | Láb 5  Dó 4  Mi 2  Fá 1 | Dó 5  Mi 3  Fá 2  Láb 1 | Mi 5  Fá 4  Láb 2  Dó 1 |

### G°

| PHO | Ø | | ♭ |
|---|---|---|---|
| Sol 5  Sib 3  Réb 2  Fáb 1 | Sib 5  Réb 4  Fáb 2  Sol 1 | Réb 5  Fáb 3  Sol 2  Sib 1 | Fáb 5  Sol 4  Sib 2  Réb 1 |

### G° 7M

| PO | | | |
|---|---|---|---|
| Sol 5  Sib 3  Réb 2  Fá♯ 1 | Sib 5  Réb 4  Fá♯ 2  Sol 1 | Réb 5  Fá♯ 3  Sol 2  Sib 1 | Fá♯ 5  Sol 4  Sib 2  Réb 1 |

# Acordes de A♭ (Lá bemol)

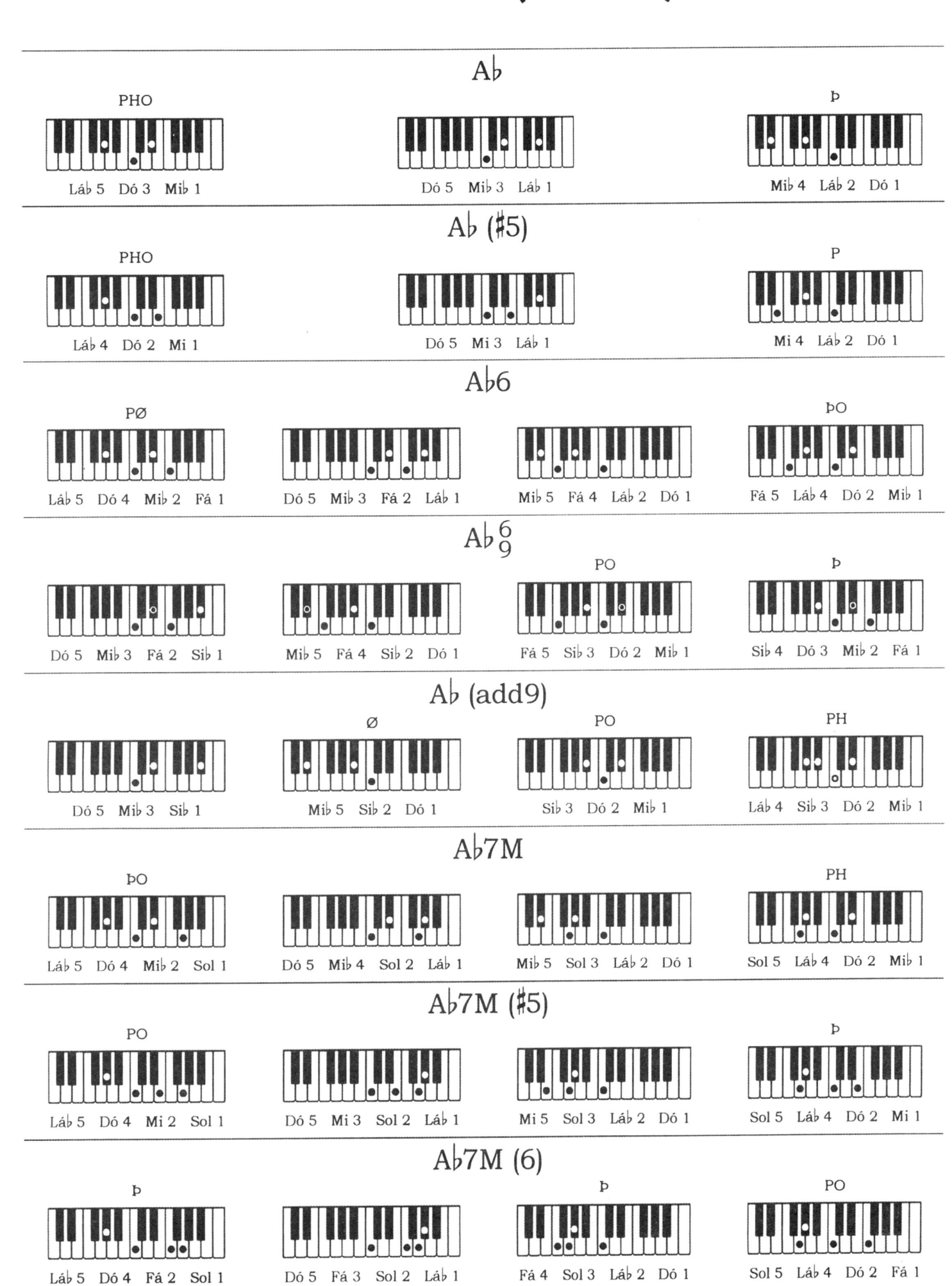

## A♭

PHO — Láb 5  Dó 3  Mib 1
— Dó 5  Mib 3  Láb 1
♭ — Mib 4  Láb 2  Dó 1

## A♭ (♯5)

PHO — Láb 4  Dó 2  Mi 1
— Dó 5  Mi 3  Láb 1
P — Mi 4  Láb 2  Dó 1

## A♭6

PØ — Láb 5  Dó 4  Mib 2  Fá 1
— Dó 5  Mib 3  Fá 2  Láb 1
— Mib 5  Fá 4  Láb 2  Dó 1
♭O — Fá 5  Láb 4  Dó 2  Mib 1

## A♭ 6/9

— Dó 5  Mib 3  Fá 2  Sib 1
— Mib 5  Fá 4  Sib 2  Dó 1
PO — Fá 5  Sib 3  Dó 2  Mib 1
♭ — Sib 4  Dó 3  Mib 2  Fá 1

## A♭ (add9)

— Dó 5  Mib 3  Sib 1
Ø — Mib 5  Sib 2  Dó 1
PO — Sib 3  Dó 2  Mib 1
PH — Láb 4  Sib 3  Dó 2  Mib 1

## A♭7M

♭O — Láb 5  Dó 4  Mib 2  Sol 1
— Dó 5  Mib 4  Sol 2  Láb 1
— Mib 5  Sol 3  Láb 2  Dó 1
PH — Sol 5  Láb 4  Dó 2  Mib 1

## A♭7M (♯5)

PO — Láb 5  Dó 4  Mi 2  Sol 1
— Dó 5  Mi 3  Sol 2  Láb 1
— Mi 5  Sol 3  Láb 2  Dó 1
♭ — Sol 5  Láb 4  Dó 2  Mi 1

## A♭7M (6)

♭ — Láb 5  Dó 4  Fá 2  Sol 1
— Dó 5  Fá 3  Sol 2  Láb 1
♭ — Fá 4  Sol 3  Láb 2  Dó 1
PO — Sol 5  Láb 4  Dó 2  Fá 1

## Acordes de A♭ (Lá bemol)

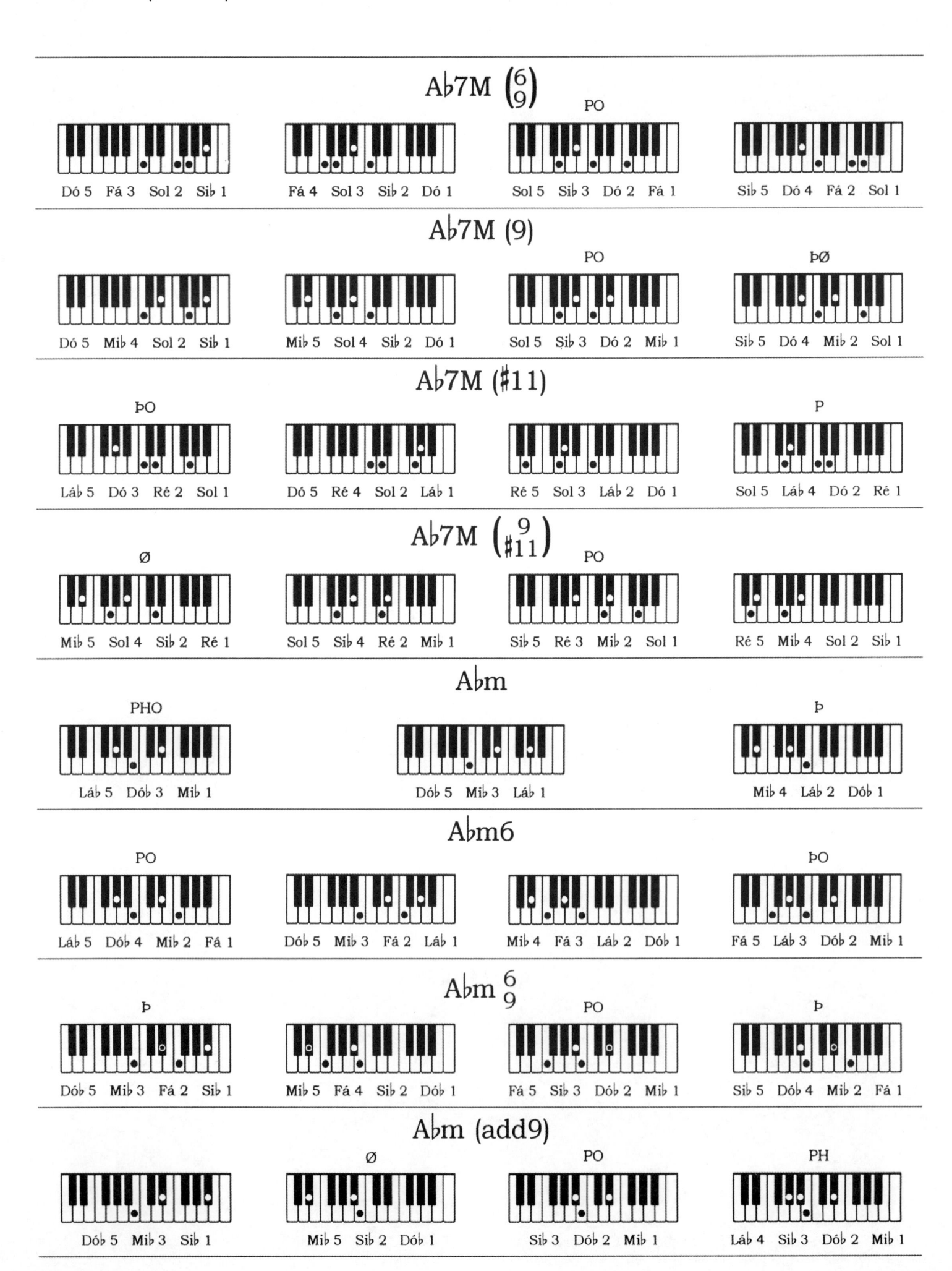

### A♭7M (6/9)

| | | PO | |
|---|---|---|---|
| Dó 5  Fá 3  Sol 2  Si♭ 1 | Fá 4  Sol 3  Si♭ 2  Dó 1 | Sol 5  Si♭ 3  Dó 2  Fá 1 | Si♭ 5  Dó 4  Fá 2  Sol 1 |

### A♭7M (9)

| | | PO | ♭∅ |
|---|---|---|---|
| Dó 5  Mi♭ 4  Sol 2  Si♭ 1 | Mi♭ 5  Sol 4  Si♭ 2  Dó 1 | Sol 5  Si♭ 3  Dó 2  Mi♭ 1 | Si♭ 5  Dó 4  Mi♭ 2  Sol 1 |

### A♭7M (♯11)

| ♭O | | | P |
|---|---|---|---|
| Lá♭ 5  Dó 3  Ré 2  Sol 1 | Dó 5  Ré 4  Sol 2  Lá♭ 1 | Ré 5  Sol 3  Lá♭ 2  Dó 1 | Sol 5  Lá♭ 4  Dó 2  Ré 1 |

### A♭7M (9/♯11)

| ∅ | | PO | |
|---|---|---|---|
| Mi♭ 5  Sol 4  Si♭ 2  Ré 1 | Sol 5  Si♭ 4  Ré 2  Mi♭ 1 | Si♭ 5  Ré 3  Mi♭ 2  Sol 1 | Ré 5  Mi♭ 4  Sol 2  Si♭ 1 |

### A♭m

| PHO | | | ♭ |
|---|---|---|---|
| Lá♭ 5  Dó♭ 3  Mi♭ 1 | | Dó♭ 5  Mi♭ 3  Lá♭ 1 | Mi♭ 4  Lá♭ 2  Dó♭ 1 |

### A♭m6

| PO | | | ♭O |
|---|---|---|---|
| Lá♭ 5  Dó♭ 4  Mi♭ 2  Fá 1 | Dó♭ 5  Mi♭ 3  Fá 2  Lá♭ 1 | Mi♭ 4  Fá 3  Lá♭ 2  Dó♭ 1 | Fá 5  Lá♭ 3  Dó♭ 2  Mi♭ 1 |

### A♭m 6/9

| ♭ | | PO | ♭ |
|---|---|---|---|
| Dó♭ 5  Mi♭ 3  Fá 2  Si♭ 1 | Mi♭ 5  Fá 4  Si♭ 2  Dó♭ 1 | Fá 5  Si♭ 3  Dó♭ 2  Mi♭ 1 | Si♭ 5  Dó♭ 4  Mi♭ 2  Fá 1 |

### A♭m (add9)

| | ∅ | PO | PH |
|---|---|---|---|
| Dó♭ 5  Mi♭ 3  Si♭ 1 | Mi♭ 5  Si♭ 2  Dó♭ 1 | Si♭ 3  Dó♭ 2  Mi♭ 1 | Lá♭ 4  Si♭ 3  Dó♭ 2  Mi♭ 1 |

Acordes de A♭ (Lá bemol)

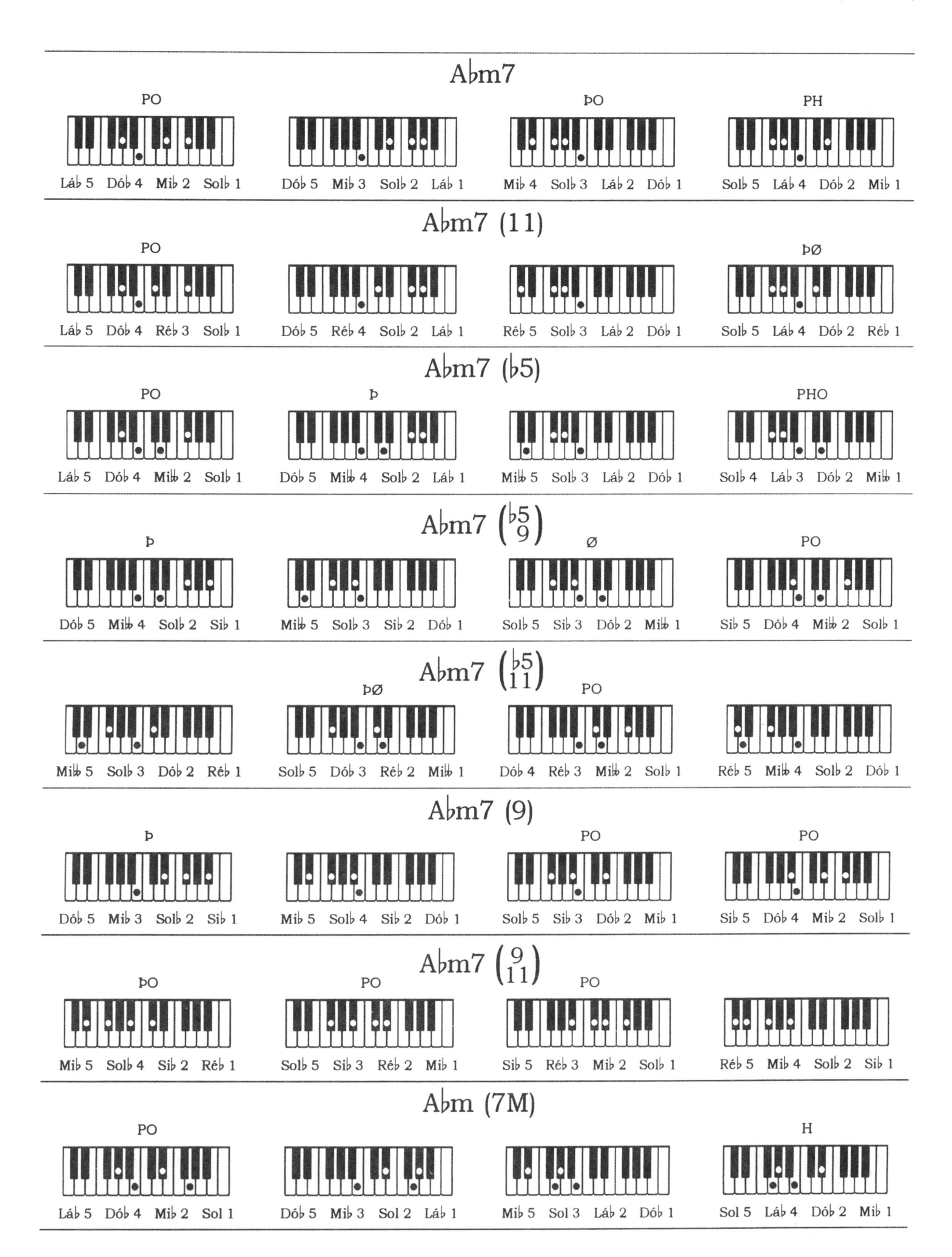

## A♭m7

| PO | | ♭O | PH |
|---|---|---|---|
| Láb 5  Dób 4  Mib 2  Solb 1 | Dób 5  Mib 3  Solb 2  Láb 1 | Mib 4  Solb 3  Láb 2  Dób 1 | Solb 5  Láb 4  Dób 2  Mib 1 |

## A♭m7 (11)

| PO | | | ♭Ø |
|---|---|---|---|
| Láb 5  Dób 4  Réb 3  Solb 1 | Dób 5  Réb 4  Solb 2  Láb 1 | Réb 5  Solb 3  Láb 2  Dób 1 | Solb 5  Láb 4  Dób 2  Réb 1 |

## A♭m7 (♭5)

| PO | ♭ | | PHO |
|---|---|---|---|
| Láb 5  Dób 4  Mi♭♭ 2  Solb 1 | Dób 5  Mi♭♭ 4  Solb 2  Láb 1 | Mi♭♭ 5  Solb 3  Láb 2  Dób 1 | Solb 4  Láb 3  Dób 2  Mi♭♭ 1 |

## A♭m7 (♭5/9)

| ♭ | | Ø | PO |
|---|---|---|---|
| Dób 5  Mi♭♭ 4  Solb 2  Sib 1 | Mi♭♭ 5  Solb 3  Sib 2  Dób 1 | Solb 5  Sib 3  Dób 2  Mi♭♭ 1 | Sib 5  Dób 4  Mi♭♭ 2  Solb 1 |

## A♭m7 (♭5/11)

| ♭Ø | | PO | |
|---|---|---|---|
| Mi♭♭ 5  Solb 3  Dób 2  Réb 1 | Solb 5  Dób 3  Réb 2  Mi♭♭ 1 | Dób 4  Réb 3  Mi♭♭ 2  Solb 1 | Réb 5  Mi♭♭ 4  Solb 2  Dób 1 |

## A♭m7 (9)

| ♭ | | PO | PO |
|---|---|---|---|
| Dób 5  Mib 3  Solb 2  Sib 1 | Mib 5  Solb 4  Sib 2  Dób 1 | Solb 5  Sib 3  Dób 2  Mib 1 | Sib 5  Dób 4  Mib 2  Solb 1 |

## A♭m7 (9/11)

| ♭O | PO | PO | |
|---|---|---|---|
| Mib 5  Solb 4  Sib 2  Réb 1 | Solb 5  Sib 3  Réb 2  Mib 1 | Sib 5  Réb 3  Mib 2  Solb 1 | Réb 5  Mib 4  Solb 2  Sib 1 |

## A♭m (7M)

| PO | | | H |
|---|---|---|---|
| Láb 5  Dób 4  Mib 2  Sol 1 | Dób 5  Mib 3  Sol 2  Láb 1 | Mib 5  Sol 3  Láb 2  Dób 1 | Sol 5  Láb 4  Dób 2  Mib 1 |

## Acordes de A♭ (Lá bemol)

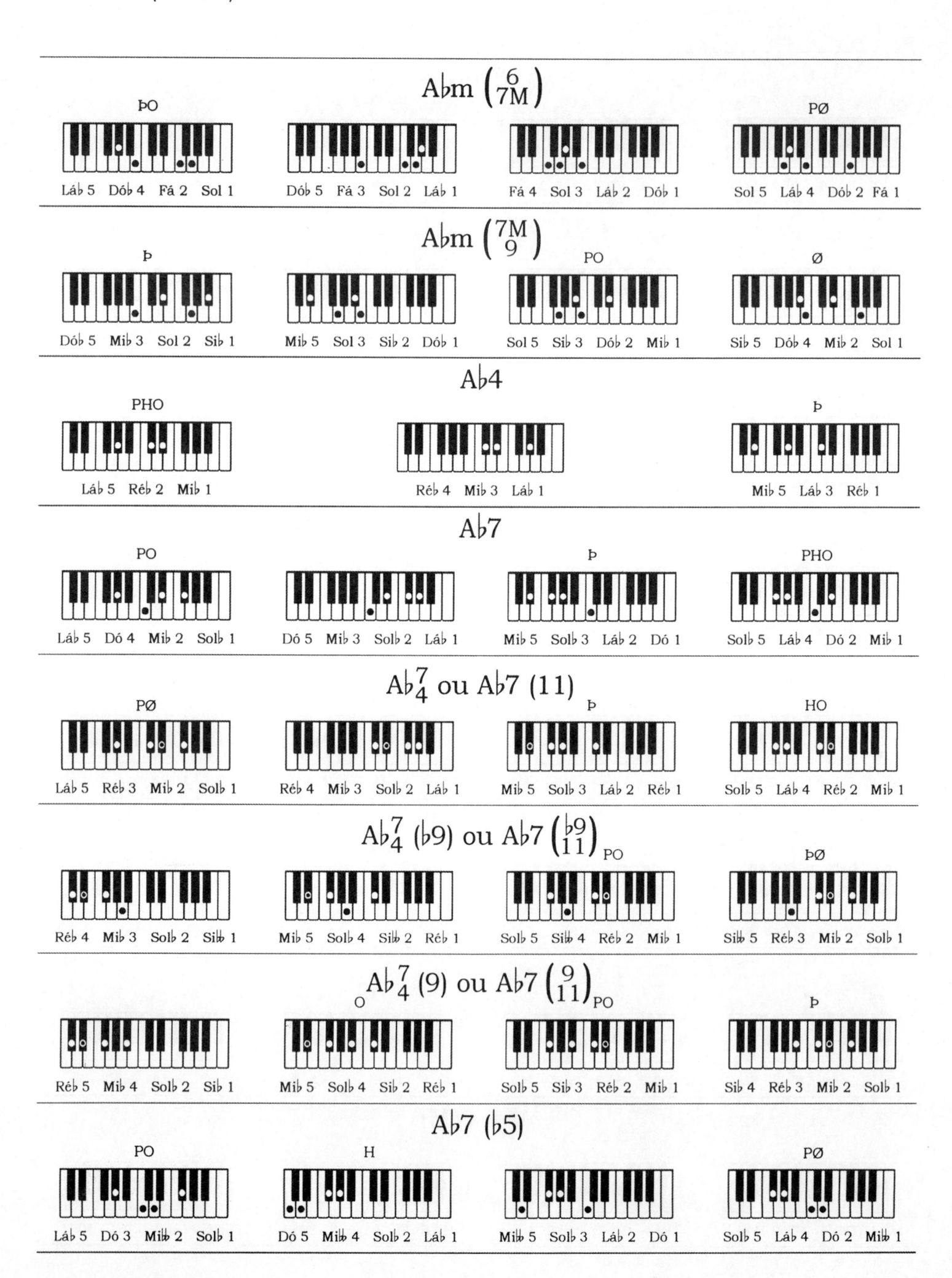

### A♭m (6/7M)

| ÞO | | | PØ |
|---|---|---|---|
| Láb 5  Dób 4  Fá 2  Sol 1 | Dób 5  Fá 3  Sol 2  Láb 1 | Fá 4  Sol 3  Láb 2  Dób 1 | Sol 5  Láb 4  Dób 2  Fá 1 |

### A♭m (7M/9)

| Þ | | PO | Ø |
|---|---|---|---|
| Dób 5  Mib 3  Sol 2  Sib 1 | Mib 5  Sol 3  Sib 2  Dób 1 | Sol 5  Sib 3  Dób 2  Mib 1 | Sib 5  Dób 4  Mib 2  Sol 1 |

### A♭4

| PHO | | Þ |
|---|---|---|
| Láb 5  Réb 2  Mib 1 | Réb 4  Mib 3  Láb 1 | Mib 5  Láb 3  Réb 1 |

### A♭7

| PO | | Þ | PHO |
|---|---|---|---|
| Láb 5  Dó 4  Mib 2  Solb 1 | Dó 5  Mib 3  Solb 2  Láb 1 | Mib 5  Solb 3  Láb 2  Dó 1 | Solb 5  Láb 4  Dó 2  Mib 1 |

### A♭$^7_4$ ou A♭7 (11)

| PØ | | Þ | HO |
|---|---|---|---|
| Láb 5  Réb 3  Mib 2  Solb 1 | Réb 4  Mib 3  Solb 2  Láb 1 | Mib 5  Solb 3  Láb 2  Réb 1 | Solb 5  Láb 4  Réb 2  Mib 1 |

### A♭$^7_4$ (♭9) ou A♭7 (♭9/11)

| PO | | | ÞØ |
|---|---|---|---|
| Réb 4  Mib 3  Solb 2  Sib 1 | Mib 5  Solb 4  Sib 2  Réb 1 | Solb 5  Sib 4  Réb 2  Mib 1 | Sib 5  Réb 3  Mib 2  Solb 1 |

### A♭$^7_4$ (9) ou A♭7 (9/11)

| O | | PO | Þ |
|---|---|---|---|
| Réb 5  Mib 4  Solb 2  Sib 1 | Mib 5  Solb 4  Sib 2  Réb 1 | Solb 5  Sib 3  Réb 2  Mib 1 | Sib 4  Réb 3  Mib 2  Solb 1 |

### A♭7 (♭5)

| PO | H | | PØ |
|---|---|---|---|
| Láb 5  Dó 3  Mib 2  Solb 1 | Dó 5  Mib 4  Solb 2  Láb 1 | Mib 5  Solb 3  Láb 2  Dó 1 | Solb 5  Láb 4  Dó 2  Mib 1 |

Acordes de A♭ (Lá bemol)

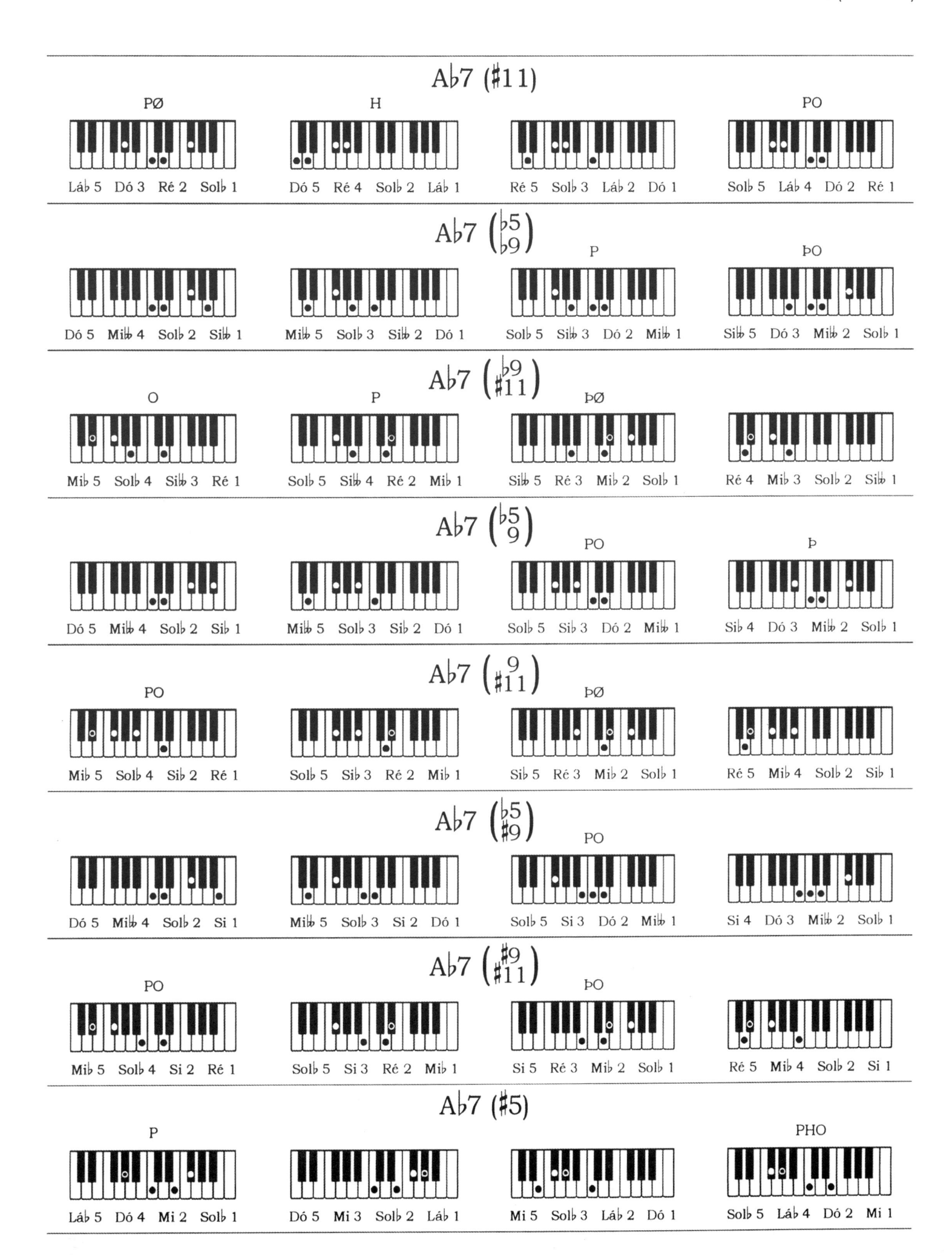

## A♭7 (♯11)

| PØ | H | | PO |
|---|---|---|---|
| Láb 5  Dó 3  Ré 2  Solb 1 | Dó 5  Ré 4  Solb 2  Láb 1 | Ré 5  Solb 3  Láb 2  Dó 1 | Solb 5  Láb 4  Dó 2  Ré 1 |

## A♭7 (♭5 ♭9)

| | | P | ♭O |
|---|---|---|---|
| Dó 5  Mi♭♭ 4  Solb 2  Sib 1 | Mi♭♭ 5  Solb 3  Sib 2  Dó 1 | Solb 5  Sib 3  Dó 2  Mi♭♭ 1 | Sib 5  Dó 3  Mi♭♭ 2  Solb 1 |

## A♭7 (♭9 ♯11)

| O | P | ♭Ø | |
|---|---|---|---|
| Mib 5  Solb 4  Sib 3  Ré 1 | Solb 5  Sib 4  Ré 2  Mib 1 | Sib 5  Ré 3  Mib 2  Solb 1 | Ré 4  Mib 3  Solb 2  Sib 1 |

## A♭7 (♭5 9)

| | | PO | ♭ |
|---|---|---|---|
| Dó 5  Mi♭♭ 4  Solb 2  Sib 1 | Mi♭♭ 5  Solb 3  Sib 2  Dó 1 | Solb 5  Sib 3  Dó 2  Mi♭♭ 1 | Sib 4  Dó 3  Mi♭♭ 2  Solb 1 |

## A♭7 (9 ♯11)

| PO | | ♭Ø | |
|---|---|---|---|
| Mib 5  Solb 4  Sib 2  Ré 1 | Solb 5  Sib 3  Ré 2  Mib 1 | Sib 5  Ré 3  Mib 2  Solb 1 | Ré 5  Mib 4  Solb 2  Sib 1 |

## A♭7 (♭5 ♯9)

| | | PO | |
|---|---|---|---|
| Dó 5  Mi♭♭ 4  Solb 2  Si 1 | Mi♭♭ 5  Solb 3  Si 2  Dó 1 | Solb 5  Si 3  Dó 2  Mi♭♭ 1 | Si 4  Dó 3  Mi♭♭ 2  Solb 1 |

## A♭7 (♯9 ♯11)

| PO | | ♭O | |
|---|---|---|---|
| Mib 5  Solb 4  Si 2  Ré 1 | Solb 5  Si 3  Ré 2  Mib 1 | Si 5  Ré 3  Mib 2  Solb 1 | Ré 5  Mib 4  Solb 2  Si 1 |

## A♭7 (♯5)

| P | | | PHO |
|---|---|---|---|
| Láb 5  Dó 4  Mi 2  Solb 1 | Dó 5  Mi 3  Solb 2  Láb 1 | Mi 5  Solb 3  Láb 2  Dó 1 | Solb 5  Láb 4  Dó 2  Mi 1 |

## Acordes de A♭ (Lá bemol)

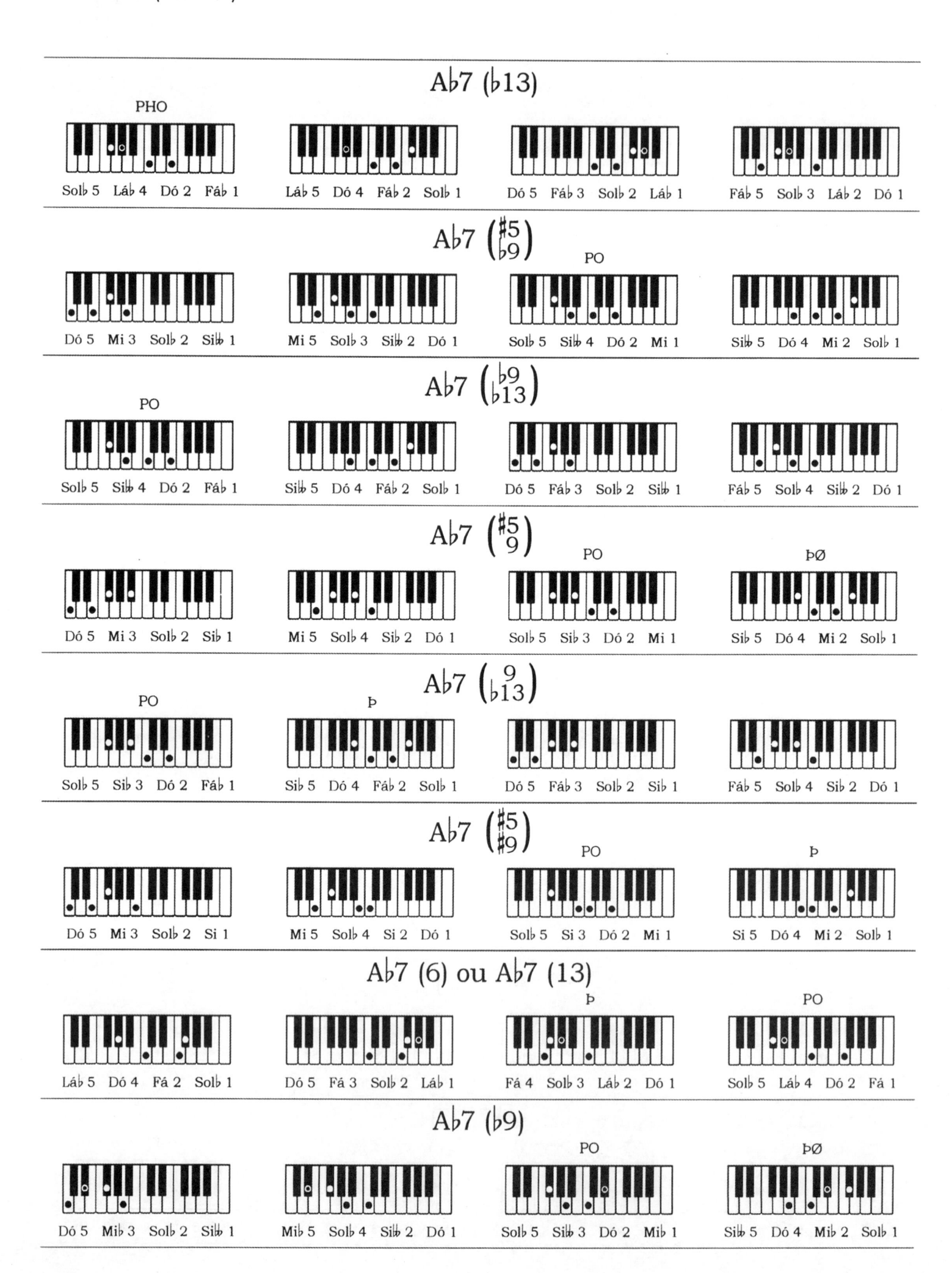

### A♭7 (♭13)

PHO
Sol♭ 5  Lá♭ 4  Dó 2  Fá♭ 1

Lá♭ 5  Dó 4  Fá♭ 2  Sol♭ 1

Dó 5  Fá♭ 3  Sol♭ 2  Lá♭ 1

Fá♭ 5  Sol♭ 3  Lá♭ 2  Dó 1

### A♭7 (♯5 / ♭9)

Dó 5  Mi 3  Sol♭ 2  Si♭♭ 1

Mi 5  Sol♭ 3  Si♭♭ 2  Dó 1

PO
Sol♭ 5  Si♭♭ 4  Dó 2  Mi 1

Si♭♭ 5  Dó 4  Mi 2  Sol♭ 1

### A♭7 (♭9 / ♭13)

PO
Sol♭ 5  Si♭ 4  Dó 2  Fá♭ 1

Si♭ 5  Dó 4  Fá♭ 2  Sol♭ 1

Dó 5  Fá♭ 3  Sol♭ 2  Si♭ 1

Fá♭ 5  Sol♭ 4  Si♭ 2  Dó 1

### A♭7 (♯5 / 9)

Dó 5  Mi 3  Sol♭ 2  Si♭ 1

Mi 5  Sol♭ 4  Si♭ 2  Dó 1

PO
Sol♭ 5  Si♭ 3  Dó 2  Mi 1

♭∅
Si♭ 5  Dó 4  Mi 2  Sol♭ 1

### A♭7 (9 / ♭13)

PO
Sol♭ 5  Si♭ 3  Dó 2  Fá♭ 1

♭
Si♭ 5  Dó 4  Fá♭ 2  Sol♭ 1

Dó 5  Fá♭ 3  Sol♭ 2  Si♭ 1

Fá♭ 5  Sol♭ 4  Si♭ 2  Dó 1

### A♭7 (♯5 / ♯9)

Dó 5  Mi 3  Sol♭ 2  Si 1

Mi 5  Sol♭ 4  Si 2  Dó 1

PO
Sol♭ 5  Si 3  Dó 2  Mi 1

♭
Si 5  Dó 4  Mi 2  Sol♭ 1

### A♭7 (6) ou A♭7 (13)

Lá♭ 5  Dó 4  Fá 2  Sol♭ 1

Dó 5  Fá 3  Sol♭ 2  Lá♭ 1

♭
Fá 4  Sol♭ 3  Lá♭ 2  Dó 1

PO
Sol♭ 5  Lá♭ 4  Dó 2  Fá 1

### A♭7 (♭9)

Dó 5  Mi♭ 3  Sol♭ 2  Si♭ 1

Mi♭ 5  Sol♭ 4  Si♭ 2  Dó 1

PO
Sol♭ 5  Si♭ 3  Dó 2  Mi♭ 1

♭∅
Si♭ 5  Dó 4  Mi♭ 2  Sol♭ 1

Acordes de A♭ (Lá bemol)

## A♭7 (♭9/13)

| PO | | | |
|---|---|---|---|
| Sol♭ 5  Si♭♭ 4  Dó 2  Fá 1 | Si♭ 5  Dó 4  Fá 2  Sol♭ 1 | Dó 5  Fá 3  Sol♭ 2  Si♭♭ 1 | Fá 4  Sol♭ 3  Si♭♭ 2  Dó 1 |

## A♭7 (9)

| | Þ | PO | ÞØ |
|---|---|---|---|
| Dó 5  Mi♭ 3  Sol♭ 2  Si♭ 1 | Mi♭ 5  Sol♭ 4  Si♭ 2  Dó 1 | Sol♭ 5  Si♭ 3  Dó 2  Mi♭ 1 | Si♭ 5  Dó 4  Mi♭ 2  Sol♭ 1 |

## A♭7 (♯9)

| | | PO | |
|---|---|---|---|
| Dó 5  Mi♭ 4  Sol♭ 2  Si 1 | Mi♭ 5  Sol♭ 4  Si 2  Dó 1 | Sol♭ 5  Si 3  Dó 2  Mi♭ 1 | Si 5  Dó 4  Mi♭ 2  Sol♭ 1 |

## A♭7 (9/11/13)

| PO | | | Þ |
|---|---|---|---|
| Sol♭ 5  Si♭ 3  Ré♭ 2  Fá 1 | Si♭ 5  Ré♭ 4  Fá 2  Sol♭ 1 | Ré♭ 5  Fá 3  Sol♭ 2  Si♭ 1 | Fá 5  Sol♭ 4  Si♭ 2  Ré♭ 1 |

## A♭7 (9/♯11/13)

| PO | | | |
|---|---|---|---|
| Sol♭ 5  Si♭ 3  Ré 2  Fá 1 | Si♭ 5  Ré 4  Fá 2  Sol♭ 1 | Ré 5  Fá 3  Sol♭ 2  Si♭ 1 | Fá 5  Sol♭ 4  Si♭ 2  Ré 1 |

## A♭7 (♭9/11/13)

| PO | | | |
|---|---|---|---|
| Sol♭ 5  Si♭♭ 4  Ré♭ 2  Fá 1 | Si♭♭ 5  Ré♭ 3  Fá 2  Sol♭ 1 | Ré♭ 5  Fá 3  Sol♭ 2  Si♭♭ 1 | Fá 5  Sol♭ 4  Si♭♭ 2  Ré♭ 1 |

## A♭°

| ÞHO | | | PO |
|---|---|---|---|
| Lá♭ 5  Dó♭ 4  Mi♭♭ 2  Sol♭ 1 | Dó♭ 5  Mi♭♭ 4  Sol♭ 2  Lá♭ 1 | Mi♭♭ 5  Sol♭ 3  Lá♭ 2  Dó♭ 1 | Sol♭ 5  Lá♭ 4  Dó♭ 2  Mi♭♭ 1 |

## A♭°7M

| PO | | | Þ |
|---|---|---|---|
| Lá♭ 5  Dó♭ 4  Mi♭♭ 2  Sol 1 | Dó♭ 5  Mi♭♭ 4  Sol 2  Lá♭ 1 | Mi♭♭ 5  Sol 3  Lá♭ 2  Dó♭ 1 | Sol 4  Lá♭ 3  Dó♭ 2  Mi♭♭ 1 |

# Acordes de A (Lá)

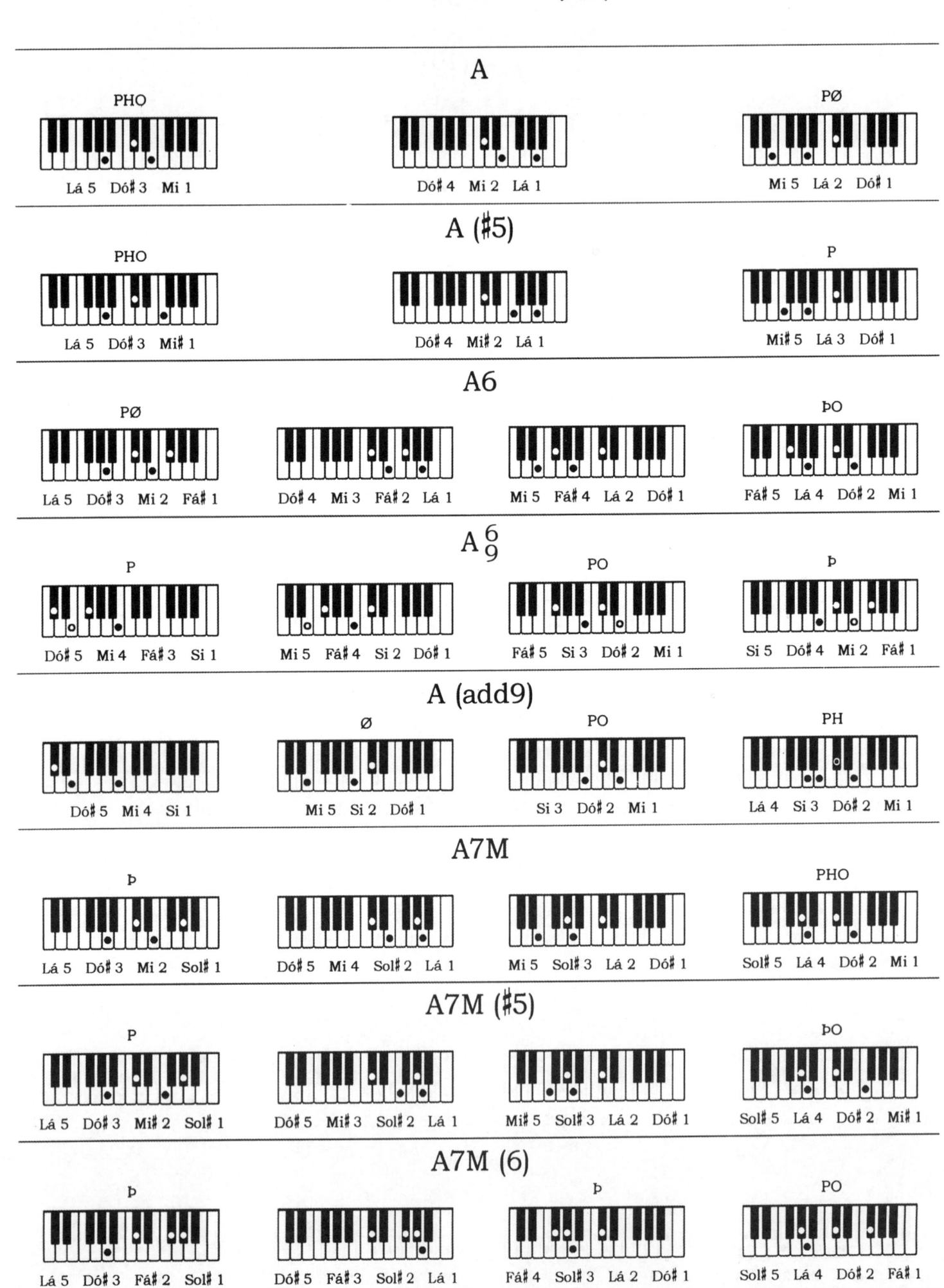

## A

| PHO | | PØ |
|---|---|---|
| Lá 5  Dó# 3  Mi 1 | Dó# 4  Mi 2  Lá 1 | Mi 5  Lá 2  Dó# 1 |

## A (#5)

| PHO | | P |
|---|---|---|
| Lá 5  Dó# 3  Mi# 1 | Dó# 4  Mi# 2  Lá 1 | Mi# 5  Lá 3  Dó# 1 |

## A6

| PØ | | | ÞO |
|---|---|---|---|
| Lá 5  Dó# 3  Mi 2  Fá# 1 | Dó# 4  Mi 3  Fá# 2  Lá 1 | Mi 5  Fá# 4  Lá 2  Dó# 1 | Fá# 5  Lá 4  Dó# 2  Mi 1 |

## A 6/9

| P | | PO | Þ |
|---|---|---|---|
| Dó# 5  Mi 4  Fá# 3  Si 1 | Mi 5  Fá# 4  Si 2  Dó# 1 | Fá# 5  Si 3  Dó# 2  Mi 1 | Si 5  Dó# 4  Mi 2  Fá# 1 |

## A (add9)

| | Ø | PO | PH |
|---|---|---|---|
| Dó# 5  Mi 4  Si 1 | Mi 5  Si 2  Dó# 1 | Si 3  Dó# 2  Mi 1 | Lá 4  Si 3  Dó# 2  Mi 1 |

## A7M

| Þ | | | PHO |
|---|---|---|---|
| Lá 5  Dó# 3  Mi 2  Sol# 1 | Dó# 5  Mi 4  Sol# 2  Lá 1 | Mi 5  Sol# 3  Lá 2  Dó# 1 | Sol# 5  Lá 4  Dó# 2  Mi 1 |

## A7M (#5)

| P | | | ÞO |
|---|---|---|---|
| Lá 5  Dó# 3  Mi# 2  Sol# 1 | Dó# 5  Mi# 3  Sol# 2  Lá 1 | Mi# 5  Sol# 3  Lá 2  Dó# 1 | Sol# 5  Lá 4  Dó# 2  Mi# 1 |

## A7M (6)

| Þ | | Þ | PO |
|---|---|---|---|
| Lá 5  Dó# 3  Fá# 2  Sol# 1 | Dó# 5  Fá# 3  Sol# 2  Lá 1 | Fá# 4  Sol# 3  Lá 2  Dó# 1 | Sol# 5  Lá 4  Dó# 2  Fá# 1 |

Acordes de A (Lá)

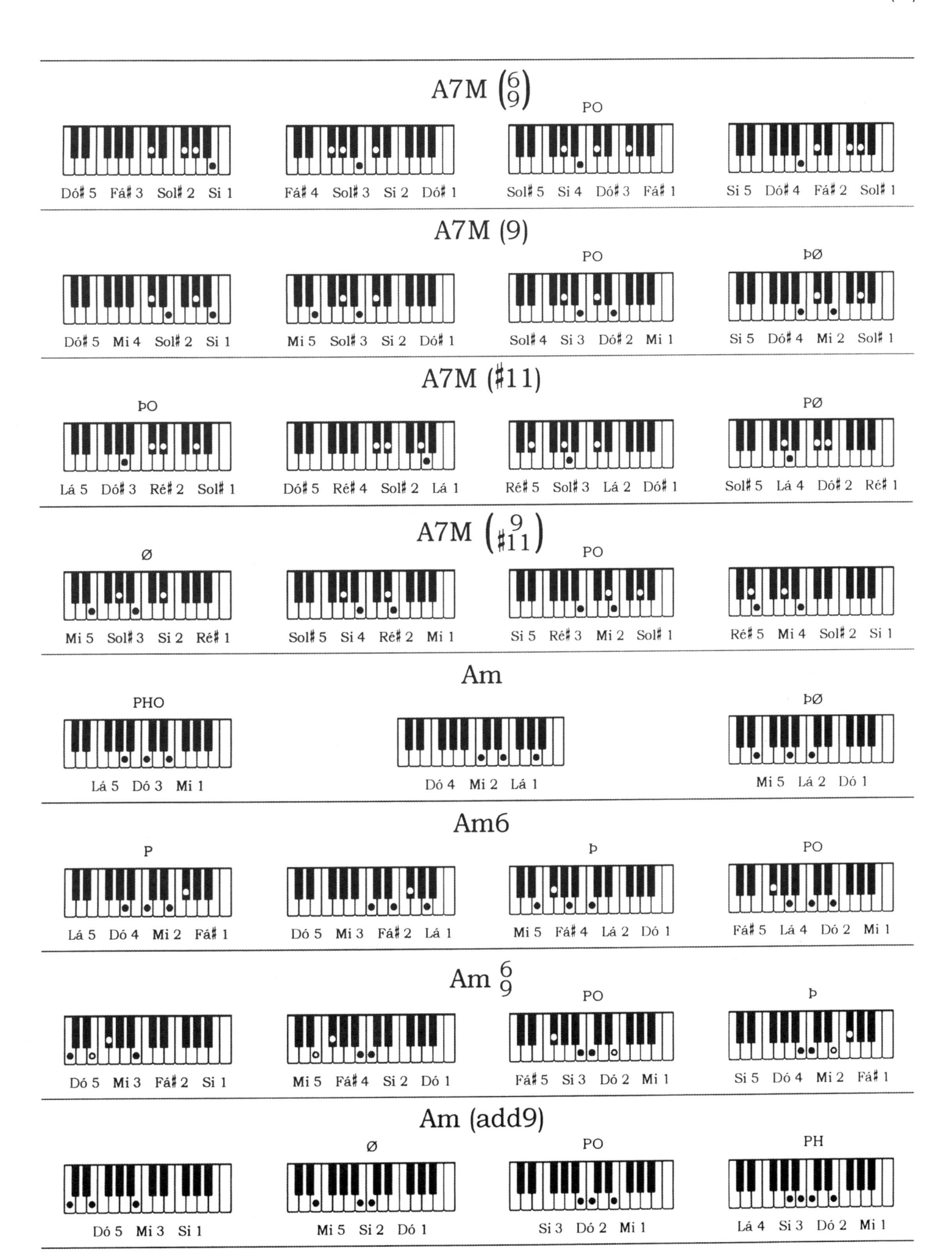

## A7M (6/9)

| Dó#5 Fá#3 Sol#2 Si 1 | Fá#4 Sol#3 Si 2 Dó 1 | PO — Sol#5 Si 4 Dó#3 Fá 1 | Si 5 Dó#4 Fá#2 Sol#1 |

## A7M (9)

| Dó#5 Mi 4 Sol#2 Si 1 | Mi 5 Sol#3 Si 2 Dó#1 | PO — Sol#4 Si 3 Dó#2 Mi 1 | ÞØ — Si 5 Dó#4 Mi 2 Sol#1 |

## A7M (#11)

| ÞO — Lá 5 Dó#3 Ré#2 Sol#1 | Dó#5 Ré#4 Sol#2 Lá 1 | Ré#5 Sol#3 Lá 2 Dó#1 | PØ — Sol#5 Lá 4 Dó#2 Ré#1 |

## A7M (9/#11)

| Ø — Mi 5 Sol#3 Si 2 Ré#1 | Sol#5 Si 4 Ré#2 Mi 1 | PO — Si 5 Ré#3 Mi 2 Sol#1 | Ré#5 Mi 4 Sol#2 Si 1 |

## Am

| PHO — Lá 5 Dó 3 Mi 1 | Dó 4 Mi 2 Lá 1 | | ÞØ — Mi 5 Lá 2 Dó 1 |

## Am6

| P — Lá 5 Dó 4 Mi 2 Fá#1 | Dó 5 Mi 3 Fá#2 Lá 1 | Þ — Mi 5 Fá#4 Lá 2 Dó 1 | PO — Fá#5 Lá 4 Dó 2 Mi 1 |

## Am 6/9

| Dó 5 Mi 3 Fá#2 Si 1 | Mi 5 Fá#4 Si 2 Dó 1 | PO — Fá#5 Si 3 Dó 2 Mi 1 | Þ — Si 5 Dó 4 Mi 2 Fá#1 |

## Am (add9)

| Dó 5 Mi 3 Si 1 | Ø — Mi 5 Si 2 Dó 1 | PO — Si 3 Dó 2 Mi 1 | PH — Lá 4 Si 3 Dó 2 Mi 1 |

### Acordes de A (Lá)

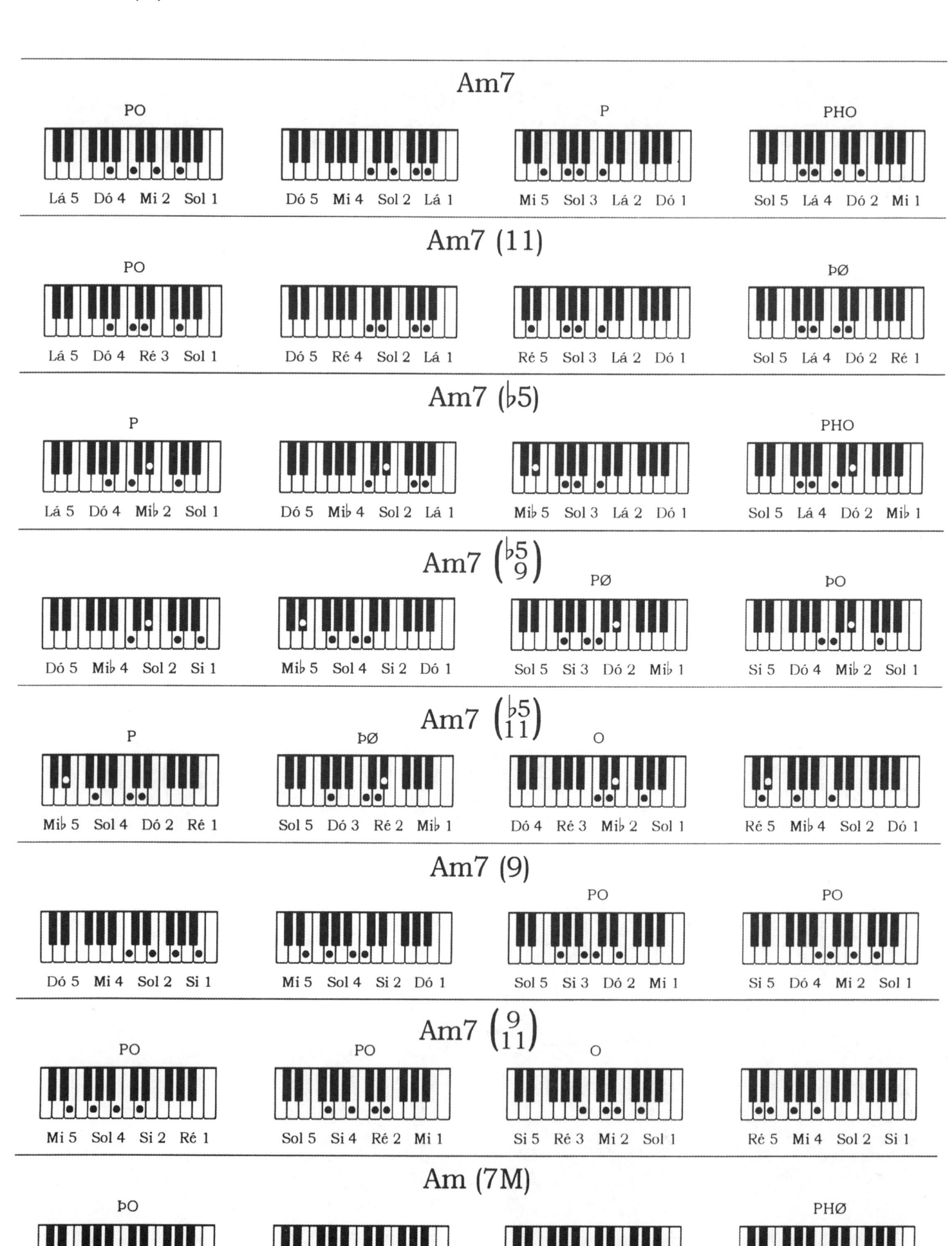

## Am7

| PO | | P | PHO |
|---|---|---|---|
| Lá 5  Dó 4  Mi 2  Sol 1 | Dó 5  Mi 4  Sol 2  Lá 1 | Mi 5  Sol 3  Lá 2  Dó 1 | Sol 5  Lá 4  Dó 2  Mi 1 |

## Am7 (11)

| PO | | | ÞØ |
|---|---|---|---|
| Lá 5  Dó 4  Ré 3  Sol 1 | Dó 5  Ré 4  Sol 2  Lá 1 | Ré 5  Sol 3  Lá 2  Dó 1 | Sol 5  Lá 4  Dó 2  Ré 1 |

## Am7 (♭5)

| P | | | PHO |
|---|---|---|---|
| Lá 5  Dó 4  Mi♭ 2  Sol 1 | Dó 5  Mi♭ 4  Sol 2  Lá 1 | Mi♭ 5  Sol 3  Lá 2  Dó 1 | Sol 5  Lá 4  Dó 2  Mi♭ 1 |

## Am7 (♭5 / 9)

| | | PØ | ÞO |
|---|---|---|---|
| Dó 5  Mi♭ 4  Sol 2  Si 1 | Mi♭ 5  Sol 4  Si 2  Dó 1 | Sol 5  Si 3  Dó 2  Mi♭ 1 | Si 5  Dó 4  Mi♭ 2  Sol 1 |

## Am7 (♭5 / 11)

| P | ÞØ | O | |
|---|---|---|---|
| Mi♭ 5  Sol 4  Dó 2  Ré 1 | Sol 5  Dó 3  Ré 2  Mi♭ 1 | Dó 4  Ré 3  Mi♭ 2  Sol 1 | Ré 5  Mi♭ 4  Sol 2  Dó 1 |

## Am7 (9)

| | | PO | PO |
|---|---|---|---|
| Dó 5  Mi 4  Sol 2  Si 1 | Mi 5  Sol 4  Si 2  Dó 1 | Sol 5  Si 3  Dó 2  Mi 1 | Si 5  Dó 4  Mi 2  Sol 1 |

## Am7 (9 / 11)

| PO | PO | O | |
|---|---|---|---|
| Mi 5  Sol 4  Si 2  Ré 1 | Sol 5  Si 4  Ré 2  Mi 1 | Si 5  Ré 3  Mi 2  Sol 1 | Ré 5  Mi 4  Sol 2  Si 1 |

## Am (7M)

| ÞO | | | PHØ |
|---|---|---|---|
| Lá 5  Dó 4  Mi 2  Sol# 1 | Dó 5  Mi 4  Sol# 2  Lá 1 | Mi 5  Sol# 3  Lá 2  Dó 1 | Sol# 5  Lá 4  Dó 2  Mi 1 |

Acordes de A (Lá)

## Am $\binom{6}{7M}$

| O | | P | ÞØ |
|---|---|---|---|
| Lá 5  Dó 4  Fá# 2  Sol# 1 | Dó 5  Fá# 3  Sol# 2  Lá 1 | Fá# 4  Sol# 3  Lá 2  Dó 1 | Sol# 5  Lá 4  Dó 2  Fá# 1 |

## Am $\binom{7M}{9}$

| Þ | | PO | Ø |
|---|---|---|---|
| Dó 5  Mi 4  Sol# 2  Si 1 | Mi 5  Sol# 3  Si 2  Dó 1 | Sol# 4  Si 3  Dó 2  Mi 1 | Si 5  Dó 4  Mi 2  Sol# 1 |

## A4

| PHO | | | ÞØ |
|---|---|---|---|
| Lá 5  Ré 2  Mi 1 | | Ré 4  Mi 3  Lá 1 | Mi 5  Lá 3  Ré 1 |

## A7

| PØ | | P | PHO |
|---|---|---|---|
| Lá 5  Dó# 3  Mi 2  Sol 1 | Dó# 5  Mi 4  Sol 2  Lá 1 | Mi 5  Sol 3  Lá 2  Dó# 1 | Sol 5  Lá 4  Dó# 2  Mi 1 |

## $A^7_4$ ou A7 (11)

| PØ | | Þ | HO |
|---|---|---|---|
| Lá 5  Ré 3  Mi 2  Sol 1 | Ré 5  Mi 4  Sol 2  Lá 1 | Mi 5  Sol 3  Lá 2  Ré 1 | Sol 5  Lá 4  Ré 2  Mi 1 |

## $_O A^7_4$ (♭9) ou A7 $\binom{♭9}{11}$ PO

| | | | ÞØ |
|---|---|---|---|
| Ré 5  Mi 4  Sol 2  Si♭ 1 | Mi 5  Sol 4  Si♭ 2  Ré 1 | Sol 5  Si♭ 4  Ré 2  Mi 1 | Si♭ 5  Ré 3  Mi 2  Sol 1 |

## $_O A^7_4$ (9) ou A7 $\binom{9}{11}$ PO

| | | | Þ |
|---|---|---|---|
| Ré 5  Mi 4  Sol 2  Si 1 | Mi 5  Sol 4  Si 2  Ré 1 | Sol 5  Si 3  Ré 2  Mi 1 | Si 5  Ré 3  Mi 2  Sol 1 |

## A7 (♭5)

| ÞO | H | | PØ |
|---|---|---|---|
| Lá 5  Dó# 3  Mi♭ 2  Sol 1 | Dó# 5  Mi♭ 4  Sol 2  Lá 1 | Mi♭ 5  Sol 3  Lá 2  Dó# 1 | Sol 5  Lá 4  Dó# 2  Mi♭ 1 |

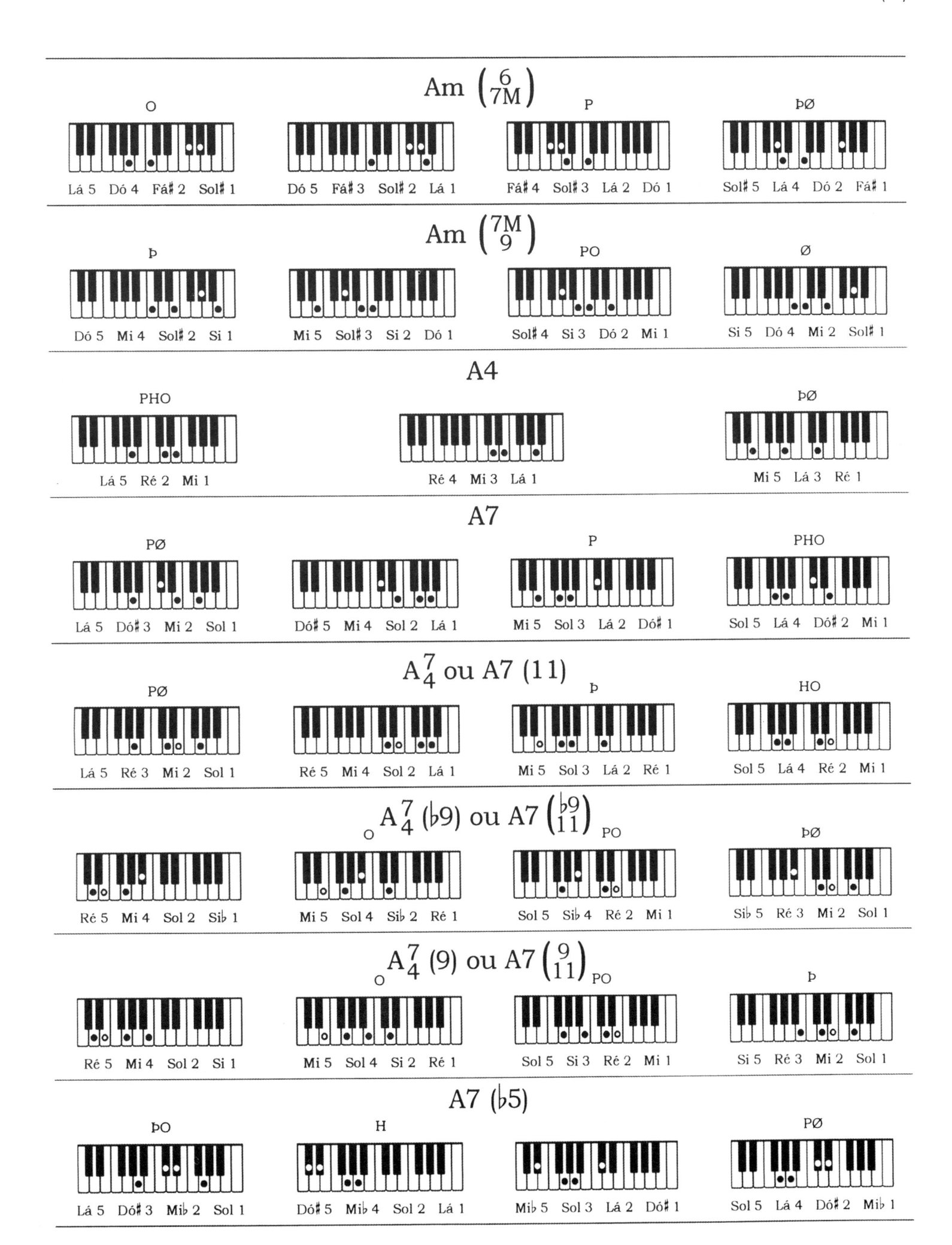

## Acordes de A (Lá)

### A7 (♯11)

| ÞO | H | | PØ |
|---|---|---|---|
| Lá 5  Dó♯ 3  Ré♯ 2  Sol 1 | Dó♯ 5  Ré♯ 4  Sol 2  Lá 1 | Ré♯ 5  Sol 3  Lá 2  Dó♯ 1 | Sol 5  Lá 4  Dó♯ 2  Ré♯ 1 |

### A7 (♭5 ♭9)

| | | PO | Ø |
|---|---|---|---|
| Dó♯ 5  Mi♭ 4  Sol 2  Si♭ 1 | Mi♭ 5  Sol 3  Si♭ 2  Dó♯ 1 | Sol 5  Si♭ 3  Dó♯ 2  Mi♭ 1 | Si♭ 4  Dó♯ 3  Mi♭ 2  Sol 1 |

### A7 (♭9 ♯11)

| PO | | Ø | |
|---|---|---|---|
| Mi 5  Sol 4  Si♭ 2  Ré♯ 1 | Sol 5  Si♭ 4  Ré♯ 2  Mi 1 | Si♭ 5  Ré♯ 3  Mi 2  Sol 1 | Ré♯ 5  Mi 4  Sol 2  Si♭ 1 |

### A7 (♭5 9)

| | | PO | Ø |
|---|---|---|---|
| Dó♯ 5  Mi♭ 4  Sol 2  Si 1 | Mi♭ 5  Sol 4  Si 2  Dó♯ 1 | Sol 5  Si 3  Dó♯ 2  Mi♭ 1 | Si 5  Dó♯ 3  Mi♭ 2  Sol 1 |

### A7 (9 ♯11)

| PO | | ÞØ | |
|---|---|---|---|
| Mi 5  Sol 4  Si 2  Ré♯ 1 | Sol 5  Si 4  Ré♯ 2  Mi 1 | Si 5  Ré♯ 3  Mi 2  Sol 1 | Ré♯ 5  Mi 4  Sol 2  Si 1 |

### A7 (♭5 ♯9)

| | | PO | |
|---|---|---|---|
| Dó♯ 5  Mi♭ 4  Sol 2  Si♯ 1 | Mi♭ 5  Sol 4  Si♯ 2  Dó♯ 1 | Sol 5  Si♯ 3  Dó♯ 2  Mi♭ 1 | Si♯ 4  Dó♯ 3  Mi♭ 2  Sol 1 |

### A7 (♯9 ♯11)

| PO | | Ø | |
|---|---|---|---|
| Mi 5  Sol 4  Si♯ 2  Ré♯ 1 | Sol 5  Si♯ 3  Ré♯ 2  Mi 1 | Si♯ 4  Ré♯ 3  Mi 2  Sol 1 | Ré♯ 5  Mi 4  Sol 2  Si♯ 1 |

### A7 (♯5)

| Þ | | P | PHO |
|---|---|---|---|
| Lá 5  Dó♯ 3  Mi♯ 2  Sol 1 | Dó♯ 5  Mi♯ 3  Sol 2  Lá 1 | Mi♯ 4  Sol 3  Lá 2  Dó♯ 1 | Sol 5  Lá 4  Dó♯ 2  Mi♯ 1 |

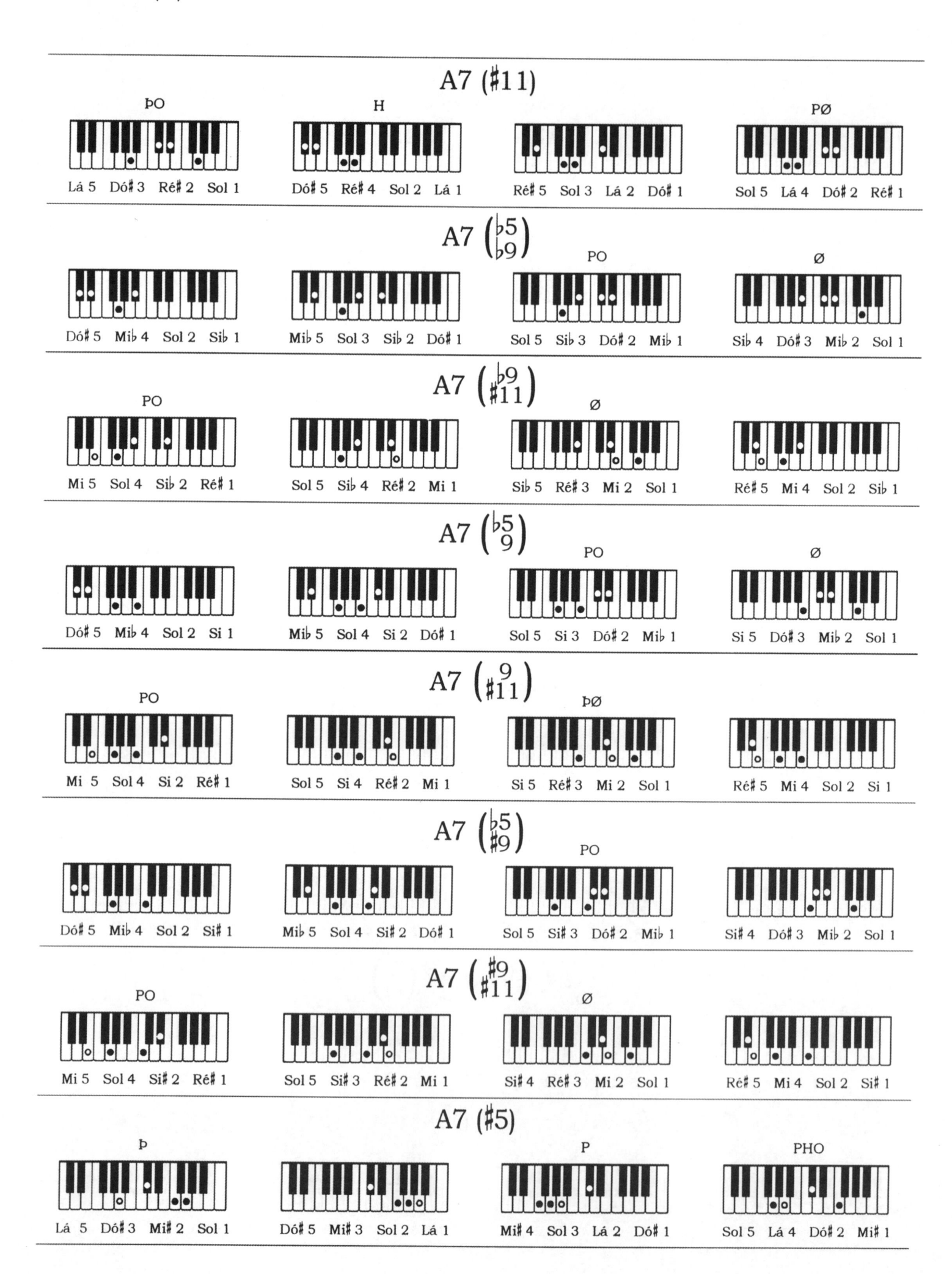

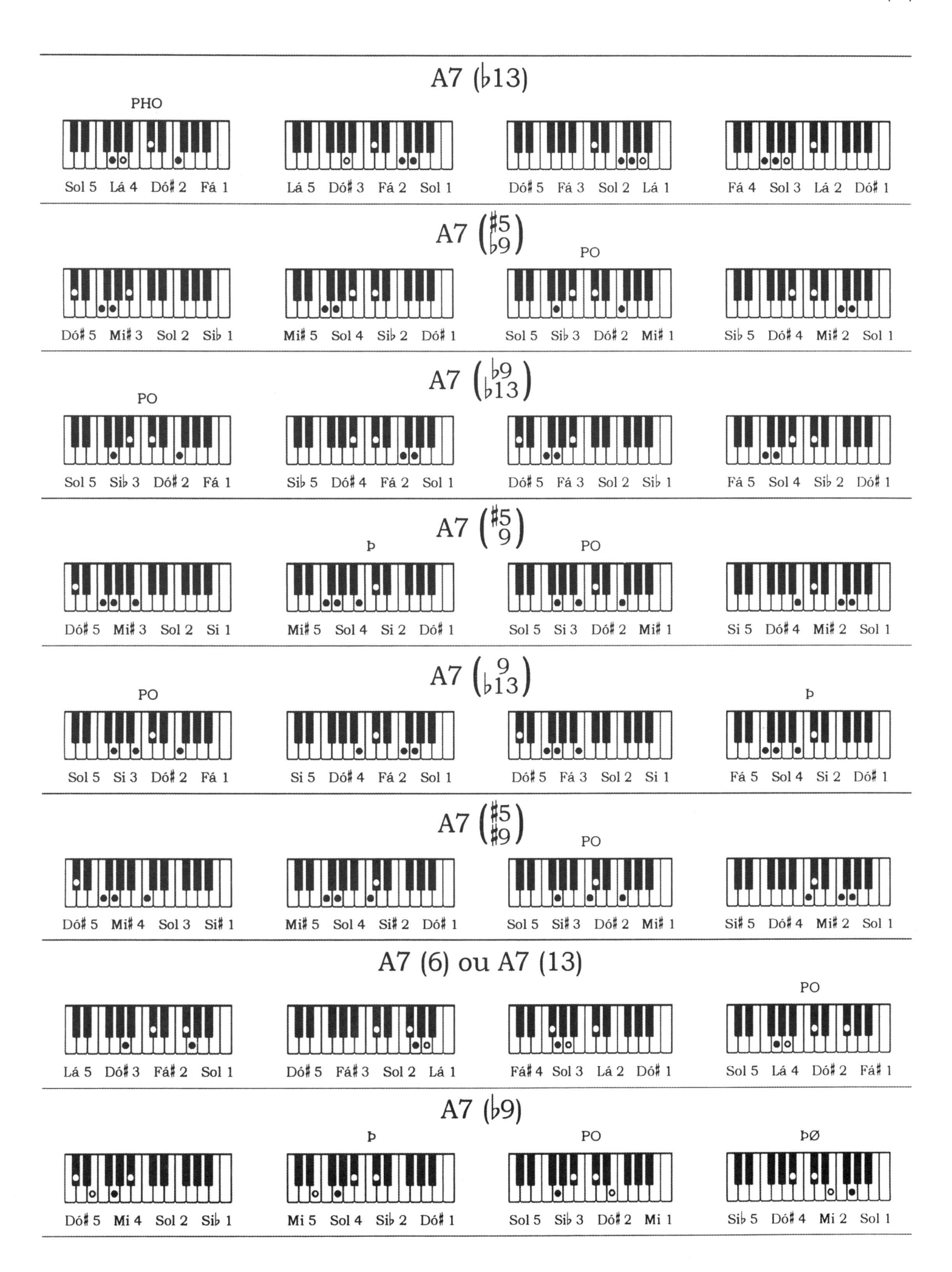

Acordes de A (Lá)

## A7 (♭13)

| PHO | | | |
|---|---|---|---|
| Sol 5  Lá 4  Dó# 2  Fá 1 | Lá 5  Dó# 3  Fá 2  Sol 1 | Dó# 5  Fá 3  Sol 2  Lá 1 | Fá 4  Sol 3  Lá 2  Dó# 1 |

## A7 (♯5 ♭9)

| | | PO | |
|---|---|---|---|
| Dó# 5  Mi♯ 3  Sol 2  Si♭ 1 | Mi♯ 5  Sol 4  Si♭ 2  Dó# 1 | Sol 5  Si♭ 3  Dó# 2  Mi♯ 1 | Si♭ 5  Dó# 4  Mi♯ 2  Sol 1 |

## A7 (♭9 ♭13)

| PO | | | |
|---|---|---|---|
| Sol 5  Si♭ 3  Dó# 2  Fá 1 | Si♭ 5  Dó# 4  Fá 2  Sol 1 | Dó# 5  Fá 3  Sol 2  Si♭ 1 | Fá 5  Sol 4  Si♭ 2  Dó# 1 |

## A7 (♯5 9)

| | ♭ | PO | |
|---|---|---|---|
| Dó# 5  Mi♯ 3  Sol 2  Si 1 | Mi♯ 5  Sol 4  Si 2  Dó# 1 | Sol 5  Si 3  Dó# 2  Mi♯ 1 | Si 5  Dó# 4  Mi♯ 2  Sol 1 |

## A7 (9 ♭13)

| PO | | | ♭ |
|---|---|---|---|
| Sol 5  Si 3  Dó# 2  Fá 1 | Si 5  Dó# 4  Fá 2  Sol 1 | Dó# 5  Fá 3  Sol 2  Si 1 | Fá 5  Sol 4  Si 2  Dó# 1 |

## A7 (♯5 ♯9)

| | | PO | |
|---|---|---|---|
| Dó# 5  Mi♯ 4  Sol 3  Si♯ 1 | Mi♯ 5  Sol 4  Si♯ 2  Dó# 1 | Sol 5  Si♯ 3  Dó# 2  Mi♯ 1 | Si♯ 5  Dó# 4  Mi♯ 2  Sol 1 |

## A7 (6) ou A7 (13)

| | | | PO |
|---|---|---|---|
| Lá 5  Dó# 3  Fá# 2  Sol 1 | Dó# 5  Fá# 3  Sol 2  Lá 1 | Fá# 4  Sol 3  Lá 2  Dó# 1 | Sol 5  Lá 4  Dó# 3  Fá# 1 |

## A7 (♭9)

| | ♭ | PO | ♭⌀ |
|---|---|---|---|
| Dó# 5  Mi 4  Sol 2  Si♭ 1 | Mi 5  Sol 4  Si♭ 2  Dó# 1 | Sol 5  Si♭ 3  Dó# 2  Mi 1 | Si♭ 5  Dó# 4  Mi 2  Sol 1 |

## Acordes de A (Lá)

### A7 (♭9 / 13)

| Sol 5  Si♭ 3  Dó♯ 2  Fá♯ 1 | Si♭ 5  Dó 4  Fá♯ 2  Sol 1 | Dó♯ 5  Fá♯ 3  Sol 2  Si♭ 1 | Fá♯ 5  Sol 4  Si♭ 2  Dó♯ 1 |

### A7 (9)

| Dó♯ 5  Mi 4  Sol 2  Si 1 | Mi 5  Sol 4  Si 2  Dó♯ 1 | Sol 5  Si 3  Dó♯ 2  Mi 1 | Si 5  Dó♯ 4  Mi 2  Sol 1 |

### A7 (♯9)

| Dó♯ 5  Mi 4  Sol 2  Si♯ 1 | Mi 5  Sol 4  Si♯ 2  Dó♯ 1 | Sol 5  Si♯ 3  Dó♯ 2  Mi 1 | Si♯ 4  Dó♯ 3  Mi 2  Sol 1 |

### A7 (9 / 11 / 13)

| Sol 5  Si 3  Ré 2  Fá♯ 1 | Si 5  Ré 4  Fá♯ 2  Sol 1 | Ré 5  Fá♯ 3  Sol 2  Si 1 | Fá♯ 5  Sol 4  Si 2  Ré 1 |

### A7 (9 / ♯11 / 13)

| Sol 5  Si 3  Ré♯ 2  Fá♯ 1 | Si 5  Ré♯ 3  Fá♯ 2  Sol 1 | Ré♯ 4  Fá♯ 3  Sol 2  Si 1 | Fá♯ 5  Sol 4  Si 2  Ré♯ 1 |

### A7 (♭9 / 11 / 13)

| Sol 5  Si♭ 4  Ré 2  Fá♯ 1 | Si♭ 5  Ré 4  Fá♯ 2  Sol 1 | Ré 5  Fá♯ 3  Sol 2  Si♭ 1 | Fá♯ 5  Sol 4  Si♭ 2  Ré 1 |

### A°

| Lá 5  Dó 3  Mi♭ 2  Sol♭ 1 | Dó 5  Mi♭ 3  Sol♭ 2  Lá 1 | Mi♭ 5  Sol♭ 4  Lá 2  Dó 1 | Sol♭ 5  Lá 4  Dó 2  Mi♭ 1 |

### A°7M

| Lá 5  Dó 4  Mi♭ 2  Sol♯ 1 | Dó 5  Mi♭ 4  Sol♯ 2  Lá 1 | Mi♭ 5  Sol♯ 3  Lá 2  Dó 1 | Sol♯ 5  Lá 4  Dó 2  Mi♭ 1 |

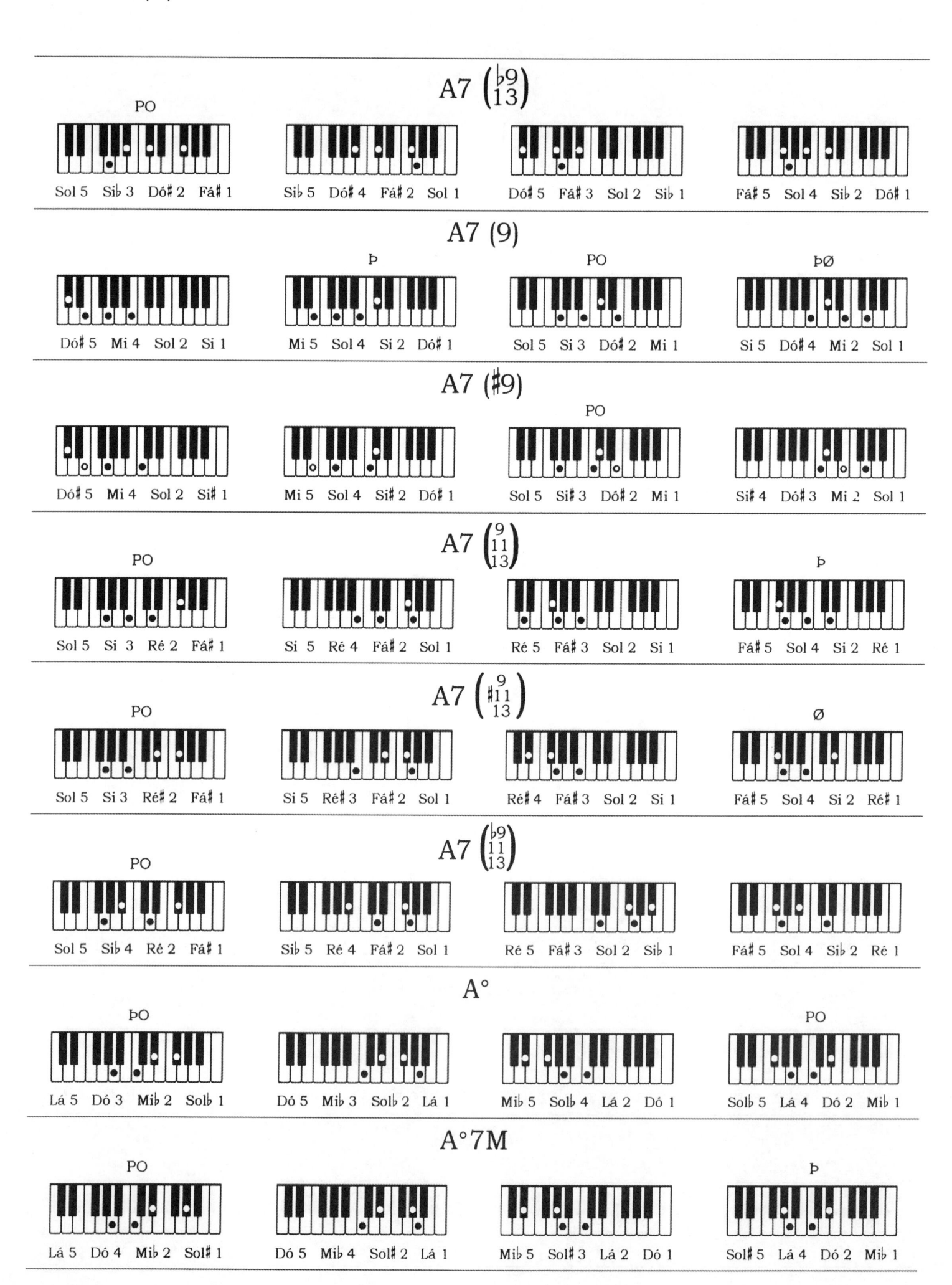

# Acordes de B♭ (Si bemol)

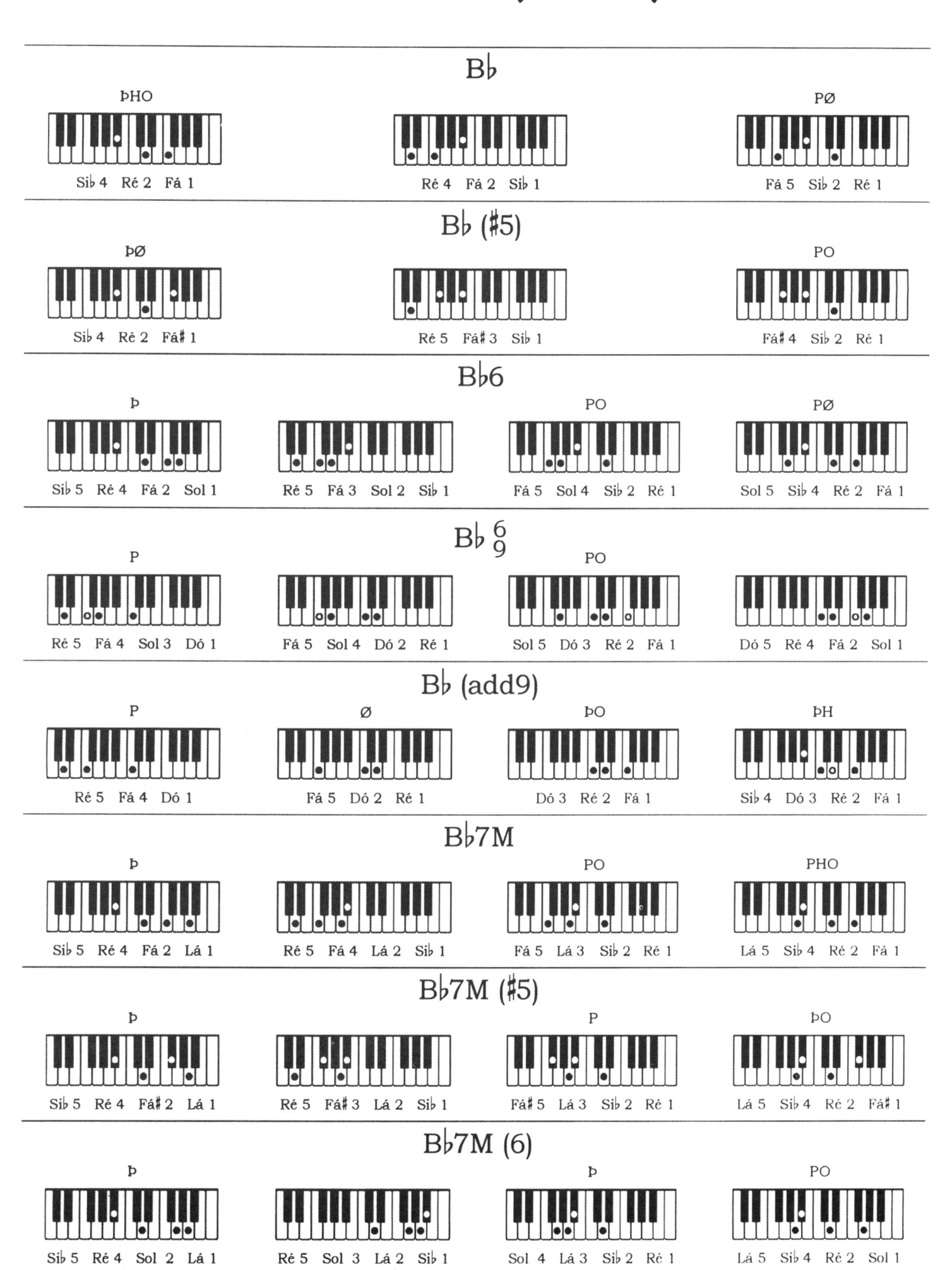

## B♭

| ♭HO | | P∅ |
|---|---|---|
| Si♭ 4  Ré 2  Fá 1 | Ré 4  Fá 2  Si♭ 1 | Fá 5  Si♭ 2  Ré 1 |

## B♭ (♯5)

| ♭∅ | | PO |
|---|---|---|
| Si♭ 4  Ré 2  Fá♯ 1 | Ré 5  Fá♯ 3  Si♭ 1 | Fá♯ 4  Si♭ 2  Ré 1 |

## B♭6

| ♭ | | PO | P∅ |
|---|---|---|---|
| Si♭ 5  Ré 4  Fá 2  Sol 1 | Ré 5  Fá 3  Sol 2  Si♭ 1 | Fá 5  Sol 4  Si♭ 2  Ré 1 | Sol 5  Si♭ 4  Ré 2  Fá 1 |

## B♭ $\frac{6}{9}$

| P | | PO | |
|---|---|---|---|
| Ré 5  Fá 4  Sol 3  Dó 1 | Fá 5  Sol 4  Dó 2  Ré 1 | Sol 5  Dó 3  Ré 2  Fá 1 | Dó 5  Ré 4  Fá 2  Sol 1 |

## B♭ (add9)

| P | ∅ | ♭O | ♭H |
|---|---|---|---|
| Ré 5  Fá 4  Dó 1 | Fá 5  Dó 2  Ré 1 | Dó 3  Ré 2  Fá 1 | Si♭ 4  Dó 3  Ré 2  Fá 1 |

## B♭7M

| ♭ | | PO | PHO |
|---|---|---|---|
| Si♭ 5  Ré 4  Fá 2  Lá 1 | Ré 5  Fá 4  Lá 2  Si♭ 1 | Fá 5  Lá 3  Si♭ 2  Ré 1 | Lá 5  Si♭ 4  Ré 2  Fá 1 |

## B♭7M (♯5)

| ♭ | | P | ♭O |
|---|---|---|---|
| Si♭ 5  Ré 4  Fá♯ 2  Lá 1 | Ré 5  Fá♯ 3  Lá 2  Si♭ 1 | Fá♯ 5  Lá 3  Si♭ 2  Ré 1 | Lá 5  Si♭ 4  Ré 2  Fá♯ 1 |

## B♭7M (6)

| ♭ | | ♭ | PO |
|---|---|---|---|
| Si♭ 5  Ré 4  Sol 2  Lá 1 | Ré 5  Sol 3  Lá 2  Si♭ 1 | Sol 4  Lá 3  Si♭ 2  Ré 1 | Lá 5  Si♭ 4  Ré 2  Sol 1 |

**Acordes de B♭ (Si bemol)**

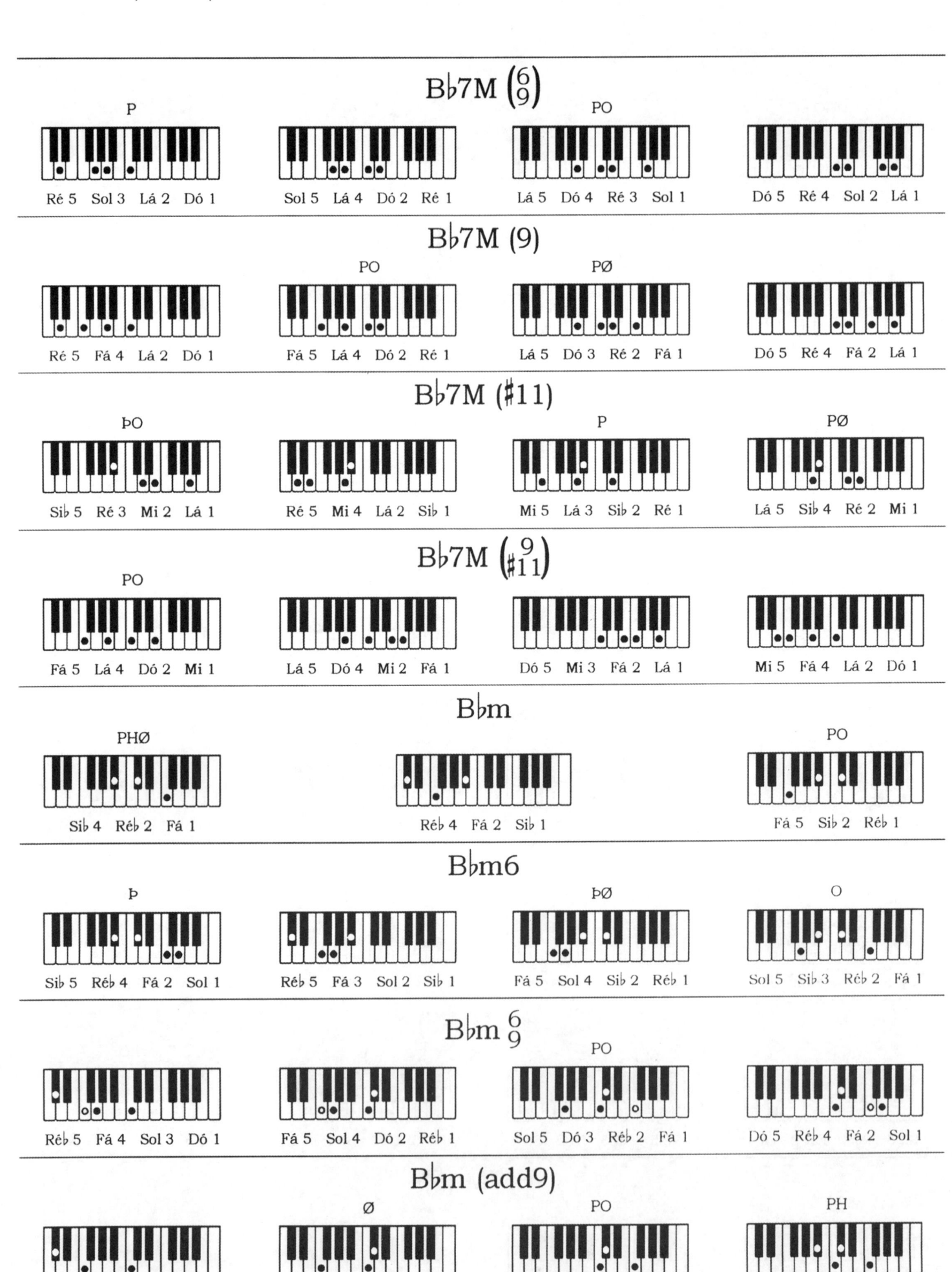

## B♭7M (6/9)

P — Ré 5  Sol 3  Lá 2  Dó 1
   — Sol 5  Lá 4  Dó 2  Ré 1
PO — Lá 5  Dó 4  Ré 3  Sol 1
   — Dó 5  Ré 4  Sol 2  Lá 1

## B♭7M (9)

Ré 5  Fá 4  Lá 2  Dó 1
PO — Fá 5  Lá 4  Dó 2  Ré 1
PØ — Lá 5  Dó 3  Ré 2  Fá 1
   — Dó 5  Ré 4  Fá 2  Lá 1

## B♭7M (♯11)

ÞO — Si♭ 5  Ré 3  Mi 2  Lá 1
   — Ré 5  Mi 4  Lá 2  Si♭ 1
P — Mi 5  Lá 3  Si♭ 2  Ré 1
PØ — Lá 5  Si♭ 4  Ré 2  Mi 1

## B♭7M (9/♯11)

PO — Fá 5  Lá 4  Dó 2  Mi 1
   — Lá 5  Dó 4  Mi 2  Fá 1
   — Dó 5  Mi 3  Fá 2  Lá 1
   — Mi 5  Fá 4  Lá 2  Dó 1

## B♭m

PHØ — Si♭ 4  Ré♭ 2  Fá 1
    — Ré♭ 4  Fá 2  Si♭ 1
PO — Fá 5  Si♭ 2  Ré♭ 1

## B♭m6

Þ — Si♭ 5  Ré♭ 4  Fá 2  Sol 1
  — Ré♭ 5  Fá 3  Sol 2  Si♭ 1
ÞØ — Fá 5  Sol 4  Si♭ 2  Ré♭ 1
O — Sol 5  Si♭ 3  Ré♭ 2  Fá 1

## B♭m 6/9

Ré♭ 5  Fá 4  Sol 3  Dó 1
Fá 5  Sol 4  Dó 2  Ré♭ 1
PO — Sol 5  Dó 3  Ré♭ 2  Fá 1
   — Dó 5  Ré♭ 4  Fá 2  Sol 1

## B♭m (add9)

Ré♭ 5  Fá 4  Dó 1
Ø — Fá 5  Dó 2  Ré♭ 1
PO — Dó 3  Ré♭ 2  Fá 1
PH — Si♭ 4  Dó 3  Ré♭ 2  Fá 1

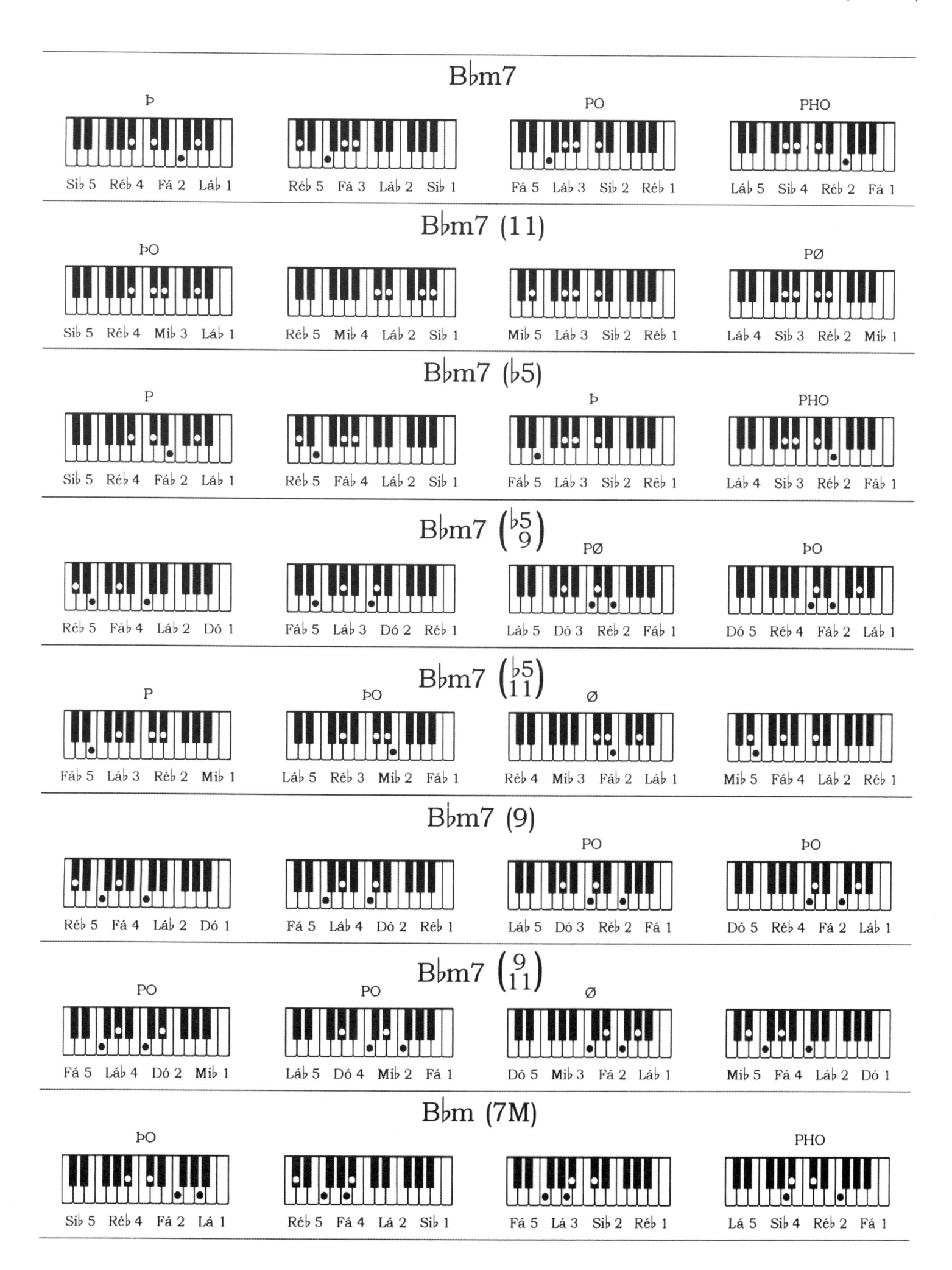

Acordes de B♭ (Si bemol)

## B♭m7

Þ — Si♭ 5  Ré♭ 4  Fá 2  Lá♭ 1
 — Ré♭ 5  Fá 3  Lá♭ 2  Si♭ 1
PO — Fá 5  Lá♭ 3  Si♭ 2  Ré♭ 1
PHO — Si♭ 5  Lá♭ 4  Ré♭ 2  Fá 1

## B♭m7 (11)

ÞO — Si♭ 5  Ré♭ 4  Mi♭ 3  Lá♭ 1
 — Ré♭ 5  Mi♭ 4  Lá♭ 2  Si♭ 1
 — Mi♭ 5  Lá♭ 3  Si♭ 2  Ré♭ 1
PØ — Lá♭ 4  Si♭ 3  Ré♭ 2  Mi♭ 1

## B♭m7 (♭5)

P — Si♭ 5  Ré♭ 4  Fá♭ 2  Lá♭ 1
 — Ré♭ 5  Fá♭ 4  Lá♭ 2  Si♭ 1
Þ — Fá♭ 5  Lá♭ 3  Si♭ 2  Ré♭ 1
PHO — Lá♭ 4  Si♭ 3  Ré♭ 2  Fá♭ 1

## B♭m7 (♭5/9)

 — Ré♭ 5  Fá♭ 4  Lá♭ 2  Dó 1
 — Fá♭ 5  Lá♭ 3  Dó 2  Ré♭ 1
PØ — Lá♭ 5  Dó 3  Ré♭ 2  Fá♭ 1
ÞO — Dó 5  Ré♭ 4  Fá♭ 2  Lá♭ 1

## B♭m7 (♭5/11)

P — Fá♭ 5  Lá♭ 3  Ré♭ 2  Mi♭ 1
ÞO — Lá♭ 5  Ré♭ 4  Mi♭ 2  Fá♭ 1
Ø — Ré♭ 4  Mi♭ 3  Fá♭ 2  Lá♭ 1
 — Mi♭ 5  Fá♭ 4  Lá♭ 2  Ré♭ 1

## B♭m7 (9)

 — Ré♭ 5  Fá 4  Lá♭ 2  Dó 1
 — Fá 5  Lá♭ 4  Dó 2  Ré♭ 1
PO — Lá♭ 5  Dó 3  Ré♭ 2  Fá 1
ÞO — Dó 5  Ré♭ 4  Fá 2  Lá♭ 1

## B♭m7 (9/11)

PO — Fá 5  Lá♭ 4  Dó 2  Mi♭ 1
PO — Lá♭ 5  Dó 4  Mi♭ 2  Fá 1
Ø — Dó 5  Mi♭ 3  Fá 2  Lá♭ 1
 — Mi♭ 5  Fá 4  Lá♭ 2  Dó 1

## B♭m (7M)

ÞO — Si♭ 5  Ré♭ 4  Fá 2  Lá 1
 — Ré♭ 5  Fá 4  Lá 2  Si♭ 1
 — Fá 5  Lá 3  Si♭ 2  Ré♭ 1
PHO — Lá 5  Si♭ 4  Ré♭ 2  Fá 1

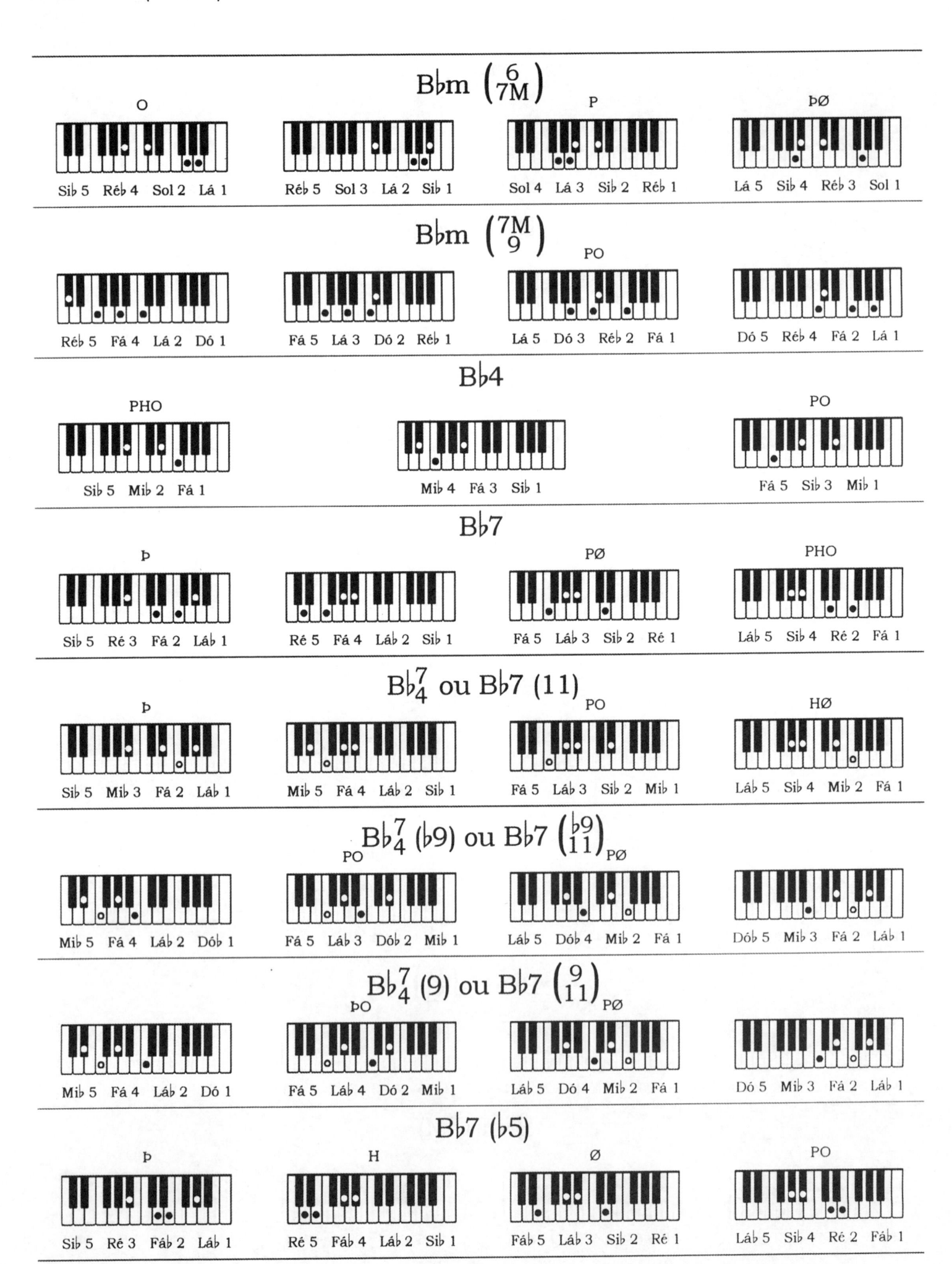

## Acordes de B♭ (Si bemol)

### B♭m $\binom{6}{7M}$

| O | | P | ♭Ø |
|---|---|---|---|
| Si♭ 5  Ré♭ 4  Sol 2  Lá 1 | Ré♭ 5  Sol 3  Lá 2  Si♭ 1 | Sol 4  Lá 3  Si♭ 2  Ré♭ 1 | Lá 5  Si♭ 4  Ré♭ 3  Sol 1 |

### B♭m $\binom{7M}{9}$

| | | PO | |
|---|---|---|---|
| Ré♭ 5  Fá 4  Lá 2  Dó 1 | Fá 5  Lá 3  Dó 2  Ré♭ 1 | Lá 5  Dó 3  Ré♭ 2  Fá 1 | Dó 5  Ré♭ 4  Fá 2  Lá 1 |

### B♭4

| PHO | | | PO |
|---|---|---|---|
| Si♭ 5  Mi♭ 2  Fá 1 | Mi♭ 4  Fá 3  Si♭ 1 | | Fá 5  Si♭ 3  Mi♭ 1 |

### B♭7

| ♭ | | PØ | PHO |
|---|---|---|---|
| Si♭ 5  Ré 3  Fá 2  Lá♭ 1 | Ré 5  Fá 4  Lá♭ 2  Si♭ 1 | Fá 5  Lá♭ 3  Si♭ 2  Ré 1 | Lá♭ 5  Si♭ 4  Ré 2  Fá 1 |

### B♭$^7_4$ ou B♭7 (11)

| ♭ | | PO | HØ |
|---|---|---|---|
| Si♭ 5  Mi♭ 3  Fá 2  Lá♭ 1 | Mi♭ 5  Fá 4  Lá♭ 2  Si♭ 1 | Fá 5  Lá♭ 3  Si♭ 2  Mi♭ 1 | Lá♭ 5  Si♭ 4  Mi♭ 2  Fá 1 |

### B♭$^7_4$ (♭9) ou B♭7 $\binom{♭9}{11}$

| | PO | | PØ |
|---|---|---|---|
| Mi♭ 5  Fá 4  Lá♭ 2  Dó♭ 1 | Fá 5  Lá♭ 3  Dó♭ 2  Mi♭ 1 | Lá♭ 5  Dó♭ 4  Mi♭ 2  Fá 1 | Dó♭ 5  Mi♭ 3  Fá 2  Lá♭ 1 |

### B♭$^7_4$ (9) ou B♭7 $\binom{9}{11}$

| | ♭O | | PØ |
|---|---|---|---|
| Mi♭ 5  Fá 4  Lá♭ 2  Dó 1 | Fá 5  Lá♭ 4  Dó 2  Mi♭ 1 | Lá♭ 5  Dó 4  Mi♭ 2  Fá 1 | Dó 5  Mi♭ 3  Fá 2  Lá♭ 1 |

### B♭7 (♭5)

| ♭ | H | Ø | PO |
|---|---|---|---|
| Si♭ 5  Ré 3  Fá♭ 2  Lá♭ 1 | Ré 5  Fá♭ 4  Lá♭ 2  Si♭ 1 | Fá♭ 5  Lá♭ 3  Si♭ 2  Ré 1 | Lá♭ 5  Si♭ 4  Ré 2  Fá♭ 1 |

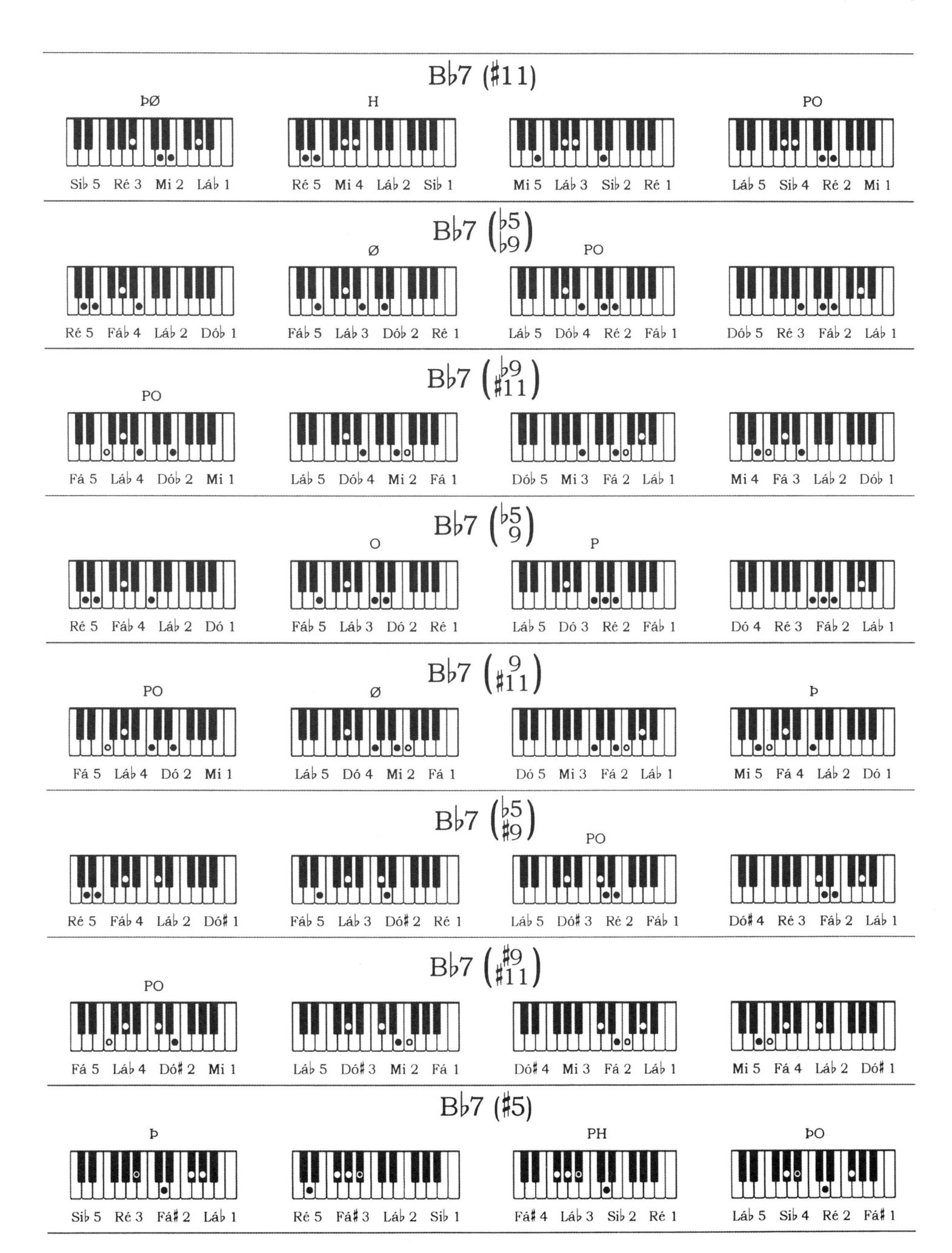

Acordes de B♭ (Si bemol)

## B♭7 (♯11)

| ♭Ø | H | | PO |
|---|---|---|---|
| Si♭ 5  Ré 3  Mi 2  Lá♭ 1 | Ré 5  Mi 4  Lá♭ 2  Si♭ 1 | Mi 5  Lá♭ 3  Si♭ 2  Ré 1 | Lá♭ 5  Si♭ 4  Ré 2  Mi 1 |

## B♭7 (♭5 ♭9)

| | Ø | PO | |
|---|---|---|---|
| Ré 5  Fá♭ 4  Lá♭ 2  Dó♭ 1 | Fá♭ 5  Lá♭ 3  Dó♭ 2  Ré 1 | Lá♭ 5  Dó♭ 4  Ré 2  Fá♭ 1 | Dó♭ 5  Ré 3  Fá♭ 2  Lá♭ 1 |

## B♭7 (♭9 ♯11)

| PO | | | |
|---|---|---|---|
| Fá 5  Lá♭ 4  Dó♭ 2  Mi 1 | Lá♭ 5  Dó♭ 4  Mi 2  Fá 1 | Dó♭ 5  Mi 3  Fá 2  Lá♭ 1 | Mi 4  Fá 3  Lá♭ 2  Dó♭ 1 |

## B♭7 (♭5 9)

| | O | P | |
|---|---|---|---|
| Ré 5  Fá♭ 4  Lá♭ 2  Dó 1 | Fá♭ 5  Lá♭ 3  Dó 2  Ré 1 | Lá♭ 5  Dó 3  Ré 2  Fá♭ 1 | Dó 4  Ré 3  Fá♭ 2  Lá♭ 1 |

## B♭7 (9 ♯11)

| PO | Ø | | Þ |
|---|---|---|---|
| Fá 5  Lá♭ 4  Dó 2  Mi 1 | Lá♭ 5  Dó 4  Mi 2  Fá 1 | Dó 5  Mi 3  Fá 2  Lá♭ 1 | Mi 5  Fá 4  Lá♭ 2  Dó 1 |

## B♭7 (♭5 ♯9)

| | | PO | |
|---|---|---|---|
| Ré 5  Fá♭ 4  Lá♭ 2  Dó♯ 1 | Fá♭ 5  Lá♭ 3  Dó♯ 2  Ré 1 | Lá♭ 5  Dó♯ 3  Ré 2  Fá♭ 1 | Dó♯ 4  Ré 3  Fá♭ 2  Lá♭ 1 |

## B♭7 (♯9 ♯11)

| PO | | | |
|---|---|---|---|
| Fá 5  Lá♭ 4  Dó♯ 2  Mi 1 | Lá♭ 5  Dó♯ 3  Mi 2  Fá 1 | Dó♯ 4  Mi 3  Fá 2  Lá♭ 1 | Mi 5  Fá 4  Lá♭ 2  Dó♯ 1 |

## B♭7 (♯5)

| Þ | | PH | ÞO |
|---|---|---|---|
| Si♭ 5  Ré 3  Fá♯ 2  Lá♭ 1 | Ré 5  Fá♯ 3  Lá♭ 2  Si♭ 1 | Fá♯ 4  Lá♭ 3  Si♭ 2  Ré 1 | Lá♭ 5  Si♭ 4  Ré 2  Fá♯ 1 |

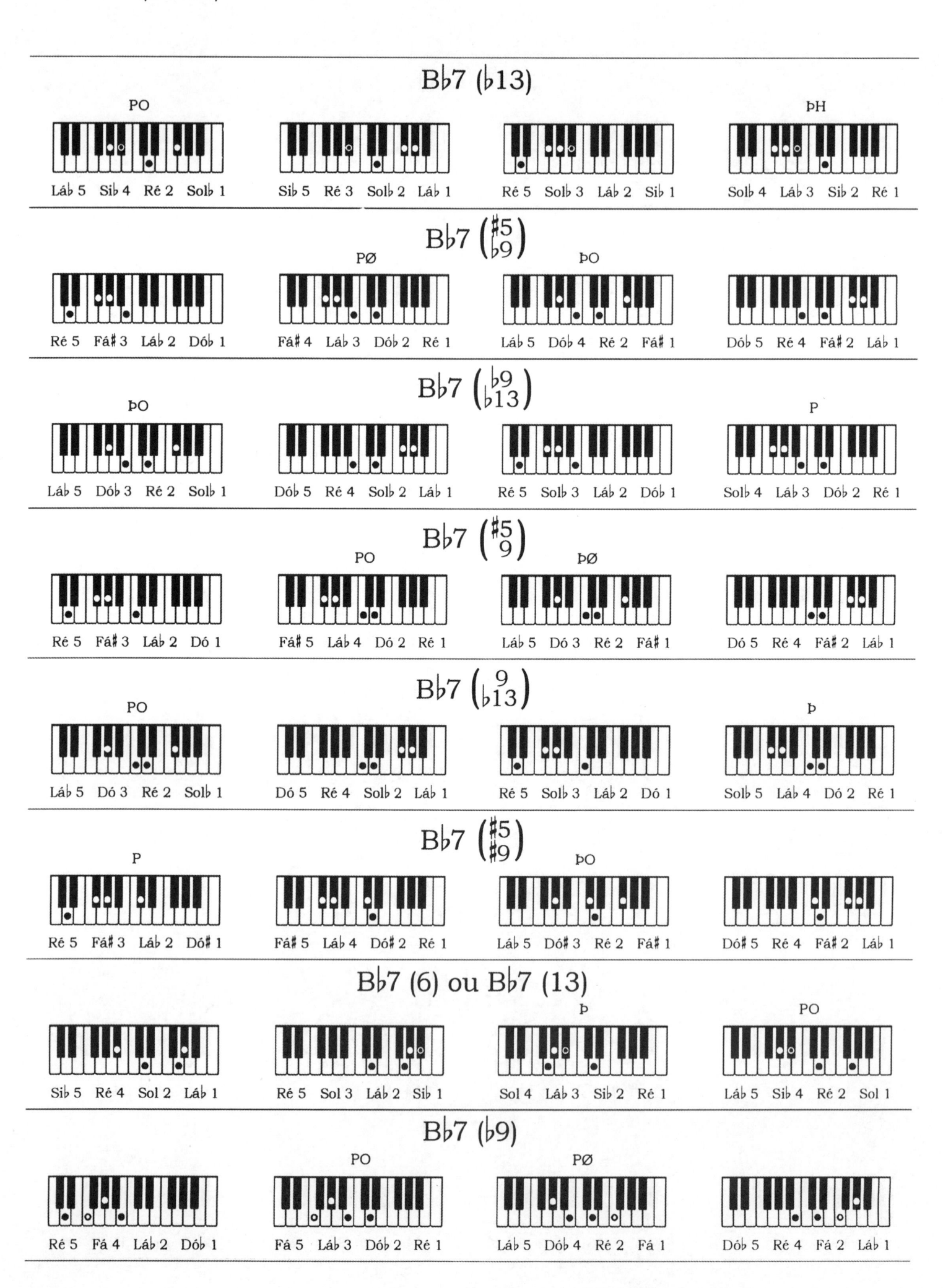

# Acordes de B♭ (Si bemol)

## B♭7 (♭13)

| PO | | | ♭H |
|---|---|---|---|
| Láb 5  Sib 4  Ré 2  Solb 1 | Sib 5  Ré 3  Solb 2  Láb 1 | Ré 5  Solb 3  Láb 2  Sib 1 | Solb 4  Láb 3  Sib 2  Ré 1 |

## B♭7 (♯5 / ♭9)

| | PØ | ♭O | |
|---|---|---|---|
| Ré 5  Fá♯ 3  Láb 2  Dób 1 | Fá♯ 4  Láb 3  Dób 2  Ré 1 | Láb 5  Dób 4  Ré 2  Fá♯ 1 | Dób 5  Ré 4  Fá♯ 2  Láb 1 |

## B♭7 (♭9 / ♭13)

| ♭O | | | P |
|---|---|---|---|
| Láb 5  Dób 3  Ré 2  Solb 1 | Dób 5  Ré 4  Solb 2  Láb 1 | Ré 5  Solb 3  Láb 2  Dób 1 | Solb 4  Láb 3  Dób 2  Ré 1 |

## B♭7 (♯5 / 9)

| | PO | ♭Ø | |
|---|---|---|---|
| Ré 5  Fá♯ 3  Láb 2  Dó 1 | Fá♯ 5  Láb 4  Dó 2  Ré 1 | Láb 5  Dó 3  Ré 2  Fá♯ 1 | Dó 5  Ré 4  Fá♯ 2  Láb 1 |

## B♭7 (9 / ♭13)

| PO | | | ♭ |
|---|---|---|---|
| Láb 5  Dó 3  Ré 2  Solb 1 | Dó 5  Ré 4  Solb 2  Láb 1 | Ré 5  Solb 3  Láb 2  Dó 1 | Solb 5  Láb 4  Dó 2  Ré 1 |

## B♭7 (♯5 / ♯9)

| P | | ♭O | |
|---|---|---|---|
| Ré 5  Fá♯ 3  Láb 2  Dó♯ 1 | Fá♯ 5  Láb 4  Dó♯ 2  Ré 1 | Láb 5  Dó♯ 3  Ré 2  Fá♯ 1 | Dó♯ 5  Ré 4  Fá♯ 2  Láb 1 |

## B♭7 (6) ou B♭7 (13)

| | | ♭ | PO |
|---|---|---|---|
| Sib 5  Ré 4  Sol 2  Láb 1 | Ré 5  Sol 3  Láb 2  Sib 1 | Sol 4  Láb 3  Sib 2  Ré 1 | Láb 5  Sib 4  Ré 2  Sol 1 |

## B♭7 (♭9)

| | PO | PØ | |
|---|---|---|---|
| Ré 5  Fá 4  Láb 2  Dób 1 | Fá 5  Láb 3  Dób 2  Ré 1 | Láb 5  Dób 4  Ré 2  Fá 1 | Dób 5  Ré 4  Fá 2  Láb 1 |

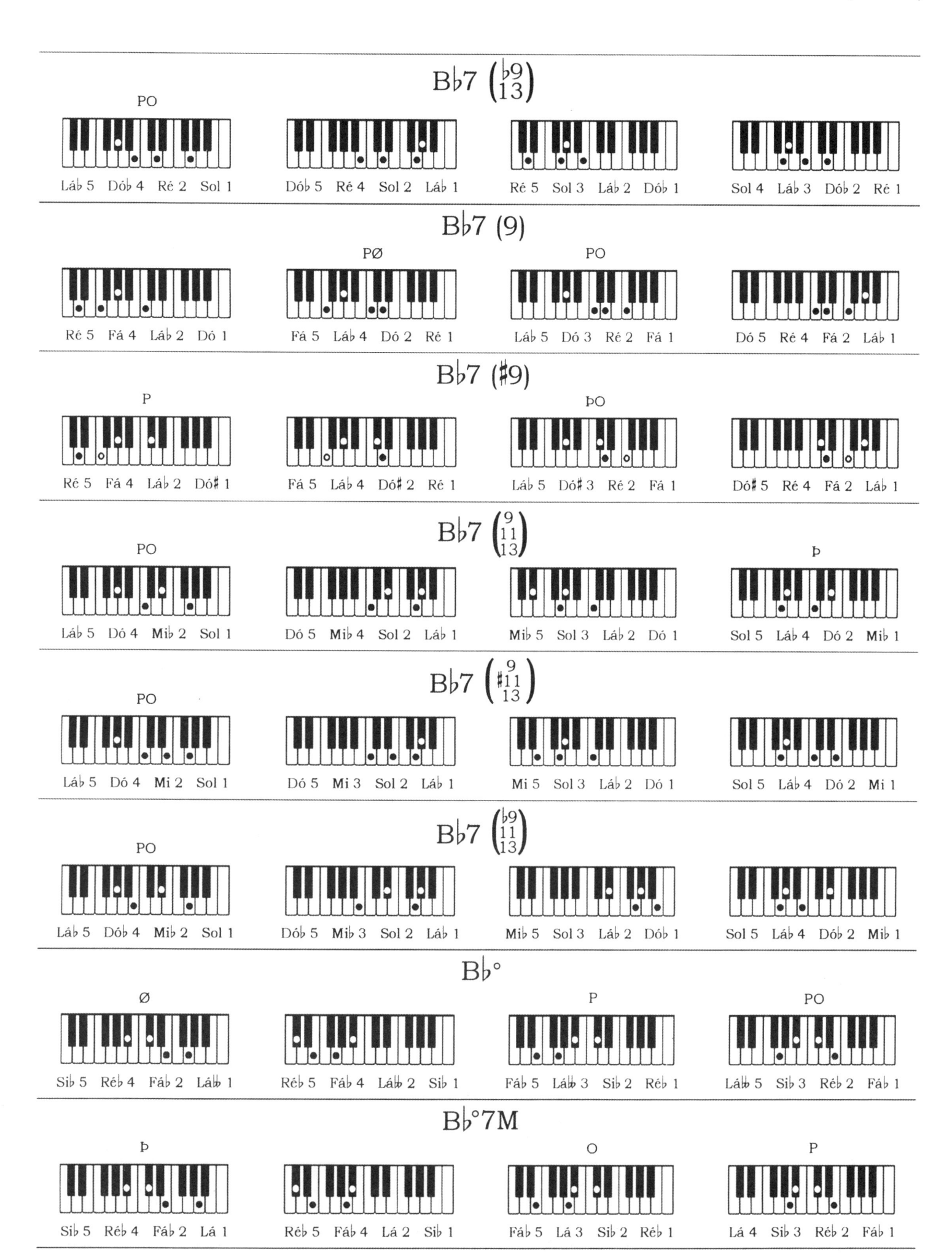

Acordes de B♭ (Si bemol)

## B♭7 (♭9/13)

| PO | | | |
|---|---|---|---|
| Láb 5  Dób 4  Ré 2  Sol 1 | Dób 5  Ré 4  Sol 2  Láb 1 | Ré 5  Sol 3  Láb 2  Dób 1 | Sol 4  Láb 3  Dób 2  Ré 1 |

## B♭7 (9)

| | PØ | PO | |
|---|---|---|---|
| Ré 5  Fá 4  Láb 2  Dó 1 | Fá 5  Láb 4  Dó 2  Ré 1 | Láb 5  Dó 3  Ré 2  Fá 1 | Dó 5  Ré 4  Fá 2  Láb 1 |

## B♭7 (♯9)

| P | | ♭O | |
|---|---|---|---|
| Ré 5  Fá 4  Láb 2  Dó♯ 1 | Fá 5  Láb 4  Dó♯ 2  Ré 1 | Láb 5  Dó♯ 3  Ré 2  Fá 1 | Dó♯ 5  Ré 4  Fá 2  Láb 1 |

## B♭7 (9/11/13)

| PO | | | ♭ |
|---|---|---|---|
| Láb 5  Dó 4  Mib 2  Sol 1 | Dó 5  Mib 4  Sol 2  Láb 1 | Mib 5  Sol 3  Láb 2  Dó 1 | Sol 5  Láb 4  Dó 2  Mib 1 |

## B♭7 (9/♯11/13)

| PO | | | |
|---|---|---|---|
| Láb 5  Dó 4  Mi 2  Sol 1 | Dó 5  Mi 3  Sol 2  Láb 1 | Mi 5  Sol 3  Láb 2  Dó 1 | Sol 5  Láb 4  Dó 2  Mi 1 |

## B♭7 (♭9/11/13)

| PO | | | |
|---|---|---|---|
| Láb 5  Dób 4  Mib 2  Sol 1 | Dób 5  Mib 3  Sol 2  Láb 1 | Mib 5  Sol 3  Láb 2  Dób 1 | Sol 5  Láb 4  Dób 2  Mib 1 |

## B♭°

| Ø | | P | PO |
|---|---|---|---|
| Sib 5  Réb 4  Fáb 2  Láb 1 | Réb 5  Fáb 4  Láb 2  Sib 1 | Fáb 5  Láb 3  Sib 2  Ré 1 | Láb 5  Sib 3  Réb 2  Fáb 1 |

## B♭°7M

| ♭ | | O | P |
|---|---|---|---|
| Sib 5  Réb 4  Fáb 2  Lá 1 | Réb 5  Fáb 4  Lá 2  Sib 1 | Fáb 5  Lá 3  Sib 2  Réb 1 | Lá 4  Sib 3  Réb 2  Fáb 1 |

# Acordes de B (Si)

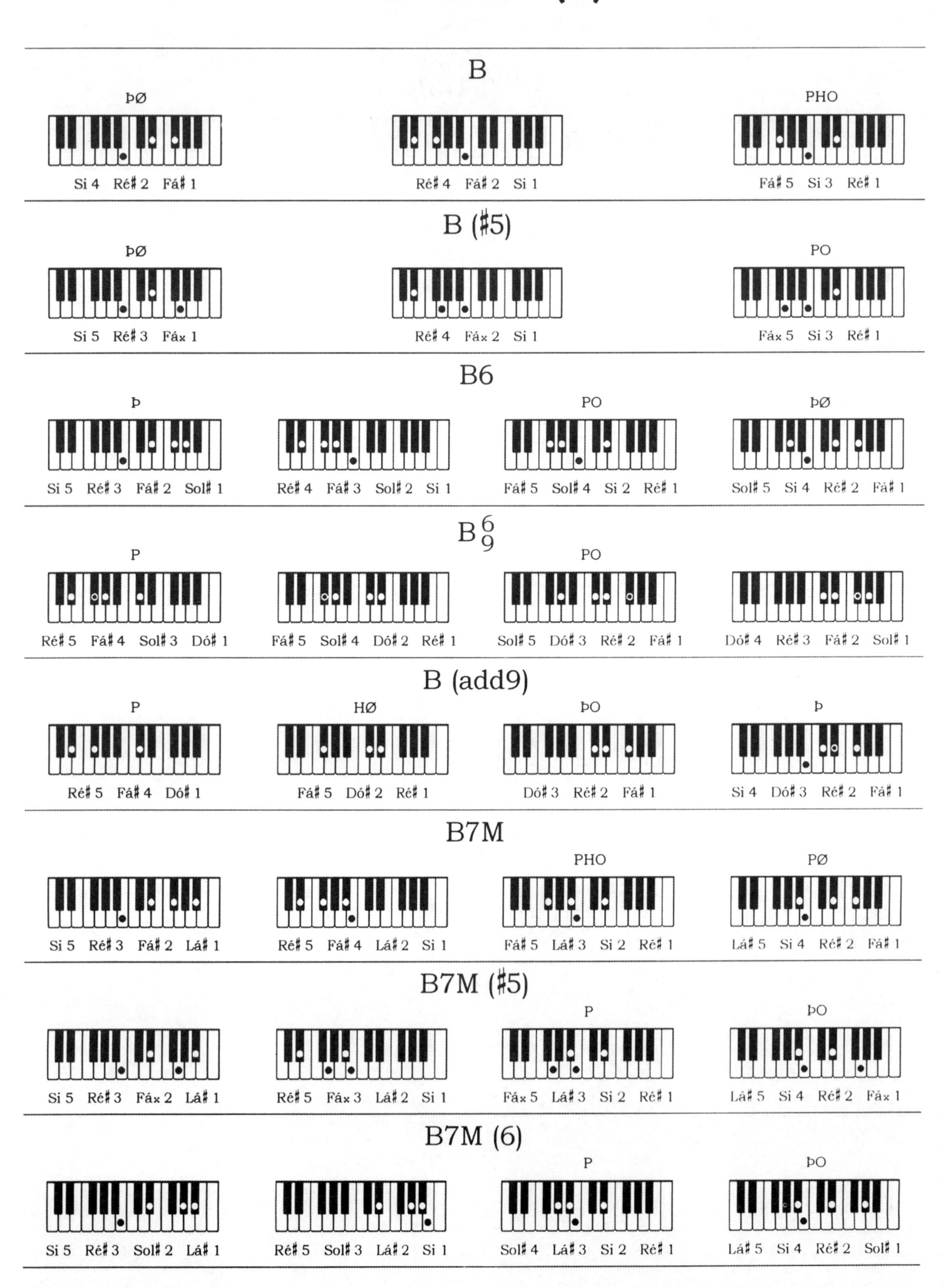

## B

| ÞØ | | PHO |
|---|---|---|
| Si 4  Ré# 2  Fá 1 | Ré# 4  Fá 2  Si 1 | Fá# 5  Si 3  Ré 1 |

## B (#5)

| ÞØ | | PO |
|---|---|---|
| Si 5  Ré# 3  Fáx 1 | Ré# 4  Fáx 2  Si 1 | Fáx 5  Si 3  Ré# 1 |

## B6

| Þ | | PO | ÞØ |
|---|---|---|---|
| Si 5  Ré# 3  Fá# 2  Sol# 1 | Ré# 4  Fá# 3  Sol# 2  Si 1 | Fá# 5  Sol# 4  Si 2  Ré# 1 | Sol# 5  Si 4  Ré# 2  Fá# 1 |

## B $^6_9$

| P | | PO | |
|---|---|---|---|
| Ré# 5  Fá# 4  Sol# 3  Dó# 1 | Fá# 5  Sol# 4  Dó# 2  Ré# 1 | Sol# 5  Dó# 3  Ré# 2  Fá# 1 | Dó# 4  Ré# 3  Fá# 2  Sol# 1 |

## B (add9)

| P | HØ | ÞO | Þ |
|---|---|---|---|
| Ré# 5  Fá# 4  Dó# 1 | Fá# 5  Dó# 2  Ré# 1 | Dó# 3  Ré# 2  Fá# 1 | Si 4  Dó# 3  Ré# 2  Fá# 1 |

## B7M

| | | PHO | PØ |
|---|---|---|---|
| Si 5  Ré# 3  Fá# 2  Lá# 1 | Ré# 5  Fá# 4  Lá# 2  Si 1 | Fá# 5  Lá# 3  Si 2  Ré# 1 | Lá# 5  Si 4  Ré# 2  Fá# 1 |

## B7M (#5)

| | | P | ÞO |
|---|---|---|---|
| Si 5  Ré# 3  Fáx 2  Lá# 1 | Ré# 5  Fáx 3  Lá# 2  Si 1 | Fáx 5  Lá# 3  Si 2  Ré# 1 | Lá# 5  Si 4  Ré# 2  Fáx 1 |

## B7M (6)

| | | P | ÞO |
|---|---|---|---|
| Si 5  Ré# 3  Sol# 2  Lá# 1 | Ré# 5  Sol# 3  Lá# 2  Si 1 | Sol# 4  Lá# 3  Si 2  Ré# 1 | Lá# 5  Si 4  Ré# 2  Sol# 1 |

# Acordes de B (Si)

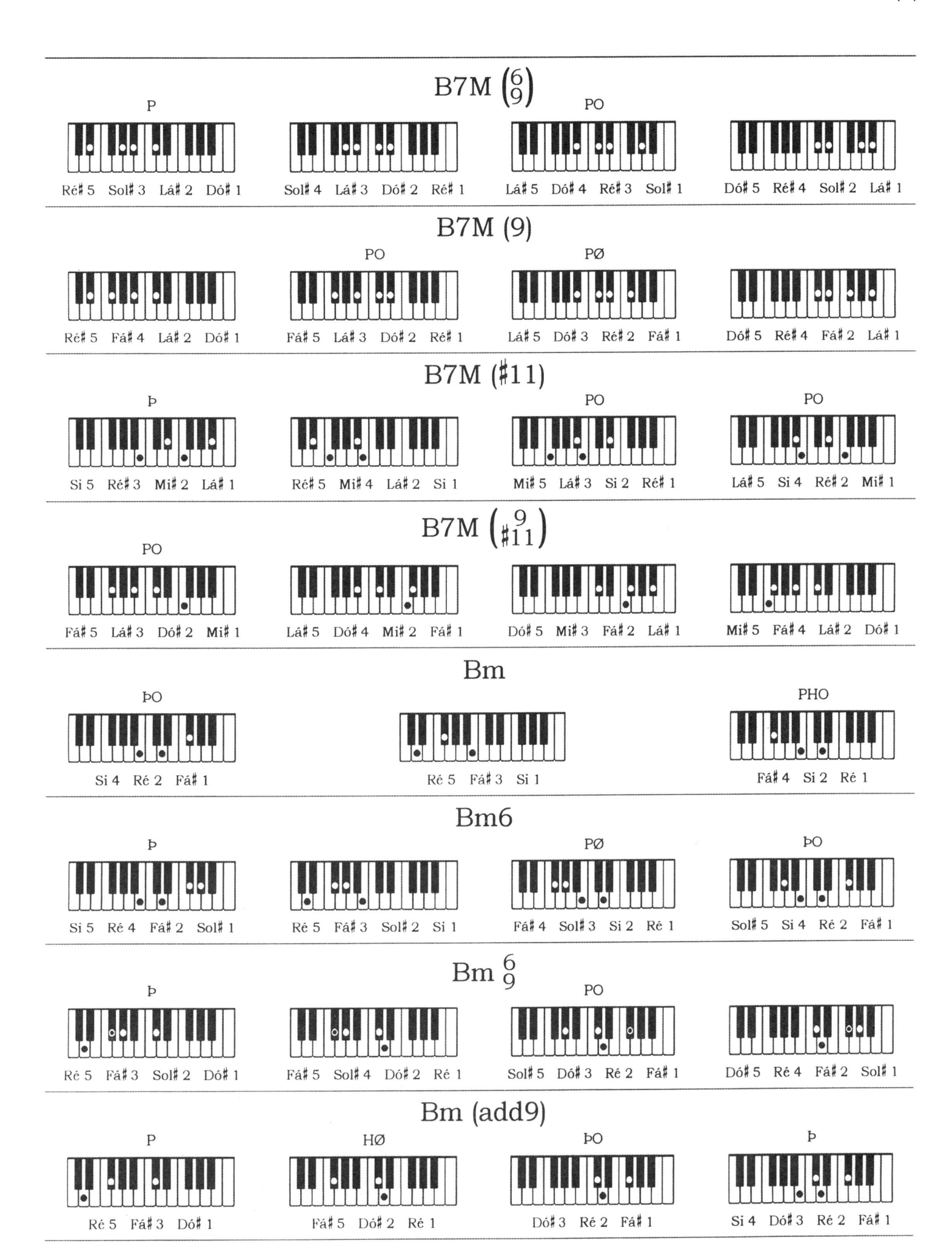

## B7M (6/9)

**P**
Ré# 5  Sol# 3  Lá# 2  Dó# 1

Sol# 4  Lá# 3  Dó# 2  Ré# 1

**PO**
Lá# 5  Dó# 4  Ré# 3  Sol# 1

Dó# 5  Ré# 4  Sol# 2  Lá# 1

## B7M (9)

Ré# 5  Fá# 4  Lá# 2  Dó# 1

**PO**
Fá# 5  Lá# 3  Dó# 2  Ré# 1

**PØ**
Lá# 5  Dó# 3  Ré# 2  Fá# 1

Dó# 5  Ré# 4  Fá# 2  Lá# 1

## B7M (#11)

**♭**
Si 5  Ré# 3  Mi# 2  Lá# 1

Ré# 5  Mi# 4  Lá# 2  Si 1

**PO**
Mi# 5  Lá# 3  Si 2  Ré# 1

**PO**
Lá# 5  Si 4  Ré# 2  Mi# 1

## B7M (9/#11)

**PO**
Fá# 5  Lá# 3  Dó# 2  Mi# 1

Lá# 5  Dó# 4  Mi# 2  Fá# 1

Dó# 5  Mi# 3  Fá# 2  Lá# 1

Mi# 5  Fá# 4  Lá# 2  Dó# 1

## Bm

**♭O**
Si 4  Ré 2  Fá# 1

Ré 5  Fá 3  Si 1

**PHO**
Fá# 4  Si 2  Ré 1

## Bm6

**♭**
Si 5  Ré 4  Fá# 2  Sol# 1

Ré 5  Fá# 3  Sol# 2  Si 1

**PØ**
Fá# 4  Sol# 3  Si 2  Ré 1

**♭O**
Sol# 5  Si 4  Ré 2  Fá# 1

## Bm 6/9

**♭**
Ré 5  Fá# 3  Sol# 2  Dó# 1

Fá# 5  Sol# 4  Dó# 2  Ré 1

**PO**
Sol# 5  Dó# 3  Ré 2  Fá# 1

Dó# 5  Ré 4  Fá# 2  Sol# 1

## Bm (add9)

**P**
Ré 5  Fá# 3  Dó# 1

**HØ**
Fá# 5  Dó# 2  Ré 1

**♭O**
Dó# 3  Ré 2  Fá# 1

**♭**
Si 4  Dó# 3  Ré 2  Fá# 1

# Acordes de B (Si)

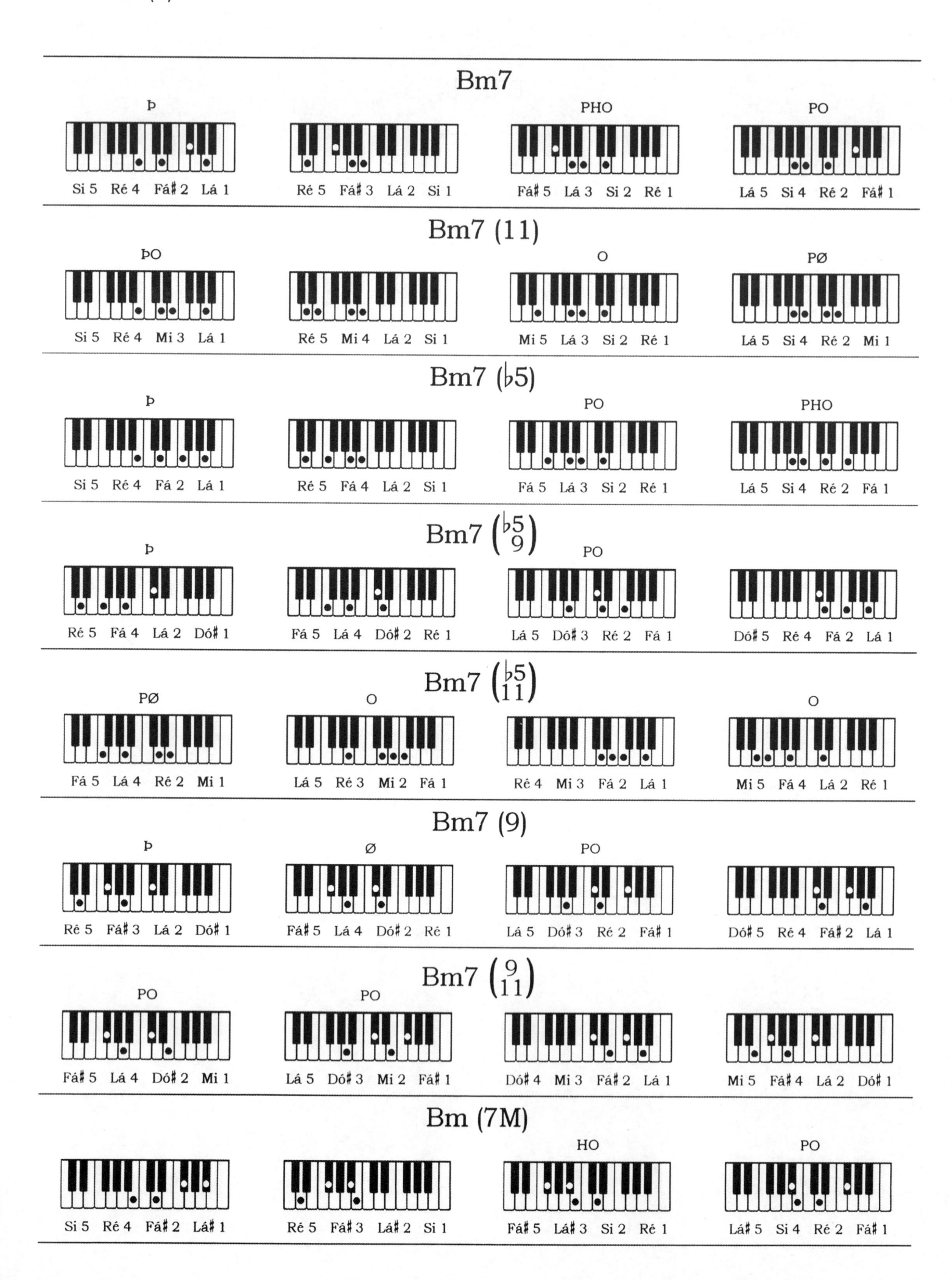

## Bm7

| Þ | | PHO | PO |
|---|---|---|---|
| Si 5  Ré 4  Fá# 2  Lá 1 | Ré 5  Fá# 3  Lá 2  Si 1 | Fá# 5  Lá 3  Si 2  Ré 1 | Lá 5  Si 4  Ré 2  Fá# 1 |

## Bm7 (11)

| ÞO | | O | PØ |
|---|---|---|---|
| Si 5  Ré 4  Mi 3  Lá 1 | Ré 5  Mi 4  Lá 2  Si 1 | Mi 5  Lá 3  Si 2  Ré 1 | Lá 5  Si 4  Ré 2  Mi 1 |

## Bm7 ($\flat$5)

| Þ | | PO | PHO |
|---|---|---|---|
| Si 5  Ré 4  Fá 2  Lá 1 | Ré 5  Fá 4  Lá 2  Si 1 | Fá 5  Lá 3  Si 2  Ré 1 | Lá 5  Si 4  Ré 2  Fá 1 |

## Bm7 ($\flat$5, 9)

| Þ | | PO | |
|---|---|---|---|
| Ré 5  Fá 4  Lá 2  Dó# 1 | Fá 5  Lá 4  Dó# 2  Ré 1 | Lá 5  Dó# 3  Ré 2  Fá 1 | Dó# 5  Ré 4  Fá 2  Lá 1 |

## Bm7 ($\flat$5, 11)

| PØ | O | | O |
|---|---|---|---|
| Fá 5  Lá 4  Ré 2  Mi 1 | Lá 5  Ré 3  Mi 2  Fá 1 | Ré 4  Mi 3  Fá 2  Lá 1 | Mi 5  Fá 4  Lá 2  Ré 1 |

## Bm7 (9)

| Þ | Ø | PO | |
|---|---|---|---|
| Ré 5  Fá# 3  Lá 2  Dó# 1 | Fá# 5  Lá 4  Dó# 2  Ré 1 | Lá 5  Dó# 3  Ré 2  Fá# 1 | Dó# 5  Ré 4  Fá# 2  Lá 1 |

## Bm7 (9, 11)

| PO | PO | | |
|---|---|---|---|
| Fá# 5  Lá 4  Dó# 2  Mi 1 | Lá 5  Dó# 3  Mi 2  Fá# 1 | Dó# 4  Mi 3  Fá# 2  Lá 1 | Mi 5  Fá# 4  Lá 2  Dó# 1 |

## Bm (7M)

| | | HO | PO |
|---|---|---|---|
| Si 5  Ré 4  Fá# 2  Lá# 1 | Ré 5  Fá# 3  Lá# 2  Si 1 | Fá# 5  Lá# 3  Si 2  Ré 1 | Lá# 5  Si 4  Ré 2  Fá# 1 |

Acordes de B (Si)

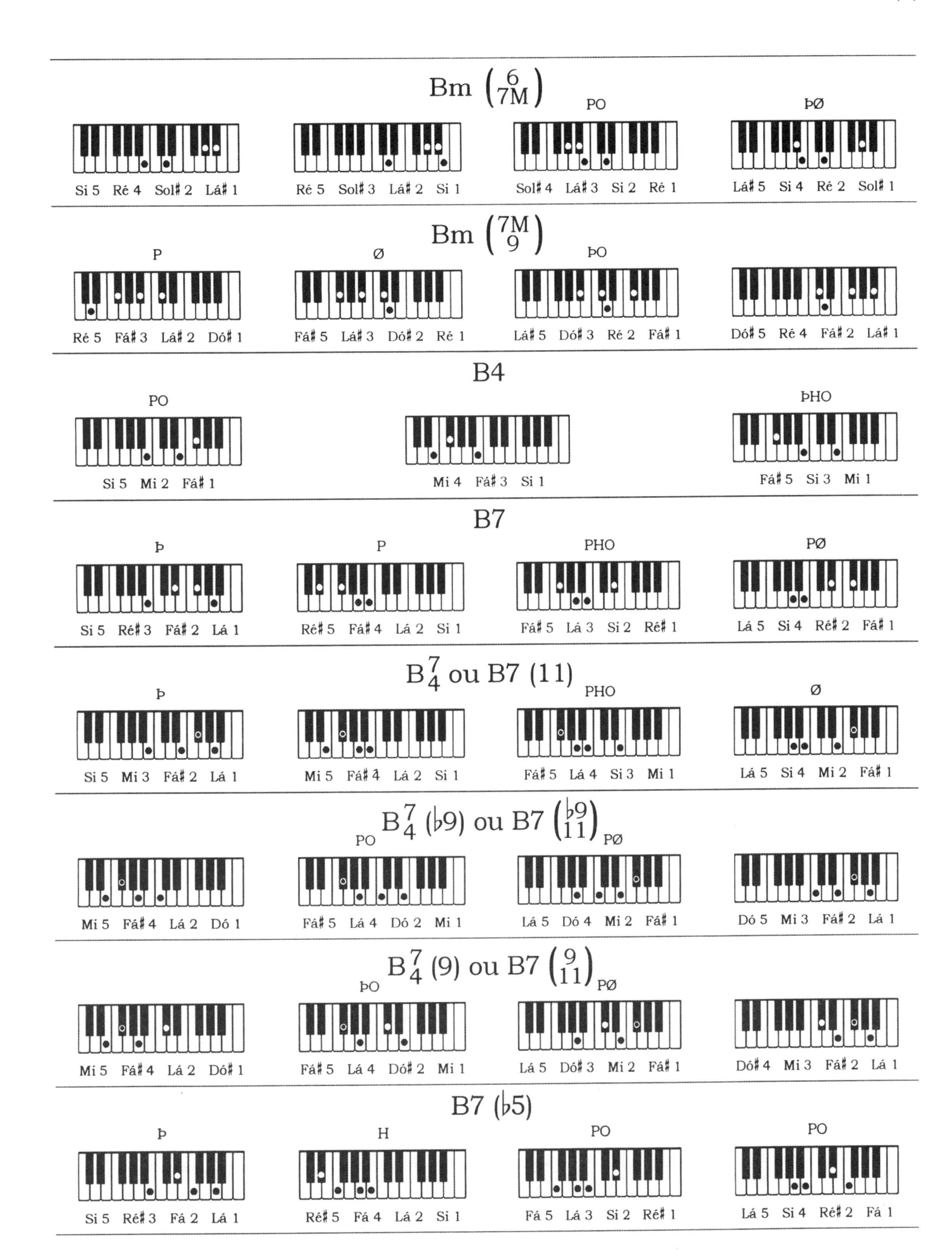

## Bm $\binom{6}{7M}$

| | | PO | ÞØ |
|---|---|---|---|
| Si 5  Ré 4  Sol# 2  Lá 1 | Ré 5  Sol# 3  Lá 2  Si 1 | Sol# 4  Lá 3  Si 2  Ré 1 | Lá 5  Si 4  Ré 2  Sol# 1 |

## Bm $\binom{7M}{9}$

| P | Ø | ÞO | |
|---|---|---|---|
| Ré 5  Fá# 3  Lá# 2  Dó# 1 | Fá# 5  Lá# 3  Dó 2  Ré 1 | Lá# 5  Dó# 3  Ré 2  Fá# 1 | Dó# 5  Ré 4  Fá# 2  Lá# 1 |

## B4

| PO | | ÞHO |
|---|---|---|
| Si 5  Mi 2  Fá# 1 | Mi 4  Fá# 3  Si 1 | Fá# 5  Si 3  Mi 1 |

## B7

| Þ | P | PHO | PØ |
|---|---|---|---|
| Si 5  Ré# 3  Fá# 2  Lá 1 | Ré# 5  Fá# 4  Lá 2  Si 1 | Fá# 5  Lá 3  Si 2  Ré# 1 | Lá 5  Si 4  Ré# 2  Fá# 1 |

## B$^7_4$ ou B7 (11)

| Þ | | PHO | Ø |
|---|---|---|---|
| Si 5  Mi 3  Fá# 2  Lá 1 | Mi 5  Fá# 4  Lá 2  Si 1 | Fá# 5  Lá 4  Si 3  Mi 1 | Lá 5  Si 4  Mi 2  Fá# 1 |

## $_{PO}$B$^7_4$ (♭9) ou B7 $\binom{♭9}{11}_{PØ}$

| | PO | | PØ |
|---|---|---|---|
| Mi 5  Fá# 4  Lá 2  Dó 1 | Fá# 5  Lá 4  Dó 2  Mi 1 | Lá 5  Dó 4  Mi 2  Fá# 1 | Dó 5  Mi 3  Fá# 2  Lá 1 |

## $_{ÞO}$B$^7_4$ (9) ou B7 $\binom{9}{11}_{PØ}$

| | | | |
|---|---|---|---|
| Mi 5  Fá# 4  Lá 2  Dó# 1 | Fá# 5  Lá 4  Dó# 2  Mi 1 | Lá 5  Dó# 3  Mi 2  Fá# 1 | Dó# 4  Mi 3  Fá# 2  Lá 1 |

## B7 (♭5)

| Þ | H | PO | PO |
|---|---|---|---|
| Si 5  Ré# 3  Fá 2  Lá 1 | Ré# 5  Fá 4  Lá 2  Si 1 | Fá 5  Lá 3  Si 2  Ré# 1 | Lá 5  Si 4  Ré# 2  Fá 1 |

# Acordes de B (Si)

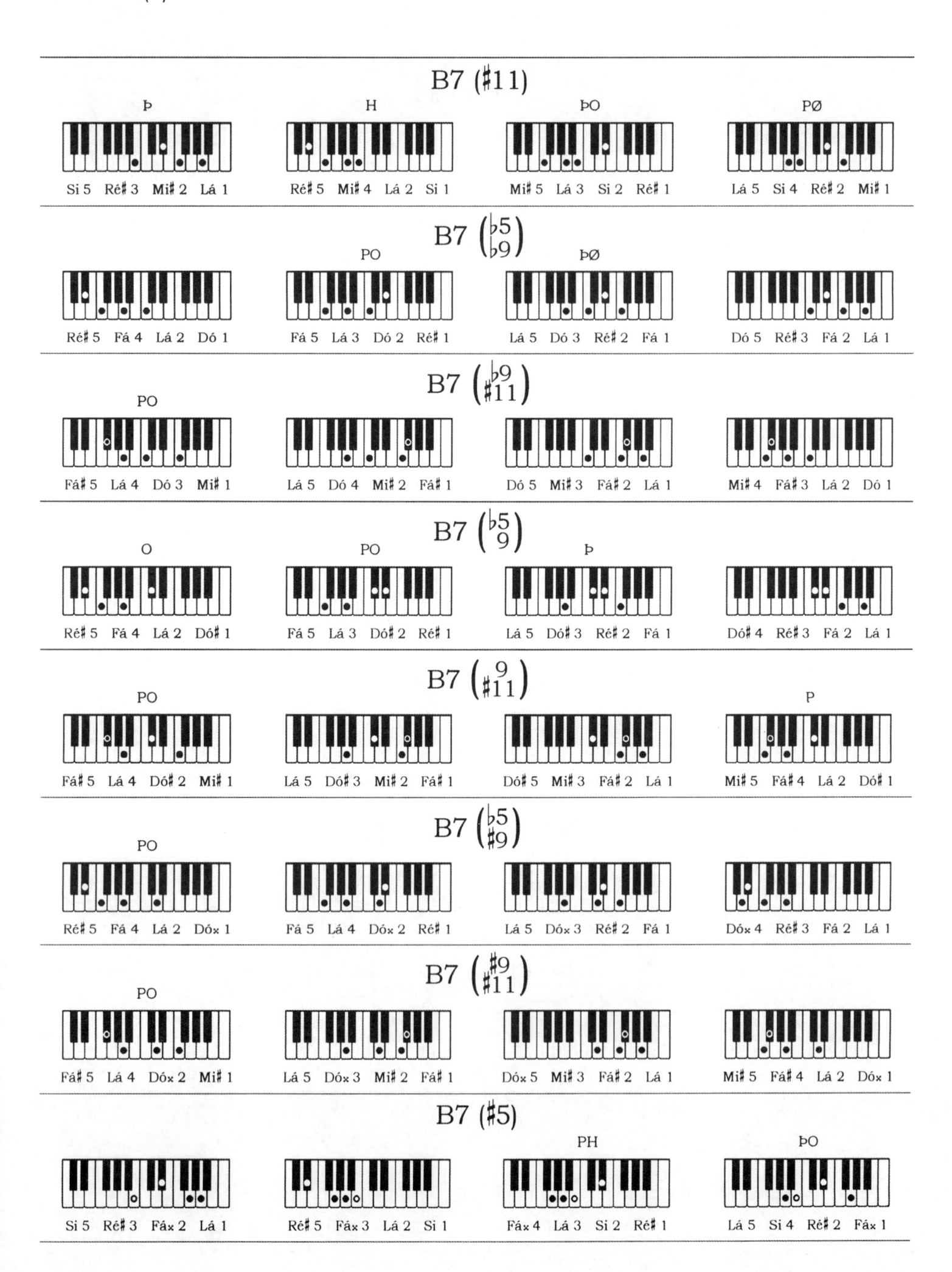

## B7 (#11)

| Þ | H | ÞO | PØ |
|---|---|---|---|
| Si 5  Ré# 3  Mi# 2  Lá 1 | Ré# 5  Mi# 4  Lá 2  Si 1 | Mi# 5  Lá 3  Si 2  Ré# 1 | Lá 5  Si 4  Ré# 2  Mi# 1 |

## B7 (♭5 ♭9)

|  | PO | ÞØ |  |
|---|---|---|---|
| Ré# 5  Fá 4  Lá 2  Dó 1 | Fá 5  Lá 3  Dó 2  Ré# 1 | Lá 5  Dó 3  Ré# 2  Fá 1 | Dó 5  Ré# 3  Fá 2  Lá 1 |

## B7 (♭9 #11)

| PO |  |  |  |
|---|---|---|---|
| Fá# 5  Lá 4  Dó 3  Mi# 1 | Lá 5  Dó 4  Mi# 2  Fá# 1 | Dó 5  Mi# 3  Fá# 2  Lá 1 | Mi# 4  Fá# 3  Lá 2  Dó 1 |

## B7 (♭5 9)

| O | PO | Þ |  |
|---|---|---|---|
| Ré# 5  Fá 4  Lá 2  Dó# 1 | Fá 5  Lá 3  Dó# 2  Ré# 1 | Lá 5  Dó# 3  Ré# 2  Fá 1 | Dó# 4  Ré# 3  Fá 2  Lá 1 |

## B7 (9 #11)

| PO |  |  | P |
|---|---|---|---|
| Fá# 5  Lá 4  Dó# 2  Mi# 1 | Lá 5  Dó# 3  Mi# 2  Fá# 1 | Dó# 5  Mi# 3  Fá# 2  Lá 1 | Mi# 5  Fá# 4  Lá 2  Dó# 1 |

## B7 (♭5 #9)

| PO |  |  |  |
|---|---|---|---|
| Ré# 5  Fá 4  Lá 2  Dóx 1 | Fá 5  Lá 4  Dóx 2  Ré# 1 | Lá 5  Dóx 3  Ré# 2  Fá 1 | Dóx 4  Ré# 3  Fá 2  Lá 1 |

## B7 (#9 #11)

| PO |  |  |  |
|---|---|---|---|
| Fá# 5  Lá 4  Dóx 2  Mi# 1 | Lá 5  Dóx 3  Mi# 2  Fá# 1 | Dóx 5  Mi# 3  Fá# 2  Lá 1 | Mi# 5  Fá# 4  Lá 2  Dóx 1 |

## B7 (#5)

|  |  | PH | ÞO |
|---|---|---|---|
| Si 5  Ré# 3  Fáx 2  Lá 1 | Ré# 5  Fáx 3  Lá 2  Si 1 | Fáx 4  Lá 3  Si 2  Ré# 1 | Lá 5  Si 4  Ré# 2  Fáx 1 |

Acordes de B (Si)

## B7 (♭13)

## B7 (♯5/♭9)

## B7 (♭9/♭13)

## B7 (♯5/9)

## B7 (9/♭13)

## B7 (♯5/♯9)

## B7 (6) ou B7 (13)

## B7 (♭9)

## Acordes de B (Si)

### B7 (♭9/13)

| PO | | | |
|---|---|---|---|
| Lá 5  Dó 4  Ré♯ 2  Sol♯ 1 | Dó 5  Ré♯ 4  Sol♯ 2  Lá 1 | Ré♯ 5  Sol♯ 3  Lá 2  Dó 1 | Sol♯ 5  Lá 4  Dó 2  Ré♯ 1 |

### B7 (9)

| P | PØ | PO | |
|---|---|---|---|
| Ré♯ 5  Fá♯ 4  Lá 2  Dó♯ 1 | Fá♯ 5  Lá 4  Dó♯ 2  Ré♯ 1 | Lá 5  Dó♯ 3  Ré♯ 2  Fá♯ 1 | Dó♯ 4  Ré♯ 3  Fá♯ 2  Lá 1 |

### B7 (♯9)

| PO | | ÞØ | |
|---|---|---|---|
| Ré♯ 5  Fá♯ 4  Lá 2  Dóx 1 | Fá♯ 5  Lá 4  Dóx 2  Ré♯ 1 | Lá 5  Dóx 3  Ré♯ 2  Fá♯ 1 | Dóx 4  Ré♯ 3  Fá♯ 2  Lá 1 |

### B7 (9/11/13)

| ÞO | | Þ | P |
|---|---|---|---|
| Lá 5  Dó♯ 3  Mi 2  Sol♯ 1 | Dó♯ 5  Mi 4  Sol♯ 2  Lá 1 | Mi 5  Sol♯ 3  Lá 2  Dó♯ 1 | Sol♯ 5  Lá 4  Dó♯ 2  Mi 1 |

### B7 (9/♯11/13)

| P | | | O |
|---|---|---|---|
| Lá 5  Dó♯ 3  Mi♯ 2  Sol♯ 1 | Dó♯ 5  Mi♯ 3  Sol♯ 2  Lá 1 | Mi♯ 5  Sol♯ 3  Lá 2  Dó♯ 1 | Sol♯ 5  Lá 4  Dó♯ 2  Mi♯ 1 |

### B7 (♭9/11/13)

| PO | | | Ø |
|---|---|---|---|
| Lá 5  Dó 4  Mi 2  Sol♯ 1 | Dó 5  Mi 4  Sol♯ 2  Lá 1 | Mi 5  Sol♯ 3  Lá 2  Dó 1 | Sol♯ 5  Lá 4  Dó 2  Mi 1 |

### B°

| | | PO | ÞO |
|---|---|---|---|
| Si 5  Ré 4  Fá 2  Lá♭ 1 | Ré 5  Fá 4  Lá♭ 2  Si 1 | Fá 5  Lá♭ 3  Si 2  Ré 1 | Lá♭ 5  Si 4  Ré 2  Fá 1 |

### B°7M

| Þ | | O | P |
|---|---|---|---|
| Si 5  Ré 4  Fá 2  Lá♯ 1 | Ré 5  Fá 4  Lá♯ 2  Si 1 | Fá 5  Lá♯ 3  Si 2  Ré 1 | Lá♯ 5  Si 4  Ré 2  Fá 1 |

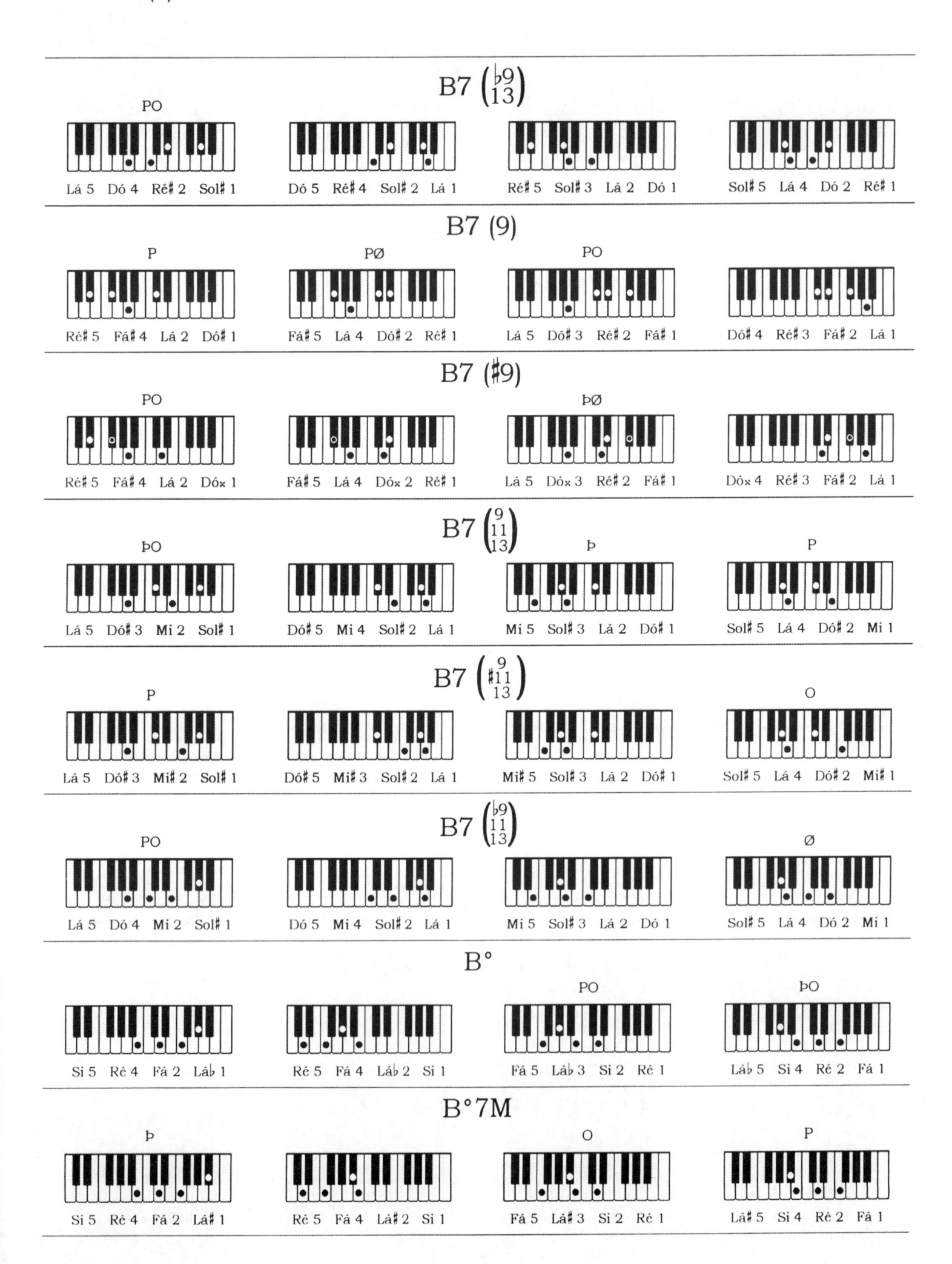

# Apêndice

# Acordes com Baixo Alternativo

Acordes com baixo alternativo são muito utilizados para se obter uma sonoridade especial, acrescentando-se um baixo que não é a tônica do acorde.

Neste caso, a cifra é distribuída em duas estruturas distintas: o acorde e o baixo alternativo. O que separa um do outro é uma barra inclinada ou horizontal. Por exemplo:

Dó maior com Mi no baixo: C/E ou $\frac{C}{E}$

### Acordes com 3ª ou 5ª no Baixo

Essas variações se aplicam mais comumente aos seguintes acordes com exemplo em C (Dó):

| Acorde | Exemplo | Leitura |
|---|---|---|
| M | C/E, C/G | Dó Maior com baixo em Mi, Dó Maior com baixo em Sol |
| $_9^6$ | C$_9^6$/E, C$_9^6$/G | Dó Maior 6ª e 9ª com baixo em Mi, Dó Maior 6ª e 9ª com baixo em Sol |
| 7M | C7M/E, C7M/G | Dó Maior com 7ª Maior com baixo em Mi, Dó Maior com 7ª Maior com baixo em Sol |
| 7M (9) | C7M(9)/E, C7M(9)/G | Dó Maior com 7ª Maior e 9ª com baixo em Mi, Dó Maior com 7ª Maior e 9ª com baixo em Sol |
| m | Cm/E♭, Cm/G | Dó Menor com baixo em Mi bemol, Dó Menor com baixo em Sol |
| m7 | Cm7/E♭, Cm7/G | Dó Menor com 7ª com baixo em Mi bemol, Dó Menor com 7ª com baixo em Sol |
| 7 | C7/E, C7/G | Dó 7ª com baixo em Mi, Dó 7ª com baixo em Sol |

### Acordes com 7ª no Baixo

Essa variação se aplica mais comumente aos seguintes acordes com exemplo em C (Dó):

| Acorde | Exemplo | Leitura |
|---|---|---|
| M | C/B | Dó Maior com baixo em Si |
| m | Cm/B | Dó Menor com baixo em Si |
| m7 | Cm7/B♭ | Dó Menor 7ª com baixo em Si bemol |
| 7 | C7/B♭ | Dó 7ª com baixo em Si bemol |
| 7 (♯5) | C7 (♯5)/B♭ | Dó 7ª com 5ª Aumentada com baixo em Si bemol |

### Acordes com Baixo Pedal

O Baixo Pedal é um recurso de notável efeito nas músicas clássica e popular. Consiste na execução de um baixo com nota constante, enquanto a harmonia desloca-se entre vários acordes como, por exemplo, nas cadências de I - IV - V graus, com baixo pedal no I grau.

Observe as cadências a seguir indicadas. Execute-as no Teclado, com as duas mãos ou com técnica de saltos de Baixo + Acordes Parados ou Ritmados e verifique o efeito:

1. D  G/D  A/D  D
2. D  Em/D  F#m/D  G/D
3. E7M  D/E  A7M/E  Am7(9)/E

## Ciclo dos Acordes de 7ª Diminuta

Os acordes de 7ª Diminuta seguem o ciclo das 3ªˢ Menores, a partir de três acordes básicos (C °, D♭ °, D °), divididos em três estruturas. Os demais são as respectivas inversões desses três acordes.

1. C °, D# °, F# °, A °
2. D♭ °, E °, G °, B♭ °
3. D °, F °, A♭ °, B °

Execute o primeiro acorde (C °) nas quatro posições. Depois D# °, F# ° e A °. Observe que nessa estrutura, as notas são as mesmas e a relação é sempre de 3ª menor. Faça o mesmo a partir de D♭ ° e, depois, D °. Esses três acordes básicos com suas inversões abrangem todos os tons.

Considerando-se a enarmonia (página 58) conclui-se que:

1. C ° = D# ° = E♭ ° = F# ° = G♭ ° = A °
2. C# ° = D♭ ° = E ° = G ° = A# ° = B♭ °
3. D ° = F ° = G# ° = A♭ ° = B °

## Ciclo dos Acordes de 5ª Aumentada

As Tríades Maiores com 5ª Aumentada seguem o ciclo das 3ªˢ Maiores e partem de quatro acordes básicos: C (#5), D♭ (#5), D (#5), E♭ (#5).

1. C (#5), E (#5), G# (#5)
2. D♭ (#5), F (#5), A (#5)
3. D (#5), F# (#5), B♭ (#5)
4. E♭ (#5), G (#5), B (#5)

Toque os acordes da primeira estrutura, cada qual com suas três inversões. As notas do C (#5) são as mesmas que as do E (#5) e do G# (#5). Isto também ocorrerá nas demais estruturas.

Considerando-se a enarmonia, o ciclo se estabelece da seguinte maneira:

1. C (♯5) = E (♯5) = G♯ (♯5) = A♭ (♯5)
2. D♭ (♯5) = C♯ (♯5) = F (♯5) = A (♯5)
3. D (♯5) = F♯ (♯5) = G♭ (♯5) = A♯ (♯5) = B♭ (♯5)
4. E♭ (♯5) = D♯ (♯5) = G (♯5) = B (♯5)

## Cifragem Alternativa

As cifras a seguir discriminadas podem ser escritas de duas formas para facilitar a notação e a interpretação, porém a primeira é a mais correta. Nas tonalidades em que há muitos sustenidos ou bemóis, alguns acordes dissonantes são mais difíceis de serem cifrados quando se está "tirando" uma música de ouvido ou ensaiando com outros músicos. Nessas circunstâncias, é válido anotar uma cifragem preliminar. Os exemplos abaixo estão em C.

Cm7 (♭5) = E♭m/C

$C^7_4(9)$ ou C7($^9_{11}$) = B♭/C = Gm7/C

C7 ($^{♭5}_{♭9}$) = F♯7/C

C7 ($^9_{♯11}$) = Gm7M/C

C7 ($^9_{11\ 13}$) = B♭7M/C

C dim (7M) = B/C

C6 = Am7/C

Cm7 (11) = Cm$^7_4$

C7M (6) = Am7 (9)/C

C7M ($^6_9$) = Em$^7_4$/C

C7M ($^9_{♯11}$) = G7M/C

A♭/C = Cm (♯5)

Cm7 (9) = E♭7M/C

C7 (♭9) = E dim/C

## Acordes Similares por Inversão e Enarmonia

Os acordes a seguir indicados e marcados com "ou" possuem as mesmas notas, porém recebem cifragens opcionais, devido à localização da alteração que sugere uma determinada inversão. Já os marcados com o sinal de igual possuem alterações enarmônicas em oitavas diferentes e, em sua formação, a 5ª Justa pode ser intolerável (como nos acordes de ♭5 e ♯5). Os exemplos estão em C (Dó), (ver página 61).

$C^7_4$ ou C7 (11)

$C^7_4$ (♭9) ou C7 ($^{♭9}_{11}$)

$C^7_4$ (9) ou C7 ($^9_{11}$)

C7 (6) ou C7 (13)

C7 (♭5) = C7 (♯11)

C7 ($^{♭5}_{♭9}$) = C7 ($^{♭9}_{♯11}$)

C7 ($^{♭5}_9$) = C7 ($^9_{♯11}$)

C7 ($^{♭5}_{♯9}$) = C7 ($^{♯9}_{♯11}$)

C7 (♯5) = C7 (♭13)

C7 ($^{♯5}_{♭9}$) = C7 ($^{♭9}_{♭13}$)

C7 ($^{♯5}_9$) = C7 ($^9_{♭13}$)

## Acordes Substitutos

O processo de harmonização é muito rico e as combinações são inesgotáveis. À medida que se conhece melhor os acordes, verifica-se que, em um arranjo de acompanhamento, não é necessário se manter preso à execução exata da cifra marcada na partitura. Muito pelo contrário, como já foi dito, as cifras, nas partituras, são geralmente meras sugestões básicas, excluindo-se os livros de música mais conceituados.

Portanto, sinta-se à vontade para criar novas combinações entre a melodia apresentada e os diversos tipos de acordes, seguindo a sugestão básica indicada na partitura. Promover um bom relacionamento entre melodia e harmonia é uma verdadeira arte e o fator determinante é o talento do intérprete para evitar os choques desagradáveis.

Em certas regiões, algumas posições de acordes alterados inevitavelmente cruzam com a melodia. Para solucionar este problema, recomenda-se a execução de outra posição do mesmo acorde. Mas nem sempre as diversas posições soam bem, logo, uma boa opção é harmonizar usando outras dissonâncias. Conhecendo os acordes que mantêm estreito relacionamento entre si, é possível criar variações dentro de um compasso, enriquecendo o acompanhamento.

### Acordes Maiores

1. $C \leftrightarrow C\,(add9) \leftrightarrow C6 \leftrightarrow C\,{}^6_9 \leftrightarrow C7M \leftrightarrow C7M\,(6) \leftrightarrow C7M\,(9)$
2. $C7M\,(\sharp 11) \leftrightarrow C7M\,({}^{\phantom{\sharp}9}_{\sharp 11})$
3. $C\,(\sharp 5) \leftrightarrow C7M\,(\sharp 5)$

### Acordes Menores

1. $Cm \leftrightarrow Cm\,(add9) \leftrightarrow Cm7 \leftrightarrow Cm7\,(9) \leftrightarrow Cm7\,({}^{\phantom{1}9}_{11}) \leftrightarrow Cm7\,(11)$
2. $Cm6 \leftrightarrow Cm\,{}^6_9 \leftrightarrow Cm\,(7M) \leftrightarrow Cm\,({}^{\phantom{1}6}_{7M}) \leftrightarrow Cm\,({}^{7M}_{\phantom{1}9})$
3. $Cm7\,(\flat 5) \leftrightarrow Cm7\,({}^{\flat 5}_{\phantom{1}9}) \leftrightarrow Cm7\,({}^{\flat 5}_{11})$

### Acordes de 7ª Dominante

1. $C\,{}^7_4$ ou $C7\,(11) \leftrightarrow C\,{}^7_4\,(9)$ ou $C7\,({}^{\phantom{1}9}_{11})$
2. $C7 \leftrightarrow C7\,(9) \leftrightarrow C7\,(6)$ ou $C7\,(13) \leftrightarrow C7\,({}^{\phantom{1}9}_{13}) \leftrightarrow C7\,({}^{\phantom{1}9}_{13})$
3. $C7\,(\flat 9) \leftrightarrow C7\,(\sharp 9) \leftrightarrow C7\,({}^{\flat 9}_{13}) \leftrightarrow C7\,({}^{\flat 9}_{\sharp 11}) \leftrightarrow C7\,({}^{\sharp 11}_{13}) \leftrightarrow C7\,({}^{\sharp 9}_{\sharp 11})$
4. $C7\,(\flat 5) \leftrightarrow C7\,(\sharp 5) \leftrightarrow C7\,({}^{\sharp 5}_{\phantom{1}9})$
5. $C7\,(\sharp 11) \leftrightarrow C7\,({}^{\phantom{1}9}_{\sharp 11}) \leftrightarrow C7\,({}^{\sharp 11}_{13})$
6. $C7\,({}^{\flat 5}_{\flat 9}) \leftrightarrow C7\,({}^{\sharp 5}_{\sharp 9}) \leftrightarrow C7\,({}^{\sharp 5}_{\flat 9}) \leftrightarrow C7\,({}^{\flat 5}_{\sharp 9})$

### Acordes de 7ª Diminuta

$C^\circ \leftrightarrow C^\circ\,(7M)$

▶ Para teclados em geral (excluindo o *Home Keyboard* com *Fingered* ligado), a primeira posição dos acordes de 7ª dominante para mão esquerda tem início na tônica. Nos acordes com 9ª, começa na 3ª; nos de 11ª, inicia na 5ª e nos de 13ª, começa na 7ª. Nos acordes onde a tônica é suprimida por falta de alcance de abertura da mão esquerda, deve-se tocar o baixo, prendê-lo com o pedal de *sustain* e, depois, percutir o acorde. Se estiver tocando com um baixista, não há necessidade de executar os baixos. Nos acordes de add9 (9ª adicional), pode-se tocar também a tônica, se o tecladista tiver suficiente abertura de mão.

Além dos acordes descritos neste dicionário, pode-se encontrar ainda outras variações, como por exemplo:

Maiores: 7M(♭5) (7ª Maior com 5ª Diminuta) que enarmonicamente é igual ao 7M(♯11).
aug9 (5ª aumentada com 9ª).
(add2) (2ª adicionada) que corresponde ao (add9) sendo a 9ª na posição da 2ª.

7ª Dominante: 7 (9 13) (7ª com 9ª e 13ª) sem a 11ª.
7(sus2) (7ª com 2ª suspensa) com supressão da terça.

Diminutos: ° (9) (Diminuto com 9ª).
° ou dim (Tríade diminuta).
° (11) (Diminuto com 11ª).
° (♭13) (Diminuto com 13ª Menor).

# Bibliografia

ADOLFO, Antonio. **O Livro do Músico**. Rio de Janeiro, Editora Lumiar, 1989.

ALVES, Luciano. **Apostila do Curso de Informática na Música e MIDI**. Rio de Janeiro, 1992.

APEL, WILLI. **Harvard Dictionary of Music**. Massachusetts, Belknap/Harvard, 1944-1969.

BAY, Bill. **Deluxe Encyclopedia of Guitar Chords**. Kirkwood, Mel Bay Publications, 1971.

BENNETT, Roy. **Instrumentos de Teclado - Cadernos de Música da Universidade de Cambridge**. Rio de Janeiro, Jorge Zahar Editor, 1989.

CASELLA, A. e MORTARI, V. **La Tecnica Dell'Orchestra Contemporanea**. Roma, G. Ricordi & C., 1950.

CHEDIAK, Almir. **Dicionário de Acordes Cifrados**. São Paulo, Irmãos Vitale Editores, 1984.

CROMBIE, David. **The Synthesizer & Electronic Keyboard Handbook**. Londres, Dorling Kindersley Limited, 1985.

ESTEROWITZ, Michael. **How To Play From A Fake Book**. Katonah, Ekay Music, 1986.

GPI PUBLICATIONS. **Synthesizers and Computers**. Vol. III, Cupertino, 1985.

GUITAR, Remo. **4400 Guitar Chords**. Nova Iorque, Robbins Music Corporation, 1965.

HINDEMITH, Paul. **Curso Conpensado de Harmonia Tradicional**. São Paulo, Irmãos Vitale Editores, 1949.

PENA, J. e ANGLÉS, H. **Diccionario de La Música**. Barcelona, Editorial Labor S. A., 1954.

PUBLISUONO s.r.l. **Annuario Musicale Strumenti Amplificazione**. Roma, 1977/78.

WESTRUP, JACK e HARRISON, F. Ll. **Collins Encyclopedia of Music**. Great Britain, Chancellor Press, 1985.

WISE PUBLICATIONS. **Creative Keyboard - Classical Book 1**. Londres, s/d.